इतिहास, संस्कृति और सांप्रदायिकता

[वर्तमान भारत के ज्वलंत प्रश्न]

मुखपृष्ठ : दो स्वर्ण-मुद्राएं : (बड़े आकार में) कुषाण शासक विम कदफिस की स्वर्णमुद्रा (8 ग्राम) के पट भाग पर नंदि के साथ त्रिशूलधारी शिव और खरोष्ठी में लेख : *महरजस रजतिरजस सर्वलोग-ईश्वरस महीश्वरस विम कदफिस त्रतरस*। भारत में स्वर्णमुद्रा चलाने वाला विम कदफिस पहला शासक था। उसने 'महीश्वर' व 'सर्वलोकेश्वर' जैसे विरुद धारण किए थे।

(नीचे दाईं ओर) बादशाह अकबर की सोने की अर्ध-मुहर के चित भाग पर राम व सीता का रूपांकन और नागरी में 'रामसीय' शब्द।

इतिहास, संस्कृति और सांप्रदायिकता

गुणाकर मुळे

राजकमल प्रकाशन

ISBN : 978-93-88753-69-2

मूल्य : ₹695

पहला संस्करण : 2019

प्रकाशक : राजकमल प्रकाशन प्रा. लि.
1-बी, नेताजी सुभाष मार्ग, दरियागंज
नई दिल्ली-110 002

शाखाएँ : अशोक राजपथ, साइंस कॉलेज के सामने, पटना-800 006
पहली मंज़िल, दरबारी बिल्डिंग, महात्मा गांधी मार्ग, इलाहाबाद-211 001
36 ए, शेक्सपियर सरणी, कोलकाता-700 017

वेबसाइट:www.rajkamalprakashan.com
ई-मेल:info@rajkamalprakashan.com

मुद्रक : बी.के. ऑफसेट
नवीन शाहदरा, दिल्ली-110 032

ITIHAS, SANSKRITI AUR SAMPRADAYIKTA
by Gunakar Muley

समर्पित

अपने समय के प्रखर, प्रतिबद्ध पत्रकार
श्री निखिल चक्रवर्ती की पुण्यस्मृति को,
जिनकी पत्रिका 'मुक्तधारा' में
इस संकलन के अधिकतर लेख
प्रकाशित हुए थे।

प्राक्कथन

पिछले लगभग पैंतालीस वर्षों से लिखता आ रहा हूं। जो लिखा–लेख व पुस्तकें– वह सारा छपता रहा, सिवाय चार-पांच लेखों के। ये लेख भी नहीं छपे, तो कारण है– संपादकों के कहने पर वैचारिक महत्व के अपने शब्द या वाक्य बदलने से इनकार करना। ऐसा पहला प्रसंग करीब 40 साल पहले आया था। मैंने केंद्र सरकार की एक मासिक पत्रिका के लिए लेख लिखा; उसमें कार्ल मार्क्स के एक कथन का उल्लेख था। संपादक ने चाहा कि मैं लेख में से मार्क्स के कथन को हटा दूं, जिसे मैंने नहीं माना। लेख नहीं छपा।

संपादक महोदय मार्क्स-विरोधी नहीं थे। उन्होंने मुझे समझाया : आप जो बात कहना चाहते हैं, वह आपको भारतीय चिंतन-परंपरा में ही मिल जाएगी; उसके लिए आपको मार्क्स-एंगेल्स का आश्रय लेने की आवश्यकता नहीं है। भारत की 'गंदगी' को साफ करने के लिए आपको यथासंभव भारतीय 'झाडू' का ही उपयोग करना चाहिए। प्राचीन भारतीय साहित्य में बुद्धिवादी चिंतन का विशाल भंडार मौजूद है। आवश्यकता है तो सिर्फ उसे खोजने की, उसका समुचित उपयोग करने की।

मैंने संपादक की बात पर कई दिन तक विचार किया। मुझे लगा कि बात में सच्चाई है। मेरे लेखन को एक नई दिशा मिल गई। मार्क्स-एंगेल्स को छोड़ने का सवाल ही नहीं था; बाद में मैंने एंगेल्स के ग्रंथ **प्रकृति का द्वंद्ववाद** का अनुवाद भी किया। लेकिन लिखते समय आज भी मुझे सबसे ज्यादा बल मिलता है अपनी वैज्ञानिक सोच से; मैं मूलतः विज्ञान (गणित व खगोल-विज्ञान) का विद्यार्थी हूं।

पाठक इन लेखों में काफी कुछ नया पाएंगे! रामकथा को लीजिए। आज राम को लेकर देश में सांप्रदायिक तनाव पैदा करने के प्रयास जारी हैं। मगर राम काफी हद तक एक मिथकीय चरित्र है, इस बात के पर्याप्त सबूत वाल्मीकि-रामायण में ही मौजूद हैं। महाभारतकार की नजर में तो राम मर्यादा पुरुषोत्तम भी नहीं है। 'द्रोणपर्व' में अर्जुन ने बालि-वध के लिए राम को और अश्वत्थामा की मृत्यु के बारे में द्रोणाचार्य से झूठ बोलने के लिए युधिष्ठिर को शाश्वत अकीर्ति का शाप तक दे डाला है!

आज देश में शिवाजी जैसे कई ऐतिहासिक चरित्रों को विकृत रूप में पेश करके मुस्लिम-द्वेष को उभारने के प्रयास हो रहे हैं। मगर प्रामाणिक इतिहास इस

बात की गवाही देता है कि शिवाजी रत्ती-भर भी मुस्लिम-द्वेषी नहीं था। देखिए 'ऐसा था शिवाजी का राजधर्म' लेख।

प्रचार किया जाता रहा कि प्राचीन भारतीय चिंतन-परंपरा प्रमुखतः अध्यात्मवादी रही है। आज कई टी.वी. चैनलों से प्रसारित होने वाले धार्मिक कार्यक्रम इसी भ्रामक धारणा को फैलाने में जुटे हुए हैं। लेकिन सच्चाई यह है कि ठेठ वैदिक काल से भारत में भौतिकवादी व बुद्धिवादी चिंतन की प्रबल धारा सतत प्रवाहित रही है।

आर्यभाषी लोग इस देश में बाहर से आए या वे भारत के ही मूल निवासी थे, यह प्रमाणित करने के लिए अब पोथे लिखने की आवश्यकता नहीं रह गई है। आनुवंशिकी (genetics) के नए अन्वेषण ने स्पष्ट कर दिया है कि आर्यभाषी लोग कब और किस मार्ग से होकर भारत पहुंचे थे। 'मानव-आनुवंशिकी' ने अब यह भी प्रमाणित कर दिया है कि आज सारी दुनिया में फैले हुए सारे मानव-समुदाय (होमो सेपियंस) वस्तुतः अफ्रीकी मूल के हैं।

सांप्रदायिकता के भी कई रंग-रूप हैं। अभी हाल ही में तमिळनाडु में दक्षिण भारतीय मूल का, लगभग साढ़े तीन हजार साल पहले का, एक ऐसा प्रस्तर-कुठार मिला है जिस पर सिंधु लिपि के चार संकेत उकेरे हुए हैं। बताया जा रहा है कि इनमें से दो संकेत तमिळों के प्राचीन युद्ध-देवता 'मुरुकन्' के सूचक हैं। अतः अब तमिळ विद्वान पूरे यकीन के साथ कह रहे हैं कि सिंधु सभ्यता की भाषा वही थी जो कि प्राचीन काल में तमिळनाडु की थी; अर्थात्, प्राचीन तमिळ। इस नई खोज से भारतीय इतिहास व संस्कृति के बारे में निश्चय ही नई सोच बनेगी; साथ ही, नए प्रादेशिक तनाव भी पैदा हो सकते हैं।

इधर के वर्षों में देश में धार्मिक असहिष्णुता और सांप्रदायिकता में तेजी से वृद्धि हुई है। इस पर रोक लगाने के लिए आम जनता को शिक्षित करना अत्यावश्यक है—उनकी अपनी भाषा में। सांप्रदायिकता अपने प्रचार-प्रसार के लिए आम जनता की भाषा का भरपूर उपयोग कर रही है। सांप्रदायिकता के प्रतिकार के लिए भी जनता की भाषा का ही उपयोग होना चाहिए। हमारे अधिकतर वामपंथी साहित्यकारों ने अपने को कविता-कहानी-आलोचना के दायरे में गोलबंद कर लिया है; उनकी नजर में ज्ञान-विज्ञान व वैचारिक लेखन अब 'साहित्येतर' चीज है, अनावश्यक है। हमारे वामपंथी राजनेता, अंग्रेजीदां इतिहासकार और विचारक जनता की भाषाओं के महत्व को, देर से ही सही, अब भी समझ लें, तो अच्छा है।

—गुणाकर मुळे

'अमरावती'
सी-210, पांडव नगर, दिल्ली-92
05 दिसंबर, 2015

अनुक्रम

सांप्रदायिकता के स्रोत इतिहास में 11-82

1. संस्कृति का बोध : कितना पुराना 11
2. स्वर्णयुग की खोज 15
3. स्वर्णयुग या विष्णु का साम्राज्यवाद 19
4. भारत : कितना बृहत्तर 23
5. देशी बनाम विदेशी 27
6. सिंधु सभ्यता के जनक कौन? 31
7. आर्य कौन 36
8. हिंदू-काल 57
9. हिंदू कौन 60
10. हिंदुत्व के अलग-अलग मुखौटे 67
11. वर्णभेद का मायाजाल 71
12. हम सब विदेशी हैं 76
13. क्या अशोक का राज्य सांप्रदायिक था? 83

पूजास्थल और सांप्रदायिकता 83-160

14. देवपूजा : कितनी पुरानी 85
15. आंखें बंद करवाने का तरीका 88
16. पूजास्थल : सांप्रदायिक मकलहों की जड़ 93
17. इतिहास से संघियों की शत्रुता 97
18. संघी दार्शनिकों का अवतारवाद 101
19. अवतारवाद का हथकंडा 105
20. रुद्र-शिव तथा शिवलिंग की पूजा की वास्तविकता 110
21. शंकर का दर्शन विज्ञान को पीछे ले गया 115
22. गणेश : विघ्नकर्ता से विघ्नहर्ता तक 119

23. रामकथा की ऐतिहासिकता 125
24. प्रशासक और धर्म-निरपेक्षता 134
25. क्या आज धर्म की जरूरत है 139
26. ऐसा था शिवाजी का राजधर्म 143
27. नया नानकशाही कैलेंडर क्यों 149
28. तमिळ-ब्राह्मी के नाम पर 154

आस्तिक बनाम नास्तिक 161-188

29. क्या अतीत के सभी विचारक आस्तिक थे 161
30. भौतिकवादी चिंतन की भारतीय परंपरा 166
31. मायावाद और भारतीय विज्ञान 181
32. फलित ज्योतिष : एक ठक-विद्या 186

गोलवलकर : इतिहास व संस्कृति के कठघरे में 189-224

33. हिंदू राष्ट्र की हिटलरी रट! 189
34. हिंदू बन जाओ! 192
35. क्या बौद्धजन दानव हैं? 195
36. वैज्ञानिक गुरुओं का दुश्मन 'गुरु' 199
37. शूद्रों पर 'गुरु' की 'लचीली' दयादृष्टि 205
38. पूर्वज बहीराम भट्ट की चुनौती 210
39. पुरातत्व की खोज या ज्ञान-विरोधी हथकंडा 213
40. भारतीय नारी और गोलवलकर 216
41. सड़ी-गली मान्यताओं में पनपा गोलवलकर का संघी संप्रदायवाद 220
42. पाखंड के आईने में गोलवलकर 222

सांप्रदायिकता के स्रोत इतिहास में

1

संस्कृति का बोध : कितना पुराना

इलाहाबाद में गंगा-यमुना के संगम के पास अकबर (1556-1605 ई.) का बनवाया एक किला है। किले में 11 मीटर ऊंचा एक स्तंभ खड़ा है—चुनार के बलुआ-पत्थर का बना हुआ, बढ़िया पॉलिश किया हुआ। इस पर 'देवताओं के प्रिय राजा' (सम्राट अशोक : 273-236 ई.पू.) और उसकी रानी कारुवाकी के ब्राह्मी लेख खुदे हुए हैं। इसी स्तंभ पर गुप्त सम्राट समुद्रगुप्त (लगभग 335-375 ई.) की 'प्रशस्ति' खुदी हुई है—दरबारी कवि हरिषेण की लिखी हुई। इसी अशोक-स्तंभ पर जहांगीर (1605-1627 ई.) का भी एक फारसी लेख खुदा हुआ है।

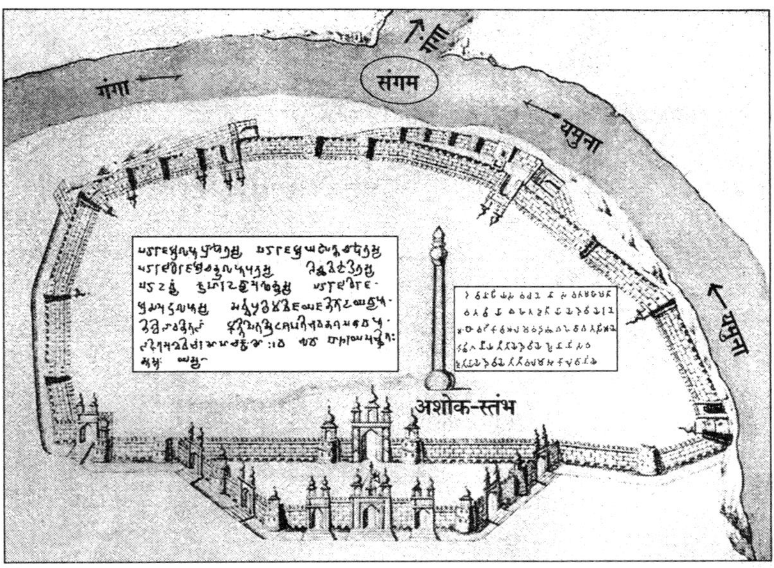

इलाहाबाद के किले के एक पुराने आरेख में अशोक-स्तंभ और उस पर अंकित रानी कारुवाकी का ब्राह्मी लेख (दाएं) तथा समुद्रगुप्त के लेख का एक अंश (बाएं)

आज हम अशोक के काल और गुप्त सम्राटों के काल को भारतीय इतिहास व संस्कृति का वैभवशाली युग मानते हैं। कई इतिहासकारों ने गुप्तों के काल को भारतीय संस्कृति का 'स्वर्णयुग' कहा है। कई इतिहासकारों की दृष्टि में यह काल भारत के इतिहास का 'हिंदूकाल' है।

लेकिन 1837 ई. तक भारत के इतिहास के इस स्वर्णयुग या हिंदूकाल के बारे में हिंदुओं को नहीं के बराबर जानकारी थी। उस समय तक अशोक की ब्राह्मी लिपि (धम्मलिपि) और गुप्तों के लेखों की ब्राह्मी लिपि पढ़ी नहीं गई थी। उस समय तक भारतीय इतिहास के इस तथाकथित हिंदूकाल के अभिलेख पढ़े नहीं गए थे। यह मुश्किल से पौने दो सौ साल पहले की बात है।

संभव है कि 1837 ई. के तीन-चार सौ साल पहले हमारे देश के ब्राह्मण-पंडित अपने इतिहास के इस 'हिंदूकाल' के अभिलेख पढ़ना जानते हों; सो उसे भी देख लेते हैं। अकबर यह जानने के लिए उत्सुक था कि इन स्तंभों पर क्या लिखा हुआ है। उसने इन लेखों को पढ़ सकने वाले पंडितों की तलाश की। परंतु देश-भर में एक भी पंडित नहीं मिला जो इन लेखों को पढ़ सके।

और पीछे चलिए। आज जिन अशोक-स्तंभों को हम दिल्ली में सुरक्षित देखते हैं, वे पहले तोपड़ा (अंबाला जिला, हरियाणा) और मेरठ में थे। दिल्ली के सुलतान फीरोज तुग़लक (1351-1388 ई.) की आज्ञा से इन्हें बड़े परिश्रम से दिल्ली लाकर स्थापित किया गया था। फीरोज भी यह जानने के लिए बड़ा उत्सुक था कि इन खूबसूरत स्तंभों पर क्या लिखा हुआ है। सल्तनत में ब्राह्मण-पंडितों की तलाश शुरू हो गई।

कई पंडित मिले। गुप्तों के समय में और उनके बाद में रचे हुए पुराणों को सुनाने वाले पंडित मिले। वेदों को सुनाने वाले भी कुछ ब्राह्मण-पंडित मिले। किंतु देश में ऐसा एक भी पंडित नहीं मिला जो सम्राट अशोक या समुद्रगुप्त के इन लेखों को पढ़ सके।

क्या वजह थी कि ईसा की चौदहवीं सदी में भी देश में एक भी ऐसा व्यक्ति नहीं था जो इन लेखों को पढ़ सके? क्या ये लेख किसी विदेशी भाषा में लिखे गए थे? नहीं, इन लेखों की भाषा है प्राकृत और संस्कृत। देश के लंबे इतिहास में संस्कृत मुख्यतः ब्राह्मणों के पठन-पाठन की भाषा रही है। क्या इन लेखों की लिपि विदेशी थी? नहीं, यह वही ब्राह्मी लिपि थी जिससे आज की सारी भारतीय लिपियों का विकास हुआ है।

चौदहवीं सदी के पंडित तीन-चार सदियों पहले की अपनी धार्मिक हस्तलिखित पोथियों को अवश्य ही पढ़ लेते होंगे। कोशिश करते तो चौदहवीं सदी के भी कुछ पंडित अशोक और समुद्रगुप्त के इन अभिलेखों को पढ़ने में सफलता प्राप्त कर सकते थे। इन लेखों की भाषा—प्राकृत व संस्कृत—वे जानते ही थे। भाषा ज्ञात हो, पुरालेखों की लिपि वर्तमान लिपि की जननी हो, तो फिर पुरालेखों को पढ़ने में अधिक कठिनाई नहीं होती।

लेकिन नहीं, ऐसा नहीं हुआ; हो भी नहीं सकता था। उस समय के हमारे देश के विद्या के ठेकेदार यह जानते ही नहीं थे कि अशोक या समुद्रगुप्त के समय में हमारे देश में कोई 'वैभवशाली युग' रहा है, कोई 'स्वर्णयुग' रहा है। महान अशोक को हमारा देश भूल चुका था। उसके स्मारक और अभिलेख देश में मौजूद थे। लेकिन ये अशोक के हैं, यह जानने-समझने वाला कोई नहीं था (इलाहाबाद के अशोक-स्तंभ को स्थानीय लोग पहले 'भीम की गदा' कहते थे)। जिन बौद्ध ग्रंथों में अशोक के बारे में थोड़ी-बहुत जानकारी मिलती है, वे देश से लुप्त हो चुके थे। ब्राह्मणों के ग्रंथों में शायद ही कहीं अशोक का उल्लेख हुआ हो। हां, हमारे पड़ोसी देशों में अशोक की स्मृति जीवित थी। पड़ोसी देशों में हमारे बौद्ध ग्रंथ भी सुरक्षित रहे। दो-चार ग्रंथों को छोड़कर सारे बौद्ध ग्रंथ पड़ोसी देशों में खोजे गए हैं।

समुद्रगुप्त की भी स्थिति अशोक जैसी ही थी। इलाहाबाद की उसकी प्रशस्ति से ही हमें उसके बारे में ठोस जानकारी मिलती है। मगर 1837 ई. तक यह प्रशस्ति पढ़ी नहीं गई थी। गुप्त सम्राटों के ढेर सारे सिक्के मिले हैं। लेकिन 1837 ई. के पहले इन पर लिखे नामों को पढ़ा नहीं गया था। सामंतों और सेठ-साहूकारों के खजानों में गुप्त सम्राटों के सोने के कुछ सिक्के जरूर रहे होंगे। बहुत-से सिक्के जमीन में गड़े हुए थे; बहुत-से गला दिए गए।

सन् 1837 तक यह दशा थी भारत के 'स्वर्णयुग' की। कोई कहेगा—साहित्यिक कृतियों और पुराणों में भी तो हमारे वैभवशाली अतीत के बारे में जानकारी मिलती है! अवश्य ही, साहित्यिक कृतियों और पुराणों के पठन-पाठन की परंपरा इस देश में बनी रही। लेकिन तथ्य यह है कि इलाहाबाद की प्रशस्ति के लेखक कवि हरिषेण को छोड़कर उस समय का कोई कवि गुप्त सम्राटों के बारे में हमें ठोस जानकारी नहीं देता। कालिदास अपने किसी भी ग्रंथ में किसी गुप्त सम्राट का प्रत्यक्ष रूप से उल्लेख नहीं करते, भले ही उन्होंने अपने **रघुवंश** में परोक्ष रूप से चंद्रगुप्त की दिग्विजयों का वर्णन किया हो। रही पुराणों की बात, सो हम जानते हैं कि पुराणों की बातें कितनी विश्वसनीय हैं। और फिर, पुराणपंथियों के लिए देश के ये ऐतिहासिक युग स्वर्णयुग नहीं थे। उनके लिए कृत, द्वापर व त्रेता जैसे काल्पनिक युग ही स्वर्णयुग थे।

सन् 1837 में अंग्रेज पुरालिपिविद् जेम्स प्रिंसेप (1799-1840 ई.) ने ब्राह्मी लिपि की पूर्ण वर्णमाला का उद्‍घाटन किया। खरोष्ठी लिपि का भी उसी समय उद्‍घाटन हुआ। तब से हमारे देश के पुराने अभिलेखों, सिक्कों और ताम्रपत्रों के गहन अध्ययन-अन्वेषण का सिलसिला शुरू हुआ। देश-विदेश के अनेक विद्वानों ने इस अध्ययन-अन्वेषण में योग दिया।

पुराने जमाने में हमारे देश में इतिहास लिखने की परंपरा नहीं रही। यूनानी इतिहासकार हेरोदोतस (ईसा-पूर्व पांचवीं सदी) के 'इतिहास-संग्रह' की तरह प्राचीन भारत में एक भी ग्रंथ नहीं लिखा गया। भारत पर सिकंदर के हमले (326 ई.पू.) का

जेम्स प्रिंसेप (1799-1840 ई.)

किसी भी भारतीय ग्रंथ में उल्लेख नहीं मिलता। दरअसल, यूनानी ग्रंथ, चीनी बौद्ध यात्री फाहियान व युवान्-च्वाङ के ग्रंथ, अल्बेरूनी का 'भारत' आदि के बिना हमारे देश का इतिहास अधूरा ही रह जाता।

देश की महान कलाकृतियों की खोज भी पिछले लगभग दो सौ सालों से होने लगी है। शिवाजी (1630-1680 ई.) के पितामह मालोजी भोसले वेरूळ (एलापुर, एलोरा) के पास के एक गांव (भोसली) के पाटील थे। किंतु ढाई-तीन सौ साल के सामंती वैभव में ही शिवाजी के वंशज अपने पूर्वजों की भूमि के वैभव को लगभग भूल चुके थे। अंग्रेजों ने 18वीं सदी के अंतिम चरण में और 19वीं सदी के प्रथम चरण में वेरूळ और अजिंठा (अजंता) की गुफाओं की नए सिरे से 'खोज' की। देश के दूसरे अनेक महत्वपूर्ण स्मारकों की खोज भी इसी प्रकार नए सिरे से 18-19वीं सदी में हुई।

तात्पर्य यह कि अपने देश के विगत वैभव का ज्ञान हमें पिछले लगभग दो सौ सालों से होने लगा। आज हम अपने देश के इतिहास व संस्कृति के बारे में जितनी बातें जानते हैं, उनमें से 90 प्रतिशत जानकारी पिछले लगभग दो सौ सालों के अध्ययन-अनुसंधान पर आधारित है।

देश पर विदेशी शासन था। स्वाधीनता के लिए संघर्ष जारी था। 'म्लेच्छों' के शासन की स्मृतियां परंपरा से दिमाग में मौजूद थीं। ऐसे समय हमारे देशवासियों को अपनी विगत संस्कृति का 'बोध' क्या हुआ, एक बड़ा हथियार हाथ लग गया। हिंदू समाज में सदियों से रूढ़िवादिता मौजूद थी। विगत संस्कृति का नए सिरे से बोध होने से इस रूढ़िवादिता को नया बल मिला। उसी समय पहली बार देश और विदेश के कुछ इतिहासकारों को भारतीय इतिहास के 'हिंदूकाल' या 'स्वर्णयुग' का इलहाम हुआ।

हिंदू समाज के नेताओं ने अपने राष्ट्रीय आंदोलनों को धर्म और संस्कृति के आधार पर खड़ा किया। आज की भयावह सांप्रदायिकता के विषवृक्ष के लिए उसी समय से जमीन तैयार होने लगी। इस प्रकार, यह आधुनिक सांप्रदायिकता उतनी ही पुरानी है, जितनी कि अपनी प्राचीन संस्कृति की हमारी आधुनिक जानकारी—मुश्किल से दो-ढाई सौ साल पुरानी!

2

स्वर्णयुग की खोज

उन्नीसवीं सदी का पूर्वार्द्ध। ब्राह्मी लिपि के उद्‌घाटन (1837 ई.) के तीन साल पहले, भारत के लिए अंग्रेजी शिक्षा का औचित्य सिद्ध करते हुए, टॉमस मैकॉले (1800-1859 ई.) ने बंगाल की भूमि पर कदम रखते ही (1834 ई.) बड़े अहंकार से कहा था : "यूरोप के किसी अच्छे पुस्तकालय की एक अलमारी ही भारत और अरब के समूचे देशी साहित्य के मुकाबले बहुत है।"

उन्नीसवीं सदी का उत्तरार्द्ध। भारत के पुराने हस्तलिखित ग्रंथों और कलाकृतियों को सुरक्षित रखने के लिए यूरोप के संग्रहालयों को, न केवल बहुत-सी नई अलमारियां जुटानी पड़ीं, बल्कि अनेक नए कक्ष भी खोलने पड़े।

देश में धार्मिक-सामाजिक आंदोलन जन्म ले रहे थे। इनमें से कई आंदोलन वेद व वेदांत के महिमा-मंडन पर आधारित थे। मगर वेद व ब्रह्म का गुह्य, न तो आर्थिक शोषण से पीड़ित देश की आम जनता के दिमाग में उतर सकता था, और न देश का आर्थिक शोषण करने वाले ब्रिटिश पूंजीपतियों को प्रभावित कर सकता था।

देश में राष्ट्रीय आंदोलन भी जन्म ले रहे थे। इसी समय देश के उच्च व मध्य वर्ग के लोगों को भारत की प्राचीन संस्कृति का 'बोध' हुआ। यह बहुत बड़ी उपलब्धि थी। इससे हिंदू नेताओं के राष्ट्रीय आंदोलन को बड़ा बल मिला। राष्ट्रवादी इतिहासकारों ने भारत के प्राचीनकाल को 'हिंदू-क़ाल' का नाम दिया। 'फूट डालो और राज करो' वाली नीति के अंग्रेज शासकों ने इतिहास के इस काल-विभाजन पर अपनी मुहर लगा दी। भारत का इतिहास कालों में बँट गया—हिंदू-काल, मुस्लिम-काल और ब्रिटिश-काल!

अब देश के इतिहास में एक 'स्वर्णयुग' की खोज शुरू हुई। कहां मिलेगा स्वर्णयुग? निश्चय ही, वह मुस्लिम-काल में नहीं मिल सकता था। देश के बहुसंख्यक हिंदुओं के दिलों को सुख-शांति देनेवाला स्वर्णयुग केवल हिंदू-काल में ही खोजा जा सकता था। इस हिंदू-काल में भी एक काल-विशेष ही स्वर्णयुग का हकदार बन सकता था। कौन-सा है वह काल? महान अशोक का काल स्वर्णयुग नहीं बन सकता था, क्योंकि अशोक बौद्धधर्म का अनुयायी था और उस समय देश में बौद्ध नहीं के बराबर थे। अरब सागर से बिहार तक अपना साम्राज्य स्थापित करने वाले कनिष्क का काल

स्वर्णयुग बनने का अधिकारी नहीं था, क्योंकि कनिष्क बौद्धधर्म का अनुयायी था, और 'विदेशी' भी।

अब बचा गुप्त-सम्राटों का काल। हां, यही है भारतीय इतिहास और संस्कृति का स्वर्णयुग! यही है हिंदू-काल का वह वैभवशाली युग!

हिंदू राष्ट्रवादी इतिहासकारों ने अपनी किस मनोवृत्ति के कारण गुप्त-काल को स्वर्णयुग का नाम दिया, इसकी चर्चा हम आगे करेंगे। यहां हम सिर्फ यही देखेंगे कि गुप्त सम्राटों का यह युग कितना 'स्वर्णयुग' है।

गुप्तों ने उत्तरापथ पर लगभग दो सौ साल (300-500 ई.) शासन किया। घटोत्कचगुप्त, चंद्रगुप्त (प्रथम), समुद्रगुप्त, चंद्रगुप्त (विक्रमादित्य), कुमारगुप्त, स्कंदगुप्त आदि गुप्त शासकों के नाम हैं। यहां हम मान लेते हैं कि गुप्त-सम्राटों और सामंतों के इन नामों के कारण और उनके भोग-विलास के जीवन के कारण उनके युग को स्वर्णयुग का नाम नहीं दिया गया होगा। अवश्य ही उनके युग को स्वर्णयुग का नाम देने के लिए कुछ ठोस कारण मौजूद होंगे।

कई कारण हो सकते हैं। गुप्तों के समय में देश में महान वैज्ञानिक पैदा हुए होंगे, विज्ञान के क्षेत्र में नए आविष्कार हुए होंगे। गुप्तों के दरबार में महान कवियों को आश्रय मिला होगा। गुप्तों के आश्रय में महान कृतियों की रचना हुई होगी। गुप्तों के समय में महान कलाकृतियों का निर्माण हुआ होगा...इत्यादि। इस 'स्वर्णयुग' में सभी कुछ अपनी पराकाष्ठा पर पहुंच गया होगा। आइए, एक-एक करके संक्षेप में देख ही लेते हैं।

आज हम जानते हैं कि विज्ञान के क्षेत्र में हमारे देश का सबसे बड़ा आविष्कार है—शून्य की धारणा पर आधारित दाशमिक स्थानमान अंक-पद्धति; अर्थात्, शून्य-सहित सिर्फ दस संकेतों से सारी संख्याएं लिख सकने की पद्धति। साहित्यिक प्रमाणों से हम इस निर्णय पर पहुंचते हैं कि ईसा की आरंभिक सदियों में भारत में इस नई अंक-पद्धति की खोज हो चुकी थी। गुप्तों ने अपना नया संवत् चलाया—319-20 ई. में। लेकिन उन्होंने अपने किसी भी अभिलेख में इस नई वैज्ञानिक अंक-पद्धति का प्रयोग नहीं किया। समुद्रगुप्त की प्रयाग-प्रशस्ति में तो कोई तिथि भी नहीं है। गुप्तों के कोई सौ साल बाद गुर्जर सामंतों के अभिलेखों में हमें पहली बार शून्य की धारणा पर आधारित दाशमिक स्थानमान अंक-पद्धति के दर्शन होते हैं।

आर्यभट (जन्म 476 ई.) हमारे देश के पहले महान गणितज्ञ-खगोलविद् हैं। अपने **आर्यभटीय** ग्रंथ में उन्होंने जानकारी दी है कि 499 ई. में वे 23 साल के थे। उस समय तक गुप्तों के वैभव का सूर्य अस्त हो चुका था। आर्यभट ने लिखा है कि वे कुसुमपुर में पूजित ज्ञान का अपने ग्रंथ में वर्णन कर रहे हैं (**आर्यभटस्त्विह निगदति कुसुमपुरेऽभ्यर्चितं ज्ञानम्**)। संभव है कि यह कुसुमपुर प्राचीन पाटलिपुत्र (आजकल का पटना) शहर ही रहा हो। पर आर्यभट की पूरी शिष्य-परंपरा उन्हें अश्मक देशवासी (**अश्मकजनपदजात**) और उनके ग्रंथ को **आश्मकतंत्र** बताती है। यह अश्मक देश नर्मदा और गोदावरी नदियों

के बीच का प्रदेश था। और, इस अश्मक प्रदेश पर गुप्तों का नहीं, उस समय वाकाटकों का शासन था।

आर्यभट के बाद हमारे देश में वराहमिहिर (मृत्यु 587 ई.), ब्रह्मगुप्त (जन्म 598 ई.) आदि गणितज्ञ-खगोलविद् हुए। वराहमिहिर कायथा (उज्जैन के समीप) में जन्मे थे, तो ब्रह्मगुप्त भिन्नमाल या भीनमाल (दक्षिण राजस्थान) में। बारहवीं सदी में लिखी गई **ज्योतिर्विदाभरण** नामक एक जाली पोथी में चंद्रगुप्त (विक्रमादित्य) के 'नवरत्नों' के बारे में एक श्लोक मिलता है। नवरत्नों में अमरसिंह, धन्वंतरि, वराहमिहिर आदि के नाम गिनाए गए हैं। पर ये सारे विद्वान एक समय के हैं ही नहीं। विक्रमादित्य के नवरत्नों की कल्पना मनगढ़ंत है।

गुप्तों के समय में आयुर्वेद में नया कुछ नहीं जोड़ा गया। **चरक-संहिता** की रचना संभवतः ईसा की पहली सदी में हुई। पता चलता है कि कुषाण-नरेश कनिष्क के दरबार में चरक नाम के एक वैद्य थे। **सुश्रुत-संहिता** के उपदेशक काशिराज दिवोदास हैं, जो गुप्तों के पहले हुए। हां, गुप्तों के समय में एक बात जरूर हुई : आयुर्वेद से शल्य-चिकित्सा को सदा के लिए बाहर कर दिया गया। वैद्याचार्य वाग्भट (ज्येष्ठ व कनिष्ठ) और रसायनज्ञ नागार्जुन गुप्तों के बाद हुए।

गुप्तों के समय में जनता की भाषा प्राकृत थी; किंतु गुप्त-सम्राटों ने संस्कृत भाषा को प्रश्रय दिया। अवश्य ही उनके समय में संस्कृत के कई कवियों ने अपनी प्रतिभा का चमत्कार दिखाया होगा। दरबारी कवि हरिषेण ने समुद्रगुप्त की 'प्रशस्ति' लिखी। मगर तथ्य यह है कि हरिषेण को छोड़कर इस तथाकथित स्वर्णयुग में ऐसा कोई कवि नहीं हुआ जो प्रत्यक्ष रूप से किसी गुप्त-सम्राट को अपना आश्रयदाता बताता हो। कालिदास का जन्म संभवतः उज्जैन में हुआ था, गुप्तों के साम्राज्य में। किंतु कालिदास अपनी किसी भी कृति में किसी भी गुप्त-सम्राट का प्रत्यक्ष उल्लेख नहीं करते। कालिदास ने अपने **मेघदूत** की रचना वाकाटक-राज्य—संभवतः रामगिरि (रामटेक, विदर्भ)—में की थी।

गुप्तों ने अपने-जैसी अपने देवताओं की मूर्तियां बनवाईं। इसके लिए हम उन शिल्पियों के सामने नतमस्तक हैं, जिन्होंने इन कलाकृतियों का सृजन किया। लेकिन गुप्तों के साम्राज्य में ही भारतीय कला का चरम विकास हुआ, इसे हम स्वीकार नहीं कर सकते। उस समय अजिंठा और वेरूळ गुप्तों के साम्राज्य में नहीं थे, वाकाटकों के राज्य में थे। लेकिन उस समय भी अजिंठा व वेरूळ में हजारों कमकर अपने हथौड़े चलाकर पहाड़ों में दरीगृह बना रहे थे, शिल्पियों की छेनियां मूर्तियों को तराश रही थीं, चित्रकारों की तूलिकाएं अनुपम चित्रों का निर्माण कर रही थीं। ऐसा एक भी उल्लेख नहीं मिलता जिसके आधार पर कहा जा सके कि किसी गुप्त-सम्राट ने अपने राज्य के बाहर की इन भव्य कलाकृतियों के निर्माण में योग दिया था। हां, वाकाटकों व राष्ट्रकूटों ने इनके निर्माण में अवश्य हाथ बटाया था।

अकबर की अर्ध-मुहर पर राम व सीता का रूपांकन और नागरी में 'रामसीय' शब्द।

गुप्त-सम्राट विष्णु के 'परमभक्त' थे; उनकी स्वर्णमुद्राओं पर उन्हें 'परमभागवत' कहा गया है। फिर भी, हम थोड़ी देर के लिए मान लेते हैं कि वे धर्म-निरपेक्ष शासक थे। लेकिन यदि धर्म-निरपेक्षता ही स्वर्णयुग की बड़ी कसौटी है, तो इस देश का सबसे बड़ा धर्म-निरपेक्ष शासक कोई दूसरा ही हुआ है। हम पीछे जाकर महान अशोक का नाम नहीं लेंगे। हमारे सामने उस शासक की स्मृति उभर आती है जो अपनी प्रजा के सामने धर्म-निरपेक्षता का सच्चा आदर्श पेश करने के लिए अपनी दाढ़ी साफ करता है, अपने पुश्तैनी लिबास को उतारकर चौबंदी बांध लेता है, सिर पर पगड़ी चढ़ा लेता है, जनेऊ डालकर और तिलक लगाकर दरबार में हाजिर होता है, सूर्य के एक हजार नामों का जप करता है, सूर्य के सामने दंडवत लगाता है, अपने शासन के अंतिम दिनों में 'रामसीय' सिक्का जारी करता है। इतने से भी काम नहीं बनता, तो अपने बाप-दादा के धर्म को भी छोड़ देता है...'काफिर' बन जाता है!

फिर भी, अकबरी युग को हम 'स्वर्णयुग' नहीं कह सकते! क्योंकि वह बाद का युग है; 'म्लेच्छों' के शासन का युग है। हमको पुराना युग चाहिए। हमको हिंदूकाल का स्वर्णयुग चाहिए!

और, हमने खोज की तो सचमुच ही हमको एक 'स्वर्णयुग' मिल गया— गुप्त-सम्राटों का युग। इस प्रकार, पूंजीवादी-साम्राज्यवाद के खिलाफ अपने राष्ट्रीय आंदोलनों को तीव्र बनाने के लिए हमने अपने अतीत के एक सामंती-साम्राज्यवादी काल में 'स्वर्णयुग' की खोज की।

दरअसल, इस स्वर्णयुग की खोज के पीछे किस धार्मिक-सांप्रदायिक मनोवृत्ति ने काम किया है, इसकी चर्चा हम आगे करेंगे।

3

स्वर्णयुग या विष्णु का साम्राज्यवाद

हमारा युग कलियुग है, पापयुग है। अतीत के द्वापर, त्रेता और कृत युग एक से एक बेहतर युग थे।

ये विचार ब्राह्मण-धर्म के वाङ्मय की विरासत हैं। ब्राह्मण-धर्म के किसी ग्रंथ में यह लिखा हुआ देखने को नहीं मिलता कि उनका अपना युग अतीत के युगों से बेहतर है या निकट भविष्य में कोई बेहतर युग आनेवाला है। संक्षेप में, समूचा ब्राह्मणधर्मी साहित्य अतीताभिमुख है।

ब्राह्मण-धर्म की सदियों की यह शिक्षा आज भी देश की जनता पर हावी है। अवसरवादी धार्मिक-सामाजिक-राजनीतिक नेता जनता की इस मनोवृत्ति से लाभ उठाकर उनके सामने अतीत के ऐतिहासिक एवं काल्पनिक चरित्रों के आदर्श पेश करते हैं। आज के युग को 'रामराज्य' में बदलने की बात की जाती है। अतीत को आज से बेहतर मानने की इसी घोर निराशावादी मनोवृत्ति ने इतिहास के पन्नों में एक 'स्वर्णयुग' को जन्म दिया है।

लेकिन आज का वैज्ञानिक अध्ययन हमारे सामने मानव-जाति के विकास का एक दूसरा ही चित्र उपस्थित करता है। इसके अनुसार, हर नया युग अतीत के युगों से बेहतर रहा है। आज हम जानते हैं कि लगभग पांच लाख साल तक आदमी केवल पत्थरों के हथियारों का इस्तेमाल करता रहा। उसे हमने 'प्रस्तर-युग' का नाम दिया है। कुछ आदिवासी-समुदायों के रूप में उस युग के अवशेष आज भी धरती पर मौजूद हैं; जैसे, अंदमान-निकोबार द्वीपों में बसने वाले ओंगी और जारवा जनजातियों के लोग। जो लोग अतीत के उस युग को 'सतयुग' मानते हैं, वे चाहें तो इन बचे-खुचे आदिवासियों के बीच में जाकर उस युग का आनंद लूट सकते हैं।

फिर आदमी ने तांबे और पीतल की खोज की। तब तांबे और पीतल के हथियार बने। उस युग को वैज्ञानिकों ने ताम्रयुग का कांस्ययुग का नाम दिया है। चार-पांच हजार साल पहले की सिंधु सभ्यता ताम्रयुग की सभ्यता थी। उस समय के लोग अभी लोहे के हथियार बनाना नहीं जानते थे।

फिर आर्यभाषी लोग इस देश में आए। शुरू में उन्हें भी लोहे का ज्ञान नहीं था। लेकिन जल्दी ही उन्हें लोहे (कृष्ण अयस्) की तकनीक का ज्ञान हो गया। तब से लौहयुग की शुरुआत होती है। यह कोई साढ़े तीन हजार साल पहले की बात है।

कुछ पंडित आज भी यही प्रतिपादित करते हैं कि आर्यभाषी लोग बाहर से यहां नहीं आए, बल्कि भारत के ही मूल निवासी हैं, और यहीं से बाहर गए हैं। परंतु अब मानव-आनुवंशिकी (Human Genetics) के नए अनुसंधान से यह सिद्ध हो गया है कि आर्यभाषी लोग मध्य-एशिया या पश्चिमोत्तर एशिया से भारत पहुंचे थे–ईसा-पूर्व दूसरी सहस्राब्दी के पूर्वार्द्ध में।

आदमी का निरंतर विकास होता रहा है। ताम्रयुग के आदमी की दशा प्रस्तरयुग के आदमी से बेहतर थी। लोहे का ज्ञान होने पर आदमी ने तेजी से उन्नति की। विकास का हर नया युग बीते हुए युगों से बेहतर रहा है।

बहुत प्राचीन काल में ही आदमी सोने की चमक-दमक का शिकार हो चुका था, लोहे और पीतल का भी ज्ञान होने के पहले। किंतु आदमी के श्रम को बहुगुणित करने की जो शक्ति पीतल और लोहे में थी, वह सोने में नहीं थी। हां, अतीत के निरंकुश राजाओं और सामंतों की शक्ति को बढ़ाने में सोने की इस धातु ने अवश्य ही बड़ा योग दिया है।

क्या इसी वजह से गुप्त-सम्राटों के काल को 'स्वर्णयुग' का नाम दिया गया है? नहीं, भारतीय इतिहास के तथाकथित 'हिंदूकाल' में इस 'स्वर्णयुग' की खोज धार्मिक पक्षपात की मनोवृत्ति के कारण हुई है। गुप्तों के काल को स्वर्णयुग का नाम देने का प्रमुख कारण यह है कि आज के हिंदू समाज की अधिकांश रूढ़ियों और परंपराओं का जन्म इसी काल में होता है।

प्राचीन भारत में यदि सचमुच कोई 'स्वर्णयुग' रहा है, तो उसकी तलाश हमें सर्वप्रथम कुषाणों के शासनकाल में करनी चाहिए। कुषाणों के समय में रोमन साम्राज्य के साथ व्यापार खूब बढ़ा और रोमन स्वर्ण-मुद्राएं (देनेरियस् औरेयस्) बड़ी तादाद में भारत में पहुंचने लगीं। तब कुषाणों ने भी अपनी स्वर्ण-मुद्राएं रोमन स्वर्ण-मुद्राओं के अनुकरण पर बनानी शुरू कर दीं। इतना ही नहीं, रोमन **देनेरियस्** के आधार पर भारत में **दीनार** शब्द प्रचलित हो गया, जो बाद में गुप्त-सम्राटों की स्वर्ण-मुद्राओं के लिए भी प्रयुक्त हुआ। कुषाण 'दीनार' और रोमन 'देनेरियस्' का तौल लगभग समान था (124 ग्रैन या 8 ग्राम)। कुषाणों ने दो-दीनार और चौथाई-दीनार वाली स्वर्ण-मुद्राएं भी जारी कीं।

गुप्त शासकों ने विविध प्रकार की जो स्वर्ण-मुद्राएं जारी कीं, उनका उपयोग प्रमुखतः भूमि की खरीद-फरोख़्त, बड़े पैमाने के व्यापार और दान-दक्षिणा के लिए हुआ। गुप्तों ने चांदी, तांबा और सीसे के बहुत कम सिक्के जारी किए। सामान्य लोक-व्यवहार में पहले के (कुषाणों और क्षत्रपों के) ही चांदी व तांबे के सिक्के चलते

रहे। गुप्तों की आरंभिक स्वर्ण-मुद्राएं भी कुषाणों की स्वर्ण-मुद्राओं से और उनके अनुकरण पर बनी थीं।

दरअसल, राज्य-शासन की दृष्टि से गुप्तों का युग सामंती साम्राज्यवाद का युग है। और, इस युग को धार्मिक दृष्टि से कोई नाम देना ही है तो इसे विष्णु के साम्राज्यवाद का नाम अधिक शोभा देता है।

गुप्त-सम्राटों के पूर्व-पुरुष गुप्त की उपाधि केवल 'श्री' है। श्रीगुप्त पटना के पास के किसी छोटे-से क्षेत्र का सामंत रहा होगा। श्रीगुप्त का पुत्र घटोत्कच गुप्त 'महाराज' बन जाता है। घटोत्कच का पुत्र चंद्रगुप्त-प्रथम, लिच्छवी कन्या कुमार देवी से ब्याह करने के बाद, 'राजाधिराज' बन जाता है। और, चंद्रगुप्त का पुत्र समुद्रगुप्त उत्तरापथ के बहुत से स्वतंत्र राज्यों को, जिनमें कई गणराज्य भी थे, नष्ट करके अपना एक साम्राज्य खड़ा करता है और 'महाराजाधिराज' बन जाता है।

यह हुआ सामंती साम्राज्यवाद। अब देखिए, गुप्तों के परमदेवता विष्णु का धार्मिक साम्राज्यवाद।

ऋग्वेद में विष्णु का उल्लेख है, किंतु वहां यह इंद्र या अग्नि जैसा बड़ा देवता नहीं है। ऋग्वेद का विष्णु सूर्य का प्रतीक है और वहां वह इंद्र का सखा है। वहां विष्णु के 'परम पद' स्वयं-समर्थ नहीं हैं, बल्कि इंद्र से उन्हें शक्ति मिलती है। वैदिक साहित्य में विष्णु के अवतारों की कोई चर्चा नहीं है और न लक्ष्मी को उनके गले में बांधा गया है।

लेकिन वैदिक साहित्य का यह एक गौण देवता गुप्त-सम्राटों की कृपा से ब्राह्मण-धर्म का सबसे बड़ा देवता बन जाता है। विष्णु का साम्राज्यवाद खड़ा करने के लिए गुप्तकाल में अवतारवाद का आविष्कार होता है। न केवल ब्राह्मण-धर्म के दूसरे देवता, बल्कि आदिवासियों के वराह, कूर्म आदि टोटेम-देवता भी विष्णु के अवतार घोषित कर दिए जाते हैं। इतना ही नहीं, बुद्ध जैसे ऐतिहासिक महापुरुष को भी विष्णु का अवतार घोषित करके सूअर और कछुए की पंक्ति में बिठा दिया जाता है!

गुप्तों के साम्राज्य-विस्तार में लिच्छवियों ने बड़ा सहयोग दिया था। चंद्रगुप्त के साथ उसके सिक्कों पर कुमार देवी का नाम ही नहीं, बल्कि लिच्छवियों का नाम भी अंकित मिलता है। गुप्तों के समय में विष्णु को पहली बार लक्ष्मी मिली। लक्ष्मी का ब्राह्मण-धर्म से कोई संबंध नहीं है। वह ब्राह्मणेतरों की देवी थी। भरहुत के एक शुंगकालीन लेख में उसे 'सिरिमा देवता' कहा गया है।

इस प्रकार, गुप्तों के समय में दूसरे संप्रदायों के बहुत-सारे देवी-देवता विष्णु की गृहस्थी में शामिल कर दिए गए।

गुप्त सम्राटों ने अपने को 'परमभागवत' कहा है। **विष्णुधर्मोत्तर, मार्कंडेय** आदि पुराणों के रचयिताओं ने भी लिख दिया कि 'प्रत्येक राजा विष्णु है।'

स्तोत्रों में रची हुई एक पोथी है–**विष्णुसहस्रनाम**। इसमें विष्णु के हजार नाम गिनाए गए हैं। इस पुस्तक में चंद्र, समुद्र, स्कंद, गुप्त, श्री, अप्रतिरथ, विक्रम आदि विष्णु के

गुप्तकाल के देव-सम्राट विष्णु,
5वीं सदी, राष्ट्रीय संग्रहालय, नई दिल्ली

नाम बताए गए हैं। दूसरी ओर, हम देखते हैं कि ये या तो गुप्त-सम्राटों के नाम हैं या उनकी उपाधियां हैं। जाहिर है, गुप्तों के आश्रित किसी ब्राह्मण लेखक ने इस पोथी की रचना की है।

इस प्रकार, गुप्तों के साम्राज्यवाद के आश्रय में विष्णु के साम्राज्यवाद ने जन्म लिया। ये दोनों किस्म के साम्राज्यवाद एक-दूसरे के परिपूरक बने। गुप्तों के समय में विष्णु की जो चरमोन्नति हुई, वह आज भी कायम है। और, ठीक यही कारण है कि आज के हिंदू मतावलंबियों को गुप्तों के काल को 'स्वर्णयुग' का नाम देना अच्छा लगता है। तब सामंतवादी सम्राट विष्णु की मूर्तियां और मंदिर बनवाते थे, अब पूंजीवादी सेठ-साहूकार विष्णु या उसके अवतारों के मंदिर बनाते हैं।

आज हम गुप्तों के काल को भारतीय इतिहास का स्वर्णयुग कहते हैं। लेकिन गुप्तकाल के ब्राह्मण लेखकों के लिए उनका काल स्वर्णयुग नहीं था। वे अपने युग को स्वर्णयुग नहीं, बल्कि कलियुग अर्थात् पतितयुग ही समझते थे। उनके लिए अतीत के कृत, त्रेता और द्वापर जैसे काल्पनिक युग ही स्वर्णयुग थे। फिर हम क्यों गुप्तकाल को स्वर्णयुग कहें? सीधे-सीधे गुप्त-सम्राटों का युग सामंती साम्राज्यवाद का युग है और धार्मिक दृष्टि से इस युग को कोई नाम देना है तो इसके लिए सर्वोत्तम नाम होगा—विष्णु के साम्राज्यवाद का युग!

4

भारत : कितना बृहत्तर

मेरे सामने दो ग्रंथ हैं : (1) **India and Central Asia** (भारत और मध्य-एशिया)–डा. प्रबोधचंद्र बागची, और (2) **Hindu Colonies in The Far East** (सुदूर पूर्व में हिंदू उपनिवेश)–डा. रमेशचंद्र मजूमदार।

डा. बागची ने अपने ग्रंथ में ईसा की पहली सहस्राब्दी में भारत और मध्य-एशिया के सांस्कृतिक संबंधों की रूपरेखा प्रस्तुत की है। चीनी तुर्किस्तान के साथ भारत के सदियों तक गहरे संबंध रहे हैं। वहां बौद्धधर्म का प्रचार-प्रसार हुआ। मध्य-एशिया से ही बौद्धधर्म चीन में पहुंचा था। खोतन और कूचा में भारतीय नामों वाले राजाओं ने कुछ सदियों तक शासन भी किया। चीनी तुर्किस्तान में भारत में प्रचलित ब्राह्मी और खरोष्ठी लिपियों को अपनाया गया और वहां संस्कृत तथा प्राकृत भाषाओं का पठन-पाठन सदियों तक जारी रहा। चीन और भारत के पर्यटक मध्य-एशिया के मार्ग से ही एक-दूसरे के देश में पहुंचे थे।

डा. बागची के इस ग्रंथ को मैं पहले भी एक बार पढ़ चुका था। इस बार पुनः पढ़ने लगा, तो मैं इसमें 'बृहत्तर भारत', 'हिंदू संस्कृति' और 'मध्य-एशिया में हिंदू उपनिवेश' जैसे शब्दों की खोज करने लगा। लेकिन ये शब्द इस ग्रंथ में कहीं नहीं मिले। डा. बागची ने धर्म-संप्रदायों का नाम लेते समय महायान, हीनयान, थेरवाद, सर्वास्तिवाद, ब्राह्मण-धर्म जैसे शब्दों का ही प्रयोग किया है। 'मध्य-एशिया में हिंदूधर्म' या 'हिंदू उपनिवेश' जैसे शब्दों का इस्तेमाल उन्होंने एक बार भी नहीं किया है। उस समय 'हिंदूधर्म' जैसी कोई चीज थी ही नहीं, तो वे इस शब्द का प्रयोग क्यों करते?

अब डा. मजूमदार की पुस्तक–'सुदूर पूर्व में हिंदू उपनिवेश।' पुस्तक के शीर्षक से आप यह न सोचने लग जाएं कि ईसा की दसवीं सदी के बाद, जब 'हिंदू' शब्द रूढ़ हुआ, दक्षिण-पूर्व एशिया में भारत के हिंदुओं ने अपने उपनिवेश स्थापित किए थे। दरअसल, इस पुस्तक में भी ईसा की पहली सहस्राब्दी में इस प्रदेश के साथ भारत के सांस्कृतिक संबंधों का ही लेखा-जोखा प्रस्तुत किया गया है। जिस प्रकार मध्य-एशिया के साथ भारत के गहरे सांस्कृतिक और व्यापारी संबंध रहे हैं, वैसे ही दक्षिण-पूर्व एशिया के देशों के साथ भी रहे हैं। दक्षिण-पूर्व एशिया के देशों में भी बौद्धधर्म का प्रचार-प्रसार

हुआ और आज भी स्याम, म्यांमार (बर्मा), कंबोडिया, वियतनाम आदि देशों में बौद्धधर्म जीवित है। बौद्धधर्म और भारतीय व्यापारियों का अनुसरण करते हुए ब्राह्मण-धर्म भी दक्षिण-पूर्व एशिया के इन देशों में पहुंच गया था।

लेकिन उस समय का यह बौद्धधर्म या ब्राह्मण-धर्म हिंदूधर्म नहीं था। दक्षिण-पूर्व एशिया के देशों से प्राप्त प्राचीन अभिलेखों में कहीं 'हिंदू' शब्द देखने को नहीं मिलता। डा. रमेशचंद्र मजूमदार द्वारा संकलित-संपादित **Inscriptions of Kambuja** (कंबुज अभिलेख) ग्रंथ में भी 'हिंदू' शब्द कहीं नहीं है। फिर भी, डा. मजूमदार ने अपने उपर्युक्त ग्रंथ में बार-बार 'हिंदू धर्म', 'हिंदू संस्कृति' आदि शब्दों का धड़ल्ले से प्रयोग किया है। उनकी पुस्तक के प्रकरणों के शीर्षक हैं–'आरंभिक हिंदू उपनिवेश', 'सुवर्णद्वीप में हिंदू संस्कृति', 'चम्पा के हिंदू राज्य', 'कंबुज में हिंदू संस्कृति', 'बर्मा के प्राचीन हिंदू राज्य', इत्यादि।

हम हिंदू हैं। ऐसे इतिहास-ग्रंथ को पढ़कर हमारे मन को बड़ा सकून मिलता है, हमारे भीतर का 'हिंदुत्व' नाचने-कूदने लगता है। और, ऐसे ही ग्रंथों से खुराक पाकर आज के हिंदू अतिराष्ट्रवादी नेता घोषणा करते हैं–'हम अनादि काल से हिंदू हैं'।

आज अपने किसी भी पड़ोसी देश के साथ हमारे संबंध अच्छे नहीं हैं। क्या कारण है? कई कारण हो सकते हैं। लेकिन एक कारण अवश्य ही यह है कि हम अपने ग्रंथों में अपने पड़ोसी देशों के बारे में अक्सर गलत और दकियानूसी बातें लिखते हैं। आप ही सोचिए कि डा. मजूमदार के इस ग्रंथ को पढ़कर दक्षिण-पूर्व एशिया के प्रबुद्ध पाठक क्या सोचेंगे? आज भी इन देशों में बौद्धों की संख्या काफी अधिक है। लेकिन वे अच्छी तरह जानते हैं कि उनके पूर्वजों ने भारत की जिस संस्कृति और जिन धर्मों को अपनाया था, उनका 'हिंदू' शब्द से कोई नाता नहीं है।

भारत पर भी मध्य-एशिया की शक, कुषाण, तुर्क आदि जातियों ने सदियों तक शासन किया है। मध्य-एशिया के देशों में बसने वाले इन शक, कुषाण तथा तुर्कों के आज के वंशज भी यदि यह लिखें कि हमारे पूर्वजों ने भारत में अपने 'सशक्त राजनीतिक साम्राज्य खड़े किए थे', तो पढ़कर आपको कैसा लगेगा?

हमारे इतिहास-ग्रंथों में बढ़ा-चढ़ाकर लिखा जाता है कि इस देश को हमने यह दिया, वह दिया। लेकिन दूसरे देशों से हमने क्या-क्या लिया, इसकी चर्चा बहुत कम की जाती है। यूनानियों के संपर्क में आने के बाद भारत में सुंदर मूर्तियां बनने लगीं; रंगमंच के पर्दे के अर्थवाला 'यवनिक' शब्द यूनान की देन हैं; यूनानी ज्योतिष से भारतीय ज्योतिषियों ने बहुत-सी बातें सीखीं; उन्हीं के माध्यम से बेबीलोनी मूल की 12 राशियों तथा सप्ताह के 7 वारों का ज्ञान भारत में पहुंचा है; परमाणुवादी कणाद और न्यायकार अक्षपाद के दर्शनों पर यूनानी चिंतन का प्रभाव स्पष्ट दिखाई देता है; यूनानी अक्षरांक-पद्धति का अनुकरण करते हुए महान गणितज्ञ-खगोलविद् आर्यभट (जन्म 476 ई.) ने एक नई अक्षरांक-पद्धति को जन्म दिया था। भारतीय स्थापत्य पर विदेशी स्थापत्य का

गहरा प्रभाव पड़ा; सवाई जयसिंह (1686-1743 ई.) ने अपनी विशाल वेधशालाओं का **निर्माण** उलूगबेग (1394-1449 ई.) की समरकंद वाली वेधशाला का अनुकरण करते हुए किया है, आदि बातों की चर्चा करते ही हम नाक-भौंह सिकोड़ने लगते हैं।

वराहमिहिर (मृत्यु 587 ई.) अपनी **बृहत्संहिता** (2.14) में बताते हैं :

म्लेच्छा हि यवनास्तेषु सम्यक् शास्त्रमिदं स्थितम्।
ऋषिवत्तेऽपि पूज्यन्ते किं पुनर्दैवविद् द्विजः॥

अर्थात्, म्लेच्छ होने पर भी यवनों (यूनानियों) को ज्योतिषशास्त्र का अच्छा ज्ञान है, इसलिए वे ऋषिवत् पूज्य हैं। इस शास्त्र को जानने वाला यदि द्विज हो, तो फिर कहना ही क्या!

यूनानी ज्योतिष को मुक्त रूप से सबसे पहले उज्जयिनी में अपनाया गया था, शकों के शासन-काल में। भारतीय ज्योतिषियों द्वारा व्यापक रूप से प्रयुक्त शक-संवत् भी कुषाणों या शकों की ही देन है। कनिष्क की तरह के ऊंचे बूट और चोगा धारण करने वाले नए सूर्य की पूजा का भारत में आगमन शकों के समय में हुआ—सूर्य-पूजक शाकद्वीपी 'मग' ब्राह्मण-पुरोहितों के जरिए। वराहमिहिर भी सूर्य-पूजक ब्राह्मण परिवार के ही थे। उनके पूर्वज ईरान से भारत आए थे। भारत में आधुनिक किस्म के फलित-ज्योतिष को बढ़ावा देने वाले वराहमिहिर ने अपने ग्रंथों में क्रिय (मेष), ताबुरि (वृष), लेय (सिंह), कौर्प्य (वृश्चिक), होरा, केंद्र, लिप्ता, हेलि आदि कई यूनानी शब्दों का प्रयोग किया है।

कोणार्क के सूर्य देवता, जिन्होंने कनिष्क की तरह के ऊंचे बूट पहने हैं (ईसा की 13वीं सदी)

खैर, इन बातों को भी छोड़िए। थोड़ी देर के लिए हम यही मान लेंगे कि हमारी प्राचीन संस्कृति सबसे बढ़ी-चढ़ी थी। फिर भी, हमें इस तथ्य को स्वीकार करना ही होगा कि हमारी इस संस्कृति की अधिक रक्षा, हमने नहीं, हमारे पड़ोसी देशों ने की है। भारतीय संस्कृति के अधिक मूल्यवान अवशेष हमारे पड़ोसी देशों से प्राप्त

हुए हैं। भारत ने चीन को धर्म और दर्शन से संबंधित बातें दी हैं, तो चीन के फाहियान, युवान्-च्वाङ आदि बौद्ध पर्यटकों के यात्रा-विवरण हमारे देश के इतिहास के लिए अमूल्य स्रोत-ग्रंथ हैं। तिब्बत, नेपाल, सिंहल, मध्य-एशिया आदि देशों से हजारों भारतीय ग्रंथ मिले हैं। अपने साहित्य एवं संस्कृति की सुरक्षा के लिए हम इन पड़ोसी देशों के ऋणी हैं।

लेकिन इतिहास-ग्रंथों में इस ऋण की चर्चा कम होती है और 'सांस्कृतिक साम्राज्यवाद' और 'बृहत्तर भारत' जैसे दकियानूसी खयालों की चर्चा अधिक। भारत की ही नहीं, अतीत में सभी देशों की सीमाएं समय-समय पर बदलती रही हैं। किसी समय मगध के किसी शासक का राज्य काठमांडू की उपत्यका तक था, तो भी आज आप नेपाल को 'बृहत्तर भारत' में नहीं खींच सकते। म्यांमार (बर्मा), स्याम, नेपाल आदि देशों की जनता आपके इस 'बृहत्तर भारत' वाले खयाल को कतई पसंद नहीं करती।

नेपाल में आज भी बौद्धों की संख्या काफी अधिक है। बुद्ध की जन्मभूमि लुंबिनी ग्राम नेपाल की सीमा के भीतर है। 'बृहत्तर भारत' का जाल रचकर आप आज उनसे भगवान बुद्ध तथा उनकी जन्मभूमि का हक नहीं छीन सकते।

पाकिस्तान हमारे समय में बना। पाकिस्तान की असलियत का अभ्यस्त होने के लिए और दो-चार पीढ़ियों का समय लगेगा। पाकिस्तान के इतिहासकारों ने अपने देश के 'पांच हजार सालों का इतिहास' लिखना शुरू कर दिया है। इस्लामी राष्ट्र होने पर भी वे अपने अतीत की संस्कृति का जतन अवश्य करेंगे। आखिर मिस्र के आज के मुसलमानों को अपने देश की फरोहा-कालीन संस्कृति पर नाज है ही। पाकिस्तान की जनता ने अपने देश की प्राचीन संस्कृति पर अभिमान प्रकट करना शुरू कर दिया। अब वे पाणिनि को अपने देश का पहला महान वैयाकरण मानते हैं। अभी कुछ दिन पहले एक मराठी पत्र में मैंने इस संबंध में एक लेख पढ़ा, जिसमें लेखक ने पाकिस्तान के इस अभिमान पर आंसू बहाए हैं! लेकिन वे यदि पाणिनि को पाकिस्तान का पहला महान वैयाकरण मानते हैं, तो इसमें कोई अनुचित बात नहीं। आगे यदि वे कहें कि **ऋग्वेद** उनके देश की सबसे प्राचीन पुस्तक है, तो इसमें भी कोई अनुचित बात नहीं है। पाकिस्तान के पठान भी अपने को आर्यों की संतान कहने का हक़ रखते हैं।

5

देशी बनाम विदेशी

धर्मग्रंथों में जो भी लिखा हो, पर आज हम जानते हैं कि मानव-जाति की उत्पत्ति किसी स्वयंभू या प्रजापति या मनु का एक दिन का करिश्मा नहीं है। इसी प्रकार, किसी 'ऊपर वाले' ने इस धरती के किसी प्रदेश-विशेष का ठेका किसी खास कौम या धर्मावलंबियों को नहीं दे रखा है।

इतिहास के पन्नों में अक्सर पढ़ने को मिलता है कि अमुक लोग विदेशी थे; अमुक शासक विदेशी थे। आगे बढ़कर अक्सर यह भी लिख दिया जाता है कि अमुक विदेशी शासनकाल में हमारे ज्ञान-विज्ञान की अवनति हुई।

थोड़ा-सा भी विचार करने से स्पष्ट हो जाएगा कि इस 'विदेशी' शब्द का प्रयोग प्रायः धार्मिक-सांप्रदायिक पक्षपात की मनोवृत्ति के कारण होता है। यकीन न हो तो एक उदाहरण लीजिए : "आर्यावर्त्त सदा ही से स्वतंत्रता की भूमि रहा है। अतः इस पावन भूमि को परदेशियों के पंजे से छुड़ाना इन राजाओं का परम कर्तव्य था।...किंतु धर्मविजयी इन भारशिव राजाओं ने विधर्मी कुशानों पर पूर्ण विजय पायी" (वासुदेव उपाध्याय, **गुप्त-साम्राज्य का इतिहास**, प्रथम खंड, पृष्ठ 18)। हमारे इतिहास-ग्रंथों से इस प्रकार के सैकड़ों उदाहरण पेश किए जा सकते हैं।

कुषाणों ने इस देश में आकर बौद्धधर्म व शैवधर्म को अपनाया, उनके प्रयासों से बौद्धधर्म एवं भारतीय संस्कृति का मध्य-एशिया तथा चीन में प्रचार-प्रसार हुआ। विम कदफिसस अपने को 'माहेश्वर' कहता है; उसके सिक्कों पर शिव और नन्दी की आकृतियां अंकित हैं। कनिष्क के सिक्के पर बुद्ध (बोद्दो) विराजमान हैं। वासुदेव भी शैव था। कुषाणों ने भारतीय भाषा और लिपियों को भी अपनाया। कुषाणों का राज्य अरल सागर से लेकर पूर्वी मध्य-एशिया तक और भारत में नर्मदा-गोदावरी तक फैला हुआ था, इसलिए उनके समय में इस देश में व्यापार आदि के माध्यम से बहुत-सी धन-दौलत आई, ढेर-सारा सोना आया। विम कदफिसस ने भारत में पहली बार सोने के सिक्के चलाए।

फिर भी, हमारे इतिहास-ग्रंथों में कुषाणों को 'विदेशी' और 'विधर्मी' कहा जाता है। हमें स्वीकार करना ही पड़ेगा कि इतिहास और संस्कृति के मिथ्याभिमान पर आधारित

आज की भयावह सांप्रदायिकता काफी हद तक इतिहास के पन्नों की देन है। आइए, हम देखें कि दरअसल भारत के इतिहास में 'देशी' कौन है और 'विदेशी' कौन।

सिंधु सभ्यता की भाषा अज्ञेय है, लिपि भी अज्ञेय है। पुरावशेषों के अध्ययन से यह सिद्ध होता है कि सिंधु सभ्यता और ऋग्वैदिक सभ्यता में जमीन-आसमान का अंतर है। सिंधु सभ्यता के स्थलों से प्राप्त अस्थि-पंजरों के अध्ययन से पता चलता है, कि वह प्राक्-ऑस्ट्रेलियाई, मंगोलियाई और भूमध्यसागरीय आदि लोगों के मिश्रित जन-समुदाय की सभ्यता थी। उनके पहले इस देश में निग्रोसम लोगों का निवास था। आज से पांच-छह हजार साल पहले इस देश में ऑस्ट्रेलियाई (भाषा और नृतत्व की दृष्टि से) लोगों की संख्या सबसे अधिक थी। ऑस्ट्रिक भाषा-परिवार की मुंडा बोली बोलने वाले आज के हमारे कुछ आदिवासी उनके वंशज हैं। दरअसल, ये आदिवासी ही इस देश के सबसे पुराने बाशिंदे हैं।

ईसा-पूर्व दूसरी सहस्राब्दी के लगभग मध्यकाल में इस देश में आर्यभाषी लोग आए। इनकी संख्या मुश्किल से एक लाख रही होगी। इस देश की नदियां, हरे-भरे चरागाह, फल-सब्जियां, यक्षिणियां, किन्नरियां, पशुधन आदि उन्हें बेहद पसंद आए। उन्होंने पीछे मुड़कर अपने वतन के बारे में नहीं सोचा; वे इस देश में बस गए।

उस समय सिंधु सभ्यता वालों ने और देश के दूसरे आदिवासियों ने इन आर्यभाषियों को 'हमलावर' और 'विधर्मी' ही माना होगा। पर आज हम इन आर्यभाषियों को विदेशी या विधर्मी नहीं मानते। क्यों? इसलिए नहीं कि आज के बहुसंख्यक हिंदुओं के लिए वे कुछ हद तक 'स्वधर्मी' थे; बल्कि इसलिए कि वे इस देश में आकर यहीं बस गए; उनके हाथों इस देश का आर्थिक शोषण नहीं हुआ।

ईसा-पूर्व चौथी सदी के उत्तरार्द्ध में इस देश के उत्तर-पश्चिमी सीमाप्रांत पर सिकंदर का हमला हुआ (326 ई.पू.)। यूनानी आर्य परिवार की भाषा है। अतीत में सिकंदर के पूर्वज और पुरु के पूर्वज भाईबंद रहे होंगे। फिर भी हम सिकंदर को हमलावर और विदेशी कह सकते हैं। वह मुश्किल से दस महीने तत्कालीन भारतवर्ष में रहा।

मौर्यकाल में यूनानियों के और भारतीयों के मैत्रीपूर्ण संबंध बने रहे। भारत में कई यूनानी बस गए थे। सांस्कृतिक आदान-प्रदान हुआ। भारतीय पंडितों ने यूनानियों से ज्योतिष, दर्शन, कला आदि की बहुत-सी बातें सीखीं। व्यापार बढ़ा। यवन सुंदरियां अनेक भारतीय गृहस्थों की पत्नियां बनीं। भारत में बसे हुए इन यूनानियों ने फिर पीछे मुड़कर अपने वतन के बारे में नहीं सोचा।

इन हिंद-यूनानियों को हम 'विदेशी' नहीं कह सकते। इस देश पर इनका शासन समाप्त होने पर भी ये यूनान वापस नहीं गए; ये इस देश की जनता के साथ घुल-मिल गए।

यवनों के बाद इस देश में पह्लव आए, शक आए। कांची के पल्लव शासक संभवतः इन पह्लवों के ही वंशज थे। इतना निश्चित है कि ये पल्लव शासक दक्षिण भारत के मूल निवासी नहीं थे। इन्होंने भारतीय भाषाओं को अपनाया, भारतीय धर्मों को अपनाया

हिंद-यवन शासक अगथोक्लिस (180-165 ई.पू.) की रजत-मुद्रा पर हल-मूसलधारी संकर्षण-बलराम (बाएं) और चक्रधारी वासुदेव-कृष्ण (दाएं)
(अभी राम का प्रतिमांकन कहीं देखने को नहीं मिलता)

और भारतीय संस्कृति का दक्षिण-पूर्व एशिया के देशों में प्रचार-प्रसार भी किया। पह्लव इस देश से वापस नहीं गए। इसलिए आज हम इन पह्लवों को विदेशी नहीं कह सकते। यही हाल शकों का है। फिर भी, जाने-माने मुद्राविद परमेश्वरीलाल गुप्त ने हिंद-यवनों और शक-पह्लवों के सिक्कों को 'विदेशी आक्रामकों के सिक्के' कहा है—नेशनल बुक ट्रस्ट से प्रकाशित अपने ग्रंथ में भी!

गुप्तों के अवसानकाल में इस देश पर हूणों के हमले हुए। तोरमाण और मिहिरकुल जैसे हूण शासकों ने इस देश के कुछ हिस्सों पर शासन किया। ये हूण इस देश का आर्थिक शोषण करने नहीं आए थे। इन्होंने भी भारतीय संस्कृति को उदारता से अपनाया।

विम कदफिस की मुद्रा पर शिव व नंदि

कनिष्क के मुद्रा पर बुद्ध (यूनानी में 'बोद्दो')

कनिष्क के सिक्के पर चतुर्भुज शिव
(यूनानी में 'ओएशो')

हिंद-शक शासक अयलिस के सिक्के पर गजलक्ष्मी
(अभिषेक लक्ष्मी) और खरोष्ठी लेख

हूण शासकों ने अपने सिक्कों पर गुप्तों जैसे विरुद (जैसे, जयतु मिहिरकुल) अंकित कराए। वे अपने को गुप्तों का उत्तराधिकारी मानते थे।

हम जानते हैं कि बाद के अधिकांश राजपूत-सामंत दरअसल इन हूणों या शकों या यवनों के वंशज हैं। 'हूण' उपनाम वाले कुछ मारवाड़ी आज भी कोलकाता में मिल सकते हैं। जितने आर्यभाषी लोग इस देश में आए, उनसे कहीं अधिक शक-पह्लव-यूनानी-हूण लोग इस देश में आए। इसलिए यदि रक्त की ही बात करनी है, तो हम निस्संकोच कह सकते हैं कि आज की भारतीय जनता में 'आर्य-रक्त' की बजाय शक-पह्लव-कुषाण-हूण तथा आर्येतरों के रक्त की ही मात्रा अधिक है।

भारत के इस्लामी शासकों को भी अक्सर विदेशी कहा जाता है, कुछ खास जोर देकर। आठवीं सदी के आरंभिक अरब हमलावरों ने इस देश पर स्थायी शासन नहीं किया। महमूद गजनवी, तैमूर और नादिरशाह जैसे हमलावरों को हम विदेशी कह सकते हैं। वे इस देश पर शासन करने नहीं, बल्कि इस देश की धन-दौलत लूटने आए थे। सल्तनत-काल और मुगल-काल के इस्लामी शासकों को हम विदेशी नहीं कह सकते। दिल्ली के सुलतान या तो तुर्क थे या अफगान। अतीत में अफगानों के पूर्वज भी आर्यभाषी रहे होंगे। लेकिन अब उन्होंने एक नए धर्म को अपनाया था। मुश्किल से पांच प्रतिशत इस्लाम-मतावलंबी बाहर से इस देश में आए होंगे। शेष मुसलमान इसी देश के लोग हैं। सिर्फ धर्म बदला। इस्लामी शासकों ने इस देश को अपना देश माना। उनके शासनकाल में इस देश की धन-दौलत घटी नहीं, बढ़ी ही। इसलिए इस्लामी शासकों को हम आज विदेशी नहीं कह सकते।

अंग्रेजी शासन सही माने में विदेशी शासन था। उनके हाथों इस देश का आर्थिक शोषण हुआ, देश की सम्पत्ति विदेश गई।

6
सिंधु सभ्यता के जनक कौन?

चार-पांच हजार वर्ष पहले का ताम्र-युग, बलूचिस्तान से गंगा-यमुना के दोआब और मध्य-एशिया से नर्मदा नदी तक फैली हुई एक संस्कृति, मोहेंजोदड़ो व हड़प्पा जैसे विशाल नगर, मोहेंजोदड़ो का सार्वजनिक स्नानागार और धान्य-कोठार, इस नगर की सीधी, चौड़ी और साफ-सुथरी सड़कें, हड़प्पा का परकोटा, लोथाल (काठियावाड़) का डॉक-यार्ड, हाथीदांत, शैलखटी और चीनी मिट्टी की बनी हुई हजारों मुहरें, इन मुहरों पर अंकित पशु-पक्षी एवं मानव की आकृतियां और इन्हीं मुहरों पर अंकित सिंधु लिपि के लगभग 200 संकेत-संक्षेप में यही है सिंधु सभ्यता।

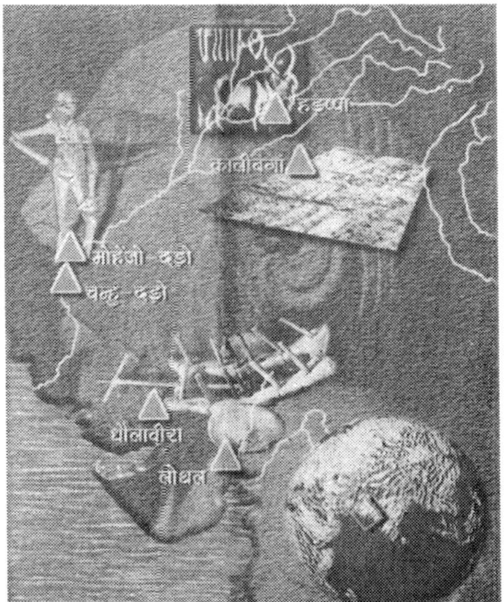

सिंधु सभ्यता का विस्तार

कौन थे इस सभ्यता के निर्माता? आर्य या आर्येतर? कौन-सी भाषा बोलते थे सिन्धु सभ्यता के लोग? भारतीय भाषा-परिवार की प्राक्-वैदिक भाषा या द्रविड़ परिवार की प्राक्-तमिल भाषा? क्या वैदिक आर्यों का सिंधुजनों के साथ संघर्ष हुआ था? आज की सारी भारतीय लिपियों की जननी ब्राह्मी लिपि का निर्माण स्वतंत्र रूप से हुआ, या सिंधु लिपि के आधार पर? शिव-पूजा, सत्यनारायण-कथा जैसे आख्यान तथा आज की लोक-संस्कृति के अधिकांश देवी-देवताओं के स्रोत क्या सिंधु संस्कृति में खोजे जा

सकते हैं? इन तमाम प्रश्नों के निर्णयात्मक उत्तर दिए जा सकते हैं केवल सिंधु लिपि का उद्‌घाटन होने पर ही।

सिंधु सभ्यता का उद्‌घाटन हुआ 1920 के बाद। भारत-विभाजन के कारण मोहेंजोदड़ो व हड़प्पा जैसे सिंधु सभ्यता के प्रमुख स्थल पाकिस्तान में चले गए। पर भारतीय पुराविदों ने काठियावाड़ और राजस्थान से सिंधु सभ्यता के लगभग सौ स्थल और खोज निकाले। भूतपूर्व सोवियत पुराविदों ने दक्षिण तुर्कमेनिया से भी सिंधु सभ्यता से मिलते-जुलते कई पुरावशेष प्राप्त किए। इन पुरावशेषों के आधार पर सिंधु सभ्यता के बारे में बहुत कुछ लिखा जा चुका है। हड़प्पा की श्मशान-भूमि से प्राप्त कंकालों की खोपड़ियों के अध्ययन से पुराविद् इस निर्णय पर पहुंचे हैं कि सिंधुजन प्राक्-आस्ट्रेलोआइड, भूमध्य-सागरीय, मंगोलाई तथा निषाद जातियों की खिचड़ी जान पड़ते हैं। सिंधु सभ्यता की भाषा का पता चल जाता तो सिंधुजनों के बारे में निर्णय करने में सुविधा होती। पर अभी तक सिंधु लिपि अज्ञेय है और इसमें निहित भाषा भी।

जेम्स प्रिंसेप (1799-1840 ई.)

क्या कारण है कि नब्बे साल का लंबा अरसा गुजर जाने पर भी अभी तक सिंधु लिपि का उद्‌घाटन नहीं हो पाया है? कारण स्पष्ट है : सिंधु लिपि के साथ-साथ इसकी भाषा भी अज्ञेय है। भाषा की कुंजी हाथ लग जाती है, तो देर-सवेर पुरालिपि का उद्‌घाटन हो ही जाता है। बौद्ध-ग्रंथों के रूप में ई.पू. तीसरी शताब्दी की पाली भाषा का स्वरूप ज्ञात था, इसीलिए **जेम्स प्रिंसेप** को ब्राह्मी लिपि का उद्‌घाटन करने में आसानी हुई।

छठी शताब्दी ई.पू. के ईरान के हखामनी सम्राटों के कीलाक्षर-लेखों का अंत में इसलिए उद्‌घाटन हुआ की पारसियों के धर्मग्रंथ 'जेंद-अवेस्ता' के रूप में उस समय की भाषा का स्वरूप ज्ञात था।

भाषा अज्ञात होने पर भी कुछ पुरालिपियों का उद्‌घाटन हुआ है। पुराविदों को आरंभ में मिस्र की प्राचीन **हाइरोग्लिफिक** (चित्र) लिपि का ज्ञान नहीं था, इस लिपि की भाषा भी ज्ञात नहीं थी। अंत में 'रासेटा-प्रस्तर' पर अंकित द्वैभाषिक-लेख

की सहायता से फ्रांस के महान पुरालिपिविद् **जां फ्रांस्वा शांपोल्यों** **(1790-1832 ई.)** ने इस लिपि तथा इसकी भाषा का उद्घाटन किया।

नेपोलियन की सेना के एक सिपाही ने अलेक्जेंड्रिया के पास से यह रोसेटा-शिला प्राप्त की थी। इस शिला पर तीन लिपियों—हाइरोग्लिफिक, देमोतिक और यूनानी—में और दो भाषाओं—प्राचीन मिस्री और यूनानी—में एक ही आशय के तीन लेख उत्कीर्ण हैं। इसी द्वैभाषिक लेख के कारण मिस्र की प्राचीन लिपियों तथा इनमें निहित भाषाओं का उद्घाटन संभव हुआ। पर सिंधु लिपि के अन्वेषण के लिए 'रोसेटा-शिला' जैसा कोई द्वैभाषिक लेख उपलब्ध नहीं है। इतना निश्चित है कि सिंधुजनों के सुमेर-बेबीलोन वालों के साथ व्यापारिक संबंध थे। सिंधु लिपि की कुछ मुहरें मेसोपोटामिया की खुदाई में भी मिली हैं। बेबीलोनी तथा सुमेरी लिपियों का उद्घाटन हो चुका है। सिंधु लिपि और सुमेर-बेबीलोन की कीलाक्षर लिपि का कोई द्वैभाषिक लेख भारत या इराक से प्राप्त हो जाता है, तो सिंधु लिपि के अन्वेषण में सुविधा होगी। पर इस तरह की द्वैभाषिक लेख अभी तक नहीं मिला है।

जां फ्रांस्वा शांपोल्यों (1790-1832 ई.)

भाषा और लिपि दोनों के अज्ञेय होने पर भी इनका उद्घाटन हो जाने के उदाहरण मौजूद हैं। शुरू में कीट द्वीप की **रैखिक-ब** लिपि और इसकी भाषा दोनों ही अज्ञेय थीं। पर लेखों के अक्षरों का विश्लेषण करके अंत में इंग्लैंड के **माइकेल वैंट्रिज ने** इस लिपि में प्राक्-यूनानी भाषा की खोज की। लिपि के आंतरिक विश्लेषण का यही तरीका सिंधु लिपि के अन्वेषण का सही मार्ग है। इस आंतरिक विश्लेषण में गणक-यंत्र (कम्प्यूटर) सहायक हो सकते हैं। भूतपूर्व सोवियत वैज्ञानिकों ने मध्य-अमेरिका की मय या माया सभ्यता की लिपि का उद्घाटन गणक-यंत्रों की मदद से ही किया है।

अब तक दर्जनों पुराविदों ने सिंधु लिपि के अन्वेषण के प्रयास किए हैं। इन प्रयासों में दो धाराएं स्पष्ट नजर आती हैं : कुछ विद्वान सिंधु लिपि में प्राक्-द्रविड़ भाषा खोजते हैं, तो कुछ इसमें प्राक्-वैदिक भाषा खोजते हैं। पर कठिनाई यह है कि इन दोनों ही भाषाओं के नमूने आज उपलब्ध नहीं हैं। द्रविड़ परिवार की तमिल भाषा के दो हजार साल से अधिक प्राचीन नमूने प्राप्त नहीं हैं। वैदिक भाषा का प्राचीनतम रूप ऋग्वेद के आरंभिक मंडलों में देखने को मिलता है। पर सिंधु सभ्यता अधिक पुरानी है। सिंधु

सभ्यता का काल सामान्यतः हम 3500 ई.पू. से 2000 ई.पू. तक मान सकते हैं।

सबसे बड़ी कठिनाई यह है कि सिंधु लिपि का ऐसा कोई लेख उपलब्ध नहीं है जिस पर इस लिपि के 20 से अधिक संकेत उत्कीण हों। अधिकांश लेख मुहरों पर पाए जाते हैं। इन मुहरों की उपयोगिता क्या थी, इसके बारे में निर्णयात्मक रूप से कुछ नहीं कहा जा सकता। मोसोपोटामिया से सिलिंडर के आकार की अक्षरांकित मुहरें मिली हैं। मिट्टी के फलकों पर सील लगाने के लिए उनका इस्तेमाल होता था। लोथल से मिट्टी पर सिंधु लिपि के एक-दो छाप भी मिले हैं। पर दावे के साथ नहीं कहा जा सकता कि इन मुहरों को सील लगाने के लिए इस्तेमाल होता था। पुराविदों ने ट्रेडमार्क, ताबीज़ सिक्के आदि के रूप में इन मुहरों की कल्पना की है।

प्राचीन मिस्र के हाइरोग्लिफिक चित्र-संकेत और भाव-संकेत

सिंधु लिपि में कम-से-कम 200 संकेत तो हैं ही। अब यह एक स्पष्ट बात है कि इतने संकेतों वाली कोई भी लिपि वर्ण-मालात्मक नहीं हो सकती। इतनी संकेतों वाली लिपि शुद्ध अक्षरात्मक या भावचित्रात्मक भी नहीं हो सकती। ऐसी लिपि वर्ण, अक्षर और भावचित्रों की एक मिश्रित योजना ही हो सकती है।

प्रायः हर साल सिंधु लिपि के उद्‌घाटन के एक-दो समाचार समाचारपत्रों में पढ़ने को मिलते हैं। कई सालों पहले दिल्ली के सुधांशु कुमार रे के प्रयासों की खूब चर्चा रही। रे साहब सिंधु लिपि में देवनागरी जैसी वर्णमाला और प्राक्-संस्कृत भाषा का दर्शन करते हैं। उनका दावा है कि उन्होंने सिंधु लिपि का उद्‌घाटन कर लिया है। सिंधु लिपि में प्राक्-संस्कृत या वैदिक भाषा के दर्शन करने का अर्थ है : सिंधु सभ्यता को आर्य सभ्यता मानना। पर पुराविदों ने रे साहब के इस अनुसंधान को अंतिम रूप से स्वीकार नहीं किया है।

फिर सिंधु लिपि के उद्‌घाटन के दो परस्पर-विरोधी मान्यता वाले दावेदार समाचार-पत्रों की चर्चा के विषय बने कोपेनहेगन से चार स्कांडेनेवियन वैज्ञानिकों ने सूचना दी है कि उन्होंने कम्प्यूटर की सहायता से सिंधु लिपि के उद्‌घाटन की कुंजी प्राप्त कर ली है। इन वैज्ञानिकों का कहना है कि सिंधु लिपि में प्राक्-द्रविड़ भाषा निहित

हैं। इन वैज्ञानिकों ने यह भी सूचना दी है कि सिंधु सभ्यता में जाति-संस्था पहले से मौजूद थी। मद्रास के अंग्रेजी दैनिक 'हिंदू' ने इस समाचार को अपने मुखपृष्ठ पर प्रकाशित किया, पर दिल्ली के समाचार-पत्रों ने इस समाचार को कोई महत्व नहीं दिया था।

इस समाचार के दो-चार दिन बाद दिल्ली के राष्ट्रीय-संग्रहालय में पुरातत्व- सर्वेक्षण से संबंधित एम.बी.एन. कृष्ण राव का सिंधु लिपि पर एक भाषण हुआ। कृष्ण राव का भी दावा था कि उन्होंने सिंधु के रहस्योद्घाटन की कुंजी प्राप्त कर ली है और लगभग चार सौ मुहरों को पढ़ने में उन्हें सफलता मिली। कृष्ण राव का मत है कि सिंधु सभ्यता आर्य सभ्यता थी और इसकी भाषा प्राक्-संस्कृत। उन्होंने प्रसिद्ध पशुपति मुद्रा में 'माखनासन' शब्द की खोज की। उनका कहना है कि महिष (भैंस), खड्ग (गंडा), नर, सद्रि (हाथी) और नर शब्दों के आद्याक्षरों से यह माखनासन (इंद्र) शब्द बनता है। उन्होंने इन मुहरों में सोलोमन जैसे विदेशी राजाओं के नामों की भी खोज की।

इस प्रकार हम देखते हैं कि सिंधु सभ्यता के जन्मदाताओं की खोज के लिए दो परस्पर-विरोधी मान्यताओं में–आर्य और द्रविड़ में–प्रतिस्पर्धा चल रही है। पर किसी भी एक मान्यता को निर्णयात्मक रूप से अभी स्वीकार नहीं किया जा सकता। फिर भी इतना निश्चित है कि अंतिम रूप से सिंधु लिपि का उद्घाटन हो जाने पर प्राचीन भारत के इतिहास को फिर से लिखना पड़ेगा।

7

आर्य कौन

[1]

लगभग दो सौ साल पहले इस सवाल का जन्म हुआ। तब से आज तक इस सवाल के बारे में बहुत कुछ लिखा जा चुका है। विकासवाद की तरह यह सवाल भी शुद्ध वाद-विवाद के दायरे में सीमित रहता, तो अच्छा होता। पर वैसा नहीं हुआ। कुछ सिरफिरे लेखकों ने 'आर्य' शब्द को नस्ल (race) का पर्याय बना डाला। 'आर्य' का आम अर्थ है 'श्रेष्ठ'। फिर क्या था! अंग्रेजों ने अपने को आर्य घोषित किया। फ्रांसीसी कहने लगे कि हम ही शुद्ध आर्य हैं। नाजी जर्मनों ने कहना शुरू किया कि जर्मन जाति ही शुद्ध आर्य जाति है, जर्मन संस्कृति ही शुद्ध आर्य संस्कृति है।

नाजीवाद का केंद्रबिंदु राष्ट्र है, राष्ट्रीय समाज है। नाजीवाद के अनुसार, व्यक्ति समाज से पृथक् व स्वतंत्र नहीं है। मगर हिटलर के समाज का अभिप्राय संपूर्ण जर्मन समाज नहीं था। नाजीवाद के अनुसार, नॉर्डिक प्रजाति (जिसे हिटलर 'आर्य प्रजाति' कहता था) संसार की सर्वश्रेष्ठ मानव प्रजाति है, और उसे यानी विशुद्ध जर्मनों को दूसरी निम्न मानव-प्रजातियों पर शासन करने का अधिकार है। नॉर्डिक (Nordic) शब्द जर्मन भाषा के नॉर्ड (Nord यानी उत्तर) से बना है। कुछ नस्लवादियों ने केवल आधुनिक उत्तरी यूरोप के लंबे, नीली आंखों वाले गौरवर्ण लोगों को ही 'शुद्ध उच्च प्रजाति' या 'वास्तविक आर्य' घोषित किया। यह नस्लवादी धारणा नाजी प्रचार का एक सशक्त साधन बन गई। यहूदी-द्वेष नाजीवाद का एक प्रमुख अंग था। जर्मन समाज और संस्कृति के अधःपतन के लिए यहूदियों को दोषी ठहराया गया था। कम्यूनिज्म के प्रसार के लिए भी यहूदियों को ही जिम्मेदार माना गया। इसलिए यहूदियों पर तरह-तरह के अमानवीय अत्याचार हुए। नाजीवाद में व्यक्ति-स्वातंत्र्य के लिए कोई स्थान नहीं था। इस अंधराष्ट्रवाद ने लाखों यहूदियों की हत्या कर डाली!

वस्तुतः 'आर्य' शब्द **ऋ** (= जाना, घूमते रहना) धातु से बना है। 'ऋत' (अर्थात्, सतत घूमते रहना या नियमित चक्र) शब्द भी इसी **ऋ** धातु से निर्मित है। लेकिन बाद में 'ऋत' का अर्थ हो गया 'सत्य', और 'अनृत' का असत्य। 'आर्य' शब्द भी **ऋ**

(= जाना, चलते रहना) धातु से ही निर्मित है (ऋ-अर्)। अर्थात्, 'आर्य' का मूल अर्थ है—घुमंतू जन। जो जन एक जगह से दूसरी जगह, एक प्रदेश से दूसरे प्रदेश—गाय, बैल, भेड़-बकरियां, घोड़े और बैलगाड़ियां (या रथ) साथ लेकर—भटकते रहते थे, उन्होंने यदि अपने को 'आर्य' कहा, तो इसमें आश्चर्य की कोई बात नहीं है। इन आर्य लोगों का एक देवता था 'अर्यमन्', जिसे पांथस्थों (घुमंतुओं) का देवता समझा जाता था।

आरंभ में आर्य लोगों की संस्कृति में 'चरैवेति, चरैवेति' का विशेष महत्व था। **ऐतरेय ब्राह्मण** का श्लोक है :

आस्ते भग आसीनस्य। ऊर्ध्वस्तिष्ठति तिष्ठतः।
शेते निपद्यमानस्य। चराति चरतो भगः॥

अर्थात्, बैठे हुए का भाग्य बैठ जाता है। खड़े रहने वाले का खड़ा रहता है। सोने वाले का आड़ा पड़ा रहता है। चलते रहने वाले का आगे चलता रहता है।

मूलतः 'घुमंतू' अर्थ वाला यह 'आर्य' शब्द बाद में 'श्रेष्ठत्व' या 'कुलश्रेष्ठ' का सूचक बन गया। 'आर्यमार्ग' व 'आर्यसत्य' जैसे शब्द प्रचलित हुए। श्रेष्ठ कुल में जन्मे व्यक्ति को 'आर्यपुत्र' कहा जाने लगा। सास व ससुर को क्रमशः 'आर्या' व 'आर्य' कहते थे।

भारत में पाश्चात्यों के आगमन के पहले यह स्थिति थी 'आर्य' शब्द की। जब उन्हें पता चला कि संस्कृत भाषा यूनानी, लैटिन व प्राचीन जर्मन के काफी नजदीक है, तो वे संस्कृत के साहित्य पर मोहित हो गए। तब उन्हें लगा कि हम सब एक-दूसरे से संबंधित हैं। जब उन्होंने जाना कि संस्कृत बोलने वाले प्राचीन लोग अपने को 'आर्य' कहते थे, तो उन्होंने 'आर्य' शब्द को मानववंशीय अर्थ प्रदान किया। यूरोप में अपने को 'श्रेष्ठतर आर्य' कहलाने की होड़ शुरू हो गई। इसके परिणाम कितने भयावह हुए, यह हम बता ही चुके हैं।

हम भारतीय भी क्यों भला पीछे रहते? हम सब अपने को 'आर्य' घोषित करने में जुट गए। इसके दो लाभ थे : एक, पुराने 'स्वर्णयुग' का स्मरण; और दो, पराजित होने पर भी हम अनायास ही विजेता गोरों के सगे-संबंधी बन गए!

वस्तुतः किसी को भी पता नहीं था कि मूल आर्य कैसे थे।

आर्य कौन और कहां से?—यह सवाल अब काफी हद तक हल हो चुका है। इधर हम देख रहे हैं कि हमारे देश के कुछ अंधराष्ट्रवादी इस 'आर्य' शब्द को मनगढ़ंत अर्थ देने की कोशिश कर रहे हैं। ऐसे अतिराष्ट्रवादियों की कलम से अक्सर पढ़ने को मिलता है कि हम आज के हिंदू ही शुद्ध आर्य हैं। हमारी आर्य संस्कृति अनादि-अनंत है। हम अनादि काल से इस देश में रहते आए हैं। हम यह भी देखते हैं कि हमारे देश के कुछ सिरफिरे तथाकथित इतिहासकार इन्हीं कपोल-कल्पनाओं के आधार पर इस देश का इतिहास नए सिरे से लिखने की कोशिश कर रहे हैं। ऐसे ही एक 'इतिहासकार' का कहना है कि वेदों की रचना 5,00,000 साल पहले हुई थी!

हम कतई नहीं चाहते कि नाजी जर्मनी के इतिहास की हमारे देश में पुनरावृत्ति हो। अतीत के गौरव का अभिमान बुरी चीज नहीं है। पर यह अभिमान यदि सीमातिरेक कर जाता है, तो राष्ट्र की प्रगति में बाधक तो होता ही है, समाज के लिए नासूर भी बन जाता है। इधर हम देख रहे हैं कि कुछ अंधराष्ट्रवादी लेखक 'आर्य' शब्द को अधिक उछाल रहे हैं। अतः यह जरूरी हो गया है कि हम इस सवाल के बारे में पुनः एक बार ईमानदारी से विचार करें। प्रस्तुत विवेचन में हम आर्यों के आदिदेश के बारे में उपलब्ध नई गवेषणाओं पर भी थोड़ा प्रकाश डालेंगे।

कोलकाता में 1784 ई. में स्थापित 'एसियाटिक सोसायटी ऑफ बेंगाल' की एक सभा में 1786 ई. में दिए गए अपने प्रसिद्ध भाषण में सर विलियम जोन्स (1746-1794 ई.) ने प्रतिपादित किया कि ग्रीक, लैटिन, संस्कृत, पारसी तथा इनसे निर्मित यूरोप व भारत की सारी आधुनिक भाषाओं का मूल एक ही है। इन सारी भाषाओं को विद्वानों ने भारोपीय (भारत-यूरोपीय) भाषा-परिवार का नाम दिया। इसके साथ ही तुलनात्मक भाषा-विज्ञान की नींव पड़ी।

भारोपीय परिवार की भाषाओं का तुलनात्मक अध्ययन शुरू हो गया। साथ-साथ इस परिवार की 'मूल भाषा' की खोज भी शुरू हुई। लेकिन उसी समय कुछ गैर-जिम्मेवार लेखकों ने 'मूल भाषा' को 'मूल जाति' का पर्याय बना डाला। मैक्स मूलर (1823-1900 ई.) संस्कृत भाषा और वेदों के उद्‌भट विद्वान थे, इसमें तनिक भी संदेह नहीं। 'आर्यभाषा' और 'आर्यों का मूल स्थान', इन दोनों धारणाओं को जन्म दिया मैक्स मूलर की गवेषणाओं ने ही। स्वयं मैक्स मूलर आर्यभाषा को आर्य जाति का पर्याय तो नहीं मानते थे, किंतु लगता है कि उनकी गवेषणाओं से ही दूसरों ने इस समीकरण को खोज निकाला है। मैक्स मूलर का स्पष्ट मत था : "आर्य शब्द, वैज्ञानिक दृष्टि से, नस्ल (race) का द्योतक नहीं है। इसका अर्थ है—भाषा और केवल भाषा। और, यदि हम आर्य जाति की चर्चा भी करें, तो उसका अर्थ **क्ष. आर्यभाषा** से अधिक कुछ नहीं होगा।"

लेकिन मैक्स मूलर के इस कथन का कोई प्रभाव नहीं पड़ा। कुछ दूसरे लोग 'मूल भाषा' को 'मूल जाति' का पर्याय मानकर आर्यों के आदिदेश की खोज में जुट गए। ऐसे ही एक विद्वान थे जर्मनी के कार्ल पेंका। पेंका ने 1883 ई. में अपना मत प्रस्तुत किया कि विशुद्ध आर्यों का मूल स्थान स्वीडेन का तटवर्ती प्रदेश है और वहीं से बाद में आर्य लोग भारत आदि देशों में पहुंचे थे। बाद में कोस्सिना, हिर्ट आदि विद्वानों ने कहना शुरू किया कि आर्यों का मूल स्थान जर्मनी ही है। इस प्रकार इस सवाल को नस्लवाद और अंधराष्ट्रवाद का स्वरूप प्रदान किया गया। हिटलर के हाथों में पहुंचकर यह नस्लवाद कितना भयावह सिद्ध हुआ, यह हम देख ही चुके हैं।

असल में भाषा का नस्ल से कोई संबंध नहीं है। शुद्ध नस्ल नाम की कोई चीज है ही नहीं—न आज है, न अतीत में कभी थी। हैडन और हक्सले जैसे नृतत्ववेत्ताओं का तो यहां तक कहना है कि, "यह अत्यंत जरूरी है कि मानव-समुदायों के सिलसिले

में नस्ल (race) को शब्द-विज्ञान की शब्दावली से निकाल दिया जाए।" भाषा की तरह संस्कृति भी नस्ल से संबंधित नहीं है। किसी भी संस्कृति का, काल-विशेष में, कुछ ऊंची या नीची होना उस संस्कृति के निर्माताओं की नस्ल के कारण नहीं होता। इतिहास इस ज्वलंत तथ्य का साक्षी है कि सामाजिक और आर्थिक परिस्थितियां ही संस्कृति को निर्धारित करती हैं।

भाषा को नस्ल का और नस्ल को संस्कृति का पर्याय मानने वाले लोग अब बहुत कम हैं। पर जहां तक आर्यों के मूल स्थान का प्रश्न है, आज भी मैक्स मूलर की मान्यताओं में यकीन करने वाले विद्वानों की संख्या काफी अधिक है। भाषा के प्रश्न को केवल भाषा के अध्ययन तक ही सीमित रखा जाए, तो इसमें कोई हर्ज भी नहीं है। **ऋग्वेद** के रचयिताओं ने अपने को 'आर्य' कहा है। 'ईरान' शब्द 'आर्य' शब्द का ही दूसरा रूप है। सुदूर पश्चिम के 'आयर' शब्द में भी शायद 'आर्य' ध्वनि ही छिपी हुई है। निस्संदेह, भारोपीय परिवार की तमाम भाषाएं एक मूल भाषा से व्युत्पन्न हैं। इस भारोपीय परिवार को दो भागों में बांटा गया है—केंतुम् और सतम् (शतम्)। केंतुम् वर्ग की भाषाएं हैं—केल्टिक, जर्मनिक, इटालिक, ग्रीक, हित्ती और तोख़ारी। सतम् वर्ग की भाषाएं हैं—अल्बानी, लेत्तो-स्लाव, आर्मेनियम और भारत-ईरानी। यह भारोपीय भाषा-परिवार का मोटा-मोटा विभाजन हुआ। इन्हीं भाषाओं का अध्ययन करके हमें जानना है कि इन भाषाओं को बोलने वालों के पूर्वज प्राचीन काल में कहां-कहां फैले हुए थे और बहुत प्राचीन काल में किस स्थान में रहते थे।

भारोपीय भाषा-परिवार की सतम् शाखा का भारत में उपलब्ध प्राचीनतम नमूना **ऋग्वेद** में देखने को मिलता है। वेदों को पवित्र माने जाने से इनके बारे में काफी ऊलजलूल बातें लिखी जाती रही हैं। लेकिन शुद्ध भाषाशास्त्र की दृष्टि से विचार करें तो स्पष्ट होता है कि **ऋग्वेद** आज जिस रूप में उपलब्ध है, वह ई. पू. 1250 से अधिक प्राचीन नहीं हो सकता। बटेकृष्ण घोष और सुनीतिकुमार चाटुर्ज्या आदि कई विद्वान **ऋग्वेद** को 1000 ई. पू. से अधिक प्राचीन नहीं मानते। **ऋग्वेद** की भाषा भी एक स्तर की नहीं है। इसके दस मंडलों में से पहले के आठ मंडल अधिक प्राचीन जान पड़ते हैं। नौवें मंडल में केवल सोम की स्तुति है। सभी विद्वान मानते हैं कि दसवां मंडल बाद में रचा गया है।

अवेस्ता की गाथाओं की ईरानी आर्यभाषा का अधिक विवेचन हम आगे करेंगे, परंतु यहां इतना जान लेना जरूरी है कि अवेस्ता की भाषा और ऋग्वेद की भाषा में काफी साम्य है। इसलिए ऋग्वेद और अवेस्ता के लिए एक ही काल निश्चित होता है—लगभग 1000 ई. पू.। ईरानी आर्य भारतीय आर्यों के भाई-बंद थे, इसमें तनिक भी संदेह नहीं।

भारोपीय भाषा-परिवार की आधुनिक और प्राचीन भाषाओं का तुलनात्मक अध्ययन करके भाषाविदों ने आद्य भारोपीय भाषा का पुनर्निर्माण किया है। इस आद्य भारोपीय

भाषा को 'वीरोस्' (Wiros) का नाम दिया गया है। 'वीरोस्' का अर्थ होता है—वीर। संस्कृत का 'वीर', लैटिन का 'उईर', जर्मन के 'वेर' आदि शब्द इसी मूल 'वीरोस्' से बने हैं। अब मजेदार बात यह है कि संस्कृत या इससे निर्मित कोई भाषा इस आद्य वीरोस् के उतनी नजदीक नहीं है जितनी कि पूर्वी यूरोप की लिथुआनी भाषा। भारोपीय भाषा-परिवार का प्राचीनतम स्वरूप संस्कृत में नहीं, बल्कि लिथुआनी भाषा में देखने को मिलता है, क्योंकि इसका विकास बहुत धीरे-धीरे हुआ है। इसमें एस्ति (संस्कृत : अस्ति) जैसे रूप आज भी कायम हैं; इसमें द्विवचन भी है।

भाषाशास्त्रीय अध्ययन के सारे प्रमाण यह सिद्ध करते हैं कि भारतीय आर्य बाहर से इस देश में आए थे। स्वयं ऋग्वेद में इस बात के पर्याप्त प्रमाण मिलते हैं कि आर्य बाहर से यहां आए हैं। ऋग्वेदिक समाज ने अपने को आर्य कहा है और भारत के दूसरे मूल निवासियों को दास या दस्यु। ऋग्वेद के रचयिताओं ने दास या दस्युओं को काले रंग के (कृष्णां त्वचं), चपटी नाक वाले (अनासः), देवों को न मानने वाले (अदेवयूः), यज्ञ-याग न करने वाले (अयज्वा), दूसरे प्रकार के व्रत करने वाले (अन्यव्रतः) आदि कहा है। निस्संदेह दासों या दस्युओं की संस्कृति ऋग्वेदिक आर्यों की संस्कृति से भिन्न थी। यह भी स्पष्ट है कि ये दास या दस्यु इस देश के मूल निवासी थे। आर्यों का इन दस्युओं के साथ घोर संघर्ष हुआ था। ऋग्वेद में इस संघर्ष के अनेकानेक उल्लेख मिलते हैं। आर्यों का मुकाबला करने वाले शंबर, शुष्ण, चुमुरि, नमुचि, पिप्रु आदि वीर दस्यु कहे गए हैं। दास और दस्युओं के अलावा आर्यों के शत्रुओं में पणियों का भी उल्लेख मिलता है। स्वयं आर्यों ने स्वीकार किया है कि पणि बहुत धनी थे, उनका धन दुर्गों में सुरक्षित था और उनके हथियार बड़े तेज थे। पर इंद्र की सहायता से आर्यों ने इन दास-दस्युओं को और पणियों को पराजित किया। इंद्र ने दस्युओं के दर्जनों पुरों और किलों को नष्ट कर डाला। इंद्र के लिए 'पुरा दर्ता', 'पुरंदर', 'पुरा दर्मा' जैसे प्रयोग देखने को मिलते हैं।

कौन थे ये लोग जिन्हें आर्यों ने दास-दस्यु कहा है? निस्संदेह ये उनकी अपनी जमात के लोग नहीं थे। सन् 1920 तक इन दास-दस्यु या पणियों के बारे में निश्चित रूप से कुछ कहना संभव नहीं था। पर 1920 ई. के बाद जब सिंधु सभ्यता का उद्‌घाटन हुआ, तो स्पष्ट हो गया कि मोहेंजोदड़ो और हड़प्पा जैसे नगरों के विध्वंसक नवागत आर्य लोग ही थे।

कुछ इतिहासकारों ने यह सिद्ध करने की कोशिश की है कि सिंधु सभ्यता आर्य सभ्यता है, वैदिक सभ्यता है। सिंधु लिपि में वैदिक भाषा खोजने की भी कोशिश की जा रही है। पर ये सारे प्रयास निरर्थक हैं। हड़प्पा की खुदाई में प्राप्त मानव-कंकालों के अध्ययन से ज्ञात हुआ है कि सिंधु जन-समुदाय में कुछ लोग भूमध्यसागरीय मानव-वंश के थे। दीर्घ कपाल व पतली नाक इस वंश की विशेषताएं हैं। इस समुदाय में प्राक्-ऑस्ट्रेलियाई वंश के लोग भी देखने को मिलते हैं। चपटी नाक (अनासः) तथा

मोटे ओठ इनकी विशेषताएं हैं। इस मानव-वंश के लोग आज भी भारत में पाए जाते हैं। हड़प्पा से मंगोलाई और अल्पाइन वंश के मानवों का भी एक-एक कंकाल मिला है। संक्षेप में, सिंधु जन-समुदाय में कई मानव-वंशी लोगों का मिश्रण था। ये लोग नवागत आर्यों से भिन्न थे।

ई. पू. 1500 के आसपास सिंधु सभ्यता का अंत हुआ। सिंधु सभ्यता की अवनति के अनेक कारण हो सकते हैं। पर इस सभ्यता का अंतिम अवसान नवागत आर्यों के हाथों ही हुआ, इस बात के अब पर्याप्त प्रमाण मौजूद हैं। ऋग्वेद में दस्युओं के पुरों और दुर्गों के विध्वंस के अनेक उल्लेख मिलते हैं। ये पुर मोहेंजोदड़ो और हड़प्पा जैसे नगर ही थे। अब यह भी पता चला है कि ये नगर मजबूत दुर्गों से आरक्षित थे। अंतिम समय में इन नगरों में बच्चों और स्त्रियों की सामूहिक हत्याएं हुई हैं, इस बात के भी प्रमाण मिले हैं। अतः यह सिद्ध हो जाता है कि सिंधु सभ्यता के विध्वंसक नवागत आर्य ही थे।

[2]

सिंधु सभ्यता की अपनी एक लिपि थी। यह लिपि अभी तक पढ़ी नहीं गई है, इसीलिए निश्चित रूप से हम नहीं बता सकते कि इस लिपि में कौन-सी भाषा छिपी हुई है। इसके विपरीत, वैदिक आर्यों की अपनी कोई लिपि होने का कोई प्रमाण नहीं मिलता। वेदों में लिपि, लिपिक या लेखन-कला के लिए शब्द नहीं मिलते। शुरू से वैदिक ऋचाओं को कंठस्थ रखने की परपंरा रही है, इसीलिए वेदों को 'श्रुति' यानी श्रवणीय रचना कहते हैं।

वस्तुतः मूल आर्यभाषियों की अपनी कोई लिपि थी ही नहीं। घुमंतू और पशुपालक कबीलों के लिए लिपि की कोई आवश्यकता नहीं होती। नए प्रदेशों में स्थिर हो जाने पर और सामंती व्यवस्था को अपनाने पर ही उन्हें लिपि की जरूरत पड़ी। वे जहां भी जाकर स्थिर हुए, वहीं की मूल लिपि के आधार पर उन्होंने अपने लिए नई लिपियों का निर्माण किया। आर्यभाषी जब भूमध्यसागर के उत्तरी तट पर बस गए, तो उन्होंने (यूनानियों ने) 1500 ई. पू. के आसपास सबसे पहले क्रीट निवासियों की रैखिक-अ (Linear A) लिपि के आधार पर एक नई लिपि रैखिक-ब (Linear B) बना ली थी। बाद में 1000 ई. पू. के आसपास यूनानियों ने पश्चिम-एशिया की फिनीशियन लिपि के आधार पर अपनी भाषा के लिए एक वर्णमालात्मक लिपि ($\alpha, \beta, \gamma, \delta, ..., \omega$) को जन्म दिया।

ईरानी आर्यों के पास भी आरंभ में अपनी कोई लिपि नहीं थी। सबसे पहले ई. पू. सातवीं शताब्दी में उन्होंने बेबीलोनी कीलाक्षरों के आधार पर अपनी भाषा के लिए एक अर्द्ध-वर्णमालात्मक लिपि को जन्म दिया। ईरान के हख़ामनी सम्राटों के लेख इसी पारसी कीलाक्षर लिपि में हैं। साथ-साथ उन्होंने पश्चिम-एशिया की

अंतर्राष्ट्रीय आरमी या आरमेई (Aramaic) लिपि को भी राजकाज के लिए अपना लिया। बाद में इसी आरमेई लिपि के आधार पर एक नई लिपि का निर्माण हुआ था। पारसियों का धर्मग्रंथ **जेन्द-अवेस्ता** इसी लिपि में लिखा गया था। प्राचीन भारत में कई सदियों तक व्यवहृत खरोष्ठी लिपि भी आरमेई के आधार पर ही बनी थी। अशोक के मानसेहरा और शाहबाजगढ़ी (दोनों स्थान अब पाकिस्तान में) के लेख खरोष्ठी में हैं।

पश्चिम-एशिया के हित्ती और मितन्नी आर्यभाषी शासकों की भी अपनी कोई मूल लिपि नहीं थी। उन्होंने राजकाज के अभिलेखों के लिए बेबीलोनी कीलाक्षरों को अपनाया था। जहां तक भारतीय ब्राह्मी लिपि का सवाल है, इसके प्राचीनतम उपलब्ध लेख हैं—अशोक (ईसा-पूर्व तीसरी शताब्दी) के धर्मलेख। साहित्यिक उल्लेखों से पता चलता है कि ई. पू. छठी-पांचवीं शताब्दी में ब्राह्मी लिपि जन्म ले चुकी थी। संभव है कि भारत के आर्यभाषियों को ब्राह्मी लिपि का निर्माण करने के लिए सिंधु लिपि से प्रेरणा मिली हो। यह भी संभव है कि उन्हें ईरान की पारसी कीलाक्षर लिपि या यूनानी लिपि से इसके लिए प्रेरणा मिली हो। जो भी हो, इतना निश्चित है कि आर्यभाषियों की अपनी कोई मूल लिपि नहीं थी। यदि होती, तो हित्ती, मितन्नी, ईरानी, यूनानी और भारतीय आर्यभाषियों द्वारा कहीं न कहीं उसका इस्तेमाल जरूर होता।

ऋग्वेद ऋषि-कवियों की एक पीढ़ी की रचना नहीं है। आर्यभाषियों के भारत में बस जाने के बाद और यहां के मूल निवासियों के साथ घुल-मिल जाने के अनंतर, लगभग ढाई-तीन सौ साल बाद, ऋग्वेद की ऋचाओं की रचना हुई। इस बीच सिंधु सभ्यता की कई उत्कृष्ट और उपयोगी बातों को उन्होंने अपना लिया था। आर्यभाषी बहुत बड़ी संख्या में भारत आए थे, यह मानना गलत होगा। सारे आर्य एक ही जत्थे में और एक ही समय में आए, यह मानना भी गलत होगा। काफ़िरी और दरद भाषाएं आर्य-परिवार की हैं। इन्हें भाषाशास्त्र की दृष्टि से वैदिक भाषा और ईरानी भाषा के बीच की माना जाता है। ऋग्वेद के 'इंद्र' का गहराई से अध्ययन करने से पता चलता है कि इंद्र भारत पर हुए आर्यभाषियों के पहले आक्रमण का वीर नेता था। बाद में इस इंद्र को देव बना दिया गया। तात्पर्य यह कि, आर्य लोग कई जत्थों में भारत में आए।

आरंभ में आर्यभाषी समाज वर्णों में बंटा हुआ नहीं था। पता चलता है कि आरंभ में उनमें दो ही वर्ग रहे होंगे—पुरोहित (ब्राह्मण) और योद्धा (क्षत्रिय)। ब्राह्मण और क्षत्रिय में भी कोई स्पष्ट विभाजन-रेखा नहीं थी। पश्चिम-एशिया के हित्ती आर्यभाषियों को 'खत्ती' भी कहते हैं। संस्कृत के 'क्षत्रिय' और पालि के 'खत्तियो' शब्दों में और इस 'खत्ती' शब्द में काफी साम्य है। बाद में **ऋग्वेद** के दसवें मंडल में समाज के चार वर्गों—ब्राह्मण, राजन्य (क्षत्रिय), विश् (वैश्य) और शूद्र—का उल्लेख है। 'विश्' शब्द का मूल

अर्थ है प्रजा, इसीलिए राजा को 'विशंपति' कहते थे। प्राचीन काल में 'आर्य' शब्द को 'वैश्य' के अर्थ में ग्रहण किया जाता था। महीधर ने **यजुर्वेद** की 'वाजसनेयी संहिता' के अपने भाष्य में 'अर्य' का अर्थ 'वैश्य' लगाया है। पाणिनि ने भी वैश्य को 'आर्य' कहा है (अर्यः स्वामिवैश्ययोः–**अष्टाध्यायी**, 3.1.103)। इस वैश्य वर्ग का काम था–घूमते रहकर व्यापार करना। बाद के वणिक् और आज के बनिए भी यही काम करते देखे जाते हैं। वैदिक युग की प्रजा में सिंधु जनों की संख्या अधिक थी, इसीलिए उनके धनी समुदाय को बाद में व्यापारी वर्ग मान लिया गया। भारत के मूल निवासियों में शंबर और उसके अनुयायी निषाद जैसे कबीले भी थे। उन्हें आर्यों ने दास या दस्यु बना दिया। इस प्रकार, आर्यों के यहां बस जाने के काफी अनंतर चार वर्ण अस्तित्व में आए थे।

'देव' शब्द का मूल अर्थ है, दिव्य। भारोपीय परिवार की सभी भाषाओं में यह शब्द मिलता है। पर बाद में ईरानी आर्यों ने इस 'देव' शब्द को 'राक्षस' का पर्याय बना दिया। ईरानी आर्य भारतीय आर्यों के भाईबंद ही थे, किंतु बाद में जरथुस्त्र (लगभग 1000 ई.पू.) के सुधारवाद में यह 'देव' शब्द घृणास्पद बन गया था। उन्होंने देवों को राक्षस और भारतीय आर्यों के प्रमुख देव इंद्र को राक्षसराज करार दिया था! वैसे, भारतीय आर्य और ईरानी आर्य दोनों ही अग्नि-पूजक बने रहे, क्योंकि अग्नि आर्यों का मूल देवता था। ईरानी आर्य भारतीय आर्यों के नेता इंद्र को घृणा की दृष्टि से देखते होंगे, इसीलिए उन्होंने देव को राक्षस का अर्थ दिया था। इसके विपरीत, हम यह भी देखते हैं कि भारतीय आर्य ईरानी आर्यों का कोई स्पष्ट उल्लेख नहीं करते। संभव है कि जान-बूझकर उन्होंने ऐसा किया हो।

भारतीय आर्यों के जीवन में गायों-बैलों और घोड़ों का विशेष महत्व था। बहुत बाद के घुमंतू मंगोलों की तरह आर्यों ने भी घोड़ों के बल पर नए-नए प्रदेशों पर अधिकार किया था। घोड़ों को वे रथों में भी जोतते थे। इसके विपरीत, सिंधु सभ्यता में घोड़े के अस्तित्व के सबूत नहीं मिलते। उनकी किसी भी मुहर पर घोड़े की आकृति अंकित नहीं मिलती। सिंधुजन कपास के वस्त्रों का इस्तेमाल करते थे; परंतु आर्यभाषी भारत में पहुंचने पर भी ऊनी वस्त्र पहनते थे। इससे यह सिद्ध होता है कि वे ऐसे प्रदेश से आए थे जहां कपास नहीं होती थी और ठंड अधिक पड़ती थी।

अब हम **ऋग्वेद** के एक देवता रुद्र पर विचार करेंगे। ऋग्वेद के रुद्र और बाद के शंकर का कोई संबंध नहीं है। आज शिव और महादेव के नाम से रुद्र एक प्रमुख देवता है, किंतु ऋग्वेद-काल में रुद्र को गौण स्थान मिला हुआ था। ऋग्वेदिक आर्यों ने अपने प्रमुख राष्ट्रदेव इंद्र की स्तुति में 200 सूक्त लिखे, तो रुद्र की स्तुति में केवल तीन सूक्त। अन्यत्र दो-चार उल्लेख हैं, तो वहां 'यह देवता' या 'वह देवता' कहकर ही आर्यों ने रुद्र का स्मरण किया है। आर्यों के लिए रुद्र क्रूरता का मूर्तिमंत रूप था। वे उससे बेहद डरे हुए थे। बलिष्ठ, पीले रंग का (बभ्रुः), बहुरूपी व उग्र (पुरुरूप, उग्रो),

सिंह की तरह भयंकर (मृगो न भीमः), वृषभ, तीन आंखों वाला, त्रिशूल धारण करने वाला (तिग्मायुधाय) आदि कहकर आर्यों ने रुद्र को याद किया है। उन्होंने स्वीकार किया कि रुद्र बड़ा क्रूर देवता है। उसके कोप से उनके बच्चों, माता-पिताओं, नौकर-सेवकों और गाय-घोड़ों को हानि न पहुंचे, इसलिए वे रुद्र को हाथ जोड़ते हैं (मा नस्तोके तनये, मा नो वधीः पितरम् मात मातरं, मा नो महान्तमुत, मा नो अर्भकं, मा नो गोषु, मा नो अश्वेषु रीरिषः—**ऋग्वेद**, 1.114)। रुद्र शब्द 'रुद्' धातु से बना है, जिसका अर्थ होता है 'रुलाना'। सचमुच ही रुद्र आर्यों को रुलानेवाला देवता था। यह भी पता चलता है कि रुद्र जटाधारी और मुकुटधारी था।

हमारी मान्यता है कि यह रुद्र आर्य देवता नहीं था। सिंधु सभ्यता के नगरों की खुदाई में ऐसी कई मुद्राएं मिली हैं जिन पर मुकुटधारी और तीन मुंहवाली एक देवाकृति अंकित है। लगता है कि इस आकृति का देवता सिंधुजनों का प्रमुख देवता था। वैदिक आर्यों ने संभवतः इसे ही पशुपति, भूतपति या रुद्र कहकर स्मरण किया है। यह भी महत्वपूर्ण बात है कि भारतीय आर्यों के अलावा पश्चिम-एशिया के किसी भी आर्यभाषी शासक-गण ने इस रुद्र को स्मरण नहीं किया है। सिंधु सभ्यता की एक मुद्रा है जिस पर लिपि-संकेत और पशुओं की आकृतियों के साथ रुद्र या पशुपति की आकृति उत्कीर्ण है। अतः हम इस निर्णय पर पहुंचते हैं कि ऋग्वेद का रुद्र सिंधुजनों का प्रमुख देवता था। आर्यों द्वारा शासित भारतीय प्रजा में मूल भारतीयों की संख्या अधिक थी। सिंधु सभ्यता वैदिक सभ्यता से अधिक विकसित थी, इसलिए आर्यों ने मूल निवासियों के प्रमुख देवता को अपना लिया हो, तो इसमें कोई आश्चर्य की बात नहीं है। आज की भारतीय लोक-संस्कृति में ऐसे अनेक तत्व विद्यमान हैं, जिनके स्रोत वैदिक संस्कृति में देखने को नहीं मिलते। हमारी लोक-संस्कृति के ये मूलतत्व आर्यों के आगमन के पहले यहां के मूल निवासियों में मौजूद थे। इसलिए ऋग्वेद-काल से लेकर आज तक की भारतीय संस्कृति को शुद्ध आर्य संस्कृति या वैदिक संस्कृति कहना असंगत होगा।

मोहेंजोदड़ो से प्राप्त मुहर, जिस पर 'योगी पशुपति' के चहुंओर जंगली पशु प्रदर्शित हैं।

अब हम ईरानी आर्यों पर थोड़ा विचार करेंगे।

पारसियों के धर्मग्रंथ **अवेस्ता** और ईरान के हख़ामनी सम्राटों के अभिलेखों की भाषा आर्य परिवार की है। 'अवेस्ता' का अर्थ है ज्ञान की पुस्तक; पर वेद की तरह अवेस्ता शब्द का भी 'विद्' धातु से संबंध है। अवेस्ता की गाथाओं की भाषा में और वेदों की ऋचाओं की भाषा में बहुत समानता है। ईरानी आर्य **स** का उच्चारण **ह** करते थे, इसीलिए वे 'सोम' को 'हओम्' और 'सप्तसिंधु' को 'हप्तहिंदु' कहते थे। यह हप्तहिंदु (सप्तसिंधु) शब्द सात नदियों के प्रदेश का द्योतक था, जहां भारतीय आर्यों का निवास था। प्राचीन ईरानी भाषा का विकास होते हुए जब यह 'हिंदु' शब्द फारसी में पहुंचा, तो अरबों के समय में इसका सिंधु प्रदेश और इस प्रदेश में रहने वाले जन-समुदाय के लिए इस्तेमाल हुआ। बाद में यह शब्द भारत और भारतीय समाज के अर्थ में प्रयुक्त हुआ।

ऋग्वेद की पहली ही ऋचा में 'अग्निमीळे' शब्द में **ळ** अक्षर आया है। भारोपीय परिवार की अन्य भाषाओं का अध्ययन करने से पता चलता है कि स्लाव व ईरानी आर्यभाषी मूर्धन्य वर्णों (टवर्ग आदि) का उच्चारण नहीं कर सकते थे, किंतु ऋग्वेद की पहली ही ऋचा में ळ उच्चारण को देखने से स्पष्ट हो जाता है कि सप्तसिंधु के पुराने निवासियों के संपर्क में आने पर उन्होंने इस ध्वनि को अपना लिया था।

'ईरान' शब्द 'आर्यानाम्' (आर्यों का देश) शब्द से व्युत्पन्न है। ऋग्वेदिक् आर्य अपने मूल स्थान के बारे में हमें कोई स्पष्ट जानकारी नहीं देते, किंतु ईरानी आर्यों को ई. पू. छठी शताब्दी तक अपने मूल देश का स्मरण था। ईरानी आर्य अपने मूल देश को 'आर्याना बेइजा' या 'एरानबेज़' कहकर स्मरण करते थे। हख़ामनी सम्राट भी अपने अभिलेखों में स्वीकार करते हैं कि अपने प्रमुख देवता अहुरमज्दा की कृपा से उन्हें पार्स (ईरान) प्रदेश मिला है। ईरान का पुराना नाम 'पार्स' या 'पार्शु' था। प्राचीन बेबीलोनी अभिलेखों में भी यह नाम (पार्-स-अ-अ) मिलता है। पाणिनि की **अष्टाध्यायी** (5.3.117) में 'पर्शु' संज्ञा मिलती है। दूसरी ओर, बेहिस्तुन के अभिलेख में 'पार्स' नाम आया है। हमादान से प्राप्त एक स्वर्ण-फलक पर अंकित हख़ामनी अभिलेख में तिएस्प का पुत्र अरियारम्न (640-590 ई. पू.) कहता है कि, "पार्सों की यह भूमि उसे अहुरमज्दा की कृपा से मिली है। इसमें सुंदर घोड़े और अच्छे आदमी रहते हैं। अब मैं इस भूमि का राजा हूं।" प्रसिद्ध हख़ामनी सम्राट दारयवहु या दारा (डेरियस : 522-486 ई. पू.) अपने अभिलेखों में अपने को स्पष्ट रूप से 'आर्य' कहता है। तात्पर्य यह कि ईरानी अभिलेखों के अध्ययन से स्पष्ट हो जाता है कि आर्य लोग वहां बाहर से पहुंचे थे।

अवेस्ता और वेदों के कर्मकांडों में कुछ बातें समान हैं, तो कुछ एकदम विपरीत भी हैं। वेद और अवेस्ता, दोनों में मूर्तिपूजा का उल्लेख नहीं है। दोनों में देवताओं की संख्या 33 गिनाई गई है। कर्मकांड से संबंधित कई शब्द समान हैं; जैसे, हओम =

सोम, ज़ओतर = होता, अथ्रवन् = अथर्वन्, मंथ्र = मंत्र, यश्न = यज्ञ, इत्यादि। सबसे बड़ा अंतर है असुर (अहुर) और देव के बारे में। हम बतला आए हैं कि जरथुस्त्र (लगभग 1000 ई.पू.) के सुधार-आंदोलन में देव शब्द राक्षस का पर्याय बना दिया गया था और भारतीय आर्यों का इंद्र ईरानियों की नज़र में राक्षसराज था। लेकिन इसका अर्थ यह नहीं है कि आरंभ में ईरानी आर्य देव-आराधक नहीं थे। दारयवहु या दारा के उत्तराधिकारी क्षयार्श (485-465 ई.पू.) के समय में भी ईरानी प्रजा में देव-उपासक थे। ई. पू. पांचवीं शताब्दी के क्षयार्श के एक अभिलेख में देव-उपासना पर प्रतिबंध लगाने का उल्लेख है।

भारतीय आर्यों की तरह ईरानी आर्य भी एक समय में या एक समूह में ईरान नहीं पहुंचे थे। उनका पहला जत्था 1500 ई. पू. के आसपास ईरान पहुंचा था। प्राचीन ईरान की आरंभिक 'हिस्सार 3-सी संस्कृति' के विध्वंसक ये नवागत ईरानी आर्य ही थे। हख़ामनी शासकों के पहले के मेदेस् शासक भी आर्य थे। तात्पर्य यह कि 1500 ई. पू. और 1000 ई. पू. के बीच कई जत्थों में आर्यभाषी (घुमंतू कबीले) ईरान में पहुंचे थे।

इस प्रकार, आर्यों का भारत पहुंचने के लिए और आर्यों का ईरान पहुंचने के लिए 1500 ई. पू. के आसपास का काल निश्चित हो जाता है। भारतीय और ईरानी आर्यों के मूल स्थान पर विचार करने से पहले पश्चिम-एशिया के हित्ती, मितन्नी आदि आर्य-शासकों का थोड़ा परिचय प्राप्त करना जरूरी है।

[3]

संसार की सबसे पुरानी लिपि के जनक थे, सुमेरी लोग। फारस की खाड़ी के उत्तर में दजला-फरात नदियों के मुहाने के पास सुमेरी लोगों की बस्तियां थीं। उर, लगाश, निप्पुर आदि उनके नगर थे। 3000 ई. पू. के पहले सुमेरी लिपि अस्तित्व में आ चुकी थी। इस लिपि का उद्‌घाटन हो गया है। यह भी ज्ञात हुआ है कि सुमेरी भाषा न भारोपीय परिवार की है, न ही सेमेटिक (सामी) परिवार की। वस्तुतः सुमेरी भाषा को किसी एक भाषा-परिवार में रखना संभव नहीं है। इसमें चीनी भाषा की तरह एकाक्षरी शब्दों का प्राधान्य है। यह एक योगात्मक या आकृतिमूलक भाषा थी।

सुमेर के उत्तर में मेसोपोटामिया में अक्कद प्रदेश था। ईसा-पूर्व 2400 के आसपास अक्कदी शासक सारगोन ने यहां पर अपना राज्य स्थापित कर लिया था। बेबीलोन इस राज्य की राजधानी थी। अक्कदी या बेबीलोनी लोग सेमेटिक परिवार की भाषा बोलते थे। अक्कदियों ने सुमेर पर अधिकार तो कर लिया था, परंतु उन्होंने सुमेरी संस्कृति की अनेक बातों को अपना लिया। कारण यह था कि सुमेरी संस्कृति अधिक उन्नत थी। अक्कदियों ने अपनी सेमेटिक भाषा के लिए सुमेरी लिपि को भी अपना लिया। कर्मकांड संबंधी बहुत-सी सुमेरी बातों को भी उन्होंने अपना लिया था। सुमेरी भाषा और अक्कदी भाषा में बहुत अंतर था, इसलिए उन्होंने सुमेरी-अक्कदी

शब्दकोश तैयार कर लिये थे। मेसोपोटामिया की खुदाई में इन शब्दकोशों के मिल जाने से ही बेबीलोनी लेखों का उद्घाटन हो जाने पर, सुमेरी लिपि व भाषा का अन्वेषण संभव हुआ।

संक्षेप में कहें तो 2000 ई. पू. तक हमें मेसोपोटामिया में या पश्चिम-एशिया में आर्य परिवार की भाषा के चिह्न कहीं दिखाई नहीं देते। बेबीलोन के प्रसिद्ध शासक हम्मुराबी या खम्मुराबी (लगभग 1750 ई. पू.) के बाद हम मेसोपोटामिया में अवनति की दशा देखते हैं। हम्मुराबी के तुरंत बाद हमें मेसोपोटामिया में कासाइटों या कास्सियों, (Kassaites) के नाम सुनाई देते हैं। कौन थे ये कासाइट शासक? इन्होंने 1600 ई. पू. के आसपास बेबीलोन पर अधिकार कर लिया था। आरंभ में ये कासाइट लोग उत्तर में ज़ाग्रोस पर्वत के पूर्व में रहते थे। बेबीलोन के स्थानीय लिपिकों ने इन कासाइट शासकों के जो नाम दिए हैं, वे इस प्रकार हैं : शुरिअश् (सूर्य), इंदश (इंद्र), मरुत्तश् (मरुतः) और बुगश् (ईरानी 'बग' और संस्कृत 'भग')। स्पष्टतः ये शब्द भारोपीय भाषा-परिवार के हैं। पर तारा, स्वर्ग, वायु, मनुष्य आदि के कासाइट नाम भारोपीय भाषा के नहीं हैं। इसका क्या अर्थ लगाया जाए? संभव यही जान पड़ता है कि कासाइट शासक तो आर्यभाषी थे, किंतु उनकी प्रजा कोई दूसरी भाषा बोलती थी।

पर इतना निश्चित है कि कासाइटों के साथ ही पहली बार मेसोपोटामिया में घोड़ों का प्रवेश हुआ। कासाइटों के आगमन के पहले हमें मेसोपोटामिया और मिस्र में घोड़े के दर्शन नहीं होते। कासाइटों के साथ पहली बार हमें मेसोपोटामिया में घोड़े जुते हुए रथ दिखाई देते हैं। मिस्र में घोड़ों का प्रवेश हाइक्सोस काल (1640-1570 ई.पू.) में हुआ।

कासाइटों ने मेसोपोटामिया पर पांच-छह सौ साल तक शासन किया। ईसा-पूर्व 1150 के बाद फिर हमें इनका नाम सुनने को नहीं मिलता। इस बीच बेबीलोनी संस्कृति पर इनका कोई स्थायी प्रभाव नहीं पड़ा। पश्चिम-एशिया को इनकी प्रमुख देन है, घोड़ा। कालांतर का घोड़े के अर्थ वाला बेबीलोनी शब्द 'सुसु' संभवतः मूल भारोपीय शब्द 'असूअ' (अश्व) से ही बना है।

बीसवीं शताब्दी के प्रथम दशक में प्रसिद्ध जर्मन पुराविद ह्यूगो विंकलेर ने अनातोलिया में बोगाज़-कोई (अंकारा से पूर्व की ओर लगभग 100 किलोमीटर दूर) स्थान पर हित्तियों की राजधानी की खोज की। बाद में यहां के राजकीय अभिलेखागार से लगभग 10 हजार अक्षरांकित फलक प्राप्त हुए। ये लेख कीलाक्षर लिपि में लिखे हुए हैं। इस अभिलेखागार की सामग्री का अध्ययन करने पर कई नई भाषाओं के बारे में जानकारी मिली है। इनमें से कुछ भाषाएं भारोपीय परिवार की हैं।

ई. पू. 1360 में हित्ती और मितन्नी शासकों के बीच एक संधि हुई थी। यह संधिपत्र बड़े महत्व का है। इसमें अन्य देवताओं के साथ-साथ इंद्र (इन्-द-र), वरुण

(उ-रु-उ-न), मित्र (मि-इत्-त-र) और नासत्यौ (ना-श-अत्-ति-इ-इअ) के नाम भी मिलते हैं। इन देवताओं के नाम **ऋग्वेद** में भी हैं। महत्व की बात यह है कि इन देवताओं के ये नाम **अवेस्ता** के नामों की अपेक्षा वेदों के नामों के अधिक नजदीक हैं। फरात नदी के उत्तरी भाग में मितन्नियों का शासन था। मिस्र के तेल-एल-अमर्ना स्थान से प्राप्त अभिलेखों से इन मितन्नी शासकों पर काफी प्रकाश पड़ता है। शुतर्न, दुशरत्त, आर्ततम आदि इन शासकों के नाम थे। स्पष्टतः ये भारोपीय भाषा-परिवार के नाम हैं।

बोगाज़-कोई के हित्ती अभिलेखागार से एक और महत्वपूर्ण अभिलेख मिला है। चार फलकों पर अंकित यह लंबा अभिलेख या 'पुस्तक' घोड़ों को दी जाने वाली ट्रेनिंग से संबंधित है। मितन्नी प्रदेश के किक्कुली नामक अश्व-प्रशिक्षक का इसमें उल्लेख है। इस अभिलेख में कई तकनीकी शब्द संस्कृत से मिलते-जुलते हैं, विशेषतः संख्यावाचक शब्द। जैसे :

ऐक वर्तन्न (एक वर्तनम्) = एक घुमाव; तेर वर्तन्न (त्रि वर्तनम्) = तीन घुमाव; पंज वर्तन्न (पंच वर्तनम्) = पांच घुमाव; सत्त वर्तन्न (सप्त वर्तनम्) = सात घुमाव; नव वर्तन्न (नव वर्तनम्) = नौ घुमाव।

इन उदाहरणों से स्पष्ट हो जाता है कि ई. पू. चौदहवीं शताब्दी में पश्चिम-एशिया में आर्यभाषी शासकों का शासन था। इसका यह अर्थ नहीं है कि प्रजा भी भारोपीय परिवार की भाषा बोलती थी। बोगाज़-कोई के अभिलेखागार के लेखों का अध्ययन करने पर वहां कोई आठ भाषाओं के बारे में जानकारी मिली है : (1) **हित्ती**–हित्ती शासकों की यह भाषा निश्चित रूप से भारोपीय भाषा-परिवार की थी। प्रसिद्ध पुरालिपिविद् बेंद्रिख़ ह्रोज्नी ने 1915 ई. में हित्ती कीलाक्षरों में इस भाषा की खोज की। ह्रोज्नी ने इस भाषा के जिस पहले वाक्य का उद्घाटन किया, वह था : **नु 'रोटी'–अन् एज्जातेनी, वासर-म एकुतानी** (यहां 'रोटी' के लिए एक सुमेरी-बेबीलोनी भावचित्र है)। 'एज्जातेनी' (= खाना), 'वासर' (= पानी) और 'एकुतानी' (= पीना) शब्दों के बारे में विचार करके ह्रोज्नी इस निष्कर्ष पर पहुंचे कि यह भारोपीय परिवार से संबंधित कोई भाषा होनी चाहिए। उन्होंने उपर्युक्त हित्ती लेख का अनुवाद प्राप्त किया : "अब तुम रोटी खाओगे और पानी पिओगे।"

आरंभ में भाषाविज्ञानियों का यह मत रहा कि हित्ती भाषा भारोपीय परिवार के केंतुम् वर्ग की है; यह सतम् वर्ग की नहीं है। पर अब भाषाविद इस भाषा को एक स्वतंत्र वर्ग में रखते हैं। भारोपीय भाषाओं के दस वर्ग पहले से थे। अब हित्ती भाषा की खोज से ग्यारह वर्ग बन गए हैं। (2) **प्राक्-हित्ती** या **हत्ती**–सुविधा के लिए इस भाषा को 'प्राक्-हित्ती' नाम दिया गया है, पर हित्ती से इसका कोई संबंध नहीं है। इस भाषा के बारे में बहुत कम सामग्री मिली है, इसलिए इसके स्वरूप को पहचाना नहीं गया है। (3) **लुवी**–यह हित्ती से मिलती-जुलती भाषा है। (4) **पालाइक**–लुवी

और हित्ती की तरह यह भी भारोपीय परिवार की भाषा है। (5) **हुर्री**–इस भाषा के काफी अभिलेख मिले हैं। ईसा-पूर्व 1400 के आसपास मितन्नी आर्य शासक दुशरत्त ने मिस्र के शासक आमेनोफिस-तृतीय को जो पत्र लिखा था, और जो मिस्र के तेल-एल-अमर्ना स्थान से प्राप्त हुआ है, वह इसी हुर्री भाषा में था। यह भाषा संभवतः काकेशियाई भाषा-परिवार से संबंधित थी। (6) **मितन्नी**–इस भाषा के बारे में हम ऊपर बता ही चुके हैं। यह सतम् वर्ग की भाषा थी। इन भाषाओं के अलावा बोगाज़-कोई के अभिलेखागार में अक्कदी भाषा के भी लेख मिले हैं। सुमेरी भाषा के भी नमूने मिले हैं, क्योंकि सुमेरी भाषा का अब भी अध्ययन होता था। मितन्नी आर्य शासकों की भाषा थी, पर यह प्रजा की भाषा नहीं थी। मितन्नी प्रजा हुर्री भाषा बोलती थी।

इस प्रकार, हम देखते हैं कि ईसा-पूर्व दूसरी सहस्राब्दी के उत्तरार्द्ध में पश्चिम-एशिया पर भारोपीय परिवार की भाषाएं बोलने वाले कई शासकों का राज्य था। तेल-एल-अमर्ना के अभिलेखों से पता चलता है कि सीरिया और फिलिस्तीन पर भी आर्य शासकों का शासन था। इनके नाम मिलते हैं–बिरिदाश्व (बृहदश्व), शुवर्दत, यश्दत, आर्तमन्य आदि। स्पष्टतः ये आर्यभाषा के नाम हैं। आर्यभाषियों ने जहां भी पैर रखे, वहां उनके साथ पहली बार हम घोड़े को देखते हैं। जहां भी देखिए, घोड़ा आर्यों के आगमन का स्पष्ट सूचक है। घोड़े की तरह लोहा भी आर्यों के आगमन का सूचक है। ई. पू. पंद्रहवीं शताब्दी में हमें पहली बार हित्तियों और मितन्नियों के पास लोहे की वस्तुएं देखने को मिलती हैं। लेकिन उस समय लोहे का उत्पादन बहुत अल्प मात्रा में होता था। हित्ती और मितन्नी शासक लोहे के उत्पादन की कला को दूसरों के सामने प्रकट नहीं होने देना चाहते थे। ई. पू. तेरहवीं शताब्दी का एक हित्ती शासक हत्तुसिलिस-तृतीय अपने एक समकालीन शासक को लिखता है : "आपने मुझे अच्छा लोहा भेजने के लिए लिखा है, किंतु मेरे किजुवत्ना मुद्रा-भवन में अच्छा लोहा उपलब्ध नहीं है। अच्छे लोहे के उत्पादन के लिए यह बड़ा खराब समय है। वे जब अच्छा लोहा बनाएंगे, तो मैं आपको भेज दूंगा। आज मैं आपको केवल लोहे का एक खड्ग ही भेज रहा हूं।"

आर्यों के ईरान में पहुंचने के बाद हमें पहली बार वहां लोहे की कुछ वस्तुएं देखने को मिलती हैं। हम बता आए हैं कि ईरान की 'हिस्सार-3 सी' संस्कृति के विध्वंसक आर्यभाषी लोग थे। इस संस्कृति में लोहे की वस्तुएं नहीं मिली हैं। सियाल्क-6 की श्मशानभूमि-ब में पहली बार हमें लोहे की बनी हुई कुछ वस्तुएं देखने को मिलती हैं। यह श्मशानभूमि निश्चित रूप से ईरान में नए लोगों के आगमन की सूचक है। इस श्मशानभूमि से प्राप्त मानव-कंकाल भिन्न मानव-वंश के हैं। इसी श्मशानभूमि से पत्थर की एक बेलनाकार मुद्रा पर पहली बार हमें अश्वारोही योद्धाओं की आकृतियां अंकित देखने को मिलती हैं।

सिंधु सभ्यता ताम्रयुग की सभ्यता थी। सप्तसिंधु के आर्य संभवतः अपने साथ लोहे का ज्ञान लाए थे, परंतु अभी वे लोहे का उत्पादन नहीं कर सकते थे। **ऋग्वेद** का 'अयस्' शब्द धातु या तांबे का द्योतक है। बाद में इस शब्द का लोहे के अर्थ में प्रयोग होने लग गया था। तात्पर्य यह कि, आर्यों के भारत में बस जाने के दो-तीन सौ साल बाद उन्होंने यहां लोहे का उत्पादन शुरू किया होगा।

इस प्रकार हम इस निर्णय पर पहुंचते हैं कि दक्षिण-पश्चिम एशिया के देशों में आर्यभाषी जहां भी जाकर बसे, वहां पहली बार हम घोड़े और लोहे के दर्शन करते हैं। संक्षेप में कहें तो, इतिहास के रंगमंच पर जब आर्यभाषियों का अभिनय शुरू होता है, तब लौहयुग का आरंभ होता है।

यूरोप की ग्रीक, लैटिन तथा उनसे निर्मित भाषाएं भी भारोपीय परिवार (केंतुम् वर्ग) की हैं। यहां हम उन पर विचार नहीं करेंगे। संक्षेप में यही कहेंगे कि ई. पू. दूसरी सहस्राब्दी के आरंभ काल में आर्यभाषियों की प्रथम हलचल के हमें दर्शन होते हैं और इस सहस्राब्दी के अंत समय तक इन्हें हम यूरोप और एशिया के विस्तृत भूभाग में फैला हुआ देखते हैं।

अब हम विचार करेंगे कि आर्यभाषियों का मूल स्थान कहां था।

[4]

शुरू में ही हमने बताया है कि 'आर्य' शब्द मानव-जाति की किसी प्रजाति या नस्ल का द्योतक नहीं है। अतीत के अध्ययन की सुविधा के लिए इस शब्द का हम एक विशिष्ट भाषा-परिवार के अर्थ में इस्तेमाल कर सकते हैं। हमने देखा है कि **ऋग्वेद** के रचयिताओं ने और ईरान के हख़ामनी शासकों ने अपने को 'आर्य' कहा है। यह मुश्किल से तीन हजार साल पहले की बात है। लेकिन इस धरती पर आधुनिक मानव (होमो सेपियन्स) का अस्तित्व पिछले लगभग दो लाख वर्षों से है। पिछले तीन हजार सालों में मानव-समाज में जो सम्मिश्रण हुआ है, उसे हम जानते हैं। अतः सहज ही कल्पना की जा सकती है कि दो लाख वर्षों के लंबे अरसे में मानव-समुदाय में कितना अधिक सम्मिश्रण हुआ होगा। तात्पर्य यह है कि शुद्ध नस्ल नाम की कोई चीज न आज है, न अतीत में कभी रही है।

हम देख चुके हैं कि वैदिक भाषा और ईरान के हख़ामनी सम्राटों के अभिलेखों की तथा **अवेस्ता** की भाषा में काफी समानता है। हमने यह भी देखा है कि पश्चिम-एशिया के कास्सी (कासाइट), हित्ती और मितन्नी शासकों की भाषा भी उसी परिवार की थी। ग्रीक, लैटिन तथा इनसे निर्मित आधुनिक यूरोप की दर्जनों भाषाएं भारोपीय भाषा-परिवार की हैं। हमने यह भी देखा है कि पश्चिम-एशिया के आर्यभाषी शासक बाहर से वहां पहुंचे थे। यूनानी लोग भी बाहर से आकर भूमध्यसागर के उत्तरी प्रदेश में बस गए थे। ईरानियों के बारे में स्पष्ट जानकारी मिलती है कि वे बाहर से आकर

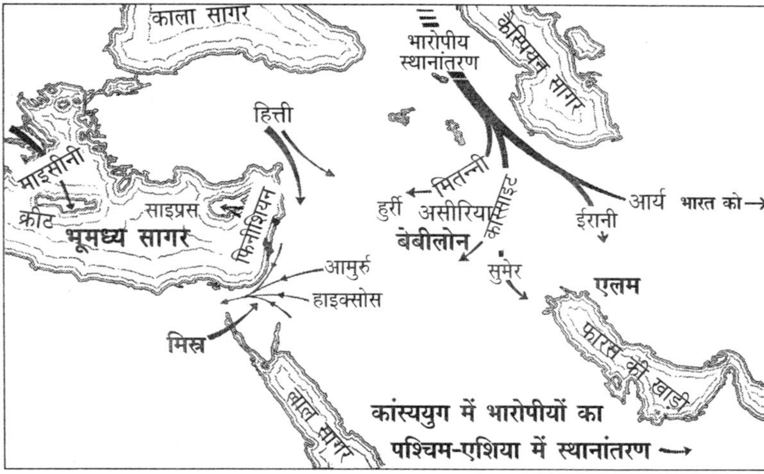

ईरान में बसे थे। ऋग्वेदिक आर्य अपने मूल स्थान के बारे में कुछ चुप्पी साधे हुए हैं। पर स्वयं **ऋग्वेद** इस बात का ज्वलंत प्रमाण है कि भारत आर्यों का मूल देश नहीं है।

कुछ भारतीय पंडितों ने यह सिद्ध करने की कोशिश की है कि भारत ही आर्यों का मूल देश है और यहीं से वे ईरान और पश्चिम-एशिया के देशों में पहुंचे थे। पर उनकी इस मान्यता में कोई सार नहीं है। हम जानते हैं कि ऋग्वेदिक काल में आर्यभाषियों की बस्तियां केवल पश्चिमोत्तर भारत तक ही सीमित थीं। **कृण्वन्तो विश्वमार्यम्** (सबको आर्य बनाते हुए) के नारे के अनुसार उन्हें सबसे पहले सारे भारत को आर्य बना लेना चाहिए था। पर हम देखते हैं कि जिस समय आर्यों की बस्तियां केवल भारत के पश्चिमोत्तर भाग में सीमित थीं, उस समय कुछ आर्यभाषी शासक पश्चिम-एशिया के विशाल भूभाग पर शासन कर रहे थे। अतः यह कहना गलत है कि आर्यभाषी जन भारत से ईरान, पश्चिम-एशिया, यूनान आदि देशों में पहुंचे थे। हमने काफी विस्तार के साथ पहले बताया है कि घोड़ा इन देशों में आर्यों के आगमन का सूचक है। सिंधु सभ्यता की उपलब्ध पुरातात्विक सामग्री में हमें घोड़े के बारे में कोई जानकारी नहीं मिलती। सिंधु सभ्यता की अक्षरांकित मुहरों पर हाथी और बाघ की आकृतियां देखने को मिलती हैं। इसके विपरीत, ऋग्वेदिक आर्यों को बाघ के बारे में कोई जानकारी नहीं थी और हाथी उनके लिए एकदम नया जानवर था।

अब प्रश्न है : आर्यभाषी यदि भारत के मूल निवासी नहीं थे, तो वे कहां से आए? भाषाशास्त्रीय अध्ययन हमें आर्यभाषियों के विस्तार का दिग्दर्शन कराता है, तो यही अध्ययन इनके मूल स्थान को खोज निकालने में भी सहायता देता है। हम

देख चुके हैं कि ई. पू. 2000 के बाद हमें आर्यभाषियों की हलचल के चिह्न दिखाई देने लग जाते हैं। भारोपीय परिवार की मूल भाषा का सूक्ष्मता से अध्ययन करें, तो उसमें सेमेटिक (सामी) परिवार की भाषा के कुछ तत्व दिखाई देते हैं। उसमें फिन्नो-उग्रीक भाषा-परिवार के भी कुछ तत्व विद्यमान हैं। आर्यभाषियों के आगमन के पहले मेसोपोटामिया की जनता सेमेटिक भाषा (अक्कदी-बेबीलोनी) बोलती थी। उत्तर में कैस्पियन सागर तक इस भाषा का विस्तार था। पश्चिम-एशिया में पहुंचने के पहले आर्यभाषी इन सामी भाषियों से परिचित रहे होंगे, इसीलिए मूल भारोपीय भाषा में सामी तत्व पाए जाते हैं। इससे यह सिद्ध होता है कि आर्यभाषियों का निवास सामी भाषा के क्षेत्र के उत्तर में था।

चूंकि मूल भारोपीय भाषा के सबसे अधिक तत्व पूर्वी यूरोप की लिथुआनी भाषा में पाए जाते हैं, इसलिए आर्यभाषियों का मूल निवास इस लिथुआनी क्षेत्र के नजदीक ही होना चाहिए। पश्चिम-एशिया के आर्य शासकों और भारतीय आर्यों के लिए उत्तर में समान दूरी की कल्पना करें और लिथुआनी भाषा की समीपता को ध्यान में रखें, तो आर्यभाषियों के मूल स्थान के लिए उराल पर्वतमाला का दक्षिणी क्षेत्र निश्चित होता है।

मूल भारोपीय भाषा में फिन्नो-उग्रीक भाषा के तत्व भी मौजूद हैं। प्राचीन काल में उराल पर्वत-क्षेत्र और पूर्वी यूरोप के अरण्यों व टाइगा प्रदेश के लोग फिन्नो-उग्रीक भाषा बोलते थे। आज के मार्दोवी, मारी, उद्मुर्त, कोमी, खंती, मंसी आदि जन भी इसी परिवार की भाषा बोलते हैं। आर्यभाषियों के मूल निवास के उत्तर में इन फिन्नो-उग्रीक भाषियों का निवास था, इसीलिए भारोपीय भाषा में फिन्नो-उग्रीक भाषा के तत्वों का प्रवेश हुआ था।

रूसी भाषाविदों ने इस फिन्नो-उग्रीक भाषा का गहरा अध्ययन किया है। इस नूतन अध्ययन से आर्यभाषियों के मूल स्थान तथा कुछ पुरातन भारतीय आख्यानों पर नया प्रकाश पड़ा है। हमारे देश के पुराने साहित्य में छह महीने की रात और छह महीने के दिन के कुछ उल्लेख मिलते हैं। स्पष्टतः यह घटना केवल आर्कटिक प्रदेश में ही देखी जा सकती है। ऐसे ही कुछ उल्लेखों के आधार पर स्व. बाल गंगाधर तिलक ने यह सिद्ध करने की कोशिश की थी कि आर्यभाषियों का मूल स्थान उत्तरी ध्रुव-प्रदेश है। **महाभारत** के 'उद्योगपर्व' में गरुड़ पक्षी गालव ऋषि को इस ध्रुव-प्रदेश की जानकारी देते हुए कहता है कि वहां कोई भी मनुष्य पहुंच नहीं सकता। जाहिर है कि आर्यभाषियों के उत्तर में निवास करने वाले फिन्नो-उग्रीक भाषाभाषी छह माह वाले रात-दिन वाली घटना को स्वयं जानते थे। उन्हीं से आर्यभाषियों ने इस कुतूहलजनक घटना के बारे में जानकारी प्राप्त की थी।

प्राचीन भारतीय साहित्य में 'शरभ' नामक एक विचित्र जानवर के अनेक उल्लेख मिलते हैं। बौद्धों की जातक-कथाओं में भी इस शरभ का उल्लेख है। इस जानवर के

उल्लेख तो मिलते हैं, किंतु कहीं पर भी स्पष्ट जानकारी नहीं मिलती कि यह शरभ कैसा था। हां, इसे 'अष्टपाद' जरूर कहा गया है। जाहिर है कि आर्यभाषियों के लिए यह एक काल्पनिक पशु था। पर फिन्नो-उग्रीक भाषी इस पशु से भली भांति परिचित थे। फिन्नो-उग्रीक भाषा में इसके लिए 'शोर्प' या 'सर्व' शब्द मिलता है और यह एल्क (elk) नाम का जानवर ही है। फिर इसे भारतीयों ने 'अष्टपाद' क्यों कहा? वस्तुतः आर्यभाषियों ने इस जानवर के बारे में अपने उत्तर के निवासियों से सुना-भर था। उराल पर्वत-प्रदेश में निवास करने वाले फिन्नो-उग्रीक भाषी खंती-मंसी जनों में भी यह आख्यायिका प्रचलित है कि प्राचीन काल में इस जानवर के कई पैर थे, लेकिन बाद में देवों ने इसके चार के अलावा बाकी सब पैर काट दिए थे। शरभ से अच्छी तरह परिचित इन फिन्नो-उग्रीक लोगों में इस जानवर के बारे में ऐसी दंतकथा रही है, तो आर्यभाषियों ने सुनकर इसे 'अष्टपाद' मान लिया हो, तो कोई आश्चर्य की बात नहीं है। तात्पर्य यह कि आर्यभाषी जन उराल पर्वत के दक्षिणी क्षेत्र में रहते थे और उनके उत्तर में फिन्नो-उग्रीक भाषियों का निवास था।

अन्य कुछ विद्वानों का मत है कि भारोपीयों का आद्य स्थान पश्चिमी एशिया के उत्तरी क्षेत्र (एशिया माइनर व उत्तरी मेसोपोटामिया) में था। भारोपीयों की प्राचीन शब्दावली में ऊंचे पहाड़ों, चट्टानों और ऊंचे-ऊंचे स्थलों के लिए कई शब्द मिलते हैं। ऐसा पर्यावरण इसी प्रदेश में पाया जाता है। पर्वतीय सरोवर और पहाड़ों से निकली तेज बहती नदियां भी इसी प्रदेश में हैं, पूर्वी यूरोप में नहीं। भारोपीयों को ज्ञात सिंह व तेंदुए जैसे वन्य पशु भी इसी प्रदेश में पाए जाते थे, मध्य-यूरोप में नहीं। भारोपीयों के लिए जौ, गेहूं व द्राक्ष जैसी उपज का विशेष महत्व था। अन्य क्षेत्रों में इनका फैलाव पश्चिम एशिया से ही हुआ है। लगभग सभी भारोपीय आख्यानों में रथों का उल्लेख है, रथ के विभिन्न अंगों के लिए भी शब्द हैं। यह एक तथ्य है कि रथ के निर्माण के लिए सख़्त लकड़ी कांसे के औजारों से ही हासिल की जा सकती है। और, स्पष्ट जानकारी मिलती है कि भारोपीय लोगों की कांस्य तकनीक काफी उन्नतावस्था में थी।

एक यूनानी कलश पर चित्रित अश्वरथ
(ईसा-पूर्व आठवीं सदी)

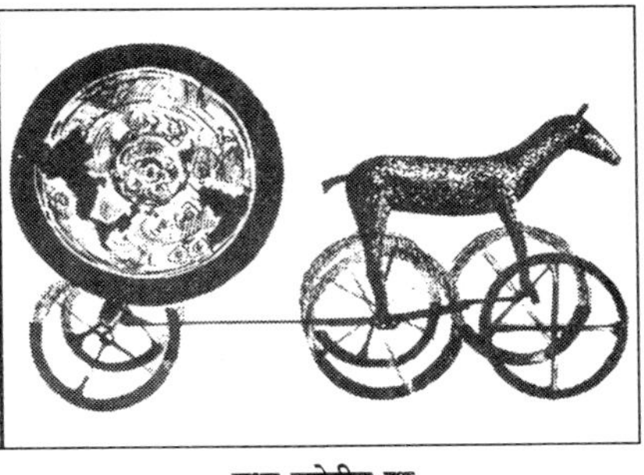

मध्य यूरोपीय रथ
(ईसा-पूर्व प्रथम सहस्राब्दी)

तात्पर्य यह कि भारोपीयों का मूल स्थान पश्चिमी एशिया का उत्तरी क्षेत्र था। यहीं से घोड़े और रथ के साथ भारोपीयों का यूरोप और एशिया के विभिन्न प्रदेशों में स्थानांतरण हुआ। प्रसिद्ध पुराविद गॉर्डन चाइल्ड (1892-1957 ई.) का भी यही मत था।

[5]

अनेकानेक विद्वानों ने भाषा-विज्ञान, नृतत्व और पुरातत्व के विविध पहलुओं से व्यापक विचार करके निष्कर्ष निकाला है कि आर्यभाषी लोग बाहर से—मध्य एशिया या पश्चिमोत्तर एशिया से भारत में पहुंचे थे—आज से लगभग 4000 से 3500 साल पहले। आर्यभाषियों के साथ ही भारत में घोड़े और लौहकर्म का प्रवेश हुआ था। सिंधु सभ्यता के लोग, जो आर्यभाषियों से पहले भारत में पहुंचे थे, घोड़े और लौहकर्म से परिचित नहीं थे।

लेकिन एक खास सोच वाले कुछ विचारक अब भी यह मानने के लिए तैयार नहीं हैं कि आर्यभाषी लोग बाहर से यहां आए हैं। उनका मत है कि आर्यभाषी लोग भारत के ही मूल निवासी हैं और यहीं से दुनिया के दूसरे हिस्सों में पहुंचे थे। कुछ पंडितों ने यह प्रमाणित करने की भी निरर्थक कोशिश की है कि सिंधु सभ्यता वस्तुतः वैदिक सभ्यता है।

हमारे कुछ नामी पुराविदों और इतिहासकारों ने यह सिद्ध करने के लिए कि भारत में घोड़े का आगमन आर्यभाषियों के साथ हुआ है, कई सारे पोथे लिख डाले हैं। फिर भी वे उन लोगों को संतुष्ट नहीं कर पाए हैं जो आर्यों को भारत के मूल निवासी मानने पर अड़े हुए हैं। भारत को आर्यों का मूल देश मानने वालों में से कुछ यह भी 'तर्क' पेश करते हैं कि सिंधु सभ्यता के स्थलों से घोड़े के बारे में पुरातात्विक सबूत नहीं मिलने से यह प्रमाणित नहीं हो जाता कि वे लोग घोड़े का उपयोग नहीं जानते थे।

लेकिन अब स्थिति बदल गई है। पिछले लगभग डेढ़-दो दशकों के मानव-आनुवंशिकी (Human genetics) के अध्ययन से यह स्पष्ट हो गया है कि दुनिया-भर के आज के सभी मानव-समुदायों—सभी आधुनिक मानवों (Homo sapiens)—का मूल पूर्वी अफ्रीका में है (देखिए आगे लेख : **हम सब विदेशी हैं**)।

मनुष्य के साथ उसके जीन (gene) भी प्रवास करते हैं। विभिन्न मानव-समुदायों के डीएनए (DNA)—जीन जिनके घटक हैं—परीक्षणों से यह पता चल जाता है कि आधुनिक मानव का उद्‌भव कहां पर हुआ और धरती के विभिन्न प्रदेशों में उसका फैलाव कब और किस तरह हुआ। मानव-आनुवंशिकी के अध्ययन ने अब यह भी सुस्पष्ट कर दिया है कि सबसे पहले ऑस्ट्रिक-भाषी लोग भारत में पहुंचे थे—लगभग पचास

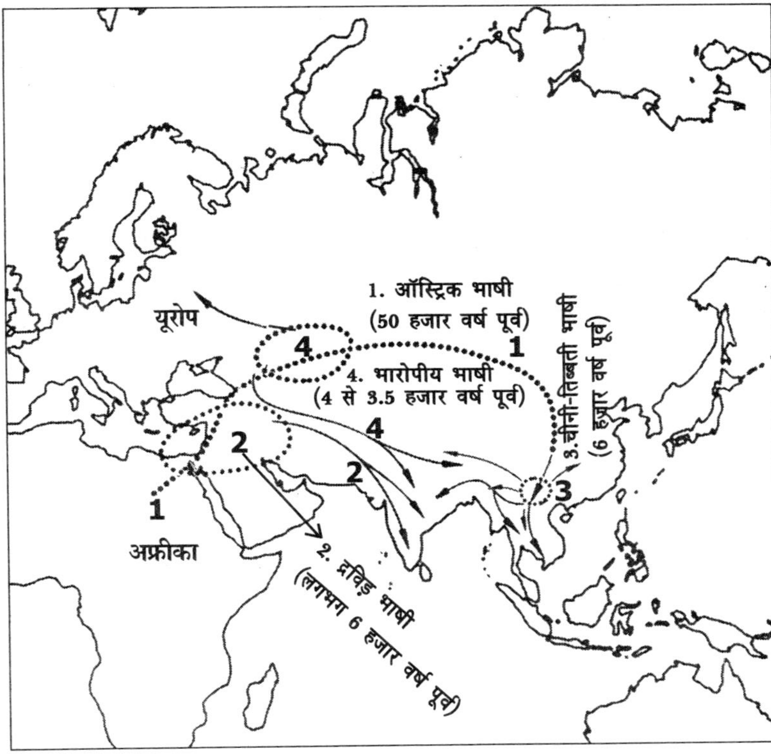

भारत में विभिन्न भाषा-परिवारों का क्रमिक आगमन

1. ऑस्ट्रिक भाषी : लगभग 50 हजार वर्ष पूर्व
2. द्रविड़ भाषी : लगभग 6 हजार वर्ष पूर्व (गेहूं, मवेशी)
3. चीनी-तिब्बती भाषी : लगभग 6 हजार वर्ष पूर्व (चावल, भैंस)
4. भारोपीय भाषी : लगभग 4 से 3.5 हजार वर्ष पूर्व (अश्व, लौहकर्म)

हजार साल पहले। इस तरह, कोरकू, मुंडा और संथाली जैसे जन-समुदाय भारत के सबसे प्राचीन बाशिंदे हैं।

फिर भूमध्यसागरीय क्षेत्र से द्रविड़-भाषी लोग भारत में पहुंचे, लगभग छह हजार साल पहले—गेहूं की खेती की जानकारी लेकर। अब यह भी स्पष्ट हो रहा है कि सिंधु सभ्यता के लोग द्रविड़-भाषी थे। बलूचिस्तान की ब्राहुई बोली द्रविड़ भाषा-परिवार की ही है। बाद में ये द्रविड़-भाषी मध्यभारत और दक्षिण भारत पहुंचे। गोंडी और ओरांव

बोलियां द्रविड़ भाषा-परिवार की हैं। तमिळ, मलयालम, कन्नड और तेलगू द्रविड़ परिवार की भाषाएं हैं।

लगभग उसी समय, छह हजार साल पहले, पूर्वी एशिया से चीनी-तिब्बती या तिब्बती-बर्मी भाषा-परिवार के लोग पूर्वी भारत में पहुंचे—धान की खेती की जानकारी अपने साथ लेकर। नगा और कुकी इसी परिवार की भाषाएं बोलते हैं।

अंत में आए भारोपीय यानी आर्यभाषी लोग, संभवतः दो-तीन जत्थों में, अपने साथ घोड़े (रथ) और लौहकर्म की तकनीक लेकर। मानव-आनुवंशिकी के नए अध्ययन ने अब यह स्पष्ट कर दिया है कि आर्यभाषी लोग मध्य-एशिया या पश्चिमोत्तर एशिया से ही ईरान और भारत में पहुंचे थे—लगभग साढ़े तीन से चार हजार साल पहले।

8

हिंदू-काल

इतिहास मानव-जाति के विविध क्रियाकलापों के अटूट सिलसिले का लेखा-जोखा है। अध्ययन की सुविधा के लिए ही हम इसे कालों में विभाजित करते हैं। यह काल-विभाजन शासक के नाम, शासकों का वंश, शासन की पद्धति, धर्म, आम जनता की आर्थिक या सामाजिक दशा इत्यादि में से किसी भी एक के आधार पर किया जा सकता है।

अधिकांश इतिहासकार–देशी और विदेशी–भारत के इतिहास को हिंदू-काल, मुस्लिम-काल आदि कालों में विभाजित करते हैं। हिंदू-काल के आरंभ के बारे में सभी इतिहासकार एकमत नहीं हैं, किंतु इस काल-विभाजन को पसंद करने वाले सभी इतिहासकार मानते हैं कि हिंदू-काल के अंत के साथ ही मुस्लिम-काल का आरंभ होता है।

जाहिर है कि भारतीय इतिहास का यह काल-विभाजन धर्म के आधार पर हुआ है–शासकों के धर्म के आधार पर।

हम भी जानते हैं कि 'हिंदू' शब्द काफी पुराना है। पारसियों के धर्मग्रंथ **अवेस्ता** में 'हप्त-हिंदु' शब्द है। दूसरी ओर, वेदों में 'सप्त-सिंधु' शब्द देखने को मिलता है। अवेस्ता और वेदों की भाषाओं में काफी समानता है। वेदों के बहुत-से शब्दों की 'स' ध्वनि को 'ह' में बदल देने से वे अवेस्ता के शब्द बनते हैं।

लेकिन उस समय का यह हप्तहिंदु (सप्तसिंधु) या हिंदु (सिंधु) शब्द कहीं पर भी जाति, धर्म या जन-समुदाय के अर्थ में इस्तेमाल नहीं हुआ है। यह शब्द 'सात नदियों के प्रदेश' के अर्थ में प्रयुक्त हुआ है। यह हप्तहिंदु (सप्तसिंधु) प्रदेश आजकल के अफगानिस्तान-पंजाब (पाकिस्तान) का प्रदेश हो सकता है और कुछ विद्वानों के अनुसार, यह तत्कालीन ईरानी और भारतीय आर्यभाषियों के मूल स्थान का भी कोई प्रदेश हो सकता है।

हख़ामनी सम्राट दारयवहु (दारा, डेरियस) के समय (ईसा पूर्व छठी सदी का उत्तरार्द्ध) में गांधार प्रदेश उसके साम्राज्य का एक प्रांत था। दारयवहु के पर्सिपोलिस् और नक़्शे-रुस्तम अभिलेखों में प्रदेश के अर्थ में 'हि(न्)दु' शब्द आया है। वहां इस 'हिंदु' शब्द का अर्थ है सिंधु नदी का प्रदेश या सिंध-प्रदेश।

यही हैं 'हिंदु' शब्द के प्राचीनतम उल्लेख। वैदिक वाङ्मय में कहीं पर भी यह हिंदु शब्द देखने को नहीं मिलता। वैदिक साहित्य में ही नहीं, तथाकथित हिंदू-काल में रचे गए किसी भी ग्रंथ में या किसी भी अभिलेख में हमें यह हिंदू शब्द देखने को नहीं मिलता–न धर्म के अर्थ में, न जन-समुदाय के अर्थ में; प्रदेश के अर्थ में भी नहीं। शंकराचार्य (लगभग 800 ई.) की किसी भी कृति में 'हिंदू' शब्द नहीं हैं।

फिर, यह 'हिंदू' शब्द आया कहां से?

यह शब्द बाहर से इस देश में आया। प्राचीन पारसी भाषा के आधार पर यूनानियों ने अपना 'इंदोई' शब्द बनाया। इसी यूनानी 'इंदोई' शब्द से यूरोप की भाषाओं का 'इंडिया' (देश) शब्द बना है। ईरानी लोग सिंधु या सिंधु-प्रदेश को 'हिंदु' या 'हिंद' कहते रहे। ईसा की सातवीं सदी के पूर्वार्द्ध में अरबों की शक्ति जब ईरान पर अधिकार करके सिंध-प्रदेश से आ टकराई, तो अरबों ने फारसी के इस हिंदु या हिंद शब्द को अपना लिया। उसी समय से सारे इस्लामी साम्राज्य में हिंद या हिंदु शब्द रूढ़ हो गया–पहले प्रदेश के अर्थ में और बाद में, भारत में इस्लामी शासन शुरू होने पर, इस देश में बसने वाली गैर-मुस्लिम जनता के लिए। धीरे-धीरे भारत की सारी गैर-मुस्लिम जनता–नाना धर्मों, संप्रदायों और जाति-उपजातियों में बंटे हुए जनसमुदाय–ने अपने लिए इस 'हिंदू' शब्द को स्वीकार कर लिया।

यही है 'हिंदू' शब्द का संक्षिप्त इतिहास। हमारे कोशकार भी स्वीकार करते हैं कि यह एक विदेशी शब्द है, यह फारसी का शब्द है। डा. राजबली पाण्डेय ने अपने **हिन्दू धर्मकोश** में भी लिखा है : "इसमें संदेह नहीं कि 'हिंदू' शब्द भारतीय इतिहास में अपेक्षाकृत बहुत अर्वाचीन और विदेशी है। प्राचीन संस्कृत साहित्य में इसका प्रयोग नहीं मिलता।...वास्तव में यह 'हिंदू' शब्द भौगोलिक है। मुसलमानों को यह शब्द फारस अथवा ईरान से मिला था।"

इस प्रकार, भारत में इस 'हिंदू' शब्द का इस्तेमाल 'मुस्लिम-काल' के आरंभ से शुरू होता है। आज हम अधिकतर धर्म के अर्थ में इस 'हिंदू' शब्द का प्रयोग करते हैं, इसलिए 'हिंदू धर्म' भी उतना ही प्राचीन है, जितना कि भारत में इस्लामी शासन–मुश्किल से एक हजार साल पुराना।

हर्षवर्धन या समुद्रगुप्त के सामने खड़े होकर उस समय का कोई भी व्यक्ति उन्हें 'हिंदू' कहने की हिम्मत नहीं कर सकता था। फिर भी, इतिहास के पन्नों में हम अक्सर पढ़ते हैं : 'गुप्त-काल हिंदू-साम्राज्यों का स्वर्णयुग था' और 'हर्ष अंतिम हिंदू सम्राट था'।

ऐसा क्यों? जो हिंदू नहीं थे, जो अपने को हिंदू नहीं कहते थे, जिनके शासन में कोई भी व्यक्ति अपने को हिंदू नहीं मानता था, उन्हें आज हम हिंदू क्यों कहते हैं? उनके काल को हम हिंदू-काल क्यों कहते हैं?

हमें स्वीकार करना ही पड़ेगा कि भारतीय इतिहासकारों ने भारत के प्राचीन काल पर यह 'हिंदू' शब्द अपनी सांप्रदायिक मनोवृत्ति के कारण थोपा है। आज हम हिंदू हैं,

तो इसका अर्थ यह नहीं है कि अतीत के हमारे सारे पूर्वज भी हिंदू ही थे। ईसा की नौवीं-दसवीं सदी के पहले इस देश में 'हिंदू' नाम की कोई चीज नहीं थी।

हम जानते हैं कि मुसलमान इतिहासकारों ने गैर-मुस्लिम भारतीय जनता को 'हिंदू' कहा है। हम यह भी जानते हैं कि अंग्रेज इतिहासकारों ने कुछ-कुछ 'फूट डालो और राज करो' नीति के कारण और कुछ अन्य किसी बेहतर शब्द के अभाव के कारण इस 'हिंदू-काल' पर अपनी मुहर लगाई है। लेकिन भारतीय इतिहासकारों को अंधानुकरण नहीं करना चाहिए था।

आज देश की अधिकांश जनता अपने को हिंदू कहती है। आज के भारत की इस बहुसंख्यक जनता को इतिहास के पन्नों में यह पढ़कर बड़ा सुख मिलता है कि इस्लामी शासन के पहले इस देश में कोई 'गौरवशाली हिंदू-काल' था, कोई चढ़ी-बढ़ी 'हिंदू संस्कृति' थी। 'हिंदू गणित' के और 'हिंदू रसायन' के इतिहास भी लिखे गए हैं!

पर तथ्य यह है कि वह हिंदू संस्कृति नहीं थी; वह हिंदू ज्ञान-विज्ञान नहीं था। प्राचीन भारत की संस्कृति में ब्राह्मण-धर्म के अलावा बौद्ध, जैन आदि अन्य धर्मों और संप्रदायों का भी महत्वपूर्ण योगदान रहा है। प्राचीन भारत के सभी शासक ब्राह्मण-धर्म (शैव या वैष्णव) नहीं थे; बहुत-से शासक बौद्ध और जैन धर्म के अनुयायी थे। गणित और रसायन के विकास में बौद्ध और जैन पंडितों ने भी भरपूर योग दिया है। और, बौद्ध तथा जैन हिंदू नहीं हैं। 'हिंदू' शब्द के अंतर्गत यदि बौद्धों का समावेश होता, तो अभी कुछ साल पहले डा. भीमराव आंबेडकर और उनके लाखों अनुयायी हिंदू धर्म को त्यागकर बौद्ध धर्म की शरण में नहीं जाते। आज सारे देश में बौद्धों की संख्या लगभग एक करोड़ है। आज के ये एक करोड़ बौद्ध हिंदू नहीं ही हैं।

संक्षेप में, भारतीय इतिहास और संस्कृति के संदर्भ में इस 'हिंदू' शब्द का इस्तेमाल हम ईसा की नौवीं-दसवीं सदी के पहले के काल के लिए कर ही नहीं सकते। 'हिंदू' शब्द का प्रयोग हम उसी काल से कर सकते हैं जिस काल से यह शब्द इस देश में रूढ़ हुआ। हिंदू कौन, इसकी चर्चा हम आगे करेंगे।

9

हिंदू कौन

[1]

देश-काल की आर्थिक, राजनीतिक और सामाजिक परिस्थितियों के अनुसार धर्म का स्वरूप भी बदलता रहता है। वैदिक-कालीन कबीलाई जन-समुदाय के लिए बहुत-सी प्राकृतिक घटनाएं रहस्यमयी थीं। वैदिक देवता ऐसी ही घटनाओं का प्रतिनिधित्व करते थे। वर्षा, संतान-प्राप्ति, रोग-निवारण, शत्रु-विनाश, धन-समृद्धि, पशु-वृद्धि आदि के लिए उस समय यज्ञ हुआ करते थे। मंत्र, तंत्र, जारण-मारण, यज्ञकर्म आदि से देवताओं को खुश करने की कोशिश की जाती थी। ऐसी क्रियाओं वाले धर्म को हम 'यातु-धर्म' कहते हैं। **अथर्ववेद** ऐसी यातु-क्रियाओं से भरा पड़ा है।

उपनिषद्-काल में नई आर्थिक एवं राजनीतिक परिस्थितियों का उदय हुआ। राजतंत्र की नींव पड़ चुकी थी। गैर-वैदिक श्रमण-संस्कृति की परंपरा में बौद्ध, जैन आदि नए धर्मों और संप्रदायों का उदय हो रहा था। इन नई परिस्थितियों में अब पुराने वैदिक देवता निरर्थक सिद्ध हो रहे थे। ब्राह्मण-पुरोहितों ने वैदिक-काल के सबसे बड़े देवता इंद्र को त्याग दिया; इंद्र का अंडकोष गिराकर उसे हत्यारा घोषित कर दिया। उपनिषदकारों ने देवता, ईश्वर, यज्ञकर्म आदि की शव-परीक्षा शुरू कर दी। याज्ञवल्क्य ने आगे बढ़कर एक प्रकार से वैदिक देवताओं का 'कत्लेआम' ही कर डाला (**बृहदारण्यक उपनिषद**)।

सामंती युग में धर्म का स्वरूप फिर बदला। विष्णु और शिव जैसे वैदिक-अवैदिक देवता देव-सम्राट बना दिए गए और बहुत-से छोटे-मोटे देवता उनके सामंत व सेवक बने; अर्थात्, उनकी गृहस्थी में शामिल कर दिए गए।

सारांश यह कि, धर्म का स्वरूप निरंतर बदलता रहा है। यहां हमने केवल ब्राह्मण-धर्म की थोड़ी चर्चा की है। हम इसे ब्राह्मण-धर्म इसलिए कहते हैं, क्योंकि यह ब्राह्मण-पुरोहितों के हित-साधन के लिए, ब्राह्मण-पुरोहितों द्वारा चलाया हुआ, प्रमुखतः ब्राह्मण-पुरोहितों का धर्म रहा है।

ब्राह्मण-धर्म की तरह दूसरे धर्म भी बदलते रहे हैं। महायान, हीनयान, वज्रयान आदि बौद्ध धर्म के भेद और दिगंबर, श्वेतांबर आदि जैन धर्म के भेद इसके प्रमाण हैं।

संसार के प्राचीन धर्मों का ऐतिहासिक विवेचन उनके निरंतर बदलते हुए स्वरूपों को दृष्टि में रखकर ही होना चाहिए। सम्राट अशोक के समय (ईसा-पूर्व तीसरी सदी) के बौद्ध धर्म को हम महायानी या वज्रयानी बौद्ध धर्म का नाम नहीं देते। महायान का उदय कनिष्क (ईसा की प्रथम सदी) के समय से होता है। बंगाल के पाल शासकों के समय में वज्रयान का बोलबाला रहा है।

तात्पर्य यह कि, तत्कालीन धर्म-विशेष के स्वरूप के अनुसार ही हम उस धर्म का नाम या विशेषण निश्चित करते हैं। मार्टिन लूथर (1483-1546 ई.) के पहले ईसाई धर्म के साथ 'प्रोटेस्टेंट' शब्द कोई नहीं जोड़ता।

लेकिन हमारे कुछ इतिहासकारों ने 'हिंदू' शब्द का इस्तेमाल करते समय देश-काल के सारे नियमों की उपेक्षा की है।

हमने देखा है (पिछला लेख) और इतिहासज्ञ भी स्वीकार करते हैं कि यह 'हिंदू' शब्द विदेशी व्युत्पत्ति का है, पहले-पहल विदेशियों ने इस शब्द का इस्तेमाल किया और तदनंतर—ईसा की नौवीं-दसवीं सदी के बाद—भारत की जनता ने इस शब्द को अपने लिए स्वीकार कर लिया।

इस प्रकार, भारत के एक बहुसंख्यक जन-समुदाय के लिए, उनके धर्म के लिए या उनकी संस्कृति के लिए इस 'हिंदू' विशेषण का इस्तेमाल ईसा की नौवीं-दसवीं सदी के बाद से होने लगा।

भारत में इस्लाम के प्रचार-प्रसार की शुरुआत के समय से पुराने ब्राह्मण-धर्म के अनुयायियों ने अपने लिए जिस कट्टर धर्म का एक नया दुर्ग खड़ा किया, वही यह हिंदू धर्म है। इसमें लुप्तप्राय बौद्ध धर्म के बहुत-से संप्रदाय आकर मिल गए। इस नए धर्म के अंतर्गत अनेक नए संप्रदायों ने जन्म लिया; जैसे, भक्ति संप्रदाय आदि।

हर्षवर्धन या गुप्त सम्राटों के समय के किसी भी धर्म को हम 'हिंदू धर्म' का नाम नहीं दे सकते। उनके समय की या उनके पहले की भारतीय संस्कृति को हम 'हिंदू संस्कृति' नहीं कह सकते। ईसा की नौवीं-दसवीं सदियों के पहले के ऐतिहासिक काल को हम 'हिंदू काल' का नाम नहीं दे सकते। उस समय के लोग अपने को हिंदू नहीं कहते थे। उस समय के किसी भी भारतीय ग्रंथ या अभिलेख में 'हिंदू' शब्द देखने को नहीं मिलता।

यह सब स्पष्ट होने पर भी हमारे कई इतिहासकारों ने प्राचीन भारत के राजनीतिक, सांस्कृतिक तथा सामाजिक इतिहास पर यह 'हिंदू' शब्द क्यों लादा? कारण भी स्पष्ट है।

कुछ इतिहासकार—हिंदू-राष्ट्रवादी इतिहासकार—जानते हैं कि हिंदू धर्म और हिंदू संस्कृति का उदय भारत में इस्लामी शासन के साथ होता है; लेकिन वे यह भी जानते हैं कि इस हिंदू धर्म या हिंदू संस्कृति में ऐसा कुछ 'गरिमामय' नहीं है, जिसे इस्लाम धर्म या इस्लामी संस्कृति या विलायती संस्कृति के टक्कर में पेश किया जा सके। और ठीक यही कारण है कि इन इतिहासकारों ने भारत की प्राचीन संस्कृति और धर्मों पर आधुनिक संदर्भ के इस 'हिंदू' शब्द का आरोपण किया है।

आज के हिंदू धर्म का स्रोत पुराने ब्राह्मण-धर्म के वाङ्मय में खोजा जाता है। लोकमान्य तिलक ने वेदों के प्रति प्रामाण्यबुद्धि रखना हिंदू धर्म का प्रमुख लक्षण बतलाया है। आज के कट्टर हिंदूवादी श्रुति-स्मृति पर आधारित वर्णाश्रम-व्यवस्था, आत्मवाद, कर्मवाद, पुनर्जन्म आदि को हिंदू धर्म की विशेषताएं मानते हैं। हमें इस सड़े-गले हिंदू धर्म की ये विशेषताएं मान्य हैं। मान्य इसलिए हैं कि ऐसी विशेषताओं वाले हिंदू धर्म को ही हम नहीं मानते और कुछ समय बाद कोई भी नहीं मानेगा, इसका हमें पूरा यकीन है।

हमारा आरोप इतिहासज्ञों पर है। ऐसी मान्यताओं वाले हिंदू धर्म या हिंदू संस्कृति को प्राचीन भारत पर लादकर आप 'हिंदू' शब्द के अंतर्गत वेदों को न मानने वाले, ईश्वर के अस्तित्व से इनकार करने वाले, बौद्ध, जैन आदि धर्मों का और उनकी संस्कृतियों का समावेश क्यों करते हैं? यही हमारा आरोप है।

आप भारतीय रसायनशास्त्र का इतिहास लिखते हैं, मुख्यतः यह दिखलाने के लिए कि सिद्ध नागार्जुन (ईसा की आठवीं सदी) जैसे महायानी बौद्धों ने भारतीय रसायन के विकास में बड़ा योग दिया। नागार्जुन का **रसरत्नाकर** भारतीय रसायन का एक अत्यंत महत्वपूर्ण ग्रंथ है। **सुश्रुत-संहिता** के 'उत्तरतंत्र' की रचना भी नागार्जुन ने ही की थी। लेकिन आप अपने ग्रंथ को 'हिंदू रसायनशास्त्र का इतिहास' नाम देते हैं। क्यों? रसायनज्ञ नागार्जुन 'हिंदू' नहीं था।

आप भारतीय गणितशास्त्र का इतिहास लिखते हैं। आप जानते हैं कि **गणितसार-संग्रह** के रचनाकार महावीराचार्य (लगभग 850 ई.) जैसे बहुत-से जैन आचार्यों ने गणित के विकास में योग दिया है। आप जानते हैं कि प्राचीन काल के बहुत-से गणितज्ञ या तो शैव थे या सूर्य-भक्त। प्राचीन भारत के किसी भी ज्योतिषी या गणितज्ञ ने अपने को 'हिंदू' नहीं कहा है, बारहवीं सदी के महान गणितज्ञ-खगोलविद भास्कराचार्य (जन्म 1114 ई.) ने भी नहीं। फिर भी आप अपने ग्रंथ को 'हिंदू गणितशास्त्र का इतिहास' नाम देते हैं। क्यों?

आप भारतीय दर्शनशास्त्र का इतिहास लिखते हैं। आप जानते हैं कि भारत के किसी भी प्राचीन दार्शनिक ने अपने को 'हिंदू' नहीं कहा है। आप जानते हैं कि कई भारतीय दर्शन ईश्वर, आत्मा और शब्द-प्रमाण को नहीं मानते थे, नास्तिक थे और इस प्रकार हिंदू धर्म की चौखट में नहीं बैठ सकते। आप यह भी जानते हैं कि नागार्जुन, असंग, वसुबंधु आदि बौद्ध दार्शनिकों के और सिद्धसेन दिवाकर जैसे जैन आचार्यों के सूक्ष्म तात्विक विवेचन के विरोध में ही नए ब्राह्मण-धर्म के दर्शनों का विकास हुआ है। लेकिन आप अपने ग्रंथ को 'हिंदू दर्शनशास्त्र का इतिहास' नाम देते हैं। क्यों?

हमें स्वीकार करना ही पड़ेगा कि आज के हमारे कई इतिहासकार सांप्रदायिक–हिंदुत्ववादी–मनोवृत्ति से ग्रसित हैं, वरना वे ईसा की नौवीं-दसवीं सदी के पहले के किसी

भी व्यक्ति को, किसी भी जन-समुदाय को, किसी भी धर्म-पंथ को या किसी भी सांस्कृतिक या वैज्ञानिक उपलब्धि को 'हिंदू' नाम नहीं ही देते।

[2]

वेदों में 'हिंदू' शब्द कहीं भी नहीं मिलता। वैदिक आर्यों के धर्म को भी हम 'हिंदू धर्म' नहीं कह सकते। बाद के धर्मसूत्रों तथा स्मृति-ग्रंथों में चातुर्वर्ण्य-व्यवस्था तथा पुनर्जन्मवाद के दर्शन होते हैं; परंतु **ऋग्वेद** में चातुर्वर्ण्य तथा पुनर्जन्म का कहीं कोई उल्लेख नहीं। मैक्स मूलर जैसे पंडितों ने साफ लिखा है कि ऋग्वेद में चातुर्वर्ण्य-व्यवस्था देखने को नहीं मिलती। लेकिन सभी विदेशी विद्वानों के अध्ययन के प्रति 'संघी गुरुजी' की अनास्था है, इसलिए वे मैक्स मूलर की मान्यता को स्वीकार नहीं करेंगे।

लेकिन भारतीय पंडितों की तो सुनेंगे? या, तब भी अपना ही राग आलापते रहेंगे?

महाराष्ट्र के प्रख्यात विद्वान महामहोपाध्याय सिद्धेश्वरशास्त्री चित्राव ने कई दशकों के अथक परिश्रम के बाद जनसाधारण के लिए **ऋग्वेद** और **अथर्ववेद** का मराठी में अनुवाद प्रस्तुत किया है। **ऋग्वेद** के प्रकाशन-समारोह के अवसर पर महा-महोपाध्याय चित्राव ने एक भेंटवार्ता में कहा था :

"जन्मजात चातुर्वर्ण्य-व्यवस्था की कल्पना का ऋग्वेद में नामोनिशान भी नहीं है। ऋग्वेद के प्रसिद्ध 'पुरुषसूक्त' में ब्राह्मण, राजन्य, वैश्य तथा शूद्र शब्द होने पर भी उस समय के जनसमुदाय को वर्णों में नहीं बांटा गया था। प्रत्येक व्यक्ति को अपने बौद्धिक एवं शारीरिक सामर्थ्य के अनुसार खुद को पसंद आनेवाले काम करने चाहिए, ऐसी लोकतंत्र-प्रधान समाज-व्यवस्था ऋग्वेद-काल में प्रचलित देखने को मिलती है। जन्म से क्षत्रिय, पर तपः-सामर्थ्य से ब्राह्मण बने हुए विश्वामित्र, गृत्समद आदि क्षत्रिय ऋषि तथा उनके वंशजों के स्वतंत्र मंडल ऋग्वेद में हैं। इस संदर्भ में यह भी स्मरण रखना चाहिए कि ऋक्संहिता का संपादन (संहितीकरण) करने वाला पाराशर व्यास एक धीवरी (मछुए की स्त्री) का पुत्र था।" (**केसरी**, 16 फरवरी, 1969)

ऋग्वेद के 'पुरुषसूक्त' (10.90) के मराठी अनुवाद के साथ म.म. चित्राव की टिप्पणी है : "12वीं ऋचा में 'ब्राह्मण', 'राजन्य' (क्षत्रिय), 'वैश्य' और 'शूद्र' लोक-समुदायों का निर्देश होने पर भी वहां उसे 'वर्ण' नहीं कहा गया है। इसलिए ऋग्वेद-काल में चातुर्वर्ण्य-व्यवस्था नहीं थी; वह वेदोत्तरकाल में प्रस्थापित हुई है। **अथर्ववेद** में चातुर्वर्ण्य के उल्लेख कई जगह हैं।"

वैदिक आर्यों के भारत में स्थायी हो जाने के बाद, यहां के विशाल भूभाग पर धीरे-धीरे फैल जाने के बाद, साथ ही यहां के मूल निवासियों के साथ घुल-मिल जाने के बाद, वैदिक धर्म तथा रीति-रिवाजों में आमूल परिवर्तन हुए। समाज-व्यवस्था बदली, शासन-प्रणाली बदली, भारत के मूल निवासियों के बहुत से धर्म-तत्व एवं रीति-रिवाज आर्यों ने अपना लिए, रक्त-संकरता बढ़ी। इसी काल में धर्मसूत्रों तथा स्मृति-ग्रंथों की

रचना हुई, समाज के एक वर्ग-विशेष ने अपने निहित स्वार्थों के लिए चातुर्वर्ण्य, पुनर्जन्म आदि की व्यवस्थाएं बहुजन-समाज पर लादीं। वेदों की भाषा पुरानी पड़ गई, तो वेदों को मनमाना अर्थ देने की छूट मिल गई। निरुक्तकार यास्क हमें बतलाता है कि उसके जमाने (ई. पू. पांचवीं शताब्दी) में वेदों का अर्थ लगानेवाली ऐतिहासिक व आध्यात्मिक दोनों ही परंपराएं मौजूद थीं। स्वयं वैदिक ऋषि पर्याप्त संदेहवादी थे। पर बाद में ब्राह्मणों की बौद्धिक प्रभुता के कारण वैदिक कर्मकांड का बोलबाला हुआ।

पर ब्राह्मण-ग्रंथों तथा धर्मसूत्रों के काल का धर्म 'हिंदू धर्म' नहीं था, वह 'वैदिक धर्म' था, वह वैदिक सूक्तों के आध्यात्मिक परंपरा वाले अर्थों पर आधारित 'वैदिक कर्मकांड' वाला धर्म था। उस समय के साहित्य में भी न 'हिंदू' शब्द मिलता है, न 'हिंदू धर्म' शब्द। बौद्ध और जैन धर्मों ने हिंदू धर्म का नहीं, वैदिक कर्मकांड का, यज्ञों में होनेवाली पशुबलि आदि का विरोध किया था।

वेदों की आध्यात्मिक परंपरा का विरोध करनेवालों के उदाहरण बौद्ध और जैनों के पहले भी मिलते हैं। उत्तरवैदिक-काल से हमारे देश में तथाकथित नास्तिकों की एक स्वस्थ चिंतन-परंपरा मौजूद रही है। इस परंपरा के लिए 'लोकायत', अर्थात् जनसमुदाय पर आधारित दर्शन का नाम मिलता है। ब्राह्मण, बौद्ध, जैन–सभी ने इस परंपरा की अपने ग्रंथों में भर्त्सना की है। इसी से सिद्ध होता है कि हमारे देश में बुद्धिवादी नास्तिकों की संख्या पुराने जमाने में काफी ज्यादा थी। ईश्वर में विश्वास न करनेवाला नास्तिक (ऩअस्ति; अर्थात्, कोई स्थायी सत्ता, यानी ईश्वर नहीं) है, ऐसा कहकर आज इस शब्द को हेय समझा जाता है। वेदों की निंदा करने वालों को भी नास्तिक कहा गया (**नास्तिको वेदनिन्दकः**)।

परंतु प्राचीन साहित्य का अध्ययन करने से पता चलता है कि किसी समय हमारे देश में नास्तिकों की संख्या आस्तिकों से अधिक ही थी। जैन तथा बौद्ध दर्शन, दोनों ही अनीश्वरवादी हैं। न्याय-वैशेषिक और वेदांत को छोड़कर हमारे सारे पुराने दर्शन मूलतः अनीश्वरवादी ही थे। तब आज इस बात पर क्यों जोर दिया जाता है कि हिंदू होने का अर्थ है–ईश्वर में यकीन करना, वेद में प्रामाण्यबुद्धि रखना?

अशोक के समय से लेकर हर्षवर्धन के समय तक हमारे देश में बौद्धों की संख्या काफी अधिक रही। उन सारे बौद्धों का क्या हुआ? माना कि आज हम हिंदू हैं, परंतु क्या हममें से बहुतों के पूर्वज किसी समय अनीश्वरवादी बौद्ध नहीं रहे होंगे? क्या हममें से बहुतों के पूर्वज ब्राह्मणों के अनीश्वरीवादी दर्शनों के अनुयायी नहीं रहे होंगे? और फिर, आज इस देश का कोई भी व्यक्ति यदि दावे के साथ कहे कि उसके शरीर में केवल 'शुद्ध' आर्य या हिंदू रक्त है, तो उसे तर्क, यथार्थ अथवा विज्ञान की कौन-सी कसौटी पर खरा समझा जाएगा? ऐतिहासिक काल में इस देश में शक आए, यूनानी आए, हूण आए, और भी अनेक विदेशी जातियां आईं। स्वभावतः रक्त-संकरता बढ़ी। वह इतनी अधिक बढ़ी कि कोई भी व्यक्ति, कोई भी ब्राह्मण, इस बात का दावा नहीं

कर सकता कि उसके शरीर में उसके शताब्दियों पहले के पूर्वजों का 'शुद्ध' खून बह रहा है। फिर भी, 'शुद्ध हिंदू रक्त' की दुहाई देनेवाले अनेक पुराणपंथी लोग आज हमारे देश में देखने को मिलते हैं।

'सिंधु' और 'सप्तसिंधवः' शब्द नदी और सात नदियों के अर्थ में कई बार **ऋग्वेद** में आए हैं। इसी अर्थ के 'हैंदु', 'हिंदु' तथा 'हफ्तहिंदव' शब्द पारसियों के धर्मग्रंथ **अवेस्ता** में मिलते हैं। उस जमाने में सिंधु या हिंदु शब्द का जाति, धर्म या समाज के लिए कभी भी इस्तेमाल नहीं हुआ। पहली बार सातवीं-आठवीं शताब्दी में अरबों तथा ईरानियों ने सिंधु-प्रदेश को 'हिंदू' नाम दिया और उसके बाद ही हमारे देश के सारे निवासियों के लिए 'हिंदू' शब्द रूढ़ हुआ। इस प्रकार हम देखते हैं कि आधुनिक अर्थ वाला यह हिंदू शब्द मुश्किल से एक हजार साल पुराना है। पुराने ग्रंथों में हिंदू शब्द की या हिंदू धर्म की कोई व्याख्या नहीं मिलती। ठीक यही कारण है कि आज के हिंदू धर्म के ठेकेदारों को हिंदू शब्द की मनमाने ढंग से व्याख्या करने की छूट मिल गई है।

सारे संसार को मिथ्या समझनेवाले ब्रह्मवादी आदि शंकराचार्य 'हिंदू' शब्द की कोई चर्चा नहीं करते, किंतु आज के एक शंकराचार्य का कहना है : "वेदादि शास्त्रों को माननेवाली जाति ही हिंदू जाति है।

जो श्रुति-स्मृति-पुराण-इतिहास-प्रतिपादित कर्मों के आधार पर अपनी लौकिक-पारलौकिक उन्नति पर विश्वास करता है, वही हिंदू है।"

शंकराचार्य महाराज को पता होना चाहिए कि 99 प्रतिशत से भी ज्यादा हिंदू जनता ने वेदों के पन्ने नहीं पलटे हैं; फिर भी वे हिंदू हैं और बने रहेंगे!

लोकमान्य तिलक ने 'हिंदू' की परिभाषा दी है :

प्रामाण्यबुद्धिर्वेदेषु नियमानामनेकता।
उपास्यानामनियमो हिन्दुधर्मस्य लक्षणम्॥

अर्थात्, वेदों में प्रामाण्यबुद्धि रखनेवाला, नानाविध नियमों का पालक, अनेक प्रकार से ईश्वर की उपासना करने वाला हिंदू कहलाता है।

और, विनायक दामोदर सावरकर की परिभाषा है :

आसिन्धोः सिन्धुपर्यन्ता यस्य भारतभूमिका।
पितृभूः पुण्यभूश्चैव स वै हिन्दुरिति स्मृतः॥

अर्थात्, सिंधु नदी से लेकर समुद्र पर्यंत की भारतभूमि जिसकी पैतृक संपत्ति और पवित्र भूमि हो, वह हिंदू है।

लेकिन करपात्री महाराज की परिभाषा एकदम निराली थी। वे कहते हैं : "गोमाता में जिसकी भक्ति हो, प्रणव (ओंकार) जिसका पूज्य मंत्र हो, पुनर्जन्म में जिसका विश्वास हो, वही हिंदू है। यह परिभाषा सिख, जैन, बौद्ध, वैदिक—सबमें घट जाती है।"

'हिंदू' शब्द की उपर्युक्त परिभाषाएं आधुनिक काल की हैं, हमारे अपने समय की हैं। 'हिंदू' की कोई प्राचीन व्याख्या उपलब्ध नहीं है, इसीलिए इन नई विविध व्याख्याओं

की आवश्यकता पड़ी है। जैसा कि स्वतः स्पष्ट है, ये परिभाषाएं स्वयं एक-दूसरे का खंडन करती हैं। इसलिए इनके बारे में अधिक कुछ कहने की जरूरत नहीं।

लेकिन संघी-गुरु गोलवलकर की हिंदू-परिभाषा? जो व्यक्ति हिंदू संस्कृति, हिंदू सभ्यता, हिंदू जाति, हिंदू रक्त और हिंदू राष्ट्र की रट लगाता रहा है, उसके दिमाग में इस हिंदू शब्द की जरूर ही कोई खास परिभाषा रही होगी। लेकिन नहीं, ऐसा नहीं है। गोलवलकर का कहना है : "हिंदुओं के अंतर्गत सभी मतों और विविध जातियों की परिभाषा हो सकती है, किंतु 'हिंदू' पद की परिभाषा नहीं हो सकती, क्योंकि उसमें उन सभी का समावेश है।" आगे वे कहते हैं : "हमारे समाज का मूल तथा कब से हम यहां सुसभ्य जीवन व्यतीत करते आ रहे हैं, उसकी तिथि से इतिहास के विद्वान अनभिज्ञ हैं। एक प्रकार से हम 'अनादि' हैं। ऐसे समाज की व्याख्या करना ठीक उसी प्रकार असंभव है, जैसे उस परमसत्य की परिभाषा, क्योंकि शब्दों का उद्‌भव तो उसके बाद ही हुआ है। यही बात हिंदू समाज के लिए है। हमारा अस्तित्व उस काल से है जबकि किसी भी नाम की आवश्यकता ही नहीं थी।" (**विचार नवनीत**, जयपुर, संवत् 2057, पृष्ठ 55-56)

गोलवलकर यदि हिंदू धर्म के लिए अनादि, अनंत तथा परमसत्य जैसे निरर्थक और निस्सार विशेषणों की आड़ न लेकर ईमानदारी से हिंदू धर्म के कुछ प्रमुख लक्षण ही हमारे सामने रखते, तो भी हम मान लेते कि उनमें कुछ बौद्धिकता है। लेकिन गोलवलकर जानते थे कि 'हिंदू' की परिभाषा करने से वे फंस जाएंगे। और, तब राजनीति के मंच से 'हिंदुत्व' के बारे में मनमाने, असंगत विचार व्यक्त करने के लिए उन्हें और उनके अनुयायियों को खुली छूट नहीं मिलेगी।

अतः अनंत, अनादि एवं परमसत्य हिंदू धर्म गुरुजी और उनके संघी अनुयायियों को ही मुबारक हो। हममें से कुछ लोग पुराने रीति-रिवाजों का पालन करते हैं, तो वे हिंदू ही हैं। आज के बहुत से बुद्धिवादी यदि पुराने रीति-रिवाजों को निरर्थक समझते हैं, अपने अनेकानेक पूर्वजों की तरह चातुर्वर्ण्य-व्यवस्था, ईश्वर और पुनर्जन्म को नहीं मानते, तो वे भी हिंदू ही बने रहेंगे—और उसी अर्थ में जिस अर्थ में कि हिंदू शब्द की कोई ऐतिहासिक रूप से पुष्ट व्याख्या की जा सकती है।

10

हिंदुत्व के अलग-अलग मुखौटे

भगवद्गीता हिंदू धर्म की संभवतः सबसे महत्वपूर्ण प्रतिनिधि पुस्तक है। इसमें 'सब कुछ' है—ईश्वरवाद, अनीश्वरवाद, वर्णाश्रम धर्म, गृहस्थ धर्म, राजधर्म, ज्ञान, भक्ति, कर्मयोग, वैराग्य, नरक, स्वर्ग, मोक्ष, पाप, पुण्य, हिंसा, अहिंसा, कर्तव्य, अकर्तव्य; कुछ भी छूटा नहीं है। इसीलिए 'शांकरभाष्य' से लेकर लोकमान्य तिलक जी के 'गीता-रहस्य' और गांधी जी के 'अनासक्तियोग' तक गीता पर जो अनेक भाष्य और टीकाएं लिखी गईं, उनके लक्ष्य भी अलग-अलग रहे हैं। तिलक जी ने अंग्रेजों के शासन के खिलाफ स्वाधीनता के संघर्ष को तीव्र बनाने के प्रयोजन से गीता के कर्मयोग पर जोर दिया, तो प्रथम महायुद्ध के दौरान भारतीयों को फौज में भरती होने की प्रेरणा देने के उद्देश्य से अंग्रेजी सरकार ने अपने युद्ध-प्रचार के तहत 'स्टेट्समैन' में गीता के श्लोक छपवाना शुरू कर दिया था—हतो वा प्राप्स्यसि स्वर्गं जित्वा वा भोक्ष्यसे महीम्...।

अर्थात्, हे अर्जुन! मारा गया तो स्वर्ग मिलेगा और जीत गया तो पृथ्वी का राज्य। इसलिए युद्ध का निश्चय करके उठ खड़ा हो। सुख-दुःख, लाभ-हानि, जीत-हार को बराबर समझकर युद्ध में लग जा; तुझे किसी तरह का पाप नहीं लगेगा। (ध्यान दीजिए कि यहां अर्जुन को अपने ही बंधु-बांधवों की हत्या करने के लिए उकसाया जा रहा है)।

आज के हिंदुत्व का भी वही हाल है, जोकि गीता का है। हर हिंदू संगठन या संप्रदाय हिंदुत्व की व्याख्या या परिभाषा अपने-अपने प्रयोजन से प्रस्तुत करता आ रहा है। इसमें आश्चर्य की कोई बात नहीं हैं; हिंदू धर्म या हिंदुत्व है ही ऐसी लचीली चीज। हिंदू शब्द बहुत पुराना नहीं है; इसकी कोई प्राचीन परिभाषा उपलब्ध नहीं है। इसलिए भी आधुनिक काल में हिंदुत्व की मनमानी, और अक्सर परस्पर-विरोधी, परिभाषाएं पेश की गई हैं, की जा रही हैं। इन अलग-अलग परिभाषाओं में से कुछ पर ही थोड़ा विचार किया जाए, तो आज की 'संघी हिंदुत्व' सहज ही बेनकाब हो जाता है। परंतु पहले 'हिंदू' शब्द पर थोड़ा प्रकाश।

'हिंदू' शब्द बहुत अर्वाचीन और विदेशी मूल का है, इसे प्रायः सभी विद्वान स्वीकार करते हैं। 'सिंधु' और 'सप्तसिंधवः' शब्द क्रमशः नदी और सात नदियों के अर्थ में ऋग्वेद में कई बार आए हैं। असी अर्थ में 'हिंदु' हेंदु तथा 'हफ्तहिंदु' शब्द पारसियों के धर्मग्रंथ

'जेंद-अवेस्ता' में प्रयुक्त देखने को मिलते हैं। संस्कृत का 'स' अक्षर फारसी में 'ह' हो जाता है। इसी कारण 'सिंधु' शब्द फारसी में 'हिंदु' हो गया। मूलतः यह भौगोलिक अर्थ वाला शब्द है। उस जमाने में 'सिंधु' या 'हिंदु' शब्द का जाति, धर्म या समाज के लिए कभी इस्तेमाल नहीं हुआ।

पहली बार सातवीं-आठवीं सदी में अरबों और ईरानियों ने सिंधु-प्रदेश को 'हिंद' नाम दिया और उसके बाद ही सारे भारत के लिए इसका प्रयोग शुरू हुआ। फिर धीरे-धीरे भारत के सभी निवासियों के लिए और उनके धर्म के लिए यह 'हिंदू' शब्द रूढ़ हो गया। इस प्रकार यह 'हिंदू' शब्द मुश्किल से एक हजार साल पुराना है। पुराने ग्रंथों में हिंदू शब्द की कोई व्याख्या नहीं मिलती। भारत में इस्लाम के आगमन के बाद रचे गए तंत्रग्रंथ 'मेरुतुंग' में 'हिंदू' शब्द की एक कल्पित व्याख्या दी गई है—हीनं दूषयति स हिंदू (जो हीन या अधम की निंदा करता है, वह हिंदू है)। स्पष्टतः यह हिंदुओं को काफिर कहे जाने की प्रतिक्रिया है।

पुराने ग्रंथों में हिंदू शब्द की कोई व्याख्या नहीं मिलती, इसलिए आज के हिंदुत्ववादियों को हिंदू धर्म की मनमाने ढंग से व्याख्या करने की बेलगाम छूट मिल गई है। भौतिक जगत को मिथ्या और माया मानने वाले ब्रह्मवादी आदि-शंकराचार्य (लगभग 800 ई.) ने 'हिंदू' शब्द का कहीं कोई उल्लेख नहीं किया है। मगर आज के एक शंकराचार्य का कहना है : "वेदादि शास्त्रों को मानने वाली जाति ही हिंदू जाति है। जो श्रुति-स्मृति-पुराण-इतिहास-प्रतिपादित कर्मों के आधार पर अपनी लौकिक-पारलौकिक उन्नति पर विश्वास करता है, वही हिंदू है।"

शंकराचार्य महाराज को पता होना चाहिए कि भारत के 99 प्रतिशत से भी अधिक हिंदू लोगों ने वेद पढ़े-बूझे नहीं हैं। भारत में कितने लोगों को वेदों के अध्ययन का अधिकार रहा है? आज कोई भी श्रुति-स्मृति-पुराण-कालीन जीवन जी नहीं सकता, शंकराचार्य भी नहीं। और फिर, आज कितने हिंदू इन ग्रंथों के आदर्शों और आदेशों का पालन कर सकते हैं? फिर आज के समाज-जीवन की वास्तविकताओं को नजरअंदाज करने वाली ऐसी थोथी धार्मिक परिभाषाओं को उछालने का क्या मतलब?

प्राचीन ग्रंथों में धर्म के नाना प्रकार के लक्षण बताए गए हैं। जैसे, महाभारत में यक्ष-प्रश्न का उत्तर देते हुए धर्मराज ने कहा है : धर्मस्य तत्वं निहितं गुहायां। महाजनो येन गतः स पंथाः। (धर्म का सारतत्व गूढ़ है; महापुरुषों ने जिन मार्गों को अपनाया, वही धर्ममार्ग है)। लो. तिलक जी को पुराने सब धर्म-लक्षण अधूरे जान पड़े, इसलिए उन्होंने हिंदू धर्म की एक नई परिभाषा गढ़ी—प्रामाणयबुद्धिर्वेदेषु साधनानामनेकता। उपास्यानामनियमः एतद्धर्मस्य लक्षणम्।। अर्थात्, वेदों में प्रामाणयबुद्धि रखने वाला, नानाविध नियमों या साधनों का पालक और अनेक प्रकार से उपासना करने वाला हिंदू कहलाता है।

यहां तिलक जी का मानना है कि वेद सभी हिंदुओं का प्रमाणग्रंथ है। हिंदू समाज में ऐसे लोगों की संख्या 50 प्रतिशत से भी अधिक रही है। जिन्हें वेदाधिकार नहीं था

और जिनके रीति-रिवाज भी वैदिक धर्म पर आधारित नहीं रहे। तब वेद ऐसे लोगों का प्रमाणग्रंथ कैसे हो सकता है? जिन लोगों को वेद-श्रवण का भी अधिकार नहीं रहा, जिनके बारे में कहा गया कि वेद को सुनने से वे महापातक या नरक के भागी बनेंगे, उनके बारे में यह कहना निरर्थक है कि उनकी वेद पर प्रामाण्यबुद्धि यानी श्रद्धा रहेगी।

उसी तरह 'साधनों की अनेकता' और 'उपासनाओं का अनियम' (उपासनाओं की विविधता) भी हिंदू धर्म की व्याख्या नहीं हो सकती। शैव, वैष्णव, स्मार्त, शाक्त आदि प्रत्येक संप्रदाय के अपने विशिष्ट साधन और विशिष्ट उपास्य हैं। वस्तुतः 'साधनों की अनेकता' और 'उपासनाओं का अनियम' से यही प्रमाणित होता है कि हिंदू धर्म सभी हिंदुओं का एक सर्वसाधारण धर्म नहीं है। हिंदू धर्म में एकसूत्रता नहीं। हिंदू धर्म अनेक हैं।

स्वामी दयानंद ने काफी खींच-तानकर वेदमंत्रों का नया अर्थ लगाया। आर्यसमाज भी वेदप्रामाण्य को स्वीकार करता है, मगर वेदों के ही भाग माने जाने वाले ब्राह्मण ग्रंथों का विस्तृत कर्मकांड उसे स्वीकार नहीं। आर्यसमाज दरअसल इस्लाम की प्रतिक्रिया है—जैसी की 'मेरुतंत्र' की 'हिंदू' की परिभाषा 'काफिर' की प्रतिक्रिया है।

कांग्रेसी नेता वैसे तो धर्म-निरपेक्षता की खूब दुहाई देते रहते हैं, मगर बीच-बीच में इनका भी 'हिंदुत्व' काफी उछल-कूद मचाता है, विशेषकर चुनाव नजदीक आने पर। तब ये किसी मंदिर में माथा टेकने पहुंच जाते हैं, तो किसी धर्माचार्य का आशीर्वाद प्राप्त करने। फलित-ज्योतिष में आस्था रखनेवाले दिग्विजय सिंह ने यह कहना शुरू कर दिया था कि 'हमें तो वीर सावरकर की हिंदुत्व की परिभाषा पसंद है।' सावरकर की हिंदू की परिभाषा है—आसिंधु-सिंधुपर्यंता यश्य भारतभूमिका। पितृभूः पुण्यभूश्चैव स वै हिंदुरिति स्मृतः।। अथार्त्, सिंधु नदी से लेकर सागर तक की भारतभूमि जिसे पितृभूमि और पुण्यभूमि प्रतीत होती हो, वह हिंदू है।

इस परिभाषा में किसी धर्मग्रंथ अथवा धार्मिक परंपरा का उल्लेख नहीं है। यह भौगोलिक परिभाषा है, इसीलिए शायद दिग्विजय सिंह को यह भा गई थी। लेकिन बहुतों को शायद यह पता नहीं है कि सावरकर संघियों के एक बहुत बड़े प्रेरणा-स्रोत हैं। भारत की सीमाओं को सिंधु पार पहुंचाने वाले महान अशोक और अकबर के युगों को सावरकर व गोलवलकर, दोनों ने ही भारत का पतन-काल माना है। सावरकर की यह परिभाषा भारतीयों को पाकिस्तान व बांग्लादेश के खिलाफ भड़काने में सहायक होती है और आज यह आरोप लगाने की भी प्रेरणा देती है कि कांग्रेसी नेताओं के कारण ही पाकिस्तान-बांग्लादेश अस्तित्व में आए हैं। 'सिंधु-उत्सव' की शुरुआत क्या सावरकर की ही हिंदू परिभाषा का परिणाम नहीं है?

स्वामी करपात्री धर्मशास्त्र के ज्ञाता थे। उनकी एक पुस्तक है—'राष्ट्रीय स्वयं- सेवक संघ और हिंदू धर्म', जिसमें उन्होंने संघियों की करतूतों और 'गुरु' गोलवलकर के विचारों की कटु आलोचना की है। यहां तक लिखा है कि "हिटलर की 'आत्मकहानी' पढ़ने से मालूम होता है कि संघ के नेताओं पर उसका पूर्ण प्रभाव पड़ा है। हिटलर जैसा घमंड

संघियों में परिलक्षित होता है।'' वस्तुतः यह 'नागनाथ के मुंह से सांपनाथ की दास्तां' जैसा है। करपात्री महाराज 'शुद्ध हिंदू धर्म' के पुजारी थे। धर्म के मामले में मिलावट उन्हें तनिक भी पसंद नहीं थी। इसलिए हिंदू की उनकी अनोखी परिभाषा है : ''गौमाता में जिसकी भक्ति हो, प्रणव (ओंकार) जिसका मंत्र हो, पुनर्जन्म में जिसका विश्वास हो, वही हिंदू है। यह परिभाषा सिख, जैन, बौद्ध, वैदिक–सबमें घट जाती है।''

हिंदू की कोई प्राचीन व्याख्या उपलब्ध नहीं, इसीलिए परस्पर-विरोधी ये आधुनिक व्याख्याएं पेश की गई हैं। लेकिन गोलवलकर की हिंदू-परिभाषा? अभी कुछ दिन पहले संघ के एक प्रवक्ता ने एक टीवी चैनल को दिए इंटरव्यू में बड़े अभिमान से स्वीकार किया कि हमने गोलवलकर जी के 'बंच आफ थॉट' (हिंदी में 'विचार-नवनीत') का एक शब्द भी नहीं बदला है। हम अब भी उसे श्रद्धापूर्वक पढ़ते हैं, उसका मनन करते थे।

इसलिए आज की भारतीय परिस्थितियों में गोलवलकर की हिंदू व्याख्या को जान लेना अत्यंत जरूरी हो जाता है। वे कहते हैं : ''हम हिंदू संस्कृति का अनुभव करते हैं, उसकी परिभाषा नहीं कर सकते। हम अन्य सब वस्तुओं की परिभाषा कर सकते हैं किंतु वह जो सर्वव्यापक है, जो सत्य कहा जा सकता है, उसकी परिभाषा नहीं कर सकते।'' आगे वे कहते हैं : ''अपने समाज के मूल से तथा कब से हम यहां सुसभ्य जीवन व्यतीत करते आ रहे हैं, उसकी तिथि से इतिहास के विद्वान अनभिज्ञ हैं। ऐसे समाज की व्याख्या करना ठीक उसी प्रकार असंभव है, जैसे उस परमसत्य की परिभाषा, क्योंकि शब्दों का उद्‌भव तो उसके बाद ही हुआ है। यही बात हिंदू समाज के लिए है। हमारा अस्तित्व उस काल से है जबकि किसी भी नाम की आवश्यकता ही नहीं थी।'' (विचार-नवनीत, पृ 45-46)

यहां गोलवलकर ने बड़ी चतुराई से काम लिया है। जानते थे कि यदि वे तिलक, सावरकर या करपात्री आदि की तरह हिंदू की कोई परिभाषा प्रस्तुत करेंगे तो फंस जाएंगे और तब राजनीति के मंच से मनमाने विचार व्यक्त करने के लिए उन्हें और उसके संघी अनुयायियों को खुली छूट नहीं मिल पाएगी।

श्रीमान अटल बिहारी वाजपेयी जैसे पुरानी पीढ़ी के संघी नेता 'गुरुजी' के 'विचार-नवनीत' से भली भांति परिचित हैं; इसलिए वे आज के अलग-अलग मुखौटों वाले जेहादी हिंदूत्ववादियों से ज्यादा परेशान नहीं हैं।

वे अच्छी तरह जानते हैं कि संघी हिंदुत्व बहुरूपी है–गीता के उपदेश की तरह। इसीलिए अटल जी, गीता के चतुर ब्राह्मण रचनाकार की तरह, अपनी भूमिका बखूबी निभाते जा रहे हैं–सभी तरह के संघी हिंदूत्व को अपना आशीर्वाद और आश्रय प्रदान करते हुए।

11

वर्णभेद का मायाजाल

हिंदू धर्म के मायाजाल में सचमुच ही कुछ विशेषताएं हैं। इन विशेषताओं के सबसे शक्तिशाली विशेषण हैं : 'अनादि', 'अनंत' और 'अपौरुषेय' शब्द। किसी भी मानवीय कल्पना या कृतित्व के साथ इन विशेषणों को जोड़ दीजिए और फिर देखिए इनका असर। पिछले तीन हजार सालों से यह चमत्कार ज्यों-का-त्यों कायम है। इन शब्दों का मुलम्मा चढ़ाकर ईश्वर, वेद, शास्त्र, चातुर्वर्ण्य आदि से संबंधित धारणाएं हमें बचपन में ही घुट्टी के साथ पिलाई जाती हैं। और इसका असर अंतिम सांस तक बना रहता है। असर उतरना भी चाहे, तो 'कल्याण' जैसी सस्ती पत्रिकाएं और धर्म के ठेकेदार, मिठास का आवरण चढ़ाकर, अफीम की मुफ़्त गोलियों की तरह बांटने के लिए हमेशा हाजिर रहते हैं। भोली-भाली जनता की इस बेहोशी का बड़ा लाभ है। इससे ईश्वर के एजंटों की जमींदारियां बनी रहती हैं, सेठों की तिजोरियां सुरक्षित रहती हैं और 'अंधों में काना राजा' अपना प्रभुत्व जमाए रखते हैं।

भारत की निन्यानवे प्रतिशत हिंदू जनता ने वेद या शास्त्रों के पन्ने नहीं पलटे हैं। फिर भी, यदि आप परंपरागत किसी ढकोसले की समीक्षा करते हैं तो, मामूली अनपढ़ हिंदू ही नहीं, खासा पढ़ा-लिखा आदमी भी तपाक से उलट जवाब पूछता है : "क्या हमारे शास्त्र झूठे हैं? आप नास्तिक हैं, इसलिए ऐसी बात करते हैं।"

किसी समय हमारे देश में नास्तिक शब्द इतना बुरा नहीं समझा जाता रहा होगा, क्योंकि इस समय हमारे देश में नास्तिकों की संख्या संभवतः आस्तिकों से अधिक ही थी। हिंदुओं की नज़र में जैन और बौद्ध नास्तिक तो हैं ही, स्वयं हिंदू परम्परा के कई दर्शन जड़वादी और अनीश्वरवादी रहे हैं। लगता है कि आज भारत में पुनः वह स्थिति आई है, जबकि प्रगतिशील और साम्प्रदायिकता विरोधी तत्वों को नास्तिक की यह उपाधि एक भूषण माननी पड़ेगी।

इसमें कोई अतिशयोक्ति नहीं कि चातुर्वर्ण्य व्यवस्था हमारे देश के माथे पर कलंक का एक टीका है। हिंदू साम्प्रदायिकता के मूल में यही वर्णभेद या जमातवाद है। गांव के पाटील-सरपंच से लेकर ऊपर मिनिस्टरों तक जमातवाद का यह महाजाल फैला हुआ है। स्वतंत्रता-प्राप्ति के बाद देश के जिन कर्णधारों को भारत की जनता ने अपना स्नेह

और विश्वास दिया था, वे भी इस जमातवाद के शिकार होने से नहीं बचे। सरकारी आफिसों में ही नहीं, शिक्षण-संस्थाओं में भी यह जमातवाद तेजी से फैल गया है। साम्प्रदायिकता की प्रच्छन्न समर्थक कुछ राजनीतिक पार्टियां चुनाव जीतने के लिए 'धर्म शास्त्र और वर्ण-व्यवस्था की रक्षा' को सबसे बड़ा आधार बनाती हैं। फिर क्यों न शास्त्रों की हर सही-गलत बात को 'परम सत्य' साबित करने के योजनाबद्ध प्रयत्न हों?

वेद न अनादि हैं और न उनका ज्ञान-भंडार ही अनंत हैं। ये अपौरुषेय भी नहीं हैं, बाकायदा आप हमारे जैसे हाड़-मांस के पुरुषों द्वारा रचा हुआ लोक-साहित्य हैं। वर्ण-व्यवस्था के समर्थकों का कहना है कि समाज के चार वर्णों की यह सनातन व्यवस्था वेदों द्वारा समर्पित है। लेकिन असलीयत यह है कि वेदों में 'चातुर्वर्ण्य' शब्द कहीं है ही नहीं। सबसे पुराना वेद है ऋग्वेद। अधिकांश विद्वानों का मत है कि इसके दस मंडलों में से पहले नौ मंडल इसके दसवें मंडल से बहुत पहले रचे गए थे। दसवां मंडल बहुत बाद में इसमें जोड़ा गया। भाषा-भेद से भी यह बात साफ़ जाहिर होती है। इसी दसवें मंडल की एक ऋचा है :

ब्राह्मणोऽस्य मुखमासीद्
बाहू राजन्यः कृतः।
ऊरू तदस्य यद्वैश्यः
पद्भ्यां शूद्रो अजायत॥

अर्थात्, इस (पुरुष) का ब्राह्मण मुख है, राजन्य (क्षत्रिय) दोनों बाहु। जो वैश्य है, वह उसकी जांघ है, और पैरों से शूद्र उत्पन्न हुआ।

जो कोई भी यह जानता है कि इस धरती पर मानव और इतर सभी प्राणियों का शनैः-शनैः विकास हुआ, उसे इस ऋचा में निहित कवि-कल्पना का सही अर्थ जानने में कोई कठिनाई नहीं होनी चाहिए। तथ्य तो यह है कि इस ऋचा में वर्णभेद की कहीं कोई बात नहीं। ऋग्वेद में ब्राह्मण, विश् और शूद्र शब्द कई बार आए हैं। उस समय ब्राह्मण का अर्थ था : स्तोत्रगायक। विश् शब्द प्रजा या लोक का पर्यायवाची था, सारी आर्य प्रजा अपने को विश् कहती थी और इसीलिए राजा को विशांपति कहा जाता था। विश् से व्युत्पन्न वैश्य शब्द को बहुत बाद में जाकर आज का नया अर्थ मिला। शूद्र का मतलब था : दास या मजदूर। आरंभ में आर्यों के साथ इनका जबरदस्त संघर्ष हुआ था, किंतु बाद में आर्यों द्वारा शासित होकर ये दास या शूद्र कहलाए।

यदि ऋग्वेद के समय में चातुर्वर्ण्य की भावना रूढ़ हो गई होती, तो उसी दसवें मंडल के अंतिम सूक्त में संवनन ऋषि के ये मंत्र नहीं मिलते :

संगच्छध्वं संवेदध्वं सं वो
मनांसि जानतां।
देवा भागं यथा पूर्वे
संजानाना उपासते॥

अर्थात्, तुम साथ चलो, साथ बोलो, तुम्हारे मन साथ जाने-समझें, (वैसे ही) जैसे पूर्वकाल के देवता साथ जानते हुए अपने-अपने भाग का सेवन करते थे।

और, आगे यही ऋषि कहता है :

समान व आकूतिः समाना
हृदयानि वः।
समानमस्तु वो मनो गथा
वः सुसहासति॥

—तुम्हारी कल्पना समान हो, तुम्हारे हृदय समान हों। तुम्हारा मन समान हो जिससे कि तुम्हारी सुन्दर सम्मति हो।

ऋग्वेद के समय में अभी जनसमाज का पेशेवार बंटवारा भी नहीं हुआ था। नौवें मंडल में एक ऋषि कहता है :

कारुरहं ततो भिषगु-
पलप्रक्षिणी नना।
नानाधियो वसूयवोऽनुगा इव
तस्थिमेंद्रायेंदो परिस्रव।

अर्थात्, मैं कवि हूँ। मेरा पुत्र वैद्य है। मेरी कन्या पत्थर की चक्की चलाने वाली है। धन की कामना करने वाले नाना कर्मोंवाले हम गौओं की तरह एक गोष्ठ में रहते हैं।

यह सिद्ध करने के लिए सबसे पुराने वेद में वर्णभेद नहीं था, इतने ही प्रमाण पर्याप्त हैं। हां, बाद के ब्राह्मणों और धर्मसूत्रों में चातुर्वर्ण्य की चर्चा अवश्य देखने को मिलती है। लेकिन वहां भी यत्र-तत्र इस दुषित व्यवस्था का स्पष्ट विरोध कहीं-कहीं उभर आता है। यहां हम उस गहराई में नहीं उतरेंगे। इतना ही जान लेना पर्याप्त है आज वेदों के नाम पर हमें जो बातें पिलाई जाती हैं, उनमें से अधिकांश झूठी हैं।

बाहर से भारत में आए हुए आर्यों द्वारा शासित यहां के जन आरंभ में दास और बाद में शूद्र कैसे बने, इसे समझाना भी बहुत कठिन नहीं है। वर्ण शब्द का स्पष्ट अर्थ है : रंग। जाहिर है कि रंगभेद के आधार पर ही धीरे-धीरे वर्णभेद की व्यवस्था अस्तित्व में आई। इस रंग-भेद के गुह्य को समझने के लिए अतीत की खोज करने की जरूरत नहीं है। अमेरिका और दक्षिण-अफ्रीका की अमानवीय रंगभेद नीति सामने है।

जन्मसिद्ध चातुर्वर्ण्य के पक्ष में आजकल एक और कुतर्क पेश किया जाता है। कुछ पढ़े-लिखे लोग आधुनिक विज्ञान की आनुवंशिकता संबंधी खोजों का हवाला देकर यह सिद्ध करने का प्रयत्न करते हैं कि पिता के गुण पुत्र में ज्यों-के-त्यों उतरते हैं, इसलिए जन्मजात वर्णभेद भी एक वैज्ञानिक सिद्धांत है। इसका जवाब देना बहुत सरल है। संसार भर में पिछले हजार सालों में पैदा हुए महापुरुषों की एक सूची बना लीजिए और देखिए कि वे किस-किस जाति में पैदा हुए थे।

फिर भी, आज हमारे देश के बड़े-बड़ों की इस चातुर्वर्ण्य व्यवस्था पर प्रहार करने की सहसा हिम्मत नहीं होती। कारण जो भी हो, हमारे देश के बड़े-बड़े जन नेता इस बुराई के छत्ते को छेड़ने से बचते हैं। सही बात कहकर कौन 'नास्तिक' बनने के लिए तैयार होगा? धर्म की बुराइयों का विरोध करेगा तो फिर वह 'मास लीडर' कैसे बनेगा?

सत्य टंगा रह गया

गांधी जी को अछूतों का उद्धारक कहा जाता है। गांधी जी ने अछूतों के लिए भगवान के मंदिरों के द्वार खुलवाए। गांधी जी ने अछूतों को नया नाम दिया--हरिजन!

लेकिन क्या आज हरिजन शब्द शूद्र का पर्यायवाची नहीं है? कमाल और साहस की बात तो तब होती जब गांधी जी द्विजों को भी हरिजन कहकर संबोधन करते। लेकिन गांधी जी भी पुरातन परंपम्पराओं पर प्रश्नचिह्न लगाने से यथा-सामर्थ्य बचे ही हैं। उनका एक कथन है (नई दिल्ली के लक्ष्मीनारायण उर्फ बिड़ला मंदिर के अहाते में एक स्थान पर अंकित) : ''मेरे समीप शुद्ध हिंदू, ऊंच-नीच और छुआछूत की भावना है ही नहीं। **वर्णभेद अवश्य है**, परंतु कोई वर्ण दूसरे वर्ण से ऊंच नहीं, वर्ण में अधिकार भेद नहीं है, **केवल धर्म भावना है**। जिस वर्ण के पास अधिक सम्पत्ति है--भौतिक वा आध्यात्मिक-- उसे अधिक नर्म बनना है।''

हिंदुओं का धर्म, उसके शास्त्र और पिछले तीन हजार सालों का भारत का इतिहास इस तथ्य के ज्वलंत साक्षी हैं कि छुआछूत, ऊंच-नीच की भावना और भौतिक व बौद्धिक कमी-बेशी के मूल में है यही वर्णभेद। कोई भी इसे स्वीकार नहीं करेगा कि गांधी जी इस बात को अच्छी तरह जानते नहीं थे। लेकिन धर्म और उसकी पुरातन व्यवस्था को सीधी चुनौती दें तो कैसे? सही बात कहने का इरादा होने पर भी 'वर्णभेद अवश्य है' कहकर और 'धर्म भावना' में अपनी आस्था प्रकट करके आधुनिक भारत का यह महापुरुष अपने को 'नास्तिक' कहलवाने से तो बच गया, पर सत्य टंगा रह गया।

यदि किसी का अब भी यह खयाल हो कि वर्णभेद के प्रति आस्था (धर्म भावना) और ऊंच-नीच दो अलग-अलग यथार्थ हैं तो उन्हें धर्म सूत्रकारों के कथन दुहरा लेने चाहिए। आपस्तंब, जिसका अनुकरण बाद के प्रायः हर धर्म-सूत्रकार ने किया है, 'धर्म की व्याख्या' करते हुए साफ कहता है :

> **चत्वारो वर्ण ब्राह्मणक्षत्रियवैश्यशूद्राः।**
> **तेषां पूर्वः पूर्वो जंमतः श्रेयान्।**
> **अशूद्राणा-मदुष्टकर्मणामुपनयनं वेदाध्ययनमग्न्याधेयं फलवंति च कर्माणि।**
> **शुश्रुषा शूद्रस्येतरेषां वर्णानाम्॥**

अर्थात्, वर्ण चार हैं--ब्राह्मण, क्षत्रिय, वैश्य और शूद्र। इनमें पहले का वर्ण जन्मतः बाद के वर्ण से श्रेष्ठ हैं। शूद्र के अलावा अदुष्ट कर्मों से युक्त शेष तीन वर्णों के उपनयन, वेदाध्ययन व अग्न्याधेय आदि कर्म फलद्रूप होते हैं। शूद्र को इतर वर्णों की सेवा करके जीविका चलानी चाहिए।

हिंदू समाज की इस कोढ़ को जानते-पहचानते हुए भी आज हमारे देश के अधिकांश लोकनेता यह कहने की हिम्मत नहीं कर सकते कि शास्त्रों के ये नियम हमारी संस्कृति पर कलंक के धब्बे हैं।

लेकिन हमारे देश में इस साहस की परंपरा मौजूद रही है। यह थी लोकायत परंपरा, बहुजनों का दर्शन। हमारे पुराने लोकनेता कहने का साहस रखते थे :

तुल्यत्वे वपुषा मुखाद्यवयवैवर्णक्रमःकीदृशः।

तात्पर्य, शरीर के मुंह आदि अवयव समान रूप से महत्व के हैं। वर्णभेद को मानना अनुचित है।

क्या आज हमारे देश को ऐसे ही स्वरों की ज़रूरत नहीं है?

—4 जनवरी, 1966, मुक्तधारा

12

हम सब विदेशी हैं

मनुष्य सदा से ही अपने आदिपूर्वज के बारे में सोचता आया है, उसके बारे में तरह-तरह के मिथक गढ़ता रहा है। हमारे धर्मग्रंथों और पुराणों में ब्रह्मा के मानसपुत्र स्वायंभुव मनु को मानव-जाति का आदिपुरुष बताया गया है, शतरूपा उसकी संगिनी है। हम सब 'मनुज' यानी मनु के जाये हैं। बाइबल में आदम को मानव का आदिपुरुष कहा गया है और हव्वा (Eve) को उसकी पत्नी। बाइबल के अनुसार, अदन के बगीचे में परमात्मा ने उनकी सृष्टि की थी। मेसोपोटामियाई मूल के इस मिथक को बाद में इस्लाम ने भी अपना लिया।

मगर आधुनिक विज्ञान कुछ दूसरी ही कहानी कहता है। सन् 1859 में प्रकाशित अपनी पुस्तक Origin of Species (प्रजातियों की उत्पत्ति) में चार्ल्स डारविन (1809-1882 ई.) ने प्रतिपादित किया कि धरती के अन्य सभी प्राणियों की तरह आधुनिक मानव भी क्रमविकास से ही अस्तित्व में आया है। तदनंतर शरीरक्रिया-विज्ञान, नृतत्व, पुरातत्व, जीवाश्म-विज्ञान और प्रजाति-विज्ञान के अंतर्गत मानव का व्यापक अध्ययन आरंभ हुआ। परिणाम-स्वरूप, मानव के क्रमविकास की एक संभाव्य रूपरेखा प्रस्तुत करना मुमकिन हुआ।

लेकिन इस क्रमविकास में कई प्रश्न अनुत्तरित थे, कुछ हद तक आज भी हैं। वानर, कपि और मानव का अलग-अलग विकास कब से आरंभ हुआ? प्रथम आदिमानव कब और कहां रहता था? आधुनिक मानव का उद्भव कहां पर हुआ और धरती के विभिन्न क्षेत्रों में उसका फैलाव कब और किस तरह हुआ? नीग्रोसम, ऑस्ट्रेलाभ, यूरोपाभ (कॉकशियाई) और मंगोलाभ जैसी आज की प्रमुख प्रजातियां किस तरह अस्तित्व में आईं?

अब इन सवालों के उत्तर मिलने लग गए हैं–आनुवंशिकी (Genetics) के जरिए। वस्तुतः मानव-जाति के व्यापक अध्ययन के लिए एक स्वतंत्र विज्ञान ही अस्तित्व में आ गया है–मानव-आनुवंशिकी (Human genetics)। सन् 1953 में पहली बार कोशिका (cell) के केंद्रक (nucleus) में मौजूद **डीएनए** (DNA = deoxyribonucleic acid) अणु की दोहरी कुंडली की संरचना के बारे में जानकारी

डीएनए अणु की संरचना : दोहरी कुंडली (बाएं) या घुमावदार सीढ़ी की तरह

मिली। मानव-कोशिका के केंद्रक में मौजूद 46 गुणसूत्रों (23 जोड़ों) में गुंथी हुई इस डीएनए अणु की कुंडली के 'जीन' (gene) नामक घटकों में मानव के बारे में समस्त सूचनाएं कूटबद्ध (coded) रहती हैं।

सभी मानवों के केंद्रक में 46 गुणसूत्र होते हैं। सभी मनुष्यों की 99.9 प्रतिशत डीएनए-संरचना एक-जैसी है। धरती की विभिन्न मानव-प्रजातियों में बुनियादी तौर पर कोई अंतर नहीं है। डीएनए की जानकारी ने नस्लवाद की जड़ें काट दी हैं। यह भी पता चला है कि जेनेटिक तौर पर, यानी डीएनए की संरचना की दृष्टि से, चिम्पांजी और मानव में सिर्फ एक प्रतिशत का अंतर है। कुछ वैज्ञानिक तो अब चिम्पांजी को भी होमिनिड (मानवसम) वर्ग का जीव मानने के पक्ष में हैं।

कौन था पहला होमिनिड (hominid)? अभी कुछ साल पहले तक भारत की शिवालिक पहाड़ियों में पाए गए लगभग डेढ़ करोड़ साल पुराने 'रामापिथेकस' जीवाश्म को मानव का प्रथम पूर्वज समझा जाता था। लेकिन अब स्थिति बदल गई है। नई मान्यता के अनुसार, चिम्पांजी और मानव का पृथक्करण लगभग 70 लाख साल पहले हुआ। जुलाई, 2002 में मध्य अफ्रीका की चाड झील के समीप से साठ-सत्तर लाख साल पहले की जो खोपड़ी मिली है, उसे ही अब पहला 'होमिनिड' माना जा रहा है। इथियोपिया

से हाल ही में प्राप्त जीवाश्मों के अन्वेषण से अब स्पष्ट जानकारी मिल रही है कि चिम्पांजी-मानव का पृथक्करण 63 लाख साल से अधिक पहले नहीं हुआ (*The Hindu*, 18 May, 2006)।

मानव का विकासक्रम : बाएं से क्रमशः (1) ऑस्ट्रेलोपिथेकस अफ्रीकानुस, (2) ऑस्ट्रेलोपिथेकस आफरेंसिस, (3) होमो इरेक्टस, (4) होमो सेपियन्स

होमिनिड के बाद, मानव के विकासक्रम में, क्रमशः इन जीवाश्मों की बारी आती है—ऑस्ट्रेलोपिथेकस अफ्रीकानुस (30 से 20 लाख साल पहले) ऑस्ट्रेलोपिथेकस आफरेंसिस (20 से 15 लाख साल पहले), होमो हैबिलिस (15 से 10 लाख साल पहले), होमो इरेक्टस (10 से 2.8 लाख साल पहले)। होमो हैबिलिस और होमो इरेक्टस का उदय अफ्रीका में हुआ। फिर वहीं से इनका फैलाव पश्चिम में स्पेन और पूर्व में चीन व जावा तक हुआ था। पाकिस्तान और भारत से भी इनके कुछ जीवाश्म मिले हैं। होमो इरेक्टस मानव पत्थरों के कुल्हाड़े-जैसे अनगढ़ औजारों का इस्तेमाल करता था और आग की भी खोज कर चुका था।

अंत में आया होमो सेपियन्स (Homo sapiens यानी प्रज्ञावान मनुष्य), जिसे शरीररचना और क्रियाकलापों की दृष्टि से 'आधुनिक मानव' माना जाता है। उसका उदय आज से लगभग 1,50,000 वर्ष पहले हुआ। सन् 1997 में मध्य इथियोपिया से एक बच्चे और दो वयस्कों की खोपड़ियां मिली थीं। काल-निर्धारण की पोटाशियम-ऑर्गन विधि से उनकी परीक्षा करने से पता चला कि वे लगभग 1,50,000 वर्ष पुरानी हैं। यही हैं होमो सेपियन्स के अब तक उपलब्ध सबसे प्राचीन जीवाश्म। इससे स्पष्ट होता है कि आज से करीब डेढ़-दो लाख वर्ष पहले अफ्रीका में आधुनिक मानव का उदय हो चुका था और तदनंतर वहीं से उसका प्रसार सारी दुनिया में हुआ।

आधुनिक मानव जहां भी पहुंचा, वहां उसने पहले की सभी 'होमो हैबिलिस' और 'होमो इरेक्टस' प्रजातियों को या तो अपने में मिला लिया या उन प्रजातियों का स्वयमेव लोप हो गया। जीवाश्मों के परीक्षणों से पता चलता है कि आधुनिक मानवों के जत्थे पश्चिम एशिया में आज से 90,000 साल पहले, भारत-पाकिस्तान की सीमा पर लगभग 70,000 साल पहले और श्रीलंका तथा ऑस्ट्रेलिया में 60 हजार साल पहले पहुंच चुके थे। लगभग उसी समय इनके कुछ जत्थे चीन और साइबेरिया की ओर अग्रसर हुए। यूरोप में आधुनिक मानव का आगमन आज से 50-60 हजार साल पहले हुआ। विशेषज्ञों का मत है कि अफ्रीका से आधुनिक मानव का स्थानांतरण शुरू होने से पहले वहां उनकी आबादी 10-15 हजार से अधिक नहीं रही होगी।

आधुनिक मानव का उदय धरती के एक क्षेत्र (अफ्रीका) में हुआ या एक साथ कई अलग-अलग क्षेत्रों में? अब तक नृतत्ववेत्ता इस मामले में एकमत नहीं थे। मगर अब मानव आनुवंशिकी के अध्ययन से स्पष्ट जानकारी मिल रही है कि आधुनिक मानव का उद्भव पूर्वोत्तर अफ्रीका में हुआ और वहीं से वह सारी दुनिया में फैला। यह महत्वपूर्ण जानकारी मुश्किल से पंद्रह-बीस साल पुरानी है।

मनुष्य की कोशिका में न केवल उसके वर्तमान के बारे में सारी सूचनाएं सूत्रबद्ध रहती हैं, बल्कि विकासक्रम की एक ऐसी 'घड़ी' भी मौजूद रहती है जो बताती है कि आज की समूची मानव-जाति का आदिपूर्वज कौन था, वह कहां रहता था और सारी धरती पर उसके वंशजों का विस्तार कब और किस तरह हुआ।

जैसा कि हम जानते हैं, संतति के जन्म में माता और पिता दोनों का ही आनुवंशिक योगदान रहता है। पिता का योगदान प्रमुख रूप से उसके गुणसूत्रों (chromosomes) के डीएनए तक ही सीमित रहता है। लेकिन माता अपने आनुवंशिक द्रव्य (गुणसूत्रीय द्रव्य) के अलावा, भ्रूण के विकास के लिए आवश्यक वातावरण भी प्रदान करती है। दूसरे शब्दों में, निषेचन के दौरान पिता के शुक्राणु का मुख्यतः डीएनए ही अंडाणु में प्रवेश करता है, जबकि माता की अंडाणु-कोशिका में उसके आनुवंशिक द्रव्य के अलावा बहुत सारी सूत्र-कणिकाएं भी होती हैं, जिन्हें माइटोकोन्ड्रिया (mitochondria) कहते हैं। माइटोकोन्ड्रिया केंद्रक के बाहर किंतु कोशिका के भीतर ही होती हैं। उनका काम होता है, कोशिका के लिए ऊर्जा का उत्पादन करना।

माइटोकोन्ड्रिया का अपना स्वतंत्र डीएनए होता है और वे कोशिका के केंद्रक में मौजूद डीएनए पर आश्रित नहीं रहतीं। माता भ्रूण को अपने गुणसूत्रीय डीएनए के अलावा अपने अंडाणु का माइटोकोन्ड्रिया-डीएनए (संक्षेप में, **एम-डीएनए**) भी प्रदान करती है। इस तरह, संतान की कोशिका में मौजूद **एम-डीएनए** (mDNA) का भंडार केवल माता के अंडाणु से ही प्राप्त होता है। नारी की कोशिका में विद्यमान इसी अतिरिक्त एम-डीएनए के अध्ययन से मानव के क्रम-विकास और

धरती पर उसके स्थानांतरण को समझ पाना संभव हो रहा है। केवल मातृ-परंपरा से चलने वाला यह एम-डीएनए मानव के क्रम-विकास को दरसाने वाली 'घड़ी' का काम करता है।

समय के साथ डीएनए में उत्परिवर्तन (mutations) होते रहते हैं। प्रत्येक प्रजाति में होने वाले विकास के साथ-साथ उसके डीएनए में भी एक विशेष रफ्तार से उत्परिवर्तन होते रहते हैं। जो प्रजातियां एक-दूसरे से जितनी ही ज्यादा संबद्ध होती हैं, उनका उतना ही अधिक डीएनए एक-समान होता है। वैज्ञानिकों ने जाना है कि कोशिका के केंद्रक में मौजूद डीएनए की अपेक्षा एम-डीएनए में लगभग दस गुना अधिक तेजी से उत्परिवर्तन होता है। इस तरह, मानव के एम-डीएनए के अध्ययन से पता लग जाता है कि वह कितना पुराना है और दूसरों से कितना भिन्न है। दूसरे शब्दों में, एम-डीएनए मानव के वंशक्रम का इतिहास प्रस्तुत कर देता है।

पिछले डेढ-दो दशक में अफ्रीका, ऑस्ट्रेलिया और यूरोप के विभिन्न मानव-समुदायों के प्रतिनिधियों के एम-डीएनए नमूने लेकर उनकी जांच की गई है। भारत सहित अनेक देशों के वैज्ञानिकों द्वारा किए गए इस नए अध्ययन से पता चला है कि अफ्रीका से प्राप्त होने वाला एम-डीएनए सबसे प्राचीन है—दूसरे महाद्वीपों के एम-डीएनए से लगभग दुगुना पुराना। इससे प्रमाणित होता है कि आधुनिक मानव (होमो सेपियन्स) का उदय सबसे पहले अफ्रीका में हुआ—करीब डेढ़ से दो लाख साल पहले, और वहीं से सारी दुनिया में उसका प्रव्रजन हुआ। हम यह भी कह सकते हैं कि आधुनिक मानव-प्रजाति की आदिमाता या 'ईव' (हव्वा) या हमारी शतरूपा का जन्म अफ्रीका में हुआ था।

यह भी पता चला कि हमारे मिथकीय मनु या आदम का उदय भी अफ्रीका में ही हुआ। इसके लिए केवल पितृ-परंपरा से चलने वाले 'वाई-क्रोमोसोम' (Y-chromosomes) का उपयोग किया गया है। प्रत्येक मनुष्य अपनी माता से 23 क्रोमोसोम (गुणसूत्र) और पिता से 23 क्रोमोसोम प्राप्त करता है। इनमें मां से तो केवल एक्स-क्रोमोसोम ही प्राप्त होता है, परंतु पिता से प्राप्त होता है एक्स अथवा वाई-क्रोमोसोम। इस तरह, केवल पिता से प्राप्त होने वाला वाई-क्रोमोसोम ही पितृ-परंपरा में चलता रहता है। दूसरे शब्दों में, वाई-क्रोमोसोम में होने वाला परिवर्तन केवल पितृ-परंपरा में ही प्रकट होता है। वैज्ञानिकों ने जाना है कि सबसे प्राचीन वाई-क्रोमोसोम केवल अफ्रीका में ही देखने को मिलता है। वाई-क्रोमोसोम में सबसे ज्यादा विविधता भी अफ्रीका में ही देखने को मिलती है। यह भी पता चला है कि प्राचीन वाई-क्रोमोसोम को इसके आधुनिक प्रकार में तब्दील होने में लगभग 1,50,000 साल लगे हैं। इस तरह, पितृ-परंपरा से चलने वाले वाई-क्रोमोसोम के अध्ययन से स्पष्ट पता चला है कि हव्वा या शतरूपा की तरह ही आदम या मनु भी अफ्रीका में ही पैदा हुआ था—लगभग 1,50,000 साल पहले।

वैज्ञानिकों का मत है कि आज से लगभग एक लाख साल पहले पूर्वी अफ्रीका से कुछेक सौ आदमियों की एक टोली ने दो मार्गों से पूर्व की ओर अपना प्रवास शुरू किया होगा। एक था, उत्तरी भूमिमार्ग—नील नदी के साथ-साथ उत्तर की ओर चलते हुए सिनाई प्रायद्वीप पहुंचकर पश्चिम एशिया से ईरान व भारत की ओर जाने वाला मार्ग। दूसरा था, समुद्रतटीय दक्षिणी भूमिमार्ग—पूर्वी अफ्रीका से लाल सागर की संकरी जलसंधि को पार करके अरबिया के दक्षिण-पश्चिम कोने से आगे अदन की खाड़ी, फारस की खाड़ी, अरब सागर तथा बंगाल की खाड़ी के तटवर्ती स्थलमार्ग से दक्षिण-पूर्व एशिया पहुंचना। जीवाश्मों से पता चलता है कि लगभग 45 हजार साल पहले आधुनिक मानव दक्षिण ऑस्ट्रेलिया पहुंच गया था। दक्षिण बंगाल या दक्षिण म्यांमार के तटक्षेत्र से गुजरते समय आज से लगभग 50 हजार साल पहले कुछ मानव अंदमान-निकोबार पहुंच गए होंगे—सबसे पहले नीग्रोसम जनजाति के जारवा और तदनंतर ओंगी व ग्रेट अंदमानी लोग।

अतः स्पष्ट है कि हम सब अफ्रीकी मूल के हैं। दुनिया के आज के सारे मानव-समुदाय अफ्रीकी मूल के ही हैं। वैज्ञानिक निष्कर्ष पर पहुंचे हैं कि पूर्वी अफ्रीका से आधुनिक मानव का प्रवास पूर्व की ओर लगभग 1,00,000 साल पहले आरंभ हुआ था। पश्चिम एशिया तथा ईरान से आगे बढ़ने के बाद पश्चिमोत्तर भारत में इनका प्रवेश लगभग 60-70 हजार साल पहले हुआ। यूरोप की ओर इनका प्रवास लगभग 50-60 हजार साल पहले शुरू हुआ।

भारत में 4500 से भी अधिक विभिन्न मानव-समुदायों या बिरादरियों (communities) का अस्तित्व है। हमारे यहां छोटी-बड़ी जातियों का भी बड़ा विस्तार

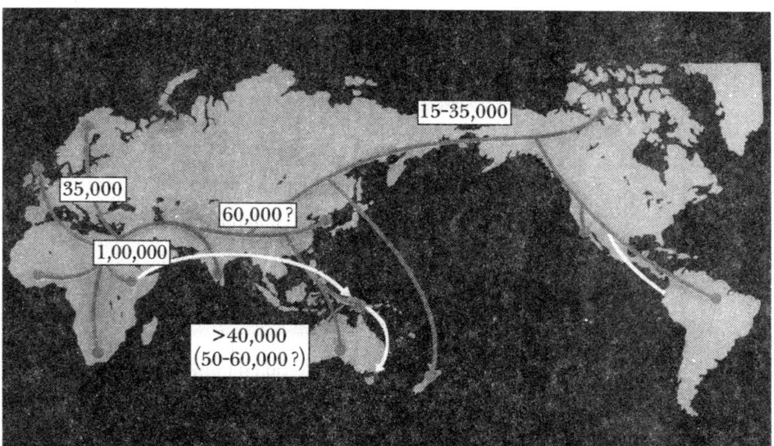

पूर्वी अफ्रीका से दो संभाव्य मार्गों से आधुनिक मानव का एशिया में आगमन
(संख्याएं अनुमानित वर्षों में आधुनिक मानव की प्रथम बस्ती की प्राचीनता की सूचक हैं)

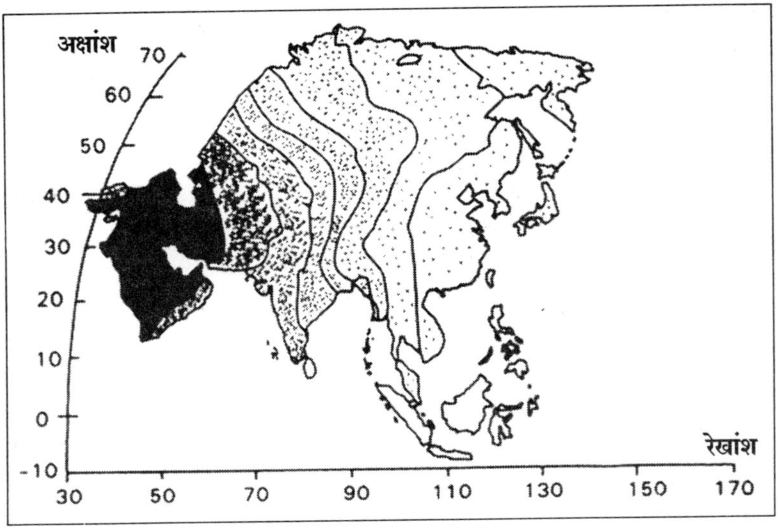

पूर्वी अफ्रीका से आधुनिक मानव का एशिया में फैलाव

है। मानव-आनुवंशिकी के अध्ययन से पता लग सकता है कि कौन-सा मानव-समुदाय (जैसे, ऑस्ट्रिक-भाषी, द्रविड़-भाषी और आर्यभाषी) भारत में कब आया और इन विभिन्न मानव-समुदायों या वर्णों या जातियों में अब तक कितना सम्मिश्रण हुआ है। आनुवंशिकीय अध्ययन से अब यह भी स्पष्ट हो गया है कि सबसे पहले ऑस्ट्रिक-भाषी लोग भारत आए थे—लगभग 50 हजार साल पहले। उनके बाद द्रविड़-भाषी लोग भारत में पहुंचे—लगभग छह हजार साल पहले। आर्यभाषी लोग मध्य-एशिया और ईरान से होकर ही भारत पहुंचे थे—लगभग चार हजार साल पहले। हमारे देश के कई वैज्ञानिक-दल अब इस नए अध्ययन में जुट गए हैं। सभी आनुवंशिकीविद स्वीकार करते हैं कि इस तरह के अनुसंधान के लिए भारतीय उपमहाद्वीप दुनिया की एक बहुत ही श्रेष्ठ प्राकृतिक प्रयोगशाला है।

13

क्या अशोक का राज्य सांप्रदायिक था?

आप कहेंगे, यह सवाल फिजूल का है। आप कहेंगे, दो हजार साल के हमारे देश के इतिहास में किसी भी विचारक ने अशोक के शासन को सांप्रदायिक नहीं कहा। आप कहेंगे, किसी भी मज़हब और किसी भी संप्रदाय के प्रवक्ता ने अशोक पर कीचड़ नहीं उछाला। आप कहेंगे, संसार के किसी भी इतिहासकार ने अशोक को सांप्रदायिक नहीं कहा। आप कहेंगे, अशोक का शासन, न केवल हमारे देश के इतिहास और संस्कृति की, बल्कि संपूर्ण मानव-जाति की एक अमूल्य निधि है। आप दोहराएंगे, यह प्रश्न फिजूल का है।

नहीं। यह एक गंभीर प्रश्न है। आज बीसवीं शताब्दी के उत्तरार्द्ध में हमारे देश में एक आदमी है जो कहता है कि अशोक का राज्य सांप्रदायिक था।

सिर्फ एक आदमी? ज़रूर सिरफिरा होगा—आप कहेंगे।

संक्रामक रोग शुरू में एक आदमी या एक जानवर को ही होता है। उसका इलाज वहीं और उसी समय न हो तो यह देशव्यापी बन जाता है।

हां, तो **वह आदमी** कहता है : "हिंदू धारणा से दूर जाने के कारण प्रथम बार अशोक के समय में सांप्रदायिक धार्मिक राज्य का निर्माण हुआ।"

अशोक आज भी हमारे बीच जीवित है। सौभाग्य है हमारा कि आज अशोक स्वयं बोलने में समर्थ है। उसके दर्जनों शिलालेख और स्तंभ लेख उसकी शासन-व्यवस्था के साक्षात प्रमाण है।

यह है गिरिनार, सौराष्ट्र में जूनागढ़ के पास, यहां एक ही शिला पर हमारे देश के तीन शासक बोलते हैं—**अशोक**, शक **क्षत्रप रुद्रदामन** और **स्कंदगुप्त**। अशोक के यहां 17 शिलालेख हैं, जो अन्य कई स्थानों पर भी पाए जाते हैं।

अशोक के इन चौदह शिलालेखों में 'बौद्ध' या 'बुद्ध' शब्द एक बार भी नहीं है! इन शिलालेखों में ब्राह्मण और श्रमण शब्द दोनों ही सात बार आए हैं। ब्राह्मण का यहां अर्थ है, वैदिक परंपरावाले धर्म के पुरोहित से। श्रमण का अर्थ है बौद्ध या जैन साधू।

इन शिलालेखों में ब्राह्मण और श्रमण शब्द सात बार साथ-साथ आए हैं। ब्राह्मण या श्रवण शब्द अकेला एक बार भी नहीं है। और, हर बार ब्राह्मण शब्द श्रमण के पहले है!

लेकिन वह व्यक्ति, जो स्वयं ब्राह्मण है, कहता है कि अशोक का राज्य सांप्रदायिक था!

अपने इन शिलालेखों में अशोक बार-बार बोलता है—ब्राह्मण और श्रमण को दान देना चाहिए, ब्राह्मण और श्रमण का सत्कार करना चाहिए, ब्राह्मण और श्रमण का दर्शन करना चाहिए।

लेकिन वह व्यक्ति कहता है कि, अशोक का राज्य सांप्रदायिक था।

अशोक का बारहवां शिलालेख बोलता है : "देवताओं के प्रिय प्रियदर्शी राजा विविध दान और पूजा से गृहस्थ और संन्यासी सब संप्रदायवालों का सत्कार करते हैं, किन्तु देवताओं के प्रिय दान या पूजा की इतनी परवाह नहीं करते जितनी इस बात की कि सब संप्रदायों के सार (तत्व) की वृद्धि हो। (संप्रदायों के) सार की वृद्धि कई प्रकार से होती है, पर उसकी जड़ वाक्-संयम है अर्थात् लोग केवल अपने ही संप्रदाय का आदर और बिना अवसर दूसरे संप्रदायों की निंदा न करें या विशेष अवसर पर निंदा भी हो तो संयम के साथ। हर दशा में दूसरे संप्रदायों का आदर होना ही चाहिए। ऐसा करने से मनुष्य अपने संप्रदाय की उन्नति और दूसरे संप्रदायों का उपकार करता है। इसके विपरीत जो करता है, वह अपने संप्रदाय की (जड़) काटता है और दूसरे संप्रदायों का भी अपकार करता है। क्योंकि जो कोई अपने संप्रदाय की भक्ति में आकर इस विचार से कि मेरे संप्रदाय का गौरव बढ़े, अपने संप्रदाय की प्रशंसा करता है और दूसरे संप्रदायों की निंदा करता है, वह ऐसा करके वास्तव में अपने संप्रदाय को ही गहरी हानि पहुंचाता है। **इसलिए समवाय (परस्पर मेलजोल से रहना) ही अच्छा है अर्थात् लोग एक दूसरे के धर्म को ध्यान देकर सुनें और उसकी सेवा करें।** क्योंकि देवताओं के प्रिय (राजा) की यह इच्छा है कि सब संप्रदायवाले बहुश्रुत (भिन्न-भिन्न संप्रदायों के सिद्धांतों से परिचित) **तथा कल्याणकारक ज्ञान से युक्त हों**।"

अशोक की यही धर्म-निरपेक्ष नीति आज हमारे राष्ट्र-चिह्न में बोलती है।

लेकिन उस व्यक्ति का कहना है कि अशोक का शासन सांप्रदायिक था! उस व्यक्ति का यह भी दावा है कि उसने भारतीय संस्कृति और इतिहास का 'गंभीर' अध्ययन किया है।

वह व्यक्ति है, राष्ट्रीय स्वयंसेवक संघ का सरसंघचालक 'गुरु' गोलवलकर!

–18 जनवरी, 1966, मुक्तधारा

14

देवपूजा : कितनी पुरानी

भारतीय समाज में आज भी पूजा-पाठ का कितना बोलबाला है, इसे हम सभी जानते हैं। बहुत सारे लोग अपने आराध्य देवी-देवताओं को खुश करने के लिए बहुत सारा समय खर्च करते हैं। पिछले करीब डेढ़ हजार साल में पूजा-विधि पर ढेर सारे पोथे लिखे गए हैं। इस पूजा-विधान के अनुसार पूजा-पाठ करना-कराना आज भी हजारों पुरोहितों का पेशा है।

श्रद्धालु धार्मिक व्यक्ति यह मानकर चलता है कि पूजा-विधि अति प्राचीन है। वह सोचता है कि देवी-देवताओं का जन्म पहले हुआ, आदमी का बाद में।

पर ऐतिहासिक विश्लेषण पर आधारित तथ्य कुछ दूसरी ही कहानी कहते हैं। देवी-देवताओं ने आदमी को जन्म नहीं दिया, बल्कि आदमी ने ही, अपनी मजबूरियों के कारण, देवी-देवताओं को पैदा किया है—अपने भौतिक विकास की एक निश्चित कालावधि में। और, अपने इन काल्पनिक देवी-देवताओं को खुश करने या लुभाने के तौर-तरीके तो उसने काफी बाद में खोज निकाले हैं।

आदमी अपनी सामाजिक-राजनीतिक-आर्थिक परिस्थितियों के अनुसार अपने देवी-देवताओं में निरंतर रद्दोबदल करता आया है। इसी प्रकार, इन देवी-देवताओं को खुश करने के उसके तरीकों में भी निरंतर रद्दोबदल होता रहा है। पूजा-विधि का इतिहास इस तथ्य का साक्षी है।

आज से करीब 3,500 साल पहले भारत में पहुंचे हुए आर्यभाषी लोग अपने देवताओं की 'पूजा' नहीं करते थे। वेदों में या वैदिक वाङ्मय में कहीं पर भी 'पूजा' शब्द देखने को नहीं मिलता। दरअसल, यह 'पूजा' शब्द मूल भारत-यूरोपीय (आर्य) भाषा-परिवार का है ही नहीं।

भाषाविदों के अध्ययन के अनुसार यह 'पूजा' शब्द आर्येतरों का है, द्रविड़ भाषा-परिवार का है। द्रविड़ भाषा में 'पू' का अर्थ है—पुष्प या फूल। और 'जेयु' धातु का अर्थ है—'करना'। 'जेयु' धातु के 'यु' का लोप हो जाने पर 'पू-जे' का अर्थ रह जाता है—'पुष्पकर्म' या 'पुष्पालंकरण'!

गीताकार का कृष्ण श्रद्धावान भक्त के पत्र-पुष्प-फल से संतुष्ट होने वाला कृष्ण है (**पत्रं पुष्पं फलं तोयं यो मे भक्त्या प्रयच्छति–गीता**, 9.26)। किंतु वैदिक देवता पत्र-पुष्प-फल की निरामिष-पूजा से प्रसन्न होनेवाले देवता नहीं थे। यूं तो **महाभारत** के हमारे अर्जुन-सखा कृष्ण भी निरामिष-भोजी नहीं ही हैं। महाभारत के मानवीय कृष्ण को पुष्प, पत्र, फल, अक्षत, चंदन, धूप, नैवेद्य आदि की अपेक्षा नहीं है। ईसा की दूसरी-तीसरी सदी में गीताकार या गीताकारों ने उन पर ये चीजें थोपी हैं, तो इसमें उनका क्या दोष?

दरअसल कालांतर की पूजाविधि के पत्र, पुष्प, फल, चंदन, धूप, नैवेद्य आदि उत्पादन मूल आर्यभाषियों की संस्कृति के अंग हैं ही नहीं। वैदिक संस्कृति यज्ञप्रधान थी। उसमें पूजा के लिए कोई स्थान नहीं था। यही वजह है कि श्रुति-ग्रंथों में पूजा तथा उससे संबंधित शब्दों के उल्लेख नहीं मिलते। पूजा-विधि द्रविड़ संस्कृति की देन है। पूजा-विधि को आर्यभाषियों ने आर्येतरों से अपनाया है। पूजा-विधान से संबंधित कुछ शब्दों पर विचार करने पर यह तथ्य और भी अधिक स्पष्ट हो जाएगा।

देवताओं की पूजा-विधि में अभिषेक होता है। देवता के मस्तक से लेकर पैर तक उसका स्नान करने को अभिषेक कहते हैं। पर **ऋग्वेद** या **सामवेद** में कहीं पर भी यह अभिषेक शब्द देखने को नहीं मिलता। पहली बार ब्राह्मण व श्रौत ग्रंथों में इस शब्द के दर्शन होते हैं। यहां भी अभिषेक आर्य-देवताओं का नहीं, राजाओं का होता था।

मोहेंजोदड़ो की खुदाई में एक विशाल स्नानागार प्राप्त हुआ है। उस समय के पुरोहित-राजाओं के लिए यह स्नानागार बना होगा। कालांतर के भारतीय इतिहास में राजा के अभिषेक के लिए पुष्करणियों के निर्माण के अनेकानेक उल्लेख मिलते हैं। वैशाली (बिहार) में ऐसी एक विशाल प्राचीन पुष्करणी आज भी देखी जा सकती है। आर्यभाषी समाज जब कबीलाई प्रथा से राजप्रथा में पहुंचा, तो उसने देखा-देखी में अभिषेक की इस पूर्व-परंपरा को अपना लिया। राजाओं के अभिषेक होने लगे, तो फिर देवताओं के क्यों नहीं? देवताओं के अभिषेक की प्रथा चल पड़ी।

पूजा में देवता को चंदन या गंध लगाया जाता है। यह 'चंदन' शब्द भी मूल आर्यभाषा का नहीं है। यह द्रविड़ भाषा का शब्द है। इतना ही नहीं, पूजा-विधि से संबंधित बिल्व, माला, मुकुट, पिंड, ताल, कुंतल, नीर, मीन आदि बहुत सारे शब्द मूल आर्यभाषा के नहीं हैं। ये शब्द द्रविड़ भाषा से संस्कृत भाषा में पहुंचे हैं (देखिए, *The Sanskrit Language*, Thomas Burrow)।

आज का 'आरती' शब्द संस्कृत के 'आर्तिक्य' शब्द से बना है। पर यह 'आर्तिक्य' शब्द मूल संस्कृत का नहीं है। यह आर्येतर भाषा, संभवतः द्रविड़ भाषा का शब्द है।

भारतीय स्त्री-समाज में कुंकुम का क्या महत्व है, इसे हम सभी जानते हैं। कुंकुम सौभाग्यवती स्त्री और कुमारी का एक प्रमुख प्रसाधन है। उसी प्रकार, देवी-देवता की पूजा में भी कुंकुम का महत्व है। पंचायतन-पूजा में देवी का प्रमुख स्थान है। पुरुष

देवता के साथ उसकी पत्नी का भी आवाहन किया जाता है। देवी-पूजा में कुंकुम एक आवश्यक चीज है।

पर वैदिक वाङ्मय में कुंकुम का कोई उल्लेख नहीं मिलता। उस समय की स्त्रियां कुंकुम नहीं लगाती थीं। जब स्त्रियां ही कुंकुम नहीं लगाती थीं, तो वे अपने देवी-देवताओं को क्योंकर कुंकुम लगाते? **महाभारत**-काल में स्त्रियां मस्तक पर कुंकुम लगाती थीं, इस बात की कोई स्पष्ट जानकारी नहीं मिलती। **रामायण** में भी इसके स्पष्ट उल्लेख नहीं मिलते। दशरथ की मृत्यु होने पर उनकी किसी भी पत्नी ने अपने मस्तक का कुंकुम नहीं पोंछा था।

भारतीय समाज में कुंकुम का रिवाज ईसा की पहली-दूसरी सदी के बाद चला। भारतीय किंतु आर्येतर ग्राम देवी-देवताओं की आराधना में कुंकुम (लाल चूर्ण) का अवश्य ही महत्वपूर्ण स्थान रहा होगा, आज भी है। आर्यभाषी पुरुष आर्येतर सुंदरियों से विवाह करने लगे और आर्यभाषियों के देवताओं की गृहस्थी में आर्येतरों के देवी-देवता भी शामिल होने लगे, तभी उन्होंने कुंकुम जैसे प्रसाधनों को अपनाया है।

सारांश : वैदिक काल में देवताओं की पूजा नहीं होती थी; देवताओं के लिए मंदिर नहीं बनते थे। पूजा-विधान आर्येतर संस्कृतियों की देन है। आर्येतरों का पूजा-विधान उतना जटिल नहीं था, जितना कि कालांतर में ब्राह्मण-पुरोहितों ने इसे बनाया है। देवगिरि के यादव-नरेश के मंत्री हेमाद्रि (लगभग 1300 ई.) जैसे ब्राह्मण-पंडितों ने **चतुर्वर्ग-चिंतामणि** जैसे विशाल पोथे लिखकर इस पूजा-विधान को इतना अधिक जटिल बना डाला कि उसको निभाना आज किसी भी व्यक्ति के लिए संभव नहीं है।

किंतु हेमाद्रि को संभवतः यह पता नहीं था कि पूजा-विधान वैदिक संस्कृति की देन नहीं है। हेमाद्रि के आज के मानसपुत्र भक्त भी नहीं जानते कि पूजा-पाठ का यह मायाजाल अधिक प्राचीन नहीं है। पूजा-पाठ का बोलबाला शुरू हुआ पौराणिक-काल में–मुश्किल से दो हजार साल पहले।

15

आंखें बंद करवाने का तरीका

एक संघी साप्ताहिक में हाल ही (1969 ई.) में प्रकाशित एक चित्र। चित्र का परिचय दिया गया है : "यह है भारतीय अल-अक्सा। औरंगजेब के शासन में काशी विश्वनाथ के आद्य मंदिर के ऊर्ध्वभाग को ध्वस्त कर उस पर मस्जिद चढ़ा दी गई थी। अधोभाग आज भी गौरवपूर्ण प्रस्तर-शिल्प-कला तथा इस्लामी असहिष्णुता की कहानी कह रहा है। मुस्लिम शासनकाल में लाखों देवस्थान धूल में भिला दिए गए...।"

जाहिर है कि चित्र और उसका परिचय हिंदुओं की 'आंखें खोलने के लिए' छापा गया है। पर हम जानते हैं कि यह आंखें खोलने का नहीं, आंखें बंद करवाने का तरीका हुआ। हिंदुओं की आंखें खुलवाने के लिए इतिहास के इस खंडहर को छापने की बजाय काशी के आज के दो विश्वनाथ मंदिरों के चित्र साथ-साथ छापे जाते, तो बेहतर होता। काशी में बाबा विश्वनाथ का एक पुराना मंदिर होने पर भी करपात्री महाराज ने सेठों की सहायता से एक नया विश्वनाथ मंदिर बनवाया। वजह? पुराना मंदिर दूषित हो गया था! मुसलमानों के स्पर्श से नहीं, हिंदू शूद्रों के स्पर्श से!

आज की भयावह सांप्रदायिकता अतीत की नहीं, आधुनिक युग की उपज है। इसकी खुराक है, अतीत का तथाकथित गौरव। अतीत के गौरव से इनकार नहीं किया जा सकता, किंतु अतीत का सही मूल्यांकन तत्कालीन सामाजिक एवं आर्थिक परिस्थितियों की पृष्ठभूमि में ही हो सकता है। आज के 'अल-अक्सा' प्रकरण की तुलना पुराने विश्वनाथ या सोमनाथ के मंदिरों से नहीं की जा सकती।

मेरे सामने एक और चित्र है। 26 अक्तूबर (1969) के 'हिंदुस्तान टाइम्स' में लीला शिवेश्वरकर के लेख के साथ छपा है। लेखिका ने इस लेख में बताया है कि किस प्रकार हमारे देश की प्राचीन मूर्तियों को काट-काटकर अमरीकियों के हाथों बेचा जा रहा है। लेख के साथ जो चित्र हैं, उसमें से एक में जैन तीर्थंकर की साबूत मूर्ति है और दूसरे चित्र में उसी मूर्ति का सिर कटा हुआ है। मूर्ति देवगढ़ (बुंदेलखंड) के जैन-मंदिर की है। भारत सरकार के शिक्षा-मंत्रालय की सूचना के अनुसार, सन् 1967 में अकेले उत्तर प्रदेश से ही 158 मूर्तियों की चोरी हो गई।

कौन है चोर? किसने इन मूर्तियों को विदेशियों के हाथों बेचा? उपर्युक्त जैन मूर्ति को किसने तोड़ा? निस्संदेह यह मुसलमानों का काम नहीं है। किसी जैनी ने देवगढ़ की उस जैन मूर्ति का सिर काटकर किसी अमरीकी के हाथ नहीं बेचा है। तो कौन है वह जिसने उस मूर्ति का सिर काटा? उत्तर है—एक व्यक्ति या व्यक्ति-समूह, जिसके लिए अतीत के गौरव की अपेक्षा पैसा अधिक महत्व रखता है। उस व्यक्ति या व्यक्ति-समूह के हिंदू होने की ही अधिक संभावना है।

इतिहास साक्षी है कि राजनीति तत्कालीन आर्थिक अवस्था का अनुसरण करती है। महमूद ने पत्थर की मूर्ति के लिए सोमनाथ पर आक्रमण नहीं किया था। उस समय मंदिरों में अपार संपत्ति जमा हो गई थी। मंदिरों में जनता का कितना धन जमा होता था और उसका किस प्रकार दुरुपयोग होता था, इस बात को जानने के लिए आज के कई देवस्थानों के उदाहरण हमारे सामने हैं।

काशी में विश्वनाथ का आद्य मंदिर ठीक कहां था, इस ऐतिहासिक विवेचन में मैं यहां उतरना नहीं चाहता। इस बात से भी इनकार नहीं किया जा सकता कि औरंगजेब ने विश्वनाथ के मंदिर पर मस्जिद बनवाई। पर तत्कालीन काशी के पंडे-पुरोहित किस हद तक नीच थे, यह जानना भी जरूरी है। अपनी ओर से कुछ न कहकर, मैं डा. मोतीचंद्र लिखित **काशी का इतिहास** से एक उद्धरण देता हूं :

"इसमें कोई शक नहीं कि बनारस में ठगों की संख्या काफी थी। इसी तरह की एक ठगी काशी करवट भी थी। काशी करवट का कुआं आज दिन भी वर्तमान विश्वेश्वर के पूर्व की ओर है। इसमें पानी तक पहुंचने का एक रास्ता है, जो अब बंद कर दिया गया है। मंदिर भी हफ्ते में केवल एक बार खुलता है। कहावत है कि बनारस में आकर बहुत-से मूर्ख यात्री काशी करवत (करवट) लेते थे, यानी आरे से कटकर या तलवार पर कूदकर मुक्ति के लिए अपनी जान दे देते थे। बाद में तो बदमाश पुजारी भोले-भाले यात्रियों को यहां लाकर मार डालते थे और उनको लूटकर उनकी लाशें काशी करवत के कुएं में फेंक देते थे। काशी करवत वास्तव में बनारस में था, इसमें कोई संशय नहीं। यह अकबर से या उससे भी पहले यहां रहा हो तो कोई आश्चर्य नहीं है, क्योंकि शेरशाह के समकालीन मलिक मुहम्मद जायसी ने अपने 'पद्मावत' में लिखा है कि 'करवत तपा होहि जिमि चूरू'। अलेक्जेंडर हेमिल्टन (1744 ई.) भी अपने यात्रा-विवरण में कहता है कि काशी में कुछ धर्मांध पंडे अपना नाम कमाने के इच्छुक कुछ बेवकूफों को पकड़कर ऊंचे बुर्ज पर चढ़ा देते थे और वहां से वे बेवकूफ उस जगह कूदते थे जहां बहुत-सी छुरियां जमीन में गड़ी होती थीं, जिन पर गिरकर वे सीधे स्वर्ग पधारते थे। हेमिल्टन के अनुसार औरंगजेब ने इन सब कार्रवाइयों को बंद करवा दिया।...आत्महत्या या आत्म बलिदान की यह प्रथा प्रयाग में भी थी। अक्षयवट के पास एक आरा था जिसके नीचे अक्सर मोक्ष प्राप्त करने के लिए भक्त लोग अपनी गरदन कटवा दिया करते थे। शाहजहां ने यह प्रथा बंद करवा दी।" (द्वितीय संस्करण, पृ. 220)

करपात्री महाराज ने काशी के जिस वर्तमान विश्वनाथ मंदिर को अपवित्र करार दिया है, उसे अहिल्याबाई ने 1785 ई. के आसपास बनवाया था। शुरू से ही ईसाइयों के लिए इस मंदिर के द्वार खुले रहे हैं। 1824 ई. में विशप हेबर ने इस मंदिर के बारे में लिखा था : "पुजारी मुझे मंदिर दिखलाने में उत्सुक दीख पड़े और दक्षिणा की आशा से अपने को मुझ जैसा ही पादरी कहते थे।" विदेशी (म्लेच्छों) के लिए इस मंदिर के दरवाजे खुले थे, किंतु अपने बहुसंख्यक हिंदू बांधवों (शूद्रों) के लिए ये दरवाजे बंद थे! और, जब उनके लिए हमारे समय में ये दरवाजे खुले, तो करपात्री जैसे धर्म के ठेकेदारों ने इस मंदिर को ही अपवित्र घोषित कर दिया!

औरंगजेब के काल में विश्वनाथ के जिस मंदिर को मस्जिद में बदला गया था, उसे अकबर के दरबारी टोडरमल ने नारायण भट्ट की सहायता से 1585 ई. में पुनः बनवाया था। टोडरमल के पुत्र गोवर्धन या गोबरधन ने काशी में और भी कुछ मंदिर, बावलियां और घाट बनवाए। हर हिंदू गोबरधन के इस कार्य को सराहे बिना नहीं रहेगा। गोबरधन ने और एक काम किया। काशी के पास सारनाथ में बौद्धों का प्रसिद्ध चौखंडी स्तूप था। कहते हैं कि हुमायूं यहां एक दिन ठहरा था। हुमायूं के बेटे अकबर को खुश करने के लिए टोडरमल के बेटे गोबरधन ने इस स्तूप पर गुंबद बनवा दिया!

इसी सारनाथ की और एक घटना। सारनाथ में अशोक ने धर्मराजिका स्तूप बनवाया था। सन् 1794 में काशी के एक जमींदार जगतसिंह ने अपने आदमियों से इस स्तूप को तोड़वाया और उसकी ईंटों से बनारस का जगतगंज मुहल्ला बसाया। स्तूप के भीतर उसे संगमरमर की एक मंजूषा में अस्थियां, सुवर्णपत्र और मोती के दाने मिले थे। अस्थियां संभवतः बुद्ध के शरीरावशेष थे। जगतसिंह ने इन्हें गंगा में प्रवाहित कर दिया!

हमारे संघी भाई मंदिर पर आधारित मस्जिद के चित्र छापकर आज के मुसलमानों के प्रति विद्वेष को फैलाते हैं, लेकिन गोबरधन और जगतसिंह जैसे हिंदुओं की इन करतूतों के बारे में उनके पास क्या जवाब है? बौद्धों के लिए अपने स्तूप उतने ही पवित्र हैं, जितने कि हिंदुओं के लिए अपने मंदिर। गोबरधन और जगतसिंह के जमाने में इस देश में बौद्ध नहीं रह गए थे। लेकिन आज हमारे देश में बौद्धों की संख्या लगभग एक करोड़ है। फिर भी मुझे यकीन है कि हमारे बौद्ध भाई संघी हिंदुओं की तरह इतिहास के नाम पर हाय-तोबा नहीं मचाएंगे।

और, मुसलमानों के हाथों सबसे अधिक तबाही बौद्ध मंदिरों और विहारों की ही हुई है। मुसलमानों की चोट को सबसे अधिक 'बुतपरस्तों' ने ही झेला है। फारसी का 'बुत' शब्द 'बुद्ध' शब्द से ही बना है।

भारत में आज ऐसे अनेक हिंदू देवालय हैं जिनकी मूर्तियां असल में बुद्ध, बोधिसत्व या तीर्थंकरों की हैं। हिंदू पुजारियों ने इन पर सिंदूर पोतकर इन्हें हिंदू देवता बना लिया

है। बद्रीनाथ की मूर्ति बोधिसत्व की मूर्ति है। मथुरा के गोकर्णेश्वर असल में कुषाण राजा हैं। इस प्रकार के दर्जनों उदाहरण दिए जा सकते हैं। अभी कुछ दिन पहले मैंने एक नेपाली विद्वान के लेख में पढ़ा कि कपिलवस्तु के शिवालय का शिवलिंग असल में गड़ा हुआ अशोक-स्तंभ है। बुद्धगया-मंदिर पर हिंदू महंत के कब्जे का मामला सर्वविदित है।

मथुरा में कुषाण राजा का गोकर्णेश्वर अवतार

सन् 1995 का समाचार है (*Statesman*, 4. 3. 1995)। नई दिल्ली स्थित राष्ट्रीय संग्रहालय के पुरातत्ववेत्ता डा. डी.पी. शर्मा को फतेहपुर शहर (उत्तर प्रदेश) से 25 किलोमीटर दक्षिण-पश्चिम में स्थित किरितीखेड़ा (रेह) गांव के एक नए बने मंदिर के एक कोने में तीन मीटर ऊंचा एक खंडित प्रस्तर-स्तंभ गड़ा होने के बारे में सूचना मिली थी। जब वे उस स्तंभ की जांच करने पहुंचे, तो पता चला कि वह लगभग 2100 वर्ष पहले का एक विजय-स्तंभ है। स्तंभ के निचले हिस्से पर उत्कीर्ण 140 ई.पू. के ब्राह्मी लेख में हिंद-यवन राजा मिनांदर की रानी अगथोक्लिअ का उल्लेख है। मिनांदर ने मध्यमिका (चित्तौड़ के पास), मथुरा, अयोध्या तथा कौशांबी पर हमले किए थे, और वह पाटलिपुत्र तक पहुंच गया था। ईसा-पूर्व 140 में मृत्यु के पहले मिनांदर बौद्ध बन गया था। तब रानी अगथोक्लिअ ने इस विजय-स्तंभ की स्थापना की थी। लेकिन अब स्थानीय लोगों ने उस यूनानी विजय-स्तंभ को शिवलिंग में तब्दील करके उसे सीमेंट के चबूतरे पर खड़ा कर दिया है; स्तंभ का लेखांकित हिस्सा चबूतरे के भीतर दब गया है। हर साल महाशिवरात्रि के दिन इस तथाकथित शिवलिंग की विशेष पूजा होती है। पुरातात्विक महत्व के इस स्मारक को किसी संग्रहालय में स्थानांतरित करने में स्थानीय प्रशासन भी कोई सहयोग नहीं दे पा रहा है। इस स्तंभ-लेख से साहित्यिक उल्लेखों की पुष्टि होती है कि हिंद-यवन शासक मिनांदर ने पटना तक धावा बोला था।

इतिहास के खंडहरों को उकेरकर उसे आज की परिस्थितियों पर लागू करना विकृत मनोदशा का परिचायक है। अतीत के हिंदू-बौद्ध-जैन-मुसलमान संबंध आज के हिंदू-बौद्ध-जैन-मुसलमान संबंध नहीं हो सकते। 'अल-अक्सा' हमारे सामने की घटना

है, ठीक उसी प्रकार जैसे कि देवगढ़ की जैन मूर्ति का सिर काटना हमारे अपने समय की घटना है। विश्वनाथ मंदिर के ऊपर गुंबद बनाना या चौखंडी स्तूप पर गुंबद बनाना, दोनों ही अतीत की घटनाएं हैं।

अतीत को केवल तत्कालीन वर्ग-संघर्ष एवं आर्थिक परिस्थितियों की पृष्ठभूमि में ही सही तौर से समझा जा सकता है। बुतपरस्तों के मंदिर तोड़ने का काम केवल मुस्लिम शासकों ने ही नहीं, हिंदू राजाओं ने भी किया है। पुराने जमाने में पराजित राज्यों से मूर्तियां उठा लाना एक मामूली बात थी। परमार शासक सुभटवर्मन् (1193-1210 ई.) ने गुजरात पर आक्रमण करके दभोई और काम्बे के जैन मंदिरों को खूब लूटा। इस मामले में कश्मीर के हिंदू शासक हर्ष (1089-1101 ई.) का उदाहरण बेजोड़ है। कल्हण अपनी **राजतरंगिणी** में जानकारी देता है कि मंदिरों को तोड़ने के लिए हर्ष ने 'देवोत्पाटननायक' नाम से एक विशेष अधिकारी की नियुक्ति की, और इस अधिकारी का काम था मंदिरों को तोड़ना, मूर्तियों को गलाना। इस प्रकार हर्ष ने अपने राज्य के, चार को छोड़कर, सारे मंदिरों को लूटा। किसलिए? इसलिए नहीं कि हर्ष मूर्तिपूजा का विरोधी था, बल्कि इसलिए कि उसे धन की जरूरत थी। मंदिरों की संपत्ति को लूटकर और मूर्तियों को गलाकर उसने अपना खजाना भरा और उसका दूसरे कामों में इस्तेमाल किया।

हर्ष को प्रेरणा कौटिल्य में मिली होगी। **अर्थशास्त्र** (5.2.37-38) में स्पष्ट कहा है कि रिक्त राजकोश भरने के लिए 'देवताध्यक्ष' को चाहिए कि वह विधर्मियों के देव-द्रव्य और दुर्ग में प्राप्त देवता-द्रव्य (देवताओं की संपत्ति) को हड़प ले।

भारत के सभी मुस्लिम शासक औरंगजेब की तरह बुतशिकन नहीं थे। उसी प्रकार, भारत के सभी हिंदू शासक हर्ष की तरह देवोत्पाटक नहीं थे। मुहम्मद बिन कासिम के हमले के बाद सिंध अरबों के हाथ में चला गया था, तो उस समय उन्होंने हिंदू मंदिरों को कोई हानि नहीं पहुंचाई थी। तीन शताब्दियों बाद मुहम्मद गज़नवी ने सोमनाथ को धन के लिए लूटा, जैसा कि उसके समकालीन कश्मीर के हिंदू शासक हर्ष ने धन के लिए ही मंदिरों को लूटा था।

16

पूजास्थल : सांप्रदायिक मकलहों की जड़

पूजास्थलों के बारे में सही जानकारी प्राप्त करना जरूरी है। मस्जिदें कब से बनने लगीं, यह हम जानते हैं। इस बात से भी इनकार नहीं किया जा सकता कि हमारे देश की कुछ मस्जिदें बौद्धों और हिंदुओं के मंदिरों के ईंट-पत्थरों से बनी हैं। पर पुराने जमाने के राजा-महाराजाओं की करतूतों को आज उजागर करने से कोई लाभ नहीं है। कुछ मुसलमान शासकों ने मंदिरों को तोड़ा है, तो मुसलमानों के आने के पहले कुछ हिंदू शासकों ने बौद्धों और जैनों के मंदिरों को भी तोड़ा है। अशोक के समय में इस देश में बौद्धधर्म को राज्याश्रय मिला था। यज्ञों में होने वाली जीव-हिंसा रुक गई थी। अशोक ब्राह्मणों और श्रमणों का समान रूप से सत्कार करता था। पर अशोक के बाद पुष्यमित्र ने बौद्धों के रक्त से अपने हाथ रंगे। कारण कि वह ब्राह्मण था। गुप्त-सम्राट विष्णु के उपासक थे। पर उन्होंने दूसरे धर्मों पर अत्याचार नहीं होने दिए। हर्ष का झुकाव बौद्धधर्म की ओर था। उस समय के ब्राह्मणों को यह बात अखरती थी। हर्ष के समय ब्राह्मणों ने शशांक का पक्ष लिया। शशांक ने बौद्धों को खूब यातनाएं दीं। चीनी यात्री युवान्-च्वाङ लिखता है कि 500 ब्राह्मणों के एक गुट ने हर्ष की हत्या करने का भी षड्यंत्र रचा था।

इस प्रकार हम देखते हैं कि मुसलमानों के आगमन के पहले हमारे देश में ब्राह्मणों में धार्मिक असहिष्णुता मौजूद थी। अपने स्वार्थों के लिए ब्राह्मण-समाज कुछ भी करने के लिए तैयार रहता था। राजाओं को खुश करने के लिए उन्होंने अपने पुराने वैदिक देवी-देवताओं को छोड़ दिया और नए-नए राजाओं के नए-नए देवताओं की आराधना चालू कर दी। बाद की लिंग-पूजा और महादेव, विष्णु तथा कृष्ण की पूजाएं इस तथ्य की साक्षी हैं।

बहुसंख्यक होने के कारण आज के भारत में हिंदुओं की जिम्मेदारी सबसे अधिक है। आज हमारे देश पर किसी राजा का शासन नहीं है। इसलिए सम्राटों और सामंतों के युग में जो कुछ हुआ है, यह आज के भारत का आदर्श कदापि नहीं हो सकता। उसी प्रकार, पुराने जमाने की धार्मिक एवं सामाजिक गंदगियों को उजागर करना कूपमंडूकता है। मध्ययुग का इतिहास पढ़कर हमारे हिंदू भाई मंदिरों के बारे में कभी-कभी

गलत धारणाओं को प्रश्रय देते हैं। ऐसी हालत में मंदिरों के इतिहास पर सही प्रकाश डालना जरूरी हो जाता है।

हिंदुओं को वैदिक साहित्य पर बड़ा गर्व है। बाद में खिचड़ी बने हुए हिंदू धर्म के लिए कोई मान्य व्याख्या नहीं थी, इसलिए लोकमान्य तिलक ने हिंदू धर्म के लिए एक नई व्याख्या गढ़ी–प्रामाण्यबुद्धिर्वेदेषु..., अर्थात्, वेदों को प्रमाण मानना चाहिए। पर वैदिक काल में क्या हमारे देश में मूर्ति-पूजा होती थी? क्या उस समय वैदिक देवताओं के मंदिर बनते थे? सारा **ऋग्वेद** छान मारिए, उसमें आपको मूर्तिपूजा या मंदिरों के बारे में एक भी उल्लेख नहीं मिलेगा। वेदों को ही प्रमाण मानना यदि हिंदू धर्म का प्रधान लक्षण है, तो आज के हिंदुओं को अपने तमाम दगड़-देवताओं को छोड़ देना पड़ेगा।

आप कहेंगे–बाद के लोगों ने वैदिक देवताओं को मूर्त रूप दिया, इसलिए हम उनकी पूजा करते हैं। नहीं साहब, यह भी सच नहीं है। यह पूजा-विधि ही वैदिक धर्म-कर्म नहीं है। और, आज जिन ढेर सारे देवी-देवताओं की आप पूजा करते हैं, वे या उनके लक्षण वैदिक नहीं हैं। वैदिक इंद्र को ही लीजिए। अपने ही पिता की हत्या करने वाला, ब्राह्मणों और यतियों को मारनेवाला, सैकड़ों भैंसें खाने वाला, नगरों का विध्वंस करने वाला और सरोवर के सरोवर सोमरस को गटागट पी जानेवाला यह हिंसक इंद्र वैदिक आर्यों का सबसे बड़ा देवता था। **ऋग्वेद** की सबसे अधिक ऋचाएं इसी इंद्र की स्तुति में रची गई हैं।

लेकिन आज इंद्र की कहीं कोई पूजा नहीं होती और न कहीं उसका कोई मंदिर दिखाई देता है। कारण यह है कि वैदिक काल के बाद ब्राह्मणों-पुरोहितों के लिए इंद्र की कोई उपयोगिता नहीं रह गई थी। बाद के भारतीय राजाओं में कोई भी राजा इंद्र-कुल का नहीं था, इसलिए ब्राह्मणों ने इंद्र को भी छोड़ दिया। बौद्ध कथाओं में जहां-तहां इंद्र का उल्लेख मिलता है, पर उन्होंने इंद्र को अहिंसक बना दिया था। ब्राह्मणों को ऐसे अहिंसक इंद्र से कोई लाभ नहीं था। इसलिए पौराणिक युग के ब्राह्मणों ने इंद्र को निम्नतम पद पर पहुंचा दिया। **महाभारत** के 'शांतिपर्व' (अध्याय 342.23) का उल्लेख है : वह (इंद्र) अहिल्या का जार, अति व्यभिचार करने से उसका अंडकोश गलकर गिर पड़ा और देवों ने उसे मेढ़े का अंडकोश लगा दिया (**इन्द्रो मुष्कवियोगं मेषवृषणत्वं चावाप**)।

वैदिक आर्यों के तमाम दैवत अमूर्त थे, प्राकृतिक थे। उनके लिए मंदिर नहीं बनते थे, उनकी पूजा नहीं होती थी। उस समय वैदिक देवताओं को प्रसन्न करने के लिए यज्ञ होते थे, जिनमें जीव-हिंसा एक आम बात थी। पर आज न वैसे यज्ञ होते हैं और न वैदिक देवताओं की पूजा होती है। इंद्र के बाद वैदिक आर्यों के अग्नि, उषा, पूषन्, सविता, सोम आदि प्रमुख देवता थे, पर आज इनकी कहीं पूजा नहीं होती और न इनके लिए मंदिर ही हैं। सूर्य भी आर्यों का एक महत्वपूर्ण देवता था, पर आज हमारे

देश में सूर्य के कितने मंदिर हैं? मथुरा, कोणार्क आदि स्थानों का उदीच्य वेषधारी (ऊंचे बूट, कमरबंद आदि) सूर्य वैदिक सूर्य नहीं है। **ऋग्वेद** में रुद्र और विष्णु का भी उल्लेख है, पर गौण रूप में। बाद में रुद्र का शिव या महादेव और विष्णु का साम्राज्यवाद के समर्थक विष्णु में कैसा रूपांतर हुआ, इसकी चर्चा हम आगे करेंगे।

हां, तो वैदिक काल में हमारे देश में आर्य लोग मूर्तिपूजक नहीं थे और न उस समय आर्यों के मंदिर ही थे। इसका अर्थ यह नहीं है कि उस समय इस देश के मूल निवासियों के अपने देवी-देवता और उनके मंदिर नहीं रहे होंगे। **ऋग्वेद** में अनार्यों के 'शिश्नदेव' का उल्लेख है। सिंधु सभ्यता के निवासियों के मंदिर होने की काफी संभावना है; उनमें लिंग-पूजा प्रचलित थी। पर प्राचीन वैदिक आर्यों के मंदिर नहीं होते थे। उनके सारे धार्मिक अनुष्ठान यज्ञकर्म के इर्द-गिर्द सीमित थे।

आज के किसी भी हिंदू में शुद्ध आर्य रक्त होने की बात करना निपट मूर्खता है। तिस पर भी यदि कोई यह कहता है कि आज का हिंदू धर्म वैदिक धर्म को प्रमाण मानता है, तो आज के ढेर सारे मंदिर और उनमें पूजे जानेवाले तमाम देवी-देवता अवैदिक सिद्ध होते हैं। एक तरफ वेदप्रामाण्य को हिंदू धर्म का प्रमुख लक्षण बताना और दूसरी तरफ सांप्रदायिक स्तर पर गणपति-उत्सव को लोकमान्य बनाने का प्रयत्न करना, दोनों परस्पर-विरोधी बातें हैं।

अब हम महाभारत-काल में आते हैं। सभी विद्वान स्वीकार करते हैं कि **महाभारत** किसी एक निश्चित काल और एक लेखक की रचना नहीं है। इसकी कुछ कथाएं वैदिक काल के पहले की भी हो सकती हैं, तो कुछ कथाएं भारत में इस्लाम के आगमन-काल तक जोड़ी जाती रही हैं। महाभारत का काफी अंश गुप्तकाल में लिखा गया, क्योंकि इसमें हूणों का उल्लेख है (आदिपर्व, 174.38 और सभापर्व, 32.12 व 51.24)। आदिपर्व के पहले ही अध्याय (श्लोक 81) में व्यास कहते हैं : "8800 श्लोकों को मैं जानता हूं, शुक जानता है, पर पता नहीं संजय जानता है या नहीं जानता।" बाद में फूलकर महाभारत एक लाख श्लोकों का बन गया। खैर, यहां हमें यह देखना है कि महाभारत में मंदिरों और मूर्तिपूजा के बारे में क्या जानकारी मिलती है।

इस संबंध में मैं अपनी ओर से कुछ नहीं कहना चाहता। महाभारत के बारे में श्री. चिंतामण विनायक वैद्य की गवेषणाएं प्रसिद्ध हैं। उन्होंने महाभारत का मंथन करके अपना **महाभारताचा उपसंहार** (मराठी) ग्रंथ लिखा था। वैद्य ने अपना यह अध्ययन हिंदू दृष्टिकोण से ही प्रस्तुत किया है। इसका सबसे बड़ा प्रमाण यह है कि उनके इस दृष्टिकोण के प्रति पंडित सुखलाल जी जैसे जैन विद्वान और आचार्य धर्मानंद कोसंबी जैसे बौद्ध पंडित अपना रोष जाहिर कर चुके हैं। तिस पर भी हम यहां श्री वैद्य के ग्रंथ का उद्धरण देते हैं, ताकि हमारे हिंदू भाइयों को यकीन हो। वैद्य लिखते हैं :

"हर समय के होमों के अलावा प्राचीन काल में ब्राह्मण व क्षत्रिय पुण्य-लाभ के लिए अनेक प्रकार के यज्ञ किया करते थे। इन यज्ञों में काफी खर्च होता था, ये झंझट

के होते थे और इनमें समय भी बहुत लगता था। इन यज्ञों के नाम महाभारत में आए हैं—अश्वमेध, पुंडरीक, गवामयन, अतिरात्र, वाजपेय, अग्निजित्, बृहस्पतिसव इत्यादि। इनका वर्णन करना जरूरी नहीं है।

"फिर भी, यह बात निर्विवाद है कि इस वर्णन में कहीं भी मूर्तिपूजा का वर्णन नहीं मिलता। श्रीकृष्ण या युधिष्ठिर की आन्हिक क्रियाओं का विस्तारपूर्वक वर्णन होने पर भी उनमें या अन्यत्र कहीं भी देवताओं की पाषाणमयी या धातुमयी मूर्तियों के पूजन का वर्णन नहीं मिलता। इससे हम निश्चयपूर्वक इस परिणाम पर पहुंचते हैं कि महाभारत-काल में या महाभारत-काल तक आर्यों के आन्हिक धर्म (नित्यकर्म) में किसी भी देवता के पूजन का समावेश नहीं हुआ था। किसी भी गृह में देव की स्थापना करके उनकी पूजा करने की विधि शुरू नहीं हुई थी। किसी भी गृह्यसूत्र में पूजा-विधि का विवरण नहीं है। अतः यह निर्विवाद है कि देवपूजा की प्रथा महाभारत-काल के अनेक सालों बाद शुरू हुई। भारत में मूर्तिपूजा का उद्‌गम किस समय हुआ, यह एक गूढ़ प्रश्न है।"(मूल मराठी, पुणे, 1922, पृ. 660)

अतः यह स्पष्ट होता है कि महाभारत-काल में हमारे देश में न मंदिर होते थे और न देवों की पत्थरों अथवा धातुओं की मूर्तियां ही बनती थीं। हां, सौति ने महाभारत में जो अंश जोड़ा है, उसमें मंदिर और मूर्तिपूजा के उल्लेख हैं। पर सभी विद्वान, श्री वैद्य भी, यह स्वीकार करते हैं कि महाभारत में सौति का जोड़ा हुआ अंश बहुत बाद का है।

पर श्री वैद्य ने जो यह लिखा है कि भारत में मूर्तिपूजा के उद्‌गम का प्रश्न गूढ़ है, असल में यह उतना अधिक गूढ़ नहीं है। ब्राह्मणों ने पुराने वैदिक देवताओं को किस प्रकार और क्यों त्याग दिया, नए देवताओं को क्यों अपनाया और इनके लिए मंदिर बनाने की जरूरत क्यों पड़ी, इसकी चर्चा हम आगे करेंगे।

17

इतिहास से संघियों की शत्रुता

हमने देखा है कि वैदिक-काल से लेकर महाभारत-काल तक हमारे देश में वैदिक परंपरा वाले धर्म के देवालय नहीं थे, देव-मूर्तियां नहीं थीं। पर इस संपूर्ण काल में और वैदिक-काल के पहले भी यहां के बहुसंख्यक मूल निवासियों की लोक-संस्कृति में मातृपूजा, वृक्षपूजा, नागपूजा, यक्षपूजा आदि अवश्य मौजूद रही हैं। यह लोक-संस्कृति आज भी जीवित है। हमारी लोक-संस्कृति के इन बहुत सारे ग्राम-देवताओं का स्थान कहां है और ये कितने निर्धन हैं, यह हम जानते हैं। आम जनता के इन देवी-देवताओं का राजा-महाराजाओं और पंडों-पुरोहितों से कोई सरोकार नहीं रहा है। इसलिए किसी शासक द्वारा इनको लूटने और तोड़ने का सवाल ही नहीं उठा।

इस्लाम की चोट को सबसे अधिक सहा है बौद्धों ने। भारत के पहले मध्य-एशिया के बुतपरस्तों का इस्लाम ने सफाया कर दिया था। बुखारा, समरकंद, खोतन आदि नगरों पर इस्लाम का झंडा फहराने लगा। जब भारत की बारी आई, तो इस्लाम ने बौद्ध स्थानों को इस हद तक तबाह किया कि बेचारे बौद्धों का इस देश से नामो-निशान ही मिट गया। बचे-खुचे बौद्ध भिक्षुओं ने नेपाल, तिब्बत, बर्मा (म्यांमार) और सिंहल (श्रीलंका) जैसे पड़ोसी बौद्ध देशों में शरण ली। इसलिए अब हम देखेंगे कि बौद्धों में मूर्तिपूजा की क्या स्थिति रही है। साथ-साथ जैनों पर भी विचार करेंगे।

गौतम बुद्ध एक ऐतिहासिक पुरुष थे। बुद्ध के करीब दो सौ साल पहले के 23वें तीर्थंकर पार्श्वनाथ और बुद्ध के समकालीन 24वें तीर्थंकर महावीर भी ऐतिहासिक पुरुष थे। इसलिए इनकी मूर्तियां बनाने का सवाल ही नहीं उठता था। बुद्ध और महावीर के उपदेशों में कहीं भी यह आदेश नहीं है कि उनके बाद उनके अनुयायी उनकी मूर्तियां बनाएं।

अशोक के समय में बौद्धधर्म को राज्याश्रय मिला। लेकिन अशोक ने बुद्ध की मूर्तियां नहीं बनवाईं। अशोक के समय में देश-विदेश में बौद्धधर्म फैला, तब भी बुद्ध की मूर्तियां नहीं बनी थीं। अशोक ने शिलालेख खुदवाए, स्तंभलेख खुदवाए, स्तूप बनवाए, किंतु भगवान बुद्ध की मूर्ति नहीं बनवाई। अशोक के समय तक सांकेतिक चिह्नों से ही बुद्ध की अभिव्यक्ति होती थी। अशोक का धौली (भुवनेश्वर के नजदीक, उड़ीसा)

में जो शिलालेख है, उसके पास चट्टान में काटी हुई हाथी की मूर्ति है और उस पर ब्राह्मी लिपि में 'गजतम' (गजोत्तम) लिखा हुआ है। यहां 'गजतम' शब्द बुद्ध के लिए आया है।

सांची, भारहुत, बुद्धगया, अमरावती (आंध्र प्रदेश) आदि स्थानों के आरंभिक स्थापत्य में हमें बुद्ध की मूर्ति कहीं देखने को नहीं मिलती। भिक्षापात्र, बोधिवृक्ष, स्तूप, आदि चिह्नों से बुद्ध को प्रतीक रूप में व्यक्त किया गया है। असल में ईसा की पहली शताब्दी के पहले की कोई भी बुद्ध-मूर्ति नहीं मिलती।

कलिंगराज खारवेल का समय यदि ईसा के पहले माना जाए, तो हमें स्वीकार करना पड़ेगा कि बुद्ध के सौ-दो सौ साल पहले ही तीर्थंकरों की मूर्तियां बनने लगी थीं। क्योंकि खारवेल मगध पर आक्रमण करके जैन मूर्ति कलिंग वापस ले आया था। चंद्रगुप्त मौर्य के समय में जैनधर्म को संभवतः राज्याश्रय मिल गया था। चंद्रगुप्त ने जैनधर्म को और अशोक ने बौद्धधर्म को राज्याश्रय दिया, इसीलिए ब्राह्मणों के पुराणों ने मौर्यों को शूद्र करार दिया है।

ईसा की पहली शताब्दी से बुद्ध की मूर्तियां मिलने लग जाती हैं। अब प्रश्न है कि एकाएक बुद्ध की मूर्तियां क्यों बनने लगीं। पहले-पहल कुषाण-काल में बुद्ध की मूर्तियां बननी शुरू हुईं। कुषाणों के पहले पश्चिमोत्तर भारत और बाख़्त्रिया (बल्ख़) पर यूनानियों का शासन था। यूनान में देवी-देवताओं की मूर्तियां बनाने का रिवाज था। कनिष्क ने जब बौद्धधर्म को अपनाया, तो यूनानियों की देखा-देखी उसने भी बुद्ध की मूर्तियां बनाने की प्रथा शुरू की। उस समय कश्मीर में बौद्धधर्म के महासांघिक संप्रदाय का जोर था। कनिष्क ने इसी बौद्ध संप्रदाय को अपनाया था। भगवान बुद्ध ने बुद्ध-वाणी को छान्दस् (वैदिक संस्कृत) में लिखने की अनुमति नहीं दी थी; उन्होंने इसे जनभाषा में ही रखने का आदेश दिया था। फिर भी महासांघिक (महायान) संप्रदाय ने बुद्ध के उपदेशों को संस्कृत में उलथा किया। इनका दूसरा कदम था, बुद्ध की मूर्तियां बनाना।

बुद्ध की आरंभिक मूर्तियों पर यूनानी शैली की छाप स्पष्ट है। इसी शैली को गांधार शैली कहते हैं; क्योंकि इसका आरंभ एवं विकास कुषाणकाल में गांधार प्रदेश में हुआ है। बाद में बड़े पैमाने पर मथुरा में बुद्ध-मूर्तियां बनने लगीं और धीरे-धीरे इसने देशज शैली का रूप ले लिया। बाद में तो महायान के प्रभाव में काल्पनिक बोधिसत्वों और तारा आदि देवियों की भी ढेर सारी मूर्तियां बनने लगीं। न केवल भारत में बल्कि मध्य-एशिया, चीन, जापान, कोरिया, बर्मा (म्यांमार), दक्षिण-पूर्व एशिया, सिंहल (श्रीलंका) और ईसा की सातवीं शताब्दी से तिब्बत में बुद्ध और बोधिसत्वों की मूर्तियां बनने और ढलने लगीं।

बुद्ध के मूल उपदेशों में, वर्षावास को छोड़कर, भिक्षुओं को एक स्थान पर टिके रहने के अनुमति नहीं है। अनाथपिंडक जैसे सेठों ने भिक्षु-संघ के लिए अपना धन अवश्य लुटाया था, किंतु स्वयं भगवान बुद्ध राज्याश्रय के चक्कर में नहीं पड़े। पर अशोक जैसे

राजाओं ने भिक्षुओं के लिए आरामदेह बिहार बनवा दिए, तो भिक्षुओं ने शनैः-शनैः स्थायी निवास की आदत डाल ली। फिर, बौद्ध विहारों और मंदिरों को राजाओं की ओर से जागीरें और सेवक भी मिलने लगे। धीरे-धीरे बौद्ध विहारों में संपत्ति जमा होने लगी। हर्ष और पाल शासकों तक यह सिलसिला जारी रहा।

जाहिर है कि बौद्धधर्म बुद्ध के मूल उपदेशों से कोसों दूर चला गया था। आम जनता से अब इसका कोई सरोकार नहीं रह गया था। बुद्ध ने जनभाषा में उपदेश देने का आदेश दिया था, किंतु दिग्नाग, वसुबंधु, धर्मकीर्ति जैसे बौद्ध दार्शनिक संस्कृत भाषा में अपना पांडित्य-प्रदर्शन करने लगे। इनसे दो कदम आगे बढ़कर वज्रयानियों ने पंच-मकारों (मद्य, मांस, मत्स्य, मुद्रा और मैथुन) में शरण ली। सारांश यह कि भारत में मुसलमानों का शासन शुरू होने के पहले ही बौद्धधर्म मृतप्राय हो गया था। मुसलमानों के आक्रमणों के समय शैवों और कापालिकों ने बौद्धधर्म की बची-खुची शक्ति को भी समाप्त कर दिया।

मुसलमानी शासनकाल में कुछ बौद्ध बाहर भाग गए, कुछ मुसलमान बने और शेष को ब्राह्मणों ने शूद्र बना दिया। बौद्ध विहार और मंदिर खंडहर बन गए।

अंग्रेजों के शासनकाल में बुद्ध और बोधिसत्वों की मूर्तियों ने संग्रहालयों में सुरक्षित स्थान पाया। कला की दृष्टि से ये मूर्तियां आज हमारी अमूल्य संपत्ति हैं।

बीसवीं शताब्दी के आरंभ के साथ भारत में पुनः बौद्धों का नाम सुनाई देने लगा। नेपाल, तिब्बत, बर्मा और सिंहल जैसे पड़ोसी राज्यों में बौद्धधर्म जीवित हो और भारत के बौद्धतीर्थ खंडहर बने रहे, यह हो ही नहीं सकता था। आज के वैज्ञानिक युग में पुराणपंथी ब्राह्मण अछूतों को मानव के अधिकार देने के लिए तैयार नहीं हुए, तो लाखों की संख्या में अछूत भाइयों ने बौद्धधर्म ग्रहण किया। आज हमारे देश में बौद्धों की संख्या लगभग एक करोड़ है।

अछूत भाइयों के इस धर्म-परिवर्तन के पीछे एकमात्र उद्देश्य है, अपने सामाजिक और आर्थिक अधिकार प्राप्त करना। हिंदू समाज में रहकर उन्हें ये अधिकार मिल ही नहीं सकते थे। हमारे संघी भाई एक ओर हिंदू राष्ट्र की बात तो करते हैं, पर हिंदू समाज के इस जातिभेद को मिटाने के लिए तैयार नहीं हैं। संघीगुरु गोलवलकर एक तरफ वर्ण-व्यवस्था को ईश्वर-निर्मित मानते हैं, तो दूसरी तरफ अछूतों के 'शुद्धीकरण' का फतवा भी देते हैं। हिंदू-राष्ट्रवादियों का कहना है कि जैन, बौद्ध, सिख आदि सारे भारतीय धर्म हिंदूधर्म के अंतर्गत आ जाते हैं। पर कोई भी समझदार जैन, बौद्ध व सिख इस बात को स्वीकार नहीं करेगा।

आज के भारतीय बौद्धों की लड़ाई वर्ग-संघर्ष की लड़ाई है। इस लड़ाई में उन्हें सफलता भी मिल रही है। महाराष्ट्र की परिस्थिति इस तथ्य की साक्षी है। आज के बौद्धों के पीछे पहले जैसा राज्याश्रय नहीं है, और न उन्हें कोई सेठ-साहूकार ही मदद करेगा। इसलिए वे बड़े-बड़े बुद्ध-मंदिर खड़े करेंगे, इसकी संभावना कम ही है। 'संघी

हिंदुओं' की तरह उन्हें मुसलमानों का दुश्मन बनने की भी जरूरत नहीं है। वे जानते हैं कि शताब्दियों से उनके असली दुश्मन कौन हैं। उनके दुश्मन वे हैं जिन्होंने उन्हें मानवता के अधिकारों से वंचित कर दिया था और जो आज भी उन्हें अपने जैसा मानव मानने के लिए और उनके साथ रोटी-बेटी का रिश्ता स्थापित करने के लिए तैयार नहीं हैं।

इसीलिए मैंने कहा कि उनके धर्म-परिवर्तन का उद्देश्य है, वर्ग-संघर्ष की लड़ाई लड़ना। आज के युग में उन्हें बड़ी संख्या में मंदिर तथा स्तूप बनवाने की और शक्तिशाली भिक्षुसंघ खड़ा करने की जरूरत नहीं है। उनके लिए बुद्ध के मूल उपदेश ही पर्याप्त हैं। उन्हें बुद्ध का यह कथन याद रहेगा : "भिक्षुओ, मैं तुम्हें धर्म का उपदेश बेड़े की तरह पार जाने के लिए करता हूं, उसे पकडकर रखने के लिए नहीं। ऐसे ही भिक्षुओ, मैं बेड़े की भांति निस्तरण के लिए तुम्हें धर्मों का उपदेश करता हूं, पकड़कर रखने के लिए नहीं। धर्म को बेड़े के समान जानकर तुम धर्म को भी छोड़ दो, अधर्म की तो बात ही क्या?"

अब हम आज के हिंदू धर्म के देवी-देवताओं तथा उनकी मूर्तियों पर ऐतिहासिक दृष्टिकोण से थोड़ा विचार करेंगे। सबसे पहले आज के महादेव या शिव या शिव-लिंग को लीजिए।

लिंग-पूजा से ऋग्वैदिक आर्यों को उतनी ही नफरत थी, जितनी कि आज के 'संघी हिंदुओं' को मस्जिदों से है। **ऋग्वेद** में 'शिश्नदेव' (जिनका देवता शिश्न या लिंग है) का दो बार उल्लेख है। पर ये शिश्नदेव आर्यों के शत्रु थे। एक मंत्र (7.21.5) में इंद्र से प्रार्थना की गई है कि वह शिश्नदेव को यज्ञ में विघ्न न डालने दें। एक अन्य मंत्र (10.99.3) में कहा गया है : "लिंगपूजकों का संहारकर्ता, अप्रतिहत आक्रामक और शत्रुधन को हरने वाला इंद्र सौ द्वारवाले नगरों के धन को लूटता है।" ऋग्वैदिक आर्यों ने लिंग-पूजकों के नगरों को संभवतः उसी प्रकार लूटा होगा, जिस प्रकार ग्यारहवीं शताब्दी में मुहम्मद गज़नवी ने लिंग-पूजकों के मंदिरों को लूटा है।

संपूर्ण वैदिक साहित्य में ऐसा एक भी उल्लेख नहीं मिलता जिससे यह कहा जा सके कि वैदिक ब्राह्मण लिंग-पूजा करते थे। ईसा के पहले की एक-दो शताब्दियों में महादेव या शिव या शंकर को कुछ हद तक अपनाने पर भी अभी ब्राह्मण-धर्म ने लिंग-पूजा को अपनाया नहीं था। पौराणिक वाङ्मय में भी शंकर की लिंग-पूजा के विरोध के सुर साफ सुनाई देते हैं।

18

संघी दार्शनिकों का अवतारवाद

क्या शिवाजी ईश्वर के अवतार थे?

इस सवाल का उत्तर हमें 'हां' या 'नहीं' में नहीं जानना है।

अवतारों की आवश्यकता के दिन लद चुके हैं। अब हाड़-मांस-रक्त के किसी आदमी पर किसी काल्पनिक धारणा के काल्पनिक गुणों को लादने की जरूरत नहीं रह गई है।

लेकिन राजा-महाराजाओं के जमाने में, सामंती युग में, इस अवतारवाद की बड़ी जरूरत थी। राजाओं और सम्राटों को ईश्वर की प्रतिनिधि नहीं 'सिद्ध' किया जाता, तो जनता उनके निरंकुश शासन को कैसे बर्दाश्त करती? जनता भी प्रत्यक्ष देखती थी कि राजे-महाराजे मानवीय गुण-दोषों से मुक्त नहीं हैं। जनता को भूलभुलैया में रखने के लिए अवतारवाद एक बढ़िया मायाजाल था।

शिवाजी जैसे नरपुंगव पर भी 'अवतार' की मुहर लगाने की ज़रूरत पड़ गई थी। शिवाजी के राज्याभिषेक के समय रूढ़िवादी ब्राह्मणों ने बहुत-सी बाधाएं खड़ी कर दी थीं। उस समय यह धारणा प्रचलित थी कि प्राचीन काल में परशुराम ने इस धरती पर से क्षत्रियों का अस्तित्व मिटा दिया था और अब कोई क्षत्रिय शेष नहीं बचा है। अकबर के समय के काशी के एक ब्राह्मण कृष्णनरसिंह शेष ने अपनी 'शूद्राचार-शिरोमणि' पुस्तक में यह सिद्ध किया था कि वर्तमान कलियुग में एक भी क्षत्रिय नहीं बचा है। अतः कट्टर ब्राह्मणों ने कहना शुरू किया कि शिवाजी शूद्र हैं। यही कारण है कि महाराष्ट्र का कोई भी ब्राह्मण-परिवार शिवाजी का राज्याभिषेक करने के लिए तैयार नहीं हुआ।

अन्त में बहुत-सा धन देकर काशी के ब्राह्मण **गागाभट्ट** को रायगढ़ बुलाया गया। गागाभट्ट ने 'कायस्थ धर्म-प्रदीप' पुस्तक लिखकर उसमें 'शूद्राचार-शिरोमणि' के विचारों का खंडन किया था। इस पुस्तक में गागाभट्ट ने कायस्थों को क्षत्रिय सिद्ध किया था। फिर भी महाराष्ट्र के कट्टर ब्राह्मण शिवाजी के राज्याभिषेक का विरोध करते रहे। तब गागाभट्ट ने गीता और स्मृति-ग्रंथों के आधार पर यह सिद्ध किया कि **सर्वशक्तिमान ईश्वर ने शिवाजी के रूप में पुनः जन्म लिया है**। शिवाजी ईश्वर का अवतार घोषित किए गए!

बड़ी धूम-धाम से 6 जून, 1674 को शिवाजी का राज्याभिषेक संपन्न हुआ। गागाभट्ट ने समारोह की अध्यक्षता की। बदले में उन्हें बहुमूल्य वस्त्रों और आभूषणों के अलावा एक लाख रुपयों का नकद पुरस्कार मिला! दूसरे ब्राह्मणों का मुंह बंद करने के लिए हर एक को पचीस-पचीस हजार की थैली का दान पर्याप्त था। **यदुनाथ सरकार** का मत है कि केवल संस्कार में ही 50 लाख रुपए खर्च हुए और **सभासद** ने लिखा है कि कुल मिलाकर 5 करोड़ रुपए खर्च हुए!

इतिहासकार नहीं कह सकते कि शिवाजी ने जनता के धन की बरबादी की थी! कैसे कहेंगे? मराठी जनता ने स्वातंत्र्य की रक्षा के लिए शिवाजी के साथ कंधे-से-कंधा मिलाकर केवल अपने प्राणों की आहुतियां दी थीं, पर ब्राह्मणों ने शिवाजी को 'अवतार' सिद्ध करने के लिए अपनी अक्लों की बाज़ी लगा दी थी!

शिवाजी ईश्वर का अवतार बन गए! संत गाने लगे :

राजे भ्रष्ट यवन जाले, ठायीं ठायीं दोष घडले।
मग याहीं अवतार घेतले, कलिपाप हरावया॥
और, भूमैः पुनः स्थापय वर्णधर्मान्।
औरंगजेबयवनाधिपतिपभीतविप्रत्राणाय यः परिगृहीतनवावतारः॥

ईश्वर का उसूल ही है कि पहले अच्छी तरह बीमारी फैलने दी जाए और बहुत बाद में उसके इलाज का इंतजाम किया जाए! 712 ई. में मुहम्मद बिन क़ासिम के पहले हमले के समय और बाद में 15वीं शताब्दी में बाबर के हमले के समय।

महाराज, शिवाजी पर अवतार की मुहर क्यों?

ईश्वर पता नहीं कहां सो रहा था!

लेकिन क्या सभी ब्राह्मणों ने शिवाजी को ईश्वर का अवतार स्वीकार किया था? नहीं। अभी हमारे समय तक शिवाजी के वंशजों की कोल्हापुर की गद्दी के मामलों को लेकर कुछ कट्टर ब्राह्मण दबे-दबे स्वरों में कहते रहे कि शिवाजी शुद्ध क्षत्रिय रक्त के नहीं थे!

अंग्रेजों के साथ स्वातंत्र्य की लड़ाई लड़ते समय हमारे लीडरों को देश के पुराने गौरव और पुराने स्वातंत्र्य-प्रिय चरित्रों को फिर से जिंदा करने की ज़रूरत पड़ी। तिलकजी जैसे लोकमान्य नेता को भी गणपति और शिवाजी की शरण में जाना पड़ा। यह समय का तकाज़ा था। उस समय की परिस्थितियों का यह भी तकाज़ा था कि हम अपनी प्राचीन संस्कृति का जितना बढ़ा-चढ़ाकर गुणगान करेंगे, जन-जागरण में उतनी ही अधिक मदद मिलेगी। पर गंभीरता से बिचार करने पर स्पष्ट हो जाता है कि आज की भयावह सांप्रदायिकता के लिए, पृष्ठभूमि भी उसी समय तैयार हो गई थी।

शिवाजी और उनके गुरु रामदास को आदर्श मानकर डॉ. हेडगेवार ने महाराष्ट्र में 1924 में राष्ट्रीय स्वयंसेवक संघ का अपना सांप्रदायिक अखाड़ा खड़ा किया। देश परतंत्र था। शिवाजी का चरित्र और रामदास के उपदेश महाराष्ट्रीय जनता की जातीय

एवं धार्मिक भावनाओं को उकसाने के लिए अच्छे हथियार थे। लेकिन डॉ. हेडगेवार का 'ब्राह्मणत्व' शिवाजी को अवतार स्वीकार करने के लिए तैयार नहीं था।

सन् 1938 की घटना है। डॉ. हेडगेवर औंध (सातारा) पधारे। वहां वे राजा के अतिथि थे। राजमहल में शिवाजी और उनके वंशजों के चित्र सजे हुए थे। डॉ. हेडगेवार उनमें से एक चित्र के सामने खड़े रहे। उस चित्र में माता जिजाबाई के उदर से शिवाजी को अवतार के रूप में जन्म लेते हुए दरशाया गया था। उस काल्पनिक चित्र को देखने के बाद डॉ. हेडगेवार महाराजा से बोले : ''महाराज! अवतार की इस कल्पना से हमारे समाज की हानि हुई है। अपने असामान्य प्रयत्नों से और अतुलनीय पराक्रम से समाज को नवचैन्य देने वाले छत्रपति शिवाजी महाराज पर अवतार की यह मुहर क्यों लगाते हैं?''

इस उद्‍गार को सुनकर महाराज चकित रह गए। थोड़ी देर बाद बोले : ''डॉक्टर, आप जो कहते हैं, सच है!'' (डॉ. हेडगेवार चरित्र (मराठी), पृष्ठ 342-43)

असली कारण जो भी हो, पर डॉ. हेडगेवार के इस कथन से यह सिद्ध हो जाता है कि रा. स्व. संघ के लिए शिवाजी का चरित्र परम आदर्श होने पर भी शिवाजी ईश्वर का अवतार नहीं थे। डॉ. हेडगेवार हाड़-मांस-रक्त के किसी ऐतिहासिक चरित्र को ईश्वर का अवतार मानने को तैयार नहीं थे।

तो क्या उत्तराधिकारी सर संघचालक गुरु गोलवलकर भी अवतारों में यकीन नहीं करते? गुरु गोलवलकर अवतारों में ही नहीं, और भी बहुत-सी बातों में यकीन करते हैं। डॉ. हेडगेवार किसी व्यक्ति को 'गुरु' नहीं मानते थे। वे केवल भगवे झंडे को गुरु मानते थे (उपरोक्त पुस्तक, पृष्ठ 186)। 'गुरु' गोलवलकर पुराने तमाम अवतारों में तो यकीन करते ही हैं, वे नए अवतारों को जन्म देने की भी बुद्धि रखते हैं। उनके 'विचार-नवनीत' पोथे में डॉ. हेडगेवार के चरित्र पर 'मूर्तिमान आदर्श' शीर्षक से एक प्रकरण है। इस प्रकरण का एक उप-शीर्षक है 'युधिष्ठिर का अवतार'। इसमें गोलवलकर कहते हैं :

''वे युधिष्ठिर के समान थे जो दुर्योधन को भी सुयोधन कहकर संबोधित करते थे। जब युद्धक्षेत्र में अश्वत्थामा के निधन का समाचार फैला, तब द्रोणाचार्य ने इसकी सत्यता को अपने मुख्य प्रतिपक्षी, युधिष्ठिर से प्रमाणित कराने का निश्चय किया। उनके आचरण की साधुता कुछ ऐसी थी जो उनके मित्र तथा शत्रु दोनों ही समान रूप से उनमें विश्वास रखते थे। डॉक्टर जी मानो युधिष्ठिर के आधुनिक अवतार थे।'' (पृष्ठ 416)

अब पाठक समझ जाएंगे कि अवतार कैसे जन्म लेता है और रा.स्व. संघ अवतारवाद की ओर कैसे आगे बढ़ रहा है। गोलवलकर के शब्दों में डॉ. हेडगेवार 'मानो युधिष्ठिर का अवतार' बनकर रह गए। पर अब संघियों के ए 'परम पूजनीय गुरुजी' स्वयं ईश्वर का असली अवतार बनने के रास्ते पर हैं!

रा. स्व. संघ शिवाजी को ईश्वर का अवतार भले ही न माने, पर शिवाजी के शासन को वह आज के भारत के लिए एक आदर्श घोषित करता है। इसलिए शिवाजी की शासन-व्यवस्था पर पुनः एक सरसरी दृष्टि डालना जरूरी है।

शिवाजी केवल अपनी मराठा-जनता को औरंगजेब के जुए से मुक्त देखना चाहते थे। उनके 'स्वराज्य' का अर्थ था केवल महाराष्ट्र का स्वराज्य। उन्होंने 'स्वराज्य' और 'मुगलाई' में स्पष्ट भेद किया था। महादेव गोविंद रानडे ने अपने 'मराठा शक्ति का उत्कर्ष' ग्रंथ में इस तथ्य को स्वीकार किया है (पृष्ठ 52)। शिवाजी ने हिंदुस्तान की दूसरी शक्तियों को मिटा देने के बारे में कभी नहीं सोचा। उनके गुरु रामदास का भी यही उपदेश था कि 'मराठा तिलुका मेळवावा, आपला महाराष्ठ धर्म वाढवावा' (अर्थात्, केवल मराठी-क्षेत्र का ही संगठन करना है और महाराष्ट्र धर्म की वृद्धि करनी है)।

शिवाजी के बाद पेशवाओं को कई ऐसे मौके मिले थे जबकि वे आसानी से दिल्ली के तख्त पर अधिकार जमा सकते थे; कम-से-कम सारे दक्षिण भारत को तो अपने अधिकार में कर ही सकते थे। पर उन्होंने ऐसा नहीं किया।

रा. स्व. संघ की तरह शिवाजी इस्लाम के दुश्मन नहीं थे। सरदेसाई अपने 'मराठों का नवीन इतिहास' ग्रंथ में लिखते हैं : "हिंदू और मुसलमान संतों में शिवाजी का समान विश्वास था। वे सबका समान रूप से आदर-सम्मान करते थे। अपनी राजधानी रायगढ़ में अपने राजमहल के सामने मुसलमान भक्तों के लिए उन्होंने एक विशेष मस्जिद का निर्माण ठीक उसी भावना से कराया जैसे कि अपनी दैनिक पूजा के लिए उन्होंने जगदीश्वर का मंदिर बनवाया था।" (पृष्ठ 273)

और "एक बात स्पष्ट है कि हिंदू धर्म की रक्षा करते हुए भी शिवाजी के मन में मुसलमानों के धर्म के प्रति अथवा सम्प्रदाय विशेष के रूप में उनके प्रति किसी प्रकार की घृणा नहीं थी। उनके राज्य का आदर्श व्यवहार रूप में सबके लिए पूर्ण धार्मिक स्वतंत्रता थी। केलसी के बाबा याकूत जैसे मुसलमान संतों का वे सम्मान करते थे। उनकी समाधि को उन्होंने जो दान दिया था, उसका उपभोग आज भी होता है। उनके पास बहुत-से मुसलमान स्वामिभक्त सेवक और अनुचर रहते थे, जो पूरी तरह उन्हें अपना सहयोग देते थे। उनकी नौसेना के मुख्य कमांडर दौलत खां और सिद्दी मिस्र देश के रहने वाले मुसलमान थे। उनका सेवक मदारी मेहतर एक फर्राश था, जो सदा उनके पास रहता था और उसी ने आगरा से शिवाजी के पलायन में उनकी सहायता की थी। शिवाजी का विश्वासपात्र परराष्ट्र-सचिव (मुंशी) मुल्ला हैदर था, जो फारसी में उनका पत्र-व्यवहार करता था। एक बार दक्षिण में मुगल शासक बहादुर खां के पास प्रतिनिधि के रूप में इसे शांति-वार्ता के लिए भेजा गया था। मुल्ला हैदर ने शिवाजी की मृत्युपर्यंत सेवा की। शिवाजी की प्रजा का एक बड़ा भाग मुसलमान था और वे हिंदू प्रजा की भांति ही संतुष्ट और स्वतंत्र रहते थे।" (पृष्ठ 277-78)

–12 जुलाई, 1969, मुक्तधारा

19

अवतारवाद का हथकंडा

आज विष्णु हिंदुओं का संभवतः सबसे बड़ा देवता है। पर विष्णु का इतिहास धार्मिक साम्राज्यवाद का इतिहास है। अवतारवाद का हथकंडा इस्तेमाल करके इस देवता में, न केवल राम व कृष्ण जैसे बहुत-कुछ काल्पनिक चरित्रों को मिला दिया गया है, बल्कि बुद्ध जैसे ऐतिहासिक महापुरुष को भी विष्णु के तीन कदमों के नीचे कुचल दिया गया है। इस देवता की बढ़ोतरी का इतिहास बड़ा दिलचस्प है।

ऋग्वेद में विष्णु का स्थान बहुत ही गौण है। ऋग्वेद के 1028 सूक्तों में से केवल छह सूक्तों में विष्णु का उल्लेख है और ये महाशय कभी-कभी इंद्र का भी साथ देते हैं (**इन्द्रस्य युज्यः सखा**)। ऋग्वैदिक विष्णु की सबसे बड़ी विशेषता है, उनके तीन कदमों से तीनों लोकों की व्याप्ति (**ऋग्वेद**, 1.22.17-18; 1.154)। अन्यथा ऋग्वेद में विष्णु एक पिछलग्गू देवता के रूप में ही प्रकट होते हैं। ऋग्वैदिक आर्यों के सभी देवता प्राकृतिक थे, अमूर्त थे। विष्णु भी इसके अपवाद नहीं हैं। वहां उनके तीन कदम असल में दैनंदिन कालचक्र के द्योतक हैं। वहां उनके 90 घोड़ों के चार नाम बताए गए हैं। ये चार नाम चार ऋतुओं के द्योतक हैं और इस प्रकार 360 दिनों का ऋग्वैदिक वर्ष पूरा होता था। उस समय विष्णु निस्संदेह सूर्य और कालचक्र का प्रतिनिधित्व करते थे।

पर ऋग्वेद-काल के ये सबसे पीछे के देवता ब्राह्मण-काल में सबसे आगे पहुंचा दिए गए। इनको सिरमौर बनाने के लिए उस काल में नई कथाएं भी गढ़ी गईं। अग्नि की स्तुति से ही **ऋग्वेद-संहिता** की शुरुआत होती है और हिंसक इंद्र को छोड़ दें तो अग्नि ही आर्यों का सबसे बड़ा देवता था। पर **ऐतरेय-ब्राह्मण** ने अग्नि को सबसे छोटा देवता बना दिया और विष्णु को परमेश्वरपद पर पहुंचा दिया। **शतपथ-ब्राह्मण** ने एक कथा गढ़कर बौने विष्णु को त्रिभुवन में व्याप्त कर दिया। विष्णु को यज्ञ का भोग सबसे अंत में मिलता था, इसलिए इसी शतपथ-ब्राह्मण में बताया गया कि विष्णु यज्ञ को सबसे अंत में प्राप्त करते हैं, इसीलिए वे सर्वश्रेष्ठ हैं। इस प्रकार ऋग्वेद-काल के गौण विष्णु ब्राह्मण और आरण्यक काल में ही पहले नंबर पर पहुंच गए थे।

पर इस सर्वव्याप्त अमूर्त विष्णु से ब्राह्मणों का काम बहुत दिनों तक नहीं चल सकता था। विष्णु को धरती पर उतारना जरूरी हो गया। इसी प्रयास का परिणाम है कि विष्णु, वासुदेव-कृष्ण के साथ मिल गए।

कृष्ण-आंगिरस **ऋग्वेद** के एक ऋषि हैं, पर वे देवकीपुत्र कृष्ण नहीं हैं। ऐसा नहीं लगता कि आर्यों के साथ कृष्ण का कोई रिश्ता था। बल्कि यह कहना उचित होगा कि कृष्ण, इंद्र के दुश्मन थे। आरंभ में कृष्ण गोधन के रक्षक के रूप में ही प्रकट होते हैं। मेघों के रूप में इंद्र का आक्रमण और पर्वत उठाकर कृष्ण द्वारा गौवों और गोपों की रक्षा करना आर्य और आर्येतरों के संघर्ष की प्रतीक-कथा है।

वासुदेव की उपासना का उल्लेख प्राचीन बौद्ध साहित्य में मिलता है। **सुत्त-पिटक** की एक पुस्तक **चूलनिद्देस** (ईसा-पूर्व प्रथम सदी) में तत्कालीन संप्रदायों तथा उनके उपास्य-देवताओं की सूची दी गई है। इसमें एक उल्लेख है–'वासुदेववतिकानं वासुदेवो देवता'। एक जातक (**महा उम्मग्ग जातक**, नं. 546) में वासुदेव-कृष्ण (वासुदेवस्स कण्ह) और जांबवती की कथा आई है। इस कथा के अनुसार, कृष्ण की यह प्रिय पटरानी चांडाली थी। जांबवती के रूप पर मोहित होकर कृष्ण ने उसे अपनी पटरानी बना लिया था। इससे पता चलता है कि कृष्ण जात-पांत को नहीं मानते थे। पर बाद में ब्राह्मणों ने कृष्ण को विष्णु का अवतार बना लिया, तो उन्हें इस जांबवती-प्रकरण को किसी तरह दबाना था। इसीलिए उन्होंने जांबवती को चांडाल की जाति से निकालकर रीछ की जाति में बिठा दिया!

वासुदेव का उल्लेख पाणिनि की **अष्टाध्यायी** के एक सूत्र में भी मिलता है–'वासुदेवार्जुनाभ्यां वुन्'। इसके अनुसार, 'वासुदेवक' शब्द का अर्थ है : 'वह जिसके उपास्यदेव वासुदेव हैं।' वासुदेव का उल्लेख नाणेघाट (पश्चिम महाराष्ट्र) और घोसुंडी (चित्तौड़ के पास) के अभिलेखों में भी मिलता है। घोसुंडी के लेख में वासुदेव (कृष्ण) के साथ अब संकर्षण (बलराम) भी हैं (संकर्षण वासुदेवाभ्यां...)। बेसनगर (विदिशा) में यूनानी दूत हेलिओदोर द्वारा खड़ा किया गया गरुड़ध्वज प्रसिद्ध है। हेलिओदोर ने यह ध्वज 100 ई. पू. के आसपास वासुदेव के सम्मान में खड़ा किया था और वह अपने को भागवत कहता है। वासुदेव-कृष्ण द्वारा प्रवर्तित धर्म को भागवत धर्म कहते थे।

इन सब उल्लेखों से पता चलता है कि वासुदेव-कृष्ण की आराधना का संप्रदाय पहले से मौजूद था। उस समय वासुदेव की मूर्तियां नहीं बनती थीं, उनके ध्वज खड़े किए जाते थे। बाद में वासुदेव-कृष्ण को विष्णु के साथ मिला दिया गया, तो इन ध्वजों पर विष्णु का कब्जा हो गया। गुप्तकाल में निर्मित कुतुबमीनार के पास का प्रसिद्ध लौहस्तंभ, जो विष्णुध्वज है, इस तथ्य का साक्षी है।

सभी जानते हैं कि गुप्त-सम्राट विष्णुभक्त थे। गुप्तों की उपाधियों के अप्रतिरथ, श्री, देव, चंद्र, स्कंद, समुद्र आदि शब्द 'विष्णुसहस्रनाम' के अनुसार विष्णु के अन्य नाम

बेसनगर (विदिशा, मध्यप्रदेश) में हेलिओदोर का गरुड़ध्वज और उसपर अंकित ब्राह्मी लेख

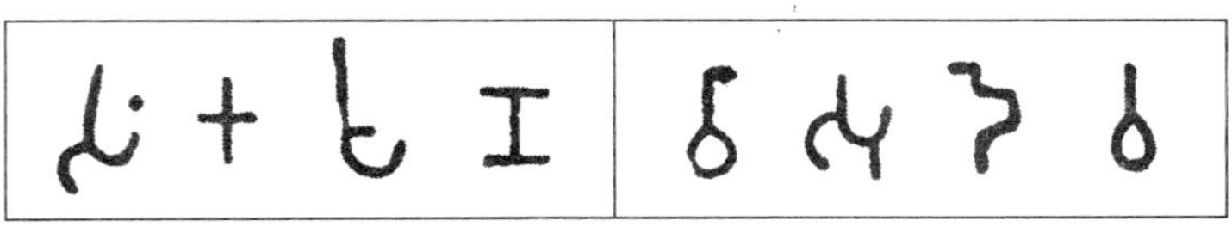

घोसुंडी (राजस्थान) के लेख में ब्राह्मी में 'संकर्षण' (बाएं) व 'वासुदेव' (दाएं) शब्द

हैं। मालव, आर्जुनायन, यौधेय, मद्रक, प्रार्जुन, आभीर जैसी वीर जातियों के गणराज्यों का उच्छेद करके ही गुप्त राजाओं ने अपना साम्राज्य स्थापित किया था। गुप्तों की इस साम्राज्यवादी नीति का हू-बहू अनुसरण उनके परमभागवत विष्णु ने भी किया। गुप्तों के काल में ही अन्य संप्रदायों के बहुत से छोटे-मोटे देवता विष्णु के उदर में समा गए। शिव को निगलना विष्णु के लिए सहज संभव नहीं था, इसलिए शैव भागवत का अस्तित्व बना रहा। किंतु गुप्तों के काल में ही कृष्ण विष्णु के अवतार बने। गुप्तों के काल में ही **महाभारत** के अधिकांश भाग और **गीता** की रचना हुई, यह बात प्रायः सभी विद्वान स्वीकार करते हैं।

गुप्तकाल के पहले कृष्ण के बाल-गोपाल रूप का और उनकी प्रिया राधा का कहीं कोई उल्लेख नहीं मिलता। इसका यह अर्थ नहीं है कि कृष्ण का यह स्वच्छंद रूप या गोपरूप पहले से मौजूद नहीं रहा होगा। बहुत संभव है कि आभीर जैसी जातियों में कृष्ण का यह रूप पहले से ही विद्यमान रहा हो। आभीरों के वंशज अहीरों में कृष्ण

का यही रूप प्रधान रहा है। पहली बार गुप्तकाल में ब्राह्मण-धर्म ने कृष्ण के इस लौकिक रूप को स्वीकार कर लिया।

हां, तो गुप्तकाल में विष्णु सर्वेश्वर के पद पर पहुंच गए। जाहिर है, साम्राज्यवाद ने ही उन्हें इस परमपद पर पहुंचा दिया था। इसमें ब्राह्मणों ने अपनी कल्पनाशक्ति और लेखनी का पूरा-पूरा योगदान दिया। पुराण लिखे जाने लगे।

ऋग्वेद-काल में विष्णु एक मामूली देवता थे। उस समय अवतारवाद की कल्पना ने भी जन्म नहीं लिया था। ऋग्वेद में पुनर्जन्म के बारे में भी कोई जानकारी नहीं मिलती। पर विष्णु का सार्वभौम साम्राज्य स्थापित करने के लिए ब्राह्मणों ने अवतारवाद का हथकंडा इस्तेमाल किया। इसी अवतारवाद के कारण वासुदेव-कृष्ण विष्णु में समा गए। राम की बारी कृष्ण के काफी बाद में आई। बौद्ध जातकों में दशरथ-राम की कहानी मिलती है। इसलिए यह निश्चित है कि वासुदेव-कृष्ण की तरह दाशरथि-राम की लोककथा भी काफी प्राचीन है। वाल्मीकि **रामायण** के राम अभी भगवान नहीं बने थे। राम को विष्णु का अवतार बनाने के संकेत रामायण में मिलते हैं, पर रामकृष्ण गोपाल भांडारकर भी स्वीकार करते हैं कि "यह मानने के लिए पर्याप्त कारण हैं कि ये स्थल अप्रामाणिक एवं प्रक्षिप्त हैं।" रामायण की रचना महाभारत के बाद में हुई है। महाभारत में जिस प्रकार बहुत से अंश बाद में जोड़े गए हैं, उसी प्रकार रामायण में भी जोड़े गए हैं। राम की मूर्ति-पूजा तो बहुत बाद में शुरू हुई। बुतशिकस्तों की आरंभिक लहर को राम-मूर्तियों का सामना करना पड़ा होगा, इस बात की संभावना बिलकुल नहीं है। रामोपासना का विकास भारत में इस्लाम की स्थापना के बाद ही हुआ है। तुलसी बाबा के इस कथन के लिए कि 'श्रुतिसम्मत हरिभक्ति पथ' कोई आधार नहीं है। वैदिक साहित्य में रामोपासना का कोई उल्लेख नहीं है।

ब्राह्मण-धर्म के अवतारवाद का करिश्मा बड़ा दिलचस्प है। अलग-अलग ग्रंथों में अवतारों की संख्या अलग-अलग है। वैदिक साहित्य में अवतारों का कोई उल्लेख नहीं है। **महाभारत** के 'शांतिपर्व' के नारायणी खंड में केवल छह अवतारों का उल्लेख मिलता है। इनमें दाशरथि-राम और वासुदेव-कृष्ण के नाम हैं। आगे महाभारत में 10 अवतारों की सूची मिलती है। इस सूची में 'कल्कि' का नाम भी जुड़ जाता है। **हरिवंश** में 6 अवतार गिनाए गए हैं, तो **वायुपुराण** में यह संख्या बारह पर पहुंच जाती है। दत्तात्रेय का भी इस सूची में समावेश हो जाता है। महाराष्ट्र के महानुभावपंथी दत्तात्रेय के उपासक हैं, कृष्ण की भी पूजा करते हैं, पर वे विष्णु के अन्य अवतार राम का नाम लेना भी पसंद नहीं करते! इससे जाहिर है कि अवतारवाद के पीछे धार्मिक साम्राज्यवाद की मनोवृत्ति रही है।

ब्राह्मण-पुरोहितों ने बुद्ध को भी विष्णु का एक अवतार बना दिया। महाभारत की अवतार-सूची में बुद्ध नहीं हैं। यह काम उन्होंने किसी बौद्ध शासक के काल में किया होगा, संभवतः हर्ष के शासनकाल में।

इस्लाम के आगमन के बाद के ढेर सारे शैव और वैष्णव संप्रदायों की चर्चा करने की जरूरत नहीं है। हमें यही देखना था कि इस्लाम के आगमन के पहले ब्राह्मण-धर्म का स्वरूप कितना परिवर्तनशील एवं बहुरूपी रहा है। आज इस धर्म को हिंदू धर्म का नाम दिया जाता है और कुछ मूढ़मति इसको सीधे वैदिक धर्म के साथ जोड़ने की कोशिश करते हैं। पर यह नहीं देखते कि 'राजा कालस्य कारणम्' के अनुसार हमारे पुराने धर्म के ठेकेदार अपने धर्म और देवताओं को बदलते रहे हैं। थोड़े से अध्ययन से ही पता चल जाता है कि पुराने जमाने में धर्म और देवताओं ने अपने समय के आर्थिक एवं राजकीय ढांचे का ही अनुकरण किया है। कारण स्पष्ट है। मंदिरों के लिए धन-दौलत इन राजाओं से ही मिलती थी और इसी धन-दौलत के लिए बाद के दूसरे शासकों ने मंदिरों को लूटा है।

ब्राह्मणों ने अपने देवताओं को तो आसानी से बदल दिया, पर जिस एक चीज को उन्होंने नहीं छोड़ा, वह है वर्ण-व्यवस्था। वैदिक देवताओं को छोड़ने में उन्हें कोई आर्थिक हानि नहीं थी, लाभ ही था; पर वर्ण-व्यवस्था को यदि वे छोड़ देते तो उनकी जड़ ही कट जाती।

और एक चीज नहीं बदली और वह है हमारी लोक-संस्कृति के ग्रामदेवता। लंबे इतिहास में बहुसंख्यक आम जनता का इन्हीं ग्रामदेवताओं से निकट का संबंध रहा है। ये नाना प्रकार के देवता आदिम-समाज की उपज हैं। लेकिन इन ग्रामदेवताओं को धन-दौलत का कभी लालच नहीं रहा। राजाओं और सेठ-साहूकारों ने इनके लिए कभी बड़े-बड़े मंदिर नहीं बनवाए। यही कारण है कि विदेशी हमलावरों के सामने आम जनता के इन ग्रामदेवताओं को तोड़ने या लूटने का प्रश्न ही नहीं उठा।

विष्णु भी आम जनता के इन ग्रामदेवताओं को हजम करने में समर्थ नहीं हुआ। जनता के इन कुलदेवताओं का आज भी अपना स्वतंत्र अस्तित्व है। क्या ये बहुत सारे ग्रामदेवता हिंदुओं के देवता हैं? शास्त्रसम्मत हिंदू-धर्म का असल में इन ग्रामदेवताओं पर कोई अधिकार नहीं है। ब्राह्मण-धर्म के शास्त्रों में ग्रामदेवताओं की पूजा निषिद्ध है। मनु ने कई स्थानों पर कहा है कि ग्रामदेवता और देवियों की पूजा करने से ब्राह्मण पतित होते हैं।

20

रुद्र-शिव तथा शिवलिंग की पूजा की वास्तविकता

ऋग्वेद में रुद्र का उल्लेख हैं, पर गौण रूप में।

ऋग्वेद् के कुल 1028 सूक्तों में से रुद्र के नाम पर केवल तीन सूक्त हैं। ऋग्वेद् का रुद्र आर्यों को रुलाने वाला देवता है। वह बहुरूप व उग्र है, जटाधारी है, वैद्यराज है और मरुतों का पिता है। वैदिक ऋषियों को सदैव उसके कोप का डर बना रहता था। रुद्र आयुधधारी होते थे और गायों और मनुष्यों को मारते थे। इसीलिए ऋषियों ने उसकी प्रार्थना की है कि, हमारे बच्चों को मत मारो (मा नस्तोक तनए), माता-पितरों को न मारो (मा नो वधीः पितरम्), हमारी गायों को मत मारो (मा नो गोषु) इत्यादि।

उत्तर वैदिक काल में धीरे-धीरे इस रुद्र का विकास होता गया। श्वेताश्वतर-उपनिषद् रुद्र-शिव की महिमा को स्थापित करने के उद्देश्य से ही लिखा गया है। लेकिन अभी उस समय रुद्र-शिव की पत्नी का कोई उल्लेख नहीं मिलता, और न रुद्र-शिव को लिंग-पूजा के साथ ही जोड़ा गया था। पाणिनि के भाष्यकार पातंजलि के समय तक अभी रुद्र-शिव को लिंग पूजा के साथ नहीं मिलाया गया था। पर ईसा पूर्व दूसरी शताब्दी में शैव-भागवत या शैवधर्म अस्तित्व में आ गया था। गांधार प्रदेश में इस धर्म की प्रधानता थी। शकराज मोअ या मोग के तांबे के सिक्कों पर नंदी की मूर्ति अंकित मिलती है। बाद में कुषाण-राजा विम कदफिस (ईसा की पहली शताब्दी) ने भारत में पहली बार सोने के सिक्के तैयार करवाए। उसके इन सिक्कों पर त्रिशूलधारी शिव तथा नंदी (शिव के वाहन) की आकृतियां मिलती हैं। जाहिर है कि विम कदफिस शैव-मतावलंबी था। संभव है कि शक पहले से ही शैवमतावलंबी रहे हों। आर्यावर्त के ब्राह्मणों को आरंभ में ये शकराज पंसद नहीं थे और न गांधार प्रदेश का शैवधर्म भी उन्हें अधिक प्रिय था। पर जब शकों का राज्य फैला तो उन्होंने अपने धर्म का चोला भी बदल दिया। किसी शक राजा को खुश करने के लिए ही श्वेताश्वतर नाम के ब्राह्मण ने अपना उपनिषद् रचा होगा। राजाश्रय प्राप्त करने के लिए ब्राह्मण-वर्ग कुछ भी करने के लिए हमेशा तैयार रहता था। इसी प्रकार विष्णु-भक्त गुप्त-शासकों

को प्रसन्न करने के लिए गुप्तकाल में उन्होंने 'विष्णुसहस्रनाम' की रचना की और अकबर के काल में अल्लोपनिषद् लिखा।

पर शककाल तक अभी ब्राह्मणों ने रुद्र-शिव को लिंग-पूजा के साथ नहीं जोड़ा था। असल में ये रुद्र-शिव मूलतः आर्यों के देवता थे ही नहीं। यहां के मूल निवासियों से उन्होंने विवश होकर रुद्र को डर के मारे अपना लिया था। सर रामकृष्ण गोपाल भांडारकर ने भी यह स्वीकार किया है कि "वनों में रहने वाले स्वच्छंदचारी लोगों, व्रात्यों, निषादों तथा अनार्य जंगली जातियों के साथ रुद्र-शिव का घनिष्ठ संबंध था" ('वैष्णव, शैव तथा अन्य धार्मिक मत', पृष्ठ 131)।

सर भांडारकर का यह कथन उस समय का है जब सिंधु-सभ्यता का उद्घाटन नहीं हुआ था। केवल ब्राह्मणों के साहित्य का अनुशीलन करके ही वे इस परिणाम पर पहुंचे थे। पर आज सिंधु-सभ्यता की पुरातत्व-सामग्री हमारे सामने है। इस सामग्री के आधार पर निर्विवाद रूप से कहा जा सकता है, रुद्र-शिव यहां के मूल निवासियों के देवता थे। सिंधु-सभ्यता की 'पशुपति-मुद्रा' को देखकर ही इस बात पर यकीन हो जाता है। मोहेंजोदड़ो को खुदाई में लिंग-प्रस्तर भी मिले हैं।

शिवलिंग

लिंग-योनि पूजा प्रायः हर आदिम-समाज में देखने को मिलती है। इसका मूल बहुत प्राचीन है। हमारे देश में लिंग-पूजा बहुत प्राचीन काल से मौजूद रही है। पर आरंभ में आर्यों के धर्म में लिंग-पूजा के लिए कोई स्थान नहीं था। ईसा की पहली शताब्दी से शिवलिंग मिलने लग जाते हैं और लिंग-पूजा का पहला उल्लेख महाभारत में देखने को मिलता है। अब सवाल है कि ब्राह्मण-धर्म में यह लिंग-पूजा आई कैसे?

आचार्य क्षितिमोहन सेन ने अपनी 'भारतवर्ष में जातिभेद' पुस्तक के 'नाना संस्कृतियों के संगम' प्रकरण में पुराणों से अच्छी जानकारी दी है। लिंग-पूजा को सबसे पहले ऋषि-पत्नियों ने अपनाया। वामनपुराण, कूर्मपुराण, शिवपुराण, स्कंदपुराण आदि में इस संबंध में कथाएं मिलती हैं। वामनपुराण का उल्लेख है : महादेव नग्नवेश में तापस का रूप धारण करके मुनियों के तपोवन में आए। मुनियों की पत्नियों को उन्होंने घेर लिया। अपनी पत्नियों की ऐसी अभद्र कामातुरता देखकर मुनियों ने महादेव की पिटाई की और शिव के भीषण लिंग को निपातित किया। कूर्म-पुराण का उल्लेख है कि पुरुष-वेशधारी शिव नारी-वेशधारी विष्णु को लेकर मुनियों के देवदारु-वन में विचरण करने लगे। तब मुनि-पत्नियां शिव पर मोहित हो गईं और

मुनि-पुत्र नारी-वेशधारी विष्णु पर। इससे मुनियों को क्रोध आया और उन्होंने शिव को शाप दे दिया; यथा :

अतीव परुषं वाक्यं प्रोचुर्देवं कदपिनम्।
शेपुश्च शापैर्विधिधैर्मायया तस्य मोहिताः॥

ऋग्वेद में भी रुद्र या शिव को 'कदर्पिन' कहा गया है। कदर्पिन का अर्थ होता है जटाधारी या जूड़ा बांधने वाला।

मुनियों ने लाख प्रयत्न किए, परंतु वे अपनी कामातुर पत्नियों को न रोक सके। मुनि-पत्नियों ने शिव को ग्रहण किया। भृगु मुनि वैदिक धर्म के कट्टर पक्षपाती थे। उन्होंने मुनि और मुनि-पत्नियों को समझाने की खूब कोशिश की। पर कोई लाभ नहीं हुआ। पहले मुनि-पत्नियों ने शिव को ग्रहण किया। भृगु मुनि वैदिक धर्म के कट्टर पक्षपाती थे। उन्होंने मुनि और मुनि-पत्नियों को समझाने की खूब कोशिश की। पर कोई लाभ नहीं हुआ। पहले मुनि-पत्नियों ने और बाद में स्वयं मुनियों ने लिंग-पूजा शुरू कर दी। मुनियों ने पहले डंडे से पीटने और शाप देने का काम किया, शिव के लिंग को भूपतित भी कराया, पर अंत में उन्हें झुकना पड़ा और धीरे-धीरे उन्होंने लिंग-पूजा को अपना लिया। यही कथा लिंग-पुराण और पदम-पुराण में भी मिलती है।

दूर-दूर के वनों में जाकर बसे हुए मुनिगण पत्नियां रखते थे। हर जगह उन्हें आर्य पत्नियां मिलना संभव नहीं था। इसलिए वे आर्येतर पत्नियां भी रखते थे। आर्येतरों में लिंग-पूजा पहले से मौजूद थी। ऐसी स्थिति में मुनियों की आर्येतर पत्नियों को अपने कुलदेव शिव-लिंग की बार-बार याद आए तो कोई आश्चर्य की बात नहीं है। ऐसे समय मुनियों के सामने एक ही मार्ग था—या तो वे आर्येतर पत्नियों को छोड़ते या आर्येतरों के इस लिंग-देव को अपना लेते। अंत में मुनिगण दूसरे मार्ग की ही शरण गए।

हम कह आए हैं कि लिंग-पूजा का पहला उल्लेख महाभारत में मिलता है। शांतिपर्व में दक्ष के यज्ञ का वर्णन है। यहां दक्ष और दधीचि में महादेव को स्थान नहीं देना चाहते थे। वे यज्ञ का हबि विष्णु को अर्पण करते हैं। यह बात पार्वती को अच्छी नहीं लगी। तब महादेव ने अपने मुख से एक भयंकर पुरुष उत्पन्न किया और उसने दक्ष के यज्ञ का विध्वंस किया।

इस प्रकार हम देखते हैं कि आरंभ में वैदिक आर्यों में रुद्र-शिव या महादेव-पार्वती को कोई सम्मान प्राप्त नहीं था और न वे लिंग-पूजा ही करते थे। महादेव के पैदा किए हुए जिस भयंकर पुरुष ने दक्ष के यज्ञ का विध्वंस किया, वह कोई शकराज रहा होगा। बाद में शक और कुषाण-काल में ब्राह्मण-धर्म ने इस महादेव को विवश होकर पूरी तरह अपना लिया। मुनियों की आर्येतर पत्नियों ने उन्हें लिंग-पूजा करने के लिए विवश किया।

विम कदफिस की तरह उसका उत्तराधिकारी कणिष्क यदि शैव धर्म को अपना लेता तो आज के हिंदू इतिहासकार बड़े गर्व से लिखते कि शक और कुषाणें से ही 'हिंदू साम्राज्य के स्वर्ण-युग' का आरंभ हुआ था। पर आज के साम्प्रदायिक इतिहासकारों के दुर्भाग्य से कणिष्क ने बौद्धधर्म को अपनाया और अपने विस्तृत साम्राज्य में इस धर्म के प्रचार-प्रसार में योग दिया। कुषाण-साम्राज्य की समाप्ति के बाद विंध्य के ऊपर भारशिवों का और इसके दक्षिण में वाकाटकों का उदय हुआ। साम्प्रदायिक इतिहासकार हैं, यद्यपि इन दोनों शक्तियों के अभिलेखों में हिंदू शब्द कहीं देखने को नहीं मिलता।

भारशिव शिव के परमभक्त थे और अपनी पीठ पर शिवलिंग का भार वाहन करते थे। पर ये भारशिव मूलतः कौन थे? अब तक प्राप्त ऐतिहासिक जानकारी के आधार पर यह कहा जा सकता है कि ये नागवंशी थे और इस देश के मूल निवासियों से इनका गहरा संबंध था। शिव के साथ नागों का संबंध बहुत पुराना है। भारत के मूल निवासियों में लिंग-पूजा प्राचीन काल से विद्यमान थी, यह हम देख आए हैं। कुषाणों के बाद ये भार-शिव इसी लिंग-पूजा को सामने लाए। लिंग-पूजा को पहली बार राज्याश्रय मिला। इन भारशिवों की मूल जाति जो भी रही हो, परंतु तत्कालीन ब्राह्मणों ने भारशिवों को क्षत्रिय स्वीकार कर लिया। किसी भी वीर जाति को क्षत्रिय घोषित कर देना ब्राह्मणों के बाएं हाथ का खेल था। शक, आभीर, गुर्जर आदि विदेशी जातियों को भी ब्राह्मणों ने इसी प्रकार आबू के 'अग्निकुंड' से निकली हुई बतलाकर क्षत्रिय घोषित किया था। ब्राह्मणों को केवल दो लाभ चाहिए थे—उन्हें राज्याश्रय मिले और श्रमण-संस्कृति का अंत हो।

ब्राह्मणों की कृपा से भारशिव क्षत्रिय बने और उन्होंने अश्वमेध यज्ञ भी किए। बदले में ब्राह्मण-धर्म ने उनकी लिंग-पूजा को बड़े जोर-शोर से अपनाया। इतना ही नहीं, भारशिवों के ब्राह्मणों के साथ विवाह संबंध भी स्थापित हुए। वाकाटक ब्राह्मण थे। भारशिवराज भवनाग की पुत्री का विवाह वाकाटक राजा प्रवरसेन के पुत्र के साथ संपन्न हुआ। वाकाटक अभिलेखों में इस विवाह का विवरण मिलता है।

सबसे पहले भारशिवों ने ही शिवलिंग और उनके लिए मंदिर बनवाए। यह ईसा की तीसरी-चौथी शताब्दी का काल है। उस समय के शिवलिंग आज भी प्रयाग और लखनऊ के संग्रहालयों में देखे जा सकते हैं।

चल पड़ी शिव और शिवलिंग की पूजा-प्रथा। आरंभ में ये रुद्र-शिव और शिवलिंग असल में आर्येतरों के दैवत थे। ईसा की दूसरी-तीसरी शताब्दी में शिव और शिवलिंग को ब्राह्मण-धर्म ने अपना लिया। ब्राह्मणों ने शैवधर्म को इतने अधिक उत्साह से अपनाया कि वे अपने पुराने वैदिक धर्म के देवताओं को भी भूल गए थे। ब्राह्मणों ने जान लिया था कि यज्ञ न होते रहे तो वैदिक देवताओं से उन्हें कोई लाभ नहीं है। ईसा की पहली शताब्दी के बाद भारत के इक्के-दुक्के शासक ने ही अश्वमेध करने की जहमत उठाई

है। भारशिवों ने अश्वमेध भी किए थे और ब्राह्मणों को लिंग-पूजा का पौरोहित्य भी सौंपा था। शिवलिंग बनते गए, उनके लिए मंदिर बने और ब्राह्मण इस नए शैवधर्म के पुरोहित बने। मंदिर में संपत्ति जमा होने लगी।

शिव और शिवलिंग की स्थापना होने के बाद विष्णु के साम्राज्य का युग आया। ऋग्वेद के इस गौण और प्राकृतिक देवता को सिंहासन पर बिठाया–भारत में गणराज्यों की शक्ति को पूरी तरह कुचलने वाले परम भागवत गुप्त-शासकों ने।

–13 दिसंबर, मुक्तधारा

21

शंकर का दर्शन विज्ञान को पीछे ले गया

ईसा की पहली शताब्दी से ग्यारहवीं-बारहवीं शताब्दी तक हमारे देश में विज्ञान ने खूब उन्नति की। **चरक, सुश्रुत, वाग्भट, आर्यभट, वराहमिहिर, ब्रह्मगुप्त, भास्कर व नागार्जुन** जैसे महान वैज्ञानिक इसी काल में पैदा हुए। पर बारहवीं शताब्दी के बाद भारतीय विज्ञान की अवनति का काल शुरू हो गया। आगे के लगभग सात सौ सालों के लंबे अरसे में हमारे देश में कोई चोटी का वैज्ञानिक पैदा नहीं हुआ, विज्ञान के किसी मौलिक ग्रंथ की रचना नहीं हुई। इस काल में अधिकतर टीकाएं लिखने का काम होता रहा। पाश्चात्य संस्कृति के सम्पर्क में आने के बाद उन्नीसवीं शताब्दी के उत्तरार्द्ध से भारत में पुनः विज्ञान के नव-जागरण का युग आरंभ हुआ।

बारहवीं शताब्दी तक भारतीय विज्ञान संसार के किसी भी देश के विज्ञान से पीछे नहीं था, बल्कि दो कदम आगे ही था। फिर क्या कारण है कि 1200 ई. के आसपास से भारतीय विज्ञान की अवनति शुरू हो गई?

अनेक कारण हो सकते हैं। 1200 ई. से 1850 तक का काल सामने आते ही हमें भारतीय इतिहास का तथाकथित 'मुस्लिम शासन-काल' स्मरण हो आता है और, गहराई में उतर कर सोचे-समझे बिना, हम अपनी बौद्धिक अवनति के सारे दोष इस मुस्लिम-शासन के मत्थे मढ़ देते हैं। पर यह दोषारोपण सही नहीं है। विपरीत, तथ्य यह है कि अरबी मुसलमानों ने भारतीय विज्ञान की खूब प्रशंसा की, इसे अपनाया और इसका यूरोप के देशों में प्रचार-प्रसार किया।

सन् 622 में इस्लमा का उदय हुआ। 712 ई. में मुहम्मद बिन कासिम की सेना ने पहली बार सिंध पर हमला किया। इसके बाद मुहम्मद गजनवी के समय तक, यानी लगभग तीन सौ साल तक, मुसलमानों का भारत पर कोई हमला नहीं हुआ। इसी काल में भारतीय विज्ञान का अरब देशों में प्रवेश हुआ। 750 ई. और 850 ई. के बीच अरबों ने बड़ी तेजी से अपने विज्ञान की नींव डाली। यूनानी, फारसी और संस्कृत भाषाओं से विज्ञान के सैकड़ों ग्रंथों के अरबी भाषा में अनुवाद हुए। आरंभ में दमिश्क (सीरिया) और बाद में बगदाद अरबी ज्ञान-विज्ञान का एक महान विद्या-केंद्र बना। खलीफ़ा **अलमंसूर** (753-774 ई.) के शासन-काल में सिंध से कुछ भारतीय विद्वान बगदाद पहुंचे थे। ये

अपने साथ ज्योतिष, गणित तथा चिकित्सा के संस्कृतग्रंथ भी बगदाद ले गए थे। वहां अरबी में इनके अनुवाद हुए। इसी काल **ब्रह्मगुप्त** के **ब्रह्मस्फुट-सिद्धांत तथा खंड-खाद्य** ग्रंथों का अरबी में अनुवाद हुआ। आयुर्वेद के कुछ ग्रंथों और पंचतंत्र का अनुवाद भी इसी काल में हुआ।

इसी काल में भारतीय अंक तथा अंक-पद्धति का अरब देशों में प्रचार हुआ। **अलख्वारिज्मी** (825 ई.) जैसे महान अरबी गणितज्ञों ने भारतीय गणित पर ग्रंथ लिखे। नौवीं-दसवीं शताब्दी में मूरों (अरबों) के माध्यम से भारतीय अंकपद्धति और गणित का स्पेन और इटली में प्रवेश हुआ। वहां स्पेन के विद्याकेंद्रों में अरबी के सैकड़ों ग्रंथों के लैटिन भाषा में अनुवाद हुए। अरबी के माध्यम से संस्कृत और यूनानी ग्रंथों का ज्ञान-विज्ञान जब यूरोप पहुंचा, तभी वहां बौद्धिक नवजागरण का युग शुरू हुआ।

तात्पर्य यह कि अरब विद्वान ज्ञान-विज्ञान के गुणग्राही थे। आधुनिक विज्ञान की आधारशिला रखने में अरबों ने सबसे अधिक योग दिया है। यूरोप को यूनानी ज्ञान-विज्ञान की जानकारी पहले-पहल अरबी से अनूदित हुए ग्रंथों से ही मिली थी। यूरोप के विद्वानों को भारतीय विज्ञान और यूक्लिद, आर्किमिदीज़, अरस्तू आदि यूनानी वैज्ञानिकों का परिचय आरंभ में अरबी अनुवादों के माध्यम से ही मिला था। मूल यूनानी ग्रंथों की खोज बहुत बाद में जाकर हुई। सारांश यह है कि आधुनिक पाश्चात्य विज्ञान की प्रगति का सच्चा श्रेय अरबी विद्वानों को है। इसलिए कुछ मुसलमान हमलावरों की विध्वंसक घटनाओं के आधार पर सारे इस्लाम को ज्ञान-विज्ञान का शत्रु समझना गलत होगा।

अक्सर कहा जाता है कि सिकंदरिया (अलेक्ज़ेंड्रिया, मिस्र) के महान ग्रंथालय को अरबों ने जलाया था। पर यह एक बहुत बड़ा झूठ है। अरबों ने पहली बार 640 ई. में सिकंदरिया पर आक्रमण किया। पर उसके पहले ही वहां का महान ग्रंथागार नष्ट हो चुका था। इसे सिकंदरिया के **बिशप थियोफिलस** (385-412 ई.) के आदेश से जला दिया गया। रोमन लेखक **ओरोसियूस** लिखता है कि 416 ई. तक सिकंदरिया का संग्रहालय नष्ट हो चुका था। इसी समय ईसाइयों ने सिकंदरिया की विदुषी महिला **हाइपातिया** को जिंदा जला दिया था। विज्ञान के प्रख्यात इतिहासकार **जार्ज सार्टन** का भी यही मत है कि सिकंदरिया के संग्रहालय के असली विध्वंसक अरब नहीं, बल्कि ईसाई थे।' मजे की बात तो यह है कि ईसाई उन ग्रंथों को पढ़ सकते थे, लेकिन मुसलमान अभी उन्हें पढ़ने में समर्थ नहीं थे।

प्रसिद्ध चीनी यात्री **युवान-च्वाङ्** (629-646 ई.) की जीवनी तथा यात्रा-विवरण से जानकारी मिलती है कि **नालंदा-विश्वविद्यालय में** 10,000 विद्यार्थी और 1500 आचार्य थे। वहां वेद-वेदांग, हेतुविद्या (तर्कशास्त्र), शब्दविद्या (व्याकरण) चिकित्साशास्त्र आदि का अध्ययन होता था। तिब्बती स्रोतों से पता चलता है कि नालंदा के ग्रंथालयों में हस्तलिखित ग्रंथों की विशाल संपदा थी। बौद्ध धर्म के इतिहास के लेखक **लामा तारानाथ** तथा अन्य तिब्बती लेखक जानकारी देते हैं कि विश्वविद्यालय के अहाते का बहुत बड़ा

घेरा इन ग्रंथालयों के लिए अलग रखा गया था और उस पर बड़ी-बड़ी कई मंजिलों वाली इमारतें थीं। इनमें से तीन ग्रंथागारों के सुंदर नाम थे–**रत्नोदधि, रत्नसागर** और **रत्नरंजक**। क्या हुआ इन ग्रंथ-संग्रहालयों का?

मुस्लिम इतिहासकार **मिनहाज़** अपनी 'तबकात-इ-नासिरी' पुस्तक में जानकारी देता है कि **मुहम्मद-बिन-बख्तियार खिलजी** ने 1167 में पश्चिम बिहार पर धावा बोलकर वहां के **बिहार** (विहार) नामक एक विद्याकेंद्र को नष्ट कर डाला। मिनहाज़ स्पष्ट रूप से नालंदा का नाम तो नहीं लेता, किन्तु बिहार का अर्थ नालंदा ही हो सकता है। तारानाथ का भी कहना है कि 'तुर्कों ने सारे मगध पर अधिकार कर लिया और कई बिहारों को नष्ट किया। नालंदा को उन्होंने अधिक क्षति पहुंचाई और वहां के भिक्षु विदेशों में भाग गए।'

किन्तु एक अन्य तिब्बती ग्रंथ **पग-सम जौन-झाङ्** जानकारी देता है कि तुर्कों के हमलों के बाद भिक्षु मुदितभद्र ने नालंदा के विहारों और चैत्यों का पुनरुद्धार किया था। इसके बाद मगध के राजा के एक मंत्री-कुकुटसिद्ध ने नालंदा में एक विहार बनवाया! एक दिन बौद्ध भिक्षु प्रार्थना कर रहे थे, तो वहां दो क्रोधी तीर्थिक (ब्राह्मणधर्मी) आए। कुछ तरुण भिक्षुओं ने उन पर पानी फेंक दिया। कहते हैं कि उसके बाद उन ब्राह्मणों ने नालंदा के पास यज्ञ शुरू कर दिया। अंत में इस यज्ञ से जलते अंगारे और कुंदे लेकर उन्होंने विहार में फेंक दिया। भयानक आग लगी और इसी आग में नालंदा का विशाल ग्रंथागार **रत्नोदधि** जलकर राख हो गया। इस उल्लेख से पता चलता है कि सिकंदरिया और नालंदा के महान ग्रंथालयों की विनाश-लीला में काफी साम्य है!

असल में भारतीय विज्ञान में अवनति के लक्षण दिखाई देने लगते हैं आठवीं-नौवीं शताब्दी से और इसके लिए विशेष रूप से जिम्मेदार है रूढ़िवाद। इस रूढ़िवाद की शुरुआत हुई शंकराचार्य के मायावाद और नव-ब्राह्मणवाद से। आठवीं शताब्दी के पहले के भारतीय वैज्ञानिकों को एक-दूसरे का खंडन-मंडन करने में कोई बाधा नहीं थी। वस्तुतः खंडन-मंडन से ही विज्ञान का विकास होता रहता है। चरक ने काय-चिकित्सा पर जोर दिया, तो सुश्रुत ने शल्य-चिकित्सा पर। ब्रह्मगुप्त ने आर्यभट के मतों का खंडन किया था। लोकायत, सांख्य, बौद्ध तथा जैन दर्शनों में प्रकृति संबंधी अध्ययन में खंडन-मंडन के लिए पर्याप्त गुंजाइश थी। लोकायत और सांख्य दर्शनों के भौतिकवादी दृष्टिकोण विज्ञान की उन्नति के लिए पोषक थे। कई जैन आचार्य गणितज्ञ हुए, तो अधिकांश भारतीय चिकित्सक बौद्ध थे। लेकिन जब शंकर ने आठवीं शताब्दी में भौतिक-जगत् को माया घोषित कर दिया और अद्वैत-वेदांत का बोलबाला हुआ, तो कौन भला प्राकृतिक नियमों की खोज करने में माथा-पच्ची करता? सब-कुछ माया ही है, तो फिर प्रकृति के बारे में कुछ जानने या खोजने की जरूरत ही क्या रह जाती है? गहराई में उतरकर यदि देखा जाए तो शंकर का यह दर्शन ही **रूढ़िवादिता** और वैज्ञानिक अवनति का मूल कारण है।

यह रूढ़िवादिता आठवीं शताब्दी में शुरू हो गई थी, इसका पता वाग्भट के कुछ कथनों से लग जाता है। सातवीं-आठवीं शताब्दी में हमारे देश में दो वाग्भट हुए–जेष्ठ

और कनिष्ठ। ये दोनों चिकित्सक बौद्ध थे। इनमें कनिष्ठ वाग्भट शंकराचार्य के समकालीन थे। कनिष्ठ वाग्भट ने रूढ़िवादिता पर खूब प्रहार किया। वे अपने 'अष्टांगहृदय' में लिखते हैं : एद् ब्रह्मा भाषतां ब्रह्मजो वा का निर्मंत्रे वक्तृभेदोक्तिशक्तिः—अर्थात्, चाहे ब्रह्मा ने कहा हो या ब्रह्मा के बनाए हुए किसी मनुष्य ने, इससे अंतर क्या पड़ेगा? परिणाम तो एक ही होगा। अन्यत्र वाग्भट कहते हैं : "यदि पुराने ऋषियों के ग्रंथों में ही सार है, तो चरक और सुश्रुत के ग्रंथों को भी छोड़ दो और केवल भेड़ों के ग्रंथों को पढ़ो!"

लेकिन वाग्भट को अपने इस कटुसत्य कथन का क्या पुरस्कार मिला? रूढ़िवादी ब्राह्मणों ने कहना शुरू किया कि चरक, सुश्रुत आदि की चिकित्सा पहले के युगों (सतयुग, द्वापर आदि) के लिए थी और वाग्भट की चिकित्सा केवल कलियुग के लिए उपयोगी है। रूढ़िवादी नव-ब्राह्मणवाद विज्ञान की अवनति के लिए किस प्रकार कारणीभूत बना, इस पर प्रकाश डालते हुए **डा. एन.आर. धर** लिखते हैं :

"यह सर्वविदित है कि पाटलिपुत्र, तक्षशिला, सारनाथ, नालंदा, विक्रमशिला तथा ओदंतपुरी के बौद्ध-विहारों से संबंधित विद्याकेंद्रों और चिकित्सालयों में विज्ञान एवं चिकित्साशास्त्र का बहुत विकास हुआ।...पर बौद्ध धर्म के विनाश और ब्राह्मणधर्म के उदय के बाद नव-ब्राह्मणों ने, बौद्ध धर्म से संबंधित हरेक उपलब्धि का तिरस्कार करने के जोश में, उन सभी बातों की उपेक्षा की जिन्हें बौद्धों ने खोजा था। व्यावहारिक विज्ञान, औषधि-विज्ञान, शल्य-चिकित्सा आदि को जिन्हें बौद्धों ने बड़े उत्साह से आगे बढ़ाया था, नव-ब्राह्मणों ने पूर्णतः त्याग दिया। यही कारण है कि 1200-1900 ई. के बीच के काल में हमारे देश में विज्ञान और चिकित्साशास्त्र की अवनति हुई है।"

आठवीं शताब्दी के पहले, अर्थात् शंकराचार्य के पहले, हमारे देश में ईश्वरवाद का उतना अधिक बोलबाला नहीं था, जितना कि आठवीं शताब्दी के बाद देखने को मिलता है। पहले के भारतीय वैज्ञानिक भौतिकवाद और स्वभाववाद से प्रेरणा ग्रहण करके प्रकृति के अन्वेषण में जुटे रहे। पर शंकर ने सारे भौतिक-विश्व को माया और मिथ्या घोषित करके वैज्ञानिक चिंतन के रास्ते में बहुत बड़ी बाधा खड़ी कर दी। जगत् ही मिथ्या है, तो फिर कोई क्योंकर इसके अध्ययन के ऊहापोह में उतरेगा? शंकर का उपदेश था कि जगत् की माया से लिपटा हुआ अकेला ब्रह्म ही सत्य है! इसी ब्रह्म सत्य की मनुष्य को खोज करनी चाहिए। इस सत्य की प्राप्ति के बाद मनुष्य को खोजने के लिए और कुछ नहीं रह जाता।

इस प्रकार हम देखते हैं कि जब तक स्वभाववाद या 'भूतेभ्यः चैतन्यम्' का आदर्श वैज्ञानिकों के सामने था, तब तक हमारे देश में विज्ञान की खूब उन्नति हुई। परंतु जैसे ही 'ब्रह्म सत्य जगंमिथ्या' की कल्पना ने जोर पकड़ा, भारतीय विज्ञान की अवनति शुरू हो गई।

—12 अप्रैल, 1966, मुक्तधारा

22

गणेश : विघ्नकर्ता से विघ्नहर्ता तक

हमारे देवी-देवताओं का अपना निजी, स्वतंत्र अस्तित्व कभी नहीं रहा, रह भी नहीं सकता था। देश की राजनीतिक, सामाजिक और आर्थिक परिस्थितियों के अनुरूप देवताओं का स्वरूप भी बनता-बिगड़ता रहा है। भारतीय राज्य-व्यवस्था में देवताओं की महत्वपूर्ण भूमिका रही है। देवता युद्धों में शरीक हुए हैं। उन्होंने सांप्रदायिक कलहों में भी हिस्सा लिया है। जमातों को जोड़ने और तोड़ने का भी काम देवताओं ने किया है। आधुनिक काल में कुछ देवता तो आजादी के आंदोलन में भी शामिल किए गए।

जानकारी के अनुसार महाराष्ट्र में गणेश का उत्थान ईसा की तेरहवीं सदी से शुरू हुआ। आरंभ में निजी तौर पर डेढ़ दिन का गणेश-उत्सव होता था। लेकिन बाद में यही गणेश पेशवाओं का कुल-देवता बन गया, तो इसे भरपूर राज्याश्रय मिला। पेशवा माधवराव के शासनकाल (1761-72 ई.) में गणेश-उत्सव छह दिनों के शानदार समारोह में बदल गया। गणेश कुछ प्रमुख चित्पावन ब्राह्मण परिवारों का भी कुल-देवता था, इसलिए राज्याश्रय पाकर 18वीं-19वीं सदियों में इस हस्तिमुख-लंबोदर देवता की और भी अधिक उन्नति हुई।

बाल गंगाधर तिलक (1856-1920 ई.) के सामने **महाभारत** के युद्ध में पांडवों को सक्रिय सहयोग देने वाले कर्मयोगी कृष्ण का आदर्श था। तिलक यह भी जानते थे कि ओलंपिक उत्सव ने यूनानी संस्कृति के प्रसार और राष्ट्रीय एकता को मजबूत बनाने में बड़ा योग दिया था और साथ में लोगों को मनोरंजन प्रदान करने का भी काम किया था। महाराष्ट्र की जनता में राजनीतिक और सामाजिक चेतना फैलाने के लिए तिलक ने गणेश को माध्यम बनाया और परंपरावादी ब्राह्मण नेताओं के सहयोग से 1893 ई. में मुंबई में, सांप्रदायिक झगड़े होने के एक साल बाद, भव्य स्तर पर वार्षिक गणेश-उत्सव (गणपति उत्सव) मनाने की नई परंपरा शुरू कर दी। 8 सितंबर, 1896 के **केसरी** में तिलक लिखते हैं :

"शिक्षित लोग ऐसे राष्ट्रीय उत्सवों से जो नतीजे प्राप्त कर सकते हैं, वे कांग्रेस के लिए प्राप्त करना असंभव है। बड़े धार्मिक उत्सवों को क्यों नहीं राजनीतिक मेलों में परिवर्तित किया जाए? क्या ऐसे साधनों से राजनीतिक कार्यकर्ताओं के लिए गरीब ग्रामवासियों की झोपड़ियों तक पहुंचना संभव नहीं हो जाएगा?"

तिलक आगे लिखते हैं : “हमारे न्यायाधीशों-जैसे (मतलब न्यायमूर्ति रानडे जैसे) लोगों के लिए यही बेहतर होगा कि वे प्रार्थना सभा में भक्ति के गीत गाने की बजाय गणपति-उत्सव के मंडप में भक्ति का महत्व समझाएं, किसी खाली मंदिर में रामदास पर व्याख्यान देने की बजाय गणपति-उत्सव में **दासबोध** की ओवियों (मराठी के एक छंद-विशेष की काव्य-पंक्तियां) की व्याख्या क्यों न की जाए?”

इस प्रकार कांग्रेस के एक बड़े नेता ने देवता गणेश को आजादी के आंदोलन का एक विनायक (सेनापति) बना दिया।

सच्चाई यह है कि तिलक द्वारा चलाए गए गणेश-उत्सव से न तो गणपति को कोई लाभ हुआ, न ही कांग्रेस के राष्ट्रीय आंदोलन को। हां, इस उत्सव ने तिलक के राजनीतिक जीवन को उभारने में महत्वपूर्ण भूमिका निभाई। आरंभ में अंग्रेजों ने शिवाजी-उत्सव तथा गणेश-उत्सव का विरोध किया था। बाद में उन्हें लगा कि गणेश-उत्सव में दस-पंद्रह दिन खेलते-कूदते रहने से जनसाधारण का ध्यान अपनी भूख की पीड़ा और मौजूदा राजनीति से हट जाता है। फिर उन्होंने ऐसे उत्सवों पर कोई आपत्ति नहीं उठाई।

गणेश-उत्सवों ने हिंदुओं की अलग-अलग जातियों को जोड़ने की बजाय उनके अलगाव को ही बढ़ावा दिया है। अलग-अलग जमातों के अलग-अलग गणेश-उत्सव शुरू से ही आयोजित होते रहे हैं। आज हालत यह है कि गणेश-उत्सव न केवल हिंदू और मुसलमान संप्रदायों के बीच तनाव पैदा करते हैं, बल्कि विभिन्न हिंदू जातियों में भी आपसी कलह पैदा करते हैं। जिस उद्देश्य के लिए तिलक ने गणेश-उत्सव की परंपरा शुरू की थी, वह कभी का खत्म हो चुका है। पर गणेश-उत्सव अब भी होते हैं—अपने नए भद्दे रूपों में और अधिक जोर-शोर से। अकेले मुंबई शहर में ही हर साल गणेश-उत्सव में करोड़ों रुपए स्वाहा हो जाते हैं।

प्राचीन भारत में यह देवता राजनीतिक, सामाजिक तथा धार्मिक प्रभावों के कारण उत्थान और पतन के कई दौरों से गुजरा है। वेदों में गणेश की छवि गणपति की है। **ऋग्वेद** (2.23.1) में गणपति का आह्वान किया गया है :

गणानां त्वा गणपतिं हवामहे कविं कवीनामुपश्रवस्तमम्।
ज्येष्ठराजं ब्रह्मणा ब्रह्मणस्पत आ नः शृण्वन्नूतिभिः सीद् सादनम्॥

अर्थात्, तू गणों का अधिपति है, कवियों का कवि है, तुम्हारे पास विपुल अन्न है, तू ज्येष्ठ है, हम तुम्हारा आह्वान करते हैं कि तुम यज्ञस्थल पर आकर आसन ग्रहण करो।

यहां गणों के पति (मुखिया) ब्रह्मणस्पति के रूप में गणपति का आह्वान किया गया है, आज के गजमुख गणपति का नहीं। **ऋग्वेद** के दसवें मंडल में इंद्र को गणपति कहा गया है। **अथर्ववेद** में भी गणपति की स्तुति है। वेदों में एक या दो स्थान पर गणेश को रुद्र के साथ भी जोड़ा गया है। परंतु वेदों में गौरव-प्राप्त यह गणपति गजमुख, लंबोदर

या मूषक-वाहन बिलकुल नहीं है। 'गण' अर्थात् लोकसमूह या कबीले के नायक के रूप में ही वेदों में गणपति का वर्णन हुआ है। आरंभिक ऋग्वैदिक समाज में गण-व्यवस्था थी, इसीलिए वेदों में गणनायक के रूप में गणपति की स्तुति मिलती है।

जब तक गण-व्यवस्था कायम रही या उसकी स्मृति ताजी रही, तब तक गणपति का गौरव होता रहा, परंतु जब राज्य-व्यवस्था शुरू हुई और समाज में छोटे-बड़े वर्ग अस्तित्व में आ गए, तब गणपति की निंदा शुरू हो गई। 'व्रात' शब्द पर विचार करने से यह बात अधिक स्पष्ट हो जाती है। **वाजसनेयी संहिता** की ऋचा है : **नमो गणेभ्यो गणपतिभ्यश्च वो नमो नमो व्रातेभ्यो व्रातपतिभ्यश्च वो नमो**। यहां 'व्रात' शब्द का अर्थ भी 'गण' ही है और दोनों का प्रयोग बहुवचन में हुआ है। **अथर्ववेद** में व्रात का वर्णन विराट विश्वपुरुष के रूप में किया गया है।

गणेश

बाद में गण की तरह व्रात भी निंद्य बन गए। व्रात-समाज में रहने वाले व्रात्यों को स्मृतिकारों ने पतित और संस्कारहीन घोषित कर दिया। कुछ स्मृतिकारों ने व्रात्यों को वर्णसंकर प्रजा कहा। **तांड्यमहाब्राह्मण** में व्रात्यों की उत्पत्ति दी गई है : "जब देवमंडली स्वर्ग की दिशा में आगे गई, तब जो पीछे रह गए, वे व्रात्य हैं।" ब्राह्मण-ग्रंथों में व्रात्यों को संस्कारयुक्त बनाने के लिए व्रात्यस्तोम विधि बताई गई है। सायणाचार्य जानते थे कि स्मृतिकारों ने व्रात्यों को निंद्य ठहराया है। परंतु जब उन्होंने देखा कि वेदों में व्रात्यों को गौरव दिया गया है, तो बेचारे चक्कर में पड़ गए।

स्मृतिकारों ने जो हाल व्रात्यों का किया वही गाणपत्यों का भी किया। गणपति को साक्षात् विघ्नेश्वर बना दिया गया। गणेश, विनायक बनकर दुष्टात्माओं या प्रेतात्माओं का प्रतीक बन गया। **मानव** और **बौधायन** गृह्यसूत्रों में कहा गया **है कि** जब विनायक अर्थात् गणपति किसी को पकड़ लेता है, तो वह पागल हो जाता है। उसे दुःस्वप्न आते हैं। कुमारिकाओं को अच्छे पति नहीं मिलते, योग्य राजकुमार राज्य नहीं पाते। विवाहित स्त्रियों को संतान नहीं होती, संतान शैशवावस्था में ही मर जाती है, किसानों की खेती नष्ट हो जाती है, इत्यादि। याज्ञवल्क्य स्पष्ट लिखता है कि 'रुद्र ने विनायक का नियोजन उसको गणों का अधिपति नियुक्त करके संकटों का सृजन करने के लिए ही किया है।'

याज्ञवल्क्य ने गणपति के एकदंत, हेरंब, गजानन, लंबोदर आदि नामों का उल्लेख नहीं किया है। उनके अनुसार विनायक के चार नाम हैं–मित, सम्मित, शालकंटक तथा

कुष्मांडराजपुत्र, और माता का नाम दिया है अंबिका। **अमरकोश** में गणेश के नाम हैं– विनायक, विघ्नराज, द्वैमातुर, गणाधिप, एकदंत, हेरंब, लंबोदर, गजानन और गणपति। 'हे' का अर्थ है 'शिव'। अमरकोश के एक व्याख्याकार क्षीरस्वामी ने 'हेरंब' शब्द को देश्य कहा है। इस पर महामहोपाध्याय पांडुरंग वामन काणे ने अपना मत दिया है कि गणेश वैदिक देवों की पंक्ति में किसी देशोद्भव जाति से आए और रुद्र (शिव) के साथ जुड़ गए। पर हमें लगता है कि वैदिक काल में गणपति का संबंध वर्गहीन गणसमाजों से था और बाद में आदिवासी समुदायों के कुल-लक्षण चिह्नों (टोटेमों) को इसके साथ जोड़ दिया गया।

मनुस्मृति में गणपति को स्पष्ट रूप में शूद्रों का देवता कहा गया है और गणयोग को निषिद्ध माना गया है। गणयोग समाज के स्त्री-पुरुषों द्वारा सामूहिक रूप से की जाने वाली कोई पूजा-विधि थी। जो भी हो, ब्राह्मण स्मृतिकारों की दृष्टि में गणपति विघ्नराज, विघ्नकर्ता तथा विघ्नेश थे। इसीलिए गणेश-वंदना की प्रथा चली : 'नमो गणेशाय विघ्नेश्वराय'। 'दुर्जनं प्रथमं वंदे' कहने की प्रथा भी शायद इसीलिए पड़ी।

गणपति का एक नाम एकदंत है। यह दांत रक्तरंजित है। पुराणों में कथा है कि परशुराम ने शंकर से प्राप्त परशु गणपति पर फेंककर उसका दांत तोड़ दिया। गणपति ने कोई प्रतिकार नहीं किया। पर परशुराम की गणपति से ऐसी दुश्मनी क्यों? समझना कठिन नहीं है। ब्राह्मणसत्ता के कट्टर समर्थक परशुराम ने यदि लोकनायक गणपति को शत्रु समझा हो, तो इसमें आश्चर्य की कोई बात नहीं है। बौधायन, मनु, याज्ञवल्क्य आदि ब्राह्मण स्मृतिकारों को भी गणपति शत्रु ही प्रतीत हुआ।

गुप्तकाल के आरंभ तक गणपति ब्राह्मण धर्मशास्त्रकारों की दृष्टि में निंद्य ही बने रहे। वेद और उपनिषदों का आरंभ गणेश-वंदना से नहीं होता। स्मृतियों की शुरुआत भी गणेश-वंदना से नहीं हुई। रामायण और महाभारत का आरंभ भी गणेश-नमन से नहीं होता। महाभारत के 'आदिपर्व' में गणेश को व्यास के लिपिक के रूप में प्रस्तुत किया है, मगर महाभारत के कुछ ही संस्करणों में यह बात देखने को मिलती है। 'वनपर्व' और 'अनुशासनपर्व' में वर्णित विनायक मानवगृह्य की तरह ही 'दुष्टात्मा विनायक' हैं। गुप्तकाल के पहले गणेश की कोई निःसंदिग्ध मूर्ति नहीं मिलती। कालिदास ने अपनी किसी भी कृति में गणेश की कोई चर्चा नहीं की है। लेकिन गुप्तकाल का अंत होते-होते विघ्नकर्ता गणेश विघ्नहर्ता तथा सिद्धिदाता देवता बन गए।

पुराणकारों ने गणेश-पुराण, गणेश-गीता, गणेश-उपनिषद् आदि पोथियां रचकर गणपति को परमेश्वर का अवतार बना दिया। गुप्तकाल में गणेश महात्म्य को कितने उत्साह के साथ प्रस्थापित किया गया, यह समझने के लिए केवल एक ही उल्लेख प्रस्तुत करना पर्याप्त होगा। **नारद पुराण** के गणेश-स्तोत्र में कहा गया है : "इस स्तोत्र की आठ प्रतियां तैयार करके जो कोई उन्हें आठ ब्राह्मणों में बांटेगा उसे तत्काल सिद्धि प्राप्त होगी।" नए देवताओं को प्रतिष्ठित करने के लिए ऐसे ही तरीके आज भी अपनाए

जाते हैं। आपको ऐसा कोई पोस्टकार्ड अवश्य मिला होगा जिसमें संतोषी मां या अन्य किसी देवी-देवता के चमत्कारों का वर्णन रहता है और अंत में कहा जाता है कि अपने परिचितों को ऐसे ही दस या बीस पोस्टकार्ड अवश्य लिखकर भेजें, अन्यथा आप संकट में फंस जाएंगे।

गुप्तकाल में पुराणकारों ने गणेश के बारे में अनेकानेक कथाएं रचीं, लेकिन इनमें विसंगतियों की भरमार है। एक कथा यह है कि पार्वती ने अपने शरीर के मैल से गणपति का निर्माण किया। कथा यह भी है कि पार्वती ने अपने शरीर के मल तथा लेप से जो द्रव पदार्थ तैयार किया, उसे मालिनी नामक हस्तिमुख राक्षसी को पीने के लिए दिया। उससे गजमुख पुत्र हुआ और उसे पार्वती उठा लाईं। गणेश के गजमुख के बारे में और भी कई कथाएं हैं, लेकिन पूरे प्रयत्न के बावजूद पुराणकारों को गणेश के गजमुख का स्पष्टीकरण करने में सफलता नहीं मिल सकी। गणपति का राक्षसों, असुरों या यक्षों के गणों या आदिवासी जमातों से संबंध छिपाये रखना उनके लिए संभव नहीं हुआ।

आज गणेश के गजमुख, लंबोदर तथा मूषक-वाहन रूपों को समझने में कोई कठिनाई नहीं है। वैदिक काल का गणपति गजमुख, लंबोदर या मूषक-वाहन नहीं था। गणेश को ये लक्षण गुप्तकाल में प्राप्त हुए। वस्तुतः ये आदिवासी जमातों के कुल-लक्षण या गणचिह्न (totem) रहे हैं। धर्म और ईश्वर की अवधारणा के अस्तित्व में आने से पहले संसार के प्रायः सभी आदिम समाजों में अपने-अपने विशिष्ट कुल-लक्षण रहे हैं, जिनकी वे उपासना करते थे।

समुद्रगुप्त की प्रयाग-प्रशस्ति से जानकारी मिलती है कि गुप्तकाल तक हमारे देश में कई गण-समाजों या वन्य-समुदायों का अपना स्वतंत्र अस्तित्व कायम था। गुप्त सम्राटों ने उन स्वतंत्र समाजों को अपने साम्राज्य में मिला लिया। जब ब्राह्मण उन जनसमुदायों के भी पुरोहित बनने लगे, तो उनके 'कुल-लक्षणों' को भी अपनाना आवश्यक हो गया। इसके लिए गणपति एक उपयुक्त देवता सिद्ध हुआ। यह देवता वैदिक काल से ही गणों का अधिपति था। गुप्तकाल में ब्राह्मण-पुरोहितों ने पूर्वकाल में निंद्य ठहराए गए गणपति का पुनः उद्धार किया और उसके साथ बचे-खुचे गणों या आदिम समाजों के हस्तिमुख, लंबोदर, मूषक-वाहन आदि कुल-लक्षणों को जोड़कर उसे विघ्नकर्ता से विघ्नहर्ता देवता बना दिया। इससे एक ओर गुप्तों को अपना साम्राज्य बढ़ाने और टिकाए रखने में मदद मिली, तो दूसरी ओर ब्राह्मणों को अपनी पुरोहिती का दायरा विस्तृत करने का सुअवसर मिला।

गुप्तकाल में हस्ति या मातंग कुल-लक्षण वाले किसी गण-समाज के अस्तित्व के बारे में जानकारी नहीं मिलती। लेकिन गुप्तों के कुछ सदियों पहले हमारे देश में मातंग तथा मूषक कुल-लक्षण वाले जनसमुदायों का अस्तित्व रहा है। बौद्ध ग्रंथ **ललितविस्तर** में कोशल-नरेश प्रसेनजित् को हस्तिवंशोत्पन्न कहा गया है। हाथीगुंफा-शिलालेख में राजा खारवेल द्वारा मूषकों का पराभव करके उनकी राजधानी (मुसिकनगर) को नष्ट करने

का उल्लेख है। खारवेल की रानी ने मंचपुरी-गुहालेख में अपने को हस्तिसह या हस्तिसिंह के प्रपौत्र की दुहिता कहा है। अतः कहा जा सकता है कि गुप्तकाल के आरंभ में भी हस्तिगण तथा मूषकगण का अस्तित्व रहा होगा। गणपति का बौना व लंबोदर रूप स्पष्टतः यक्षगण का लक्षण है।

इस प्रकार, गुप्तकाल के अंत में एक नया गणेश-संप्रदाय अस्तित्व में आया। नए साम्राज्यों के साथ नए देव-संप्रदायों का सृजन होना आम बात रही है। वैदिक काल के गौण देवता विष्णु 'परमभागवत' गुप्त-सम्राटों की कृपा से देव-सम्राट बन गए। यही हाल गणपति का हुआ। ईसा की पांचवीं सदी में देश में अनेक गाणपत्य संप्रदाय अस्तित्व में आए। दक्षिण भारत में उच्छिष्ट गणपति संप्रदाय का अधिक प्रचलन रहा है।

शांकरदिग्विजय में कई गाणपत्य संप्रदायों का वर्णन है। कथा है कि शंकराचार्य गणवर नगर में गाणपत्याश्रम में ठहरे और वहां उन्होंने छह विभिन्न पूजा-संप्रदाय देखे। फिर उन्होंने उन संप्रदायों के प्रमुखों से शास्त्रार्थ करके उन्हें हराया और उन्हें गाणपत्य संप्रदाय छोड़ने के लिए विवश किया।

शंकराचार्य के प्रयासों के बावजूद गणेश-पूजा का महत्व घटा नहीं, बल्कि बढ़ा ही है। गुप्तकाल में विघ्नहर्ता और सिद्धिदाता गणेश का जो स्वरूप बना, वह आज भी कायम है। गुप्तकाल के बाद ही देश में बड़ी तादाद में गणेश की मूर्तियां बनीं। गणेश की ये मूर्तियां प्रायः तीन प्रकार की हैं : स्थापक, आसन और नृत्यरत। गणेश दक्षिण-पूर्व एशिया के देशों में भी फैला और जापान तक पहुंच गया। काबुल (अफगानिस्तान) से भी गुप्तोत्तर काल की दो गणेश-प्रतिमाएं मिली हैं।

23

रामकथा की ऐतिहासिकता

एक पुरानी चीनी कहावत है—एक चित्र हजार शब्दों के बराबर होता है। वैज्ञानिक भी हमें जानकारी देते हैं कि 70 प्रतिशत सूचनाएं हम केवल अपनी आंखों से प्राप्त करते हैं। सुने हुए शब्दों से देखे हुए दृश्य बहुत ज्यादा प्रभावक होते हैं और दिमाग पर काफी स्थायी असर छोड़ते हैं। बालमन को तो चित्रों तथा चलचित्रों में प्रस्तुत की गई घटनाएं लगभग प्रामाणिक ही प्रतीत होती हैं।

मेरा ग्यारह साल का बेटा राजगोपालाचार्य की हिंदी में अनूदित **रामकथा** पहले ही पढ़ चुका था, लेकिन अब उसे पूरा यकीन हो गया है कि रामायण के वानरों की बंदरों-जैसी पूंछ थी, लंका सोने की थी, लंका तक पहुंचने के लिए वानरों की मदद से समुद्र पर लंबा सेतु बांधा गया था और आज की श्रीलंका ही रावण की लंका है। अभी कुछ दिन पहले मैंने उसे जापान में समुद्र पर बनाए गए लंबे पुल की जानकारी दी और चित्र दिखाया, तो उसका उत्तर था : "राम की वानर-सेना ने रामेश्वरम् से लंका तक इससे भी बड़ा सेतु बनाया था!"

यह रामायण सीरियल का जादू है।* धर्मनिरपेक्ष कहे जाने वाले हमारे शासन ने दूरदर्शन जैसे शक्तिशाली प्रचार-प्रसार माध्यम से देवकथाओं तथा दंतकथाओं को प्रस्तुत करने का जो नया सिलसिला शुरू किया है, उसके परिणाम निश्चय ही भयावह होंगे। **रामायण** के बाद आगे **महाभारत** सीरियल आने वाला है। भारत में देवकथाओं का अक्षय भंडार मौजूद है। प्राचीन मिथकों, आख्यानों, देवकथाओं और धर्मों तथा संप्रदायों के संस्थापकों के चरित्रों को दूरदर्शन पर प्रस्तुत करने का यह सिलसिला अनंतकाल तक जारी रह सकता है।

हम जानते हैं कि हमारे शासन के इस नए प्रयास से बहुत से लोग बेहद प्रसन्न हैं, पर यह सोचना भी जरूरी है कि एक धर्मनिरपेक्ष शासन द्वारा दूरदर्शन के माध्यम से प्राचीन देवकथाओं के नए संशोधित संस्करण प्रस्तुत करने के क्या दूरगामी परिणाम

* यह लेख मई, 1988 में तब लिखा गया था, जब टी.वी. पर रामानंद सागर का रामायण सीरियल दिखाया जा रहा था।

हो सकते हैं। यहां हम रामकथा पर विचार करेंगे और देखेंगे कि यह कितनी वास्तविक है और कितनी काल्पनिक। कहा जा रहा है कि रामायण सीरियल मूल वाल्मीकि- रामायण पर आधारित है। इसलिए हमें केवल इस आदिकाव्य पर ही विचार करेंगे।

वाल्मीकि का समय हम नहीं जानते, पर यह जाना जा सकता है कि आज से करीब डेढ़ हजार साल पहले, गुप्तकाल (लगभग 300-500 ई.) के अंत समय में उनकी रामायण का स्वरूप क्या रहा होगा। रामायण की जितनी भी हस्तलिपियां मिली हैं, वे एक हजार साल से अधिक पुरानी नहीं हैं। रामायण की सबसे पुरानी हस्तलिपि 1020 ई. की है, जो नेपाल से प्राप्त हुई है। सबसे अर्वाचीन हस्तलिपि 1800 ई. के आसपास की है। चूंकि रामायण में समय-समय पर नई-नई बातें जोड़ी जाती रही हैं, इसलिए उपलब्ध हस्तलिपियों में ढेर सारे पाठांतर देखने को मिलते हैं। वाल्मीकि-रामायण के इन उपलब्ध पाठों को मोटे तौर पर दो भागों में बांटा गया है : उत्तर भारतीय पाठ और दक्षिण भारतीय पाठ। विद्वानों का मत है कि रामायण का दक्षिण भारतीय पाठ ज्यादा प्रामाणिक है। इसका एक स्पष्ट कारण भी है। आगे हम देखेंगे कि दक्षिण भारत में वाल्मीकि-रामायण का प्रचार काफी बाद में हुआ, इसलिए क्षेपक जोड़ने के मौके अपेक्षाकृत कम मिले।

रामायण की सभी उपलब्ध हस्तलिपियों के आधार पर कई विद्वानों के सहयोग से वाल्मीकि की इस कृति का एक आलोचनात्मक संस्करण तैयार किया गया है और बड़ौदा से प्रकाशित हुआ है। आलोचनात्मक संस्करण का मतलब यह नहीं है कि यही वाल्मीकि की प्रामाणिक कृति है। हम केवल इतना ही कह सकते हैं कि 500 ई. के आसपास वाल्मीकि-रामायण का स्वरूप इस आलोचनात्मक संस्करण से मिलता-जुलता रहा है। गुप्तकाल के पहले वाल्मीकि-रामायण का स्वरूप कैसा रहा होगा, यह जानने के लिए फिलहाल हमारे पास कोई ठोस साधन नहीं है।

वाल्मीकि को अपने काव्य की रचना करने के लिए एक पुरुषोत्तम नायक की जरूरत थी। नारद ने उन्हें अयोध्या के सूर्यवंशी राम का नाम सुझाया। आदिकवि ने मूल कथा में बहुत सारी काल्पनिक घटनाओं, मिथकों और कल्पित पात्रों का समावेश करके अपने महाकाव्य की रचना की। बाद में कथाकारों, कीर्तनकारों, चारणों, भाटों और पौराणिकों ने वाल्मीकि की उस रामकथा में अनेक बातें जोड़ीं। रामलीलाओं में यह प्रक्रिया आज भी जारी है। रामायण सीरियल वाल्मीकि-रामायण का एक नया अनूदित, परिवर्द्धित एवं संशोधित संस्करण है।

गुप्तकाल में वाल्मीकि-रामायण का जो स्वरूप बना, उसके आधार पर बाद में कई कृतियों की रचना हुई। कालिदास ने **रघुवंशम्** काव्य की रचना की। उनके करीब तीन-चार सदियों बाद भवभूति ने **उत्तररामचरित** की रचना की। फिर क्षेत्रीय भाषाओं में भी रामकथाएं रची गईं। उत्तर भारत में तुलसीदास के रामचरित को और दक्षिण भारत में कंबन की रामकथा को सबसे ज्यादा प्रसिद्धि मिली। गुप्तकाल में विष्णु, अग्नि और पद्म पुराणों

में भी रामकथा का समावेश कर दिया गया। **अध्यात्म रामायण** या 'रामोपाख्यान' जैसी और भी कुछ कृतियां रची गईं। सारांश यह कि आज अपने विविध रूपों में जो रामकथा उपलब्ध है, वह गुप्तकाल से फलती-फूलती चली आ रही है।

वाल्मीकि निश्चय ही गुप्तकाल के पहले हुए। राम के बारे में भी यह माना जाता है कि वे कृष्ण के पहले त्रेता युग में हुए। संभव है कि अयोध्या या कोसल के इक्ष्वाकु कुल में दशरथ-पुत्र राम कोई ऐतिहासिक पुरुष सचमुच हुए हों, परंतु वाल्मीकि ने अपने काव्य में जो रामकथा प्रस्तुत की है, उसके लिए फिलहाल गुप्तकाल के पहले का कोई ऐतिहासिक या पुरातात्विक साक्ष्य उपलब्ध नहीं है। इसके विपरीत, यह मानने के लिए पर्याप्त प्रमाण मौजूद हैं कि गुप्तकाल के अंत समय तक रामकथा दक्षिण भारत में नहीं फैली थी। इतना ही नहीं, ईसा की आरंभिक सदी तक रामकथा का उत्तर भारत में भी ज्यादा प्रचार नहीं था।

समूचे वैदिक वाङ्मय में एक देवता के रूप में राम का कहीं कोई स्पष्ट नामोल्लेख नहीं है। उपनिषदों में विदेहराज जनक की पर्याप्त चर्चा है, पर दशरथ या राम के उल्लेख नहीं मिलते। पाणिनि और महाभाष्यकार पतंजलि ने महाभारत के अनेक पात्रों के उदाहरण दिए हैं, पर इन वैयाकरणों ने राम का कहीं कोई उल्लेख नहीं किया। गुप्तकाल के पहले का राम का कोई मंदिर या मूर्तिशिल्प नहीं मिलता।

गुप्तकाल के अंत समय तक दक्षिण भारत में भी रामकथा का प्रचार नहीं हुआ था। प्राचीन तमिळ के संघम् साहित्य (ईसा-पूर्व प्रथम सदी से ईसा की छठी सदी तक) के अध्ययन से यह बात स्पष्ट हो गई है। डा. एन. सुब्रह्मण्यन् अपने ग्रंथ **संघम् राज्य-व्यवस्था** (*Sangam Polity*, पृ. 360) में लिखते हैं : "यह बड़ी विचित्र बात है कि जिस 'राम' की आज खूब पूजा होती है, उसका एक देवता के रूप में अन्य देवताओं के साथ कहीं कोई उल्लेख देखने को नहीं मिलता। केवल चंद स्थानों पर ही एक विजयी पुरुष के रूप में राम का जिक्र आया है, जबकि बलराम (जिन्हें अब लगभग भुला दिया गया है) को एक देवता के स्तर पर उठाया गया है और उनकी स्तुति की गई है। राम के मंदिर, उनकी पूजा या उत्सव का कहीं कोई उल्लेख नहीं है। संघम् साहित्य में राम नाम वाले किसी भी व्यक्ति का उल्लेख नहीं है, जबकि कण्णन् (कृष्ण) एक काफी प्रचलित नाम है।" संघम् साहित्य में गणेश का और शिव के नटराज स्वरूप का भी कोई जिक्र नहीं है।

प्रसिद्ध पुराविद् डा. हंसमुख धीरज सांकलिया ने पल्लव, चोळ और पांड्य अभिलेखों में राम के नामोल्लेखों की खोजबीन करवाई है। पता चला है कि पल्लव अभिलेखों में राम नामवाले किसी व्यक्ति का उल्लेख नहीं है और आरंभिक चोळ अभिलेखों में ऐसे केवल चार ही नाम मिले हैं।

यह सच है कि गुप्तकाल के बाद रामकथा का तेजी से प्रचार हुआ—देश में भी और दक्षिण-पूर्व एशिया के देशों में भी। सुदूर जावा और चंपा (विएतनाम) में रामकथा

अनेकानेक अभिलेखों, अनुपम शिल्पों और मनोरम छाया-नृत्यों में व्यक्त हुई। चंपा के वा-किएन स्थान से मिले एक अभिलेख से जानकारी मिलती है कि राजा प्रकाशधर्म (653-79 ई.) ने वाल्मीकि का एक मंदिर भी बनवाया था। रामकथा का दक्षिण भारत में व्यापक प्रचार होने के पहले ही यह दक्षिण-पूर्व एशिया के देशों तक पहुंच गई थी, तो इसमें आश्चर्य की कोई बात नहीं है। शून्य सहित केवल दस संकेतों पर आधारित हमारी दाशमिक स्थानमान अंक-पद्धति, भारत में पूर्णतः प्रचलित होने के पहले ही, ईसा की सातवीं सदी में ही, पूर्व में जावा-सुमात्रा तक और पश्चिम में सिकंदरिया व सीरिया तक पहुंच चुकी थी।

पर सच्चाई यही है कि ईसा की सातवीं-आठवीं सदी तक वाल्मीकि की रामकथा का दक्षिण भारत में अभी व्यापक प्रचार नहीं हुआ था। रामेश्वरम् का प्रसिद्ध मंदिर काफी बाद में बना है। दक्षिण भारत के इतिहास के प्रकांड विद्वान नीलकंठ शास्त्री ने भी लिखा है : "धार्मिक भावना जो भी हो, रामायण न तो रूपक-कथा है, न ही इतिहास; यह मिथकों पर आधारित महाकाव्य है।"

वस्तुतः रामायण के रचनाकार को दक्षिणापथ के निवासियों, रीति-रिवाजों, स्थानों, नदियों, पर्वतों आदि की समुचित जानकारी ही नहीं थी। इस बात को अनेक प्रमाणों से सिद्ध किया जा सकता है। कुछ विद्वानों का मत है कि बालि की राजधानी किष्किंधा आंध्र-कर्नाटक के सीमा-प्रदेश में थी। लेकिन दो बातों पर ही विचार किया जाए, तो यह अनुमान निराधार सिद्ध होता है। रामायण में शाल (साल) वृक्ष का उल्लेख अनेक स्थानों पर आया है। किष्किंधा के पास राम बालि का वध कर सकने की अपनी क्षमता का परिचय एक ही बाण से शाल के सात वृक्षों को बेधकर देते हैं (**स विसृष्टो बलवता बाणः...भित्वा सालान् गिरिप्रस्थं सप्तभूमिम्**)। राक्षसों से युद्ध करते समय वानर-सेना अक्सर ही शाल वृक्ष की टहनियों का इस्तेमाल करती है। सेतु-निर्माण के लिए अन्य वृक्षों के साथ शाल का भी उपयोग किया गया था।

आदिचनल्लूर के शवाधानों में से एक

लेकिन क्या यह शाल वृक्ष आंध्र-कर्नाटक के सीमा-प्रदेश में या रामेश्वरम् के पास या श्रीलंका में प्राकृतिक रूप से उपलब्ध था? शाल वृक्ष प्राकृतिक रूप में केवल छोटा नागपुर (दक्षिण कोशल) के इलाके में ही पाया जाता है (शाल के पेड़ सतपुड़ा में भी पाए जाते हैं)। छोटा नागपुर

का यही क्षेत्र रामायण का दंडकारण्य है और वाल्मीकि जानते थे कि वहां शाल वृक्ष पाए जाते हैं।

रामायण से एक और प्रसंग लीजिए। लक्ष्मण आदेश देता है–सुग्रीव, अब तुम तारा और अंगद के साथ मिलकर बालि की अन्त्येष्टि के लिए दहन-क्रिया की व्यवस्था करो (**कुरु त्वमस्य सुग्रीव प्रेतकार्यमनंतरम्, तारांगदाभ्यां सहितो बालिनो दहनं प्रति**)। रामायण में इस दहन-क्रिया (cremation) का जो विस्तृत वर्णन है, वह वैदिक पद्धति का है। पर पुरातत्व से जानकारी मिलती है कि समूचे दक्षिण भारत में, कम-से-कम ईसा-पूर्व तीसरी सदी तक, प्रमुखतः शवाधान (burial) का ही प्रचलन रहा है। दक्षिण तमिलनाडु के तिरुनेलवेलि शहर के नजदीक के आदिचनल्लूर स्थान पर पहले और अब 2005 ई. में की गई खुदाई में कई सारे शवाधान मिले हैं। रामायण के रचनाकार को शवाधान की इस प्रथा की जानकारी नहीं थी। वाल्मीकि को दक्षिणापथ की समुचित जानकारी नहीं थी, यह सिद्ध करने के लिए रामायण से और भी कई प्रसंग पेश किए जा सकते हैं।

हम देख चुके हैं कि ईसा की सातवीं-आठवीं सदी तक दक्षिण भारत में रामकथा का विशेष प्रचार नहीं हुआ था। वाल्मीकि भी दक्षिण भारत से सुपरिचित नहीं थे। तब प्रश्न उठता है–आज की समुद्रपार की श्रीलंका रावण की लंका कब और कैसे बन गई?

पहले श्रीलंका के इतिहास पर थोड़ा विचार कीजिए। कौटिल्य के **अर्थशास्त्र में** आज की श्रीलंका के लिए 'पारसमुद्र' नाम देखने को मिलता है। बुद्ध के समय में भारतीय राजकुमार विजय और उसके साथियों ने इस द्वीप को आबाद किया, तो इसका नाम ताम्रपर्णी पड़ा। अशोक के अभिलेखों में और **महावंश**-जैसे इतिहास ग्रंथों में तंबपण्णी (ताम्रपर्णी) नाम ही देखने को मिलता है। यूनानी लेखकों ने भी इसी नाम से इस द्वीप का उल्लेख किया है। चूंकि विजयकुमार 'सिंह' कुल में पैदा हुआ था, इसलिए वह और उसके साथी 'सिंहल' कहलाए और द्वीप का नाम 'सिंहल' पड़ा। 'सीलोन' (Ceylon) शब्द सिंहल का ही अपभ्रंश है।

इससे भी अधिक महत्व की बात यह है कि श्रीलंका में रामकथा से संबंधित कोई प्राचीन अवशेष या स्मारक नहीं मिलता। दक्षिण भारत में प्रचारित होने के बाद ही रामकथा श्रीलंका में पहुंची है। उसके बाद ही श्रीलंका में 'सीता-एलिया' और 'अशोक-वन' जैसे कुछ स्थल अस्तित्व में आए हैं।

भारतीय ज्योतिषियों की 'लंका' भी आज का श्रीलंका द्वीप नहीं है। ज्योतिष की 'लंका' भूमध्यरेखा पर स्थित वह काल्पनिक बिंदु है जहां शून्य-देशांतर वाली रेखा आकर मिलती है।

दरअसल, रामायण की लंका का श्रीलंका द्वीप से कोई संबंध नहीं है। श्रीलंका की सिंहल भाषा आर्यभाषा-परिवार की है। सिंहल लिपि अशोक-कालीन ब्राह्मी लिपि से विकसित हुई है। अशोक-कालीन ब्राह्मी लिपि के लेख आज भी श्रीलंका की प्राचीन

राजधानी अनुराधपुर के पास की मिहिंतले पहाड़ी की गुफाओं में देखे जा सकते हैं। अशोक-पुत्र महेंद्र इस पहाड़ी पर रुके थे, इसलिए इसका यह नाम।

सिंहल के बौद्धजन उत्तर भारत को भगवान बुद्ध की पवित्र भूमि मानते हैं। लेकिन भारतीय रामभक्त उनके सुरम्य द्वीप को रावण और राक्षसों की लंका समझते हैं, तो उन्हें बहुत बुरा लगता है। सिंहल के प्रख्यात पुराविद डा. परणवितान लिखते हैं : "प्राचीन संस्कृत साहित्य से यह स्पष्ट प्रमाणित होता है कि यह द्वीप रामायण की लंका नहीं है। उस महाकाव्य की कथा मिथकों पर आधारित है। कुछ लोगों का यह सोचना कि सिंहल द्वीप में किसी विकसित राक्षस सभ्यता का अस्तित्व रहा है, महज एक कपोल-कल्पना है।" (*History of Ceylon*, प्रथम खंड, कोलंबो, पृ. 95)

सागर पर सेतु बांधना भी कवि की कल्पना ही है। बताया गया है कि सेतु बांधने के लिए शाल, ताल, तिलक, कुटज, अर्जुन, विल्व, अशोक आदि के पेड़ समुद्र में डाले गए। लेकिन क्या इतने किस्म के पेड़ रामेश्वरम् के पास उपलब्ध थे? समुद्र का सूख जाना और फिर विश्वकर्मा के पुत्र नल द्वारा वानरों की मदद से सौ योजन लंबा पुल बनाना कवि की कल्पना के सिवा और कुछ नहीं है।

रामायण की दो हस्तलिपियों में यह पाठ भी देखने को मिलता है : **समुद्रागमन चैव नलसेतोश्च दर्शनम्**—अर्थात्, राम और वानर जब लंका के पास पहुंचे, तो वहां उन्हें सागर (यानी बड़ी झील या सरोवर) पार करने के लिए एक संकरा जलमार्ग दिखाई दिया। रामायण में ही यह भी स्पष्ट जानकारी मिलती है कि हनुमान ने सागर को तैरकर पार किया था। स्वयं हनुमान के शब्द हैं : **संतरिष्यामि सागरम्**। ऐसी स्थिति में सागर को रामेश्वरम् और श्रीलंका के बीच का समुद्र समझने का कोई औचित्य नहीं है। रामायण की लंका को हमें भारत में ही चित्रकूट से नातिदूर के दंडकारण्य में खोजना होगा, और इसके लिए पर्याप्त प्रमाण भी मौजूद हैं। डा. हीरालाल, डा. रामदास, सरदार किबे, परमशिव अय्यर, रायकृष्णदासजी, डा. सांकलिया, डा. कृष्णदत्त वाजपेयी आदि अनेक विद्वानों ने अपने अनुसंधानों से सिद्ध कर दिया है कि रावण की लंका चित्रकूट से ज्यादा दूर नहीं थी।

समूची रामायण में केवल एक स्थान पर नर्मदा नदी का उल्लेख आया है। किष्किंधा कांड का यह एकमात्र उल्लेख भी बाद का प्रक्षेप जान पड़ता है। अन्यथा रामकथा की सारी घटनाएं नर्मदा के उत्तर में घटित हुई हैं। रामायण में जिस गोदावरी नदी का उल्लेख आया है, वह भी चित्रकूट के पास ही थी। डा. हीरालाल ने जानकारी दी है कि चित्रकूट के दक्षिण में गोदावरी नाम की एक छोटी नदी थी, जो अब सूख गई है। मारीचि से संबंधित जितने भी प्रसंग रामायण में आए हैं, उनसे भी यही प्रमाणित होता है कि किष्किंधा और रावण की लंका दंडकारण्य में ही थी।

विद्वानों का मत है कि 'लंका' शब्द मूलतः मुंडा भाषा (ऑस्ट्रिक भाषा-परिवार) का है और इसका अर्थ है कोई 'ऊंचा स्थान' या 'द्वीप'। 'रावण' शब्द भी संभवतः मुंडा भाषा का ही है। कुछ विद्वानों का मत है कि रावण आदिवासी गोंड जाति का

था। गोंड लोग अपनी जाति को कोयतूर (= मनुष्य) कहते थे, किंतु आर्यों ने उन्हें पशु समझकर गोंड (= ढोर) उपाधि दे डाली! गोंड लोग आज भी रावण को सम्मान की दृष्टि से देखते हैं, उसे अपना आदिराजा मानते हैं और अपने को रावणवंशी बताते हैं। कोई चार-पांच सौ साल पहले इस प्रदेश में जब गोंडों का शासन स्थापित हो गया था, तब वे अपने सिक्कों पर अपने नाम के आगे पौलस्त्यवंश अंकित करते थे; 'पौलस्त्य' का अर्थ है, रावण-संबंधी। रावण का एक मुख, दो आंखें, दो कान और दो भुजाएं ही थीं, इसके लिए रामायण में पर्याप्त प्रमाण उपलब्ध हैं। गोंडी भाषा में महत्वपूर्ण स्थलों को आज भी 'लक्का' कहा जाता है। अतः कहा जा सकता है कि रावण और अन्य 'राक्षस' आदिवासी गोंड रहे होंगे और वानर, शवर या कोरकू आदिवासियों में से होंगे।

सारांश यह कि, वाल्मीकि-रामायण मिथकों पर आधारित एक महाकाव्य है। इसमें जो रामकथा प्रस्तुत की गई है, उसके लिए कोई ऐतिहासिक आधार उपलब्ध नहीं है। अनेक विद्वानों का यही निष्कर्ष है। श्री अरविंद ने भी कहा है : "यह विश्वास करने के लिए कोई आधार नहीं है कि राम एक ऐतिहासिक व्यक्ति है।...संभव है कि कभी राम का अस्तित्व रहा हो, किंतु यकीन के साथ कुछ नहीं कहा जा सकता।"

फिर भी माना जा सकता है कि कोसल के इक्ष्वाकु वंश में दशरथ और राम नाम के कोई व्यक्ति हुए होंगे। लेकिन दशरथ-पुत्र राम की वह प्राचीन कथा वाल्मीकि-रामायण की कथा से काफी भिन्न रही होगी। उस प्राचीन कथा का थोड़ा आभास हमें बौद्धों के **दशरथ जातक** में मिलता है। दशरथ जातक के अनुसार, दशरथ वाराणसी के राजा थे और राम, लक्ष्मण तथा सीता का जन्म उनकी ज्येष्ठ पटरानी से हुआ था। इस कथा के अनुसार राम ने बारह वर्ष का वनवास भोगा था। हम जानते हैं कि आरंभ में वाराणसी एक स्वतंत्र राज्य था, इस पर कोसल का अधिकार बाद में हुआ। इस जातक-कथा में राम के प्रति तनिक भी दुराभाव नहीं है, क्योंकि बुद्ध स्वयं कहते हैं कि पूर्वजन्म में मैं ही रामपंडित था।

यहां हम राम के चरित्र की जांच-पड़ताल करने के चक्कर में नहीं पड़ेंगे। लेकिन डा. भीमराव आंबेडकर द्वारा राम-चरित्र की की गई जांच-पड़ताल से हाल में महाराष्ट्र में जो बवंडर उठा है, उसकी यहां थोड़ी चर्चा करना आवश्यक है।

डा. भीमराव आंबेडकर ने अपने निबंध *The Riddle of Rama and Krishna* (राम और कृष्ण की पहेली) में राम और कृष्ण के चरित्रों के बारे में कुछ ऐसी बातें कही हैं जो सनातनियों को बहुत अप्रिय लगीं। यहां हम डा. आंबेडकर की केवल एक टिप्पणी को उद्धृत करना चाहेंगे। राम द्वारा बालि के वध की घटना को सभी जानते हैं; इस वध को उचित ठहराने के लिए वाल्मीकि ने राम के मुंह से जो वचन कहलवाए हैं, वे कतई समाधानकारक नहीं हैं। चक्रवर्ती राजगोपालाचार्य को भी राम का उत्तर नीरस लगा। इसलिए उन्होंने अपनी रामकथा में उन श्लोकों को छोड़ दिया और इसके लिए पंडितों से माफी मांगकर छुट्टी पा ली!

परंतु डा. आंबेडकर महान विधिवेत्ता थे। उन्होंने राम को अपराधी के कठघरे में खड़ा कर दिया और न्याय मांगते हुए कहा : "बालि की यह हत्या राम के चरित्र पर सबसे बड़ा कलंक है। यह एक ऐसा अपराध था जिसके लिए कोई कारण न था, क्योंकि बालि का राम से कोई झगड़ा नहीं था। यह योजनाबद्ध और पूर्वचिंतित हत्या थी।"

डा. आंबेडकर की अंग्रेजी टिप्पणी का यह हिंदी अनुवाद भाई नारायणदत्त जी का है। 'राम, वाल्मीकि और डा. आंबेडकर' शीर्षक से 'धर्मयुग' में प्रकाशित अपने लेख में वे लिखते हैं : "ये शब्द बहुत कठोर हैं...(पर) हम अनुभव करते हैं कि महान न्यायवेत्ता डा. आंबेडकर यहां न्याय की निष्पक्ष वाणी बोल रहे हैं।" इतना ही नहीं, आगे उन्होंने लिखा : "वाल्मीकि ने लिखा है कि बालि को राम के उत्तरों से संतोष हो गया और धर्म का यह स्वरूप समझाने के लिए उसने राम के प्रति कृतज्ञता प्रकट की। राम भी आर्य थे और वाल्मीकि भी आर्य थे। किंतु यदि आज हमारे जैसे बहुतों को श्रीराम के इस उत्तर में नस्लपरस्त साम्राज्यवादी की भाषा सुनाई दे, तो इसे हमारा कसूर नहीं मानना चाहिए। देश-काल के अंतर की दलील यहां नहीं दी जा सकती, क्योंकि तब कम-से-कम आज के युग के लिए तो श्रीराम के मर्यादापुरुषत्व का दावा छोड़ना ही पड़ेगा।"

जो बात सदियों से शोषित व पीड़ित दलित समाज में पैदा हुए डा. आंबेडकर कहने के पूर्ण अधिकारी थे, वह नारायणदत्त जी ने कह दी, परंतु हमारा हिंदू समाज अब इतना सहिष्णु नहीं रहा कि देव-चरित्रों के बारे में कोई न्यायसंगत बात भी सुन सके।

प्राचीन काल में इतनी अधिक धार्मिक असहिष्णुता नहीं थी। **महाभारत** के 'द्रोणपर्व' (अध्याय 196) के निम्न श्लोकों से ही यह बात प्रमाणित हो जाती है। इन श्लोकों की सूचना मुझे भाई नारायणदत्त ने दी। द्रोणाचार्य के सामने अश्वत्थामा की मृत्यु के संबंध में झूठ बोलने के लिए युधिष्ठिर की भर्त्सना करते हुए अर्जुन से ये श्लोक कहलाए गए :

उपचीर्णो गुरुर्मिथ्या भवता राज्यकारणात्।
धर्मज्ञेन सता नाम सोऽधर्मः सुमहान् कृतः॥
चिरं स्थास्यति चाकीर्तिः त्रैलोक्ये सचराचरे।
रामे वालिवधाद् यद्वद्देवं द्रोणे निपातिते॥
स सत्यकंचुकं नाम प्रविष्टेन ततोऽनृतम्।
आचार्य उक्तो भवता हतः कुंजर इत्युत॥

अर्थात्, आपने धर्मज्ञ होते हुए भी राज्य के लोभ से झूठ बोलकर जो अपने गुरु को धोखा दिया, वह महान पाप किया है। अतः छिपकर बालि का वध करने के कारण जैसे राम को शाश्वत अपयश मिला, उसी प्रकार झूठ बोलकर द्रोणाचार्य को मरवा देने के कारण चराचर प्राणियों-सहित तीनों लोकों में आपकी अकीर्ति चिरस्थायी हो जाएगी।

आपने सत्य का चोला पहनकर आचार्य से झूठ ही कह दिया कि 'अश्वत्थामा मारा गया।' उसी नाम का हाथी मारा गया था, इसलिए आपने उसकी आड़ लेकर झूठ कहा।

नारायणदत्त जी की टिप्पणी थी : "राम में शाश्वत अकीर्ति के निवास की बात आज के हिंदुओं को तो नास्तिकता की पराकाष्ठा ही लगेगी। पर महाभारतकार को वैसा कहलाने में कोई संकोच न हुआ। हिंदू मानस का विपाक कैसा हुआ है पिछली सदियों में, देखिए।"

युधिष्ठिर को धर्मराज कहा जाता था। राम को मर्यादा पुरुषोत्तम माना जाता है। महाभारतकार यह भी जानते थे कि ब्रह्मा ने रामकथा के चिरप्रचारित रहने का वाल्मीकि को वर दिया हुआ है। फिर भी झूठ बोलने वाले युधिष्ठिर के लिए और बालिवध करने वाले राम के लिए शाप जैसे कठोर वचन कहने में उन्हें तनिक भी हिचक नहीं हुई।

लेकिन आज पौराणिक चरित्रों के बारे में न्यायसंगत बातें कहना भी कठिन हो रहा है। दूरदर्शन जैसे प्रभावकारी प्रचार-माध्यम से देवकथाओं और पुराणकथाओं के लोकप्रिय संस्करण प्रसारित करने का सिलसिला जारी रहता है, तो ऐतिहासिक विवेचन-विश्लेषण करना भी कठिन हो जा सकता है।

24

प्रशासक और धर्म-निरपेक्षता

[1]

बहुत दिनों बाद भगवान के दरवाजे पर पहुंचा, पर उसने दर्शन नहीं दिए। मंदिर के कपाट बंद थे।

महानगरी दिल्ली के जिस मुहल्ले में मैं रहता हूं, उसके पास ही एक लंबा-चौड़ा मैदान है। अब इस खाली जगह को एक उद्यान में बदला जा रहा है। दो साल पहले यहां एक झुग्गी-बस्ती थी।

पिछले कई दिनों से देख रहा हूं कि उस झुग्गी-बस्ती के बचे-खुचे 'पुरावशेष' एक-एक करके मिटते जा रहे हैं और नए नयनाभिराम नजारे उभर रहे हैं। उस पुरानी झुग्गी-बस्ती के नहीं मिटे, तो केवल चार निशान—चार छोटे मंदिर। इन्हीं में से एक मंदिर को मैं देखने गया था; सो, उसके दरवाजे बंद थे! गोदरेज का ताला पड़ा था!

स्थानीय प्रशासन की यंत्र-व्यवस्था जिस समय किसी झुग्गी-बस्ती को तोड़ती है, उस समय का दृश्य आपने भी देखा होगा। बहुत बड़ा हिया चाहिए उस नजारे को देखने के लिए। चंद घंटों में सब कुछ तहस-नहस हो जाता है। सैकड़ों परिवारों का भौतिक जीवन बिखर जाता है, विस्थापित हो जाता है। विस्थापित नहीं होते केवल उस बस्ती के मंदिर और उनमें विराजमान दगड़-देवता!

किसी खाली सरकारी जमीन पर कोई झोंपड़ी-बस्ती खड़ी होती है। फिर कोई 'बाबा' आकर उस बस्ती में अपना अड्डा जमा लेते हैं। बस्ती के कमकर अपने पसीने की कमाई खाते हैं; पर उस बाबा को भगवान के नाम पर पेट पालना होता है, चिलम फूंकनी होती है। सो वह उस बस्ती में एक छोटा-सा मंदिर खड़ा करते हैं और पास ही अपने लिए एक कुटिया बना लेते हैं। इस प्रकार, उस झुग्गी-बस्ती में दो-चार मंदिरों का और दो-चार किस्म के भगवानों का जन्म हो जाता है।

फिर उस झुग्गी-बस्ती को हटाने का समय आता। हाड़-मांस के आदमियों को और उनकी छोटी-सी गृहस्थियों को हटाने में कोई दिक्कत नहीं होती। हटाये नहीं जा सकते तो केवल उन बस्तियों के मंदिर। अधिकारियों की देख-रेख में और पुलिस के बंदोबस्त

में प्रशासन के कर्मचारी उस बस्ती के बाशिंदों के चूल्हे-चौके और सामान-बिस्तर को खुली बेरहमी से फेंक सकते हैं। पर उस बस्ती के इन मंदिरों की एक ईंट या एक ढेला भी वे हिला नहीं सकते। मंदिर ज्यों-के-त्यों खड़े रहते हैं।

उन मंदिरों के बाबा जानते हैं कि मंदिर का भगवान उन्हें खाना नहीं दे सकता; मंदिर का भगवान उनकी चिलम के लिए गांजा लाकर नहीं दे सकता। बाबा अच्छी तरह जानते हैं कि बस्ती के श्रद्धालु आदमियों से ही उन्हें रोटी मिल सकती है। सो वह उन विस्थापित लोगों के साथ चले जाते हैं। बाबा अच्छी तरह जानते हैं, आदमियों के बिना भगवान का मूल्य दो कौड़ी का है।

मेहनत की कमाई खाने वाली अनपढ़ जनता से मैं उनके 'विश्वास' छीनने के पक्ष में नहीं हूं। मेरा मत है कि आध्यात्मिक अंधविश्वासों के उन्मूलन का सबसे उत्तम तरीका है उनके स्थान पर ज्ञान-विज्ञान की स्थापना करना। गरीब जनता के मंदिरों से और उनमें विराजमान उनके भगवानों से मुझे कोई दुश्मनी नहीं है।

मेरा सवाल सिर्फ यह है—झुग्गी-बस्ती के साथ-साथ वहां के मंदिरों को भी क्यों नहीं हटाया जाता? उस बस्ती के बाशिंदों के सामान-असबाब के साथ-साथ उनके देवता भी 'बेहतर' स्थान पर स्थानांतरित क्यों नहीं होते?

मैं जानता हूं, कि बहुतों को यह सवाल बेतुका लगेगा। आप कहेंगे—कौन मंदिर को तोड़कर या हटाकर 'पाप' का भागी बनेगा और 'नरक' में यातनाएं भोगेगा?

सो मंदिर ज्यों-का-त्यों बना रहता है। कोई करोड़ीमल-पकौड़ीमल उस मंदिर का नवनिर्माण करता है, मंदिर पर सोने की पॉलिशवाला कलश चढ़ा देता है, चहारदीवारी बांधने में दस-बीस हजार दान कर देता है, मंदिर के प्रवेश-द्वार पर अपना नाम लिखवा देता है : 'चांदीवाले के दान से बना मंदिर'; और एक नए बाबा को उस मंदिर का पुजारी बना देता है। मंदिर की वह भूमि—इस महानगरी में जिसकी कीमत लाखों रुपए पर पहुंच जाती है, उस 'चांदीवाले' की लगभग निजी मिल्कियत बन जाती है। उस मंदिर के देवता की भी पदोन्नति होती है। 'अनपढ़ आस्तिकों' का पैदा किया हुआ वह भगवान अब 'अभिजात आस्तिकों' का भगवान बन जाता है।

महानगरी का 'प्रशासन' इस सारी प्रक्रिया का मूक दर्शक बना रहता है। वह जानता है कि मंदिर को बचाकर रास्ता निकालना, मंदिर को बचाकर सरकारी इमारत खड़ी करना या उद्यान बनाना ही श्रेयस्कर है। इस 'धर्म-निरपेक्षता' ने पिछले कुछ दशकों में नई दिल्ली में कम-से-कम पांच सौ नए मंदिरों को तो अवश्य ही जन्म दिया होगा।

संविधान के अनुसार हमारे देश का शासन धर्म-निरपेक्ष है। देश के हर व्यक्ति को अपनी इच्छानुसार किसी भी धर्म या संप्रदाय को मानने की पूर्ण स्वतंत्रता है। यह उसका 'मौलिक अधिकार' है।

लेकिन नजदीक से देखने पर लगता है कि दूसरे सारे मौलिक अधिकारों की तरह धार्मिक स्वतंत्रता संबंधी यह मौलिक अधिकार भी एक मखौल बनकर रह गया है।

मंदिरों की ही बात लीजिए। जटाधारी-भस्मधारी कोई भी बाबा कहीं पर भी दो-चार पत्थर जमा करके उन पर सिंदूर पोतकर रातोंरात एक मंदिर खड़ा कर सकता है। उस समय धर्म-निरपेक्ष शासन सोया रहता है। जागने पर देखता है कि मंदिर अनधिकृत स्थान पर बना है, हटाया जा सकता है; किंतु मंदिर नहीं हटता। क्या आप इसे धर्म-निरपेक्षता कहेंगे?

कुछ दशक पहले दिल्ली की श्रीनिवासपुरी कॉलोनी (कालकाजी मंदिर के पास) की एक चट्टान पर अशोक का एक लघु-शिलालेख मिला। दिल्ली के बौद्धों ने उस स्थान से लगभग एक फर्लांग की दूरी पर एक छोटा-सा बौद्ध मंदिर खड़ा किया। मैं जानता हूं कि तीन-चार साल तक दिल्ली के प्रशासन ने उस मंदिर के भिक्षुओं को कितना परेशान किया है। मंदिर सरक गया, किंतु प्रशासन द्वारा बनाई गई सड़क नहीं सरकी। दिल्ली के बौद्धों ने बौद्ध देशों के राजदूतों को आमंत्रित करके वहां चार-पांच समारोहों का आयोजन किया, तब जाकर प्रशासन की छेड़-छाड़ में थोड़ी ढिलाई आई।

उधर मद्रास (चेन्नै) का वह किस्सा तो आपने सुना ही होगा कि प्रशासन ने जिस स्थान पर मस्जिद बनाने की अनुमति दी थी, उस स्थान पर खुद प्रशासन (एक पुलिस कर्मचारी) ही एक हिंदू देवता को धमाके के साथ पैदा करता है!

दरअसल, यहां शासन के पदाधिकारी ही जनता के सामने धर्म-निरपेक्षता का आदर्श पेश नहीं कर रहे हैं। जिन्हें धर्म-निरपेक्षता का कड़ाई से पालन करना चाहिए, वे ही, कथनी और करनी दोनों से, खुलेआम धार्मिक पक्षपात का भरपूर परिचय दे रहे हैं।

आप शासक-वर्ग के सदस्य हैं। आप भगवान में यकीन करते हैं। कोई हर्ज नहीं। आप एक खास भगवान में यकीन करते हैं। आप किसी खास स्थान के मंदिर के भगवान में आस्था रखते हैं। आप एक खास वर्ग के 'भगवान के एजंटों' को अधिक आदर से देखते हैं। इसमें भी कोई हर्ज नहीं। आप चुपके से जाकर उस भगवान और उसके उस खास पुजारी के सामने माथा टेककर आइए।

लेकिन आप ऐसा नहीं करते। आप चाहते हैं कि सारा देश जान जाए कि आप राजधानी या अन्य किसी जगह के अमुक मंदिर के अमुक खास देवता और अमुक खास पुरोहित के खास भक्त हैं। देश के तमाम अखबारों में आपकी वह खास तसवीर छपती है। लोग देखते हैं कि आप अमुक खास देवता के सामने दंडवत लगा रहे हैं।

और फिर, अमुक खास शंकराचार्य का वरदहस्त आपके सिर पर है।

[2]

एक व्यक्ति है। धार्मिक वृत्ति का है। किसी खास देवी या देवता का भक्त है। वह व्यक्ति (उसका परिवार भी) अपने घर के भीतर अपने आराध्य देव या देवी की 'चाहे जिस तरीके से' आराधना करने के लिए स्वतंत्र है। वह व्यक्ति सामूहिक पूजास्थानों में जाकर पूजा-पाठ करने के लिए भी स्वतंत्र है।

अब कल्पना कीजिए कि वही व्यक्ति किसी महानगरी का प्रशासक है या प्रशासन का एक पदाधिकारी है। ऐसा व्यक्ति अपने घर के भीतर, बीवी-बच्चों के बीच में, एक व्यक्ति है; किंतु घर के बाहर, सामाजिक जीवन में यह समष्टि बन जाता है। शासन की जिम्मेदारी उसे इसीलिए सौंपी जाती है कि वह सभी लोगों को—नाना धर्मों और संप्रदायों को मानने वाले लोगों को—समदृष्टि से देखेगा।

लेकिन अधिकतर देखते हैं कि ऐसा नहीं होता। प्रशासक व्यक्ति किसी खास संप्रदाय या देवी-देवता में आस्था रखने वाला होता है। उसकी यह आस्था 'सरकारी क्षेत्र' में भी फूट पड़ती है।

एक उदाहरण लीजिए।

मान लीजिए कि किसी महानगरी के प्रशासक भगवती माई के भक्त हैं। भगवती माई के कुछ भक्त 'भगवती जागरण' का आयोजन करते हैं। प्रशासक महोदय उन्हें महानगरी के किसी आम रास्ते पर 'जागरण' का पंडाल खड़ा करने की अनुमति दे देते हैं और इस आयोजन का उद्घाटन भी कर आते हैं।

मैं समझता हूं कि 'सरकारी क्षेत्र' में इस प्रकार के आयोजनों की अनुमति देना, न केवल धार्मिक पक्षपात है, बल्कि लोकसंकट भी। प्रशासक महोदय चंद मिनटों के लिए पंडाल में पहुंचते हैं और वहां उपस्थित लोगों के दिलों को सुकून दे सकने वाले चंद शब्दों में किसी खास धार्मिक मत की स्तुति करके घर जाकर आराम की नींद सोते हैं।

लेकिन बाद में एक रात या दो रात या आठ रात उस पंडाल में क्या होता है? पड़ोस के लोगों की नींद हराम हो जाती है।

उस मुहल्ले के सभी लोग किसी एक धार्मिक संप्रदाय में यकीन करने वाले नहीं होते। आज के वैज्ञानिक युग में ऐसे भी बहुत-से लोग हैं जो ऐसे धार्मिक आयोजनों को ढकोसला समझते हैं। आज के बहुत-से पढ़े-लिखे लोग भी आम सड़कों पर होने वाले ऐसे धार्मिक आयोजनों के हंगामे को पसंद नहीं करते।

लेकिन विरोध करके कौन 'नास्तिक' बनेगा? नतीजा यह होता है कि ऐसे 'जागरणों' की संख्या बढ़ती ही जाती है। पिछले कुछ सालों से महानगरी दिल्ली में इनकी बाढ़-सी आई हुई है। लगता है कि स्थानीय प्रशासन ने ऐसे 'जागरण' को ही 'जन-जागरण' मान लिया है।

संविधान के अनुसार, देश का शासन धर्म-निरपेक्ष है। लेकिन गहराई से देखें तो पता चलता है कि हमारी शासन-व्यवस्था और हमारा शासक-वर्ग ही आज की भयावह सांप्रदायिकता के लिए अधिक जिम्मेवार हैं।

आप प्रशासक हैं। जनता का प्रतिनिधि बनकर आपने शासन की जिम्मेदारियां संभाली हैं। आपका कर्तव्य है कि आप सभी संप्रदायों को समभाव से देखें। लेकिन आप अपने इस कर्तव्य को ईमानदारी से नहीं निभाते। प्रशासक बनने पर आपके भीतर

का वह खास संप्रदाय और अधिक उछल-कूद करता है। आप उस संप्रदाय के प्रचार-प्रसार के लिए अपने अधिकार के सरकारी क्षेत्र में अधिक सुविधाएं प्रदान करते हैं। दूसरा प्रशासक अपने दूसरे संप्रदाय के प्रचार-प्रसार के लिए सुविधाएं प्रदान करता है और यह सिलसिला चलता रहता है।

पुराने जमाने में देश में राजतंत्र था। राजा जिस धर्म या संप्रदाय में आस्था रखता था, उसे अधिक सुविधाएं मिलती थीं। आज देश में प्रजातंत्र है और शासन का अपना कोई एक खास धर्म नहीं है। ऐसी स्थिति में प्रशासन—प्रशासक—को कोई अधिकार नहीं कि वह किसी संप्रदाय-विशेष को अधिक सुविधाएं प्रदान करे।

लेकिन होता उलटा है। आप यदि किसी खास संप्रदाय में आस्था रखने वाले प्रशासक हैं, तो आप उस संप्रदाय के पूजास्थलों और धर्माचार्यों को अधिक सुविधाएं प्रदान करते हैं। और यह सब करते हैं प्रशासन की कुर्सी पर बैठकर।

मैं समझता हूं कि यह धर्म-निरपेक्षता नहीं है, यह धार्मिक-पक्षपात हुआ।

दरअसल, देश की बहुसंख्यक भोली-भाली आस्तिक जनता सांप्रदायिक नहीं है। आज की भयावह सांप्रदायिकता की जड़ें निहित हैं इस वास्तविकता में : देश के राजनेता प्रकट या अप्रकट रूप से जात-पांत या धार्मिक संप्रदायों का सहारा लेकर चुनाव लड़ते हैं। ऐसे नेता जब प्रशासन के पदों पर पहुंचते हैं, तो अगले चुनाव के लिए—अगली बार चुनकर आने के लिए—सांप्रदायिक साधन जुटाने के चक्कर में फंस जाते हैं। ऐसे शासक अपने-अपने सरकारी क्षेत्र में अपने निहित स्वार्थ वाले संप्रदाय को अधिक सुविधाएं प्रदान करते हैं। उद्देश्य यही रहता है कि उस संप्रदाय-विशेष के लोग उन्हें पुनः चुनकर शासक की कुर्सी पर बिठाएं। और ठीक यही होता है।

और इसीलिए देश में सांप्रदायिक कलह बढ़ते जा रहे हैं। इस प्रक्रिया में चतुर प्रशासकों का जीवन—भौतिक और आध्यात्मिक, दोनों ही—मालामाल हो जाता है; किंतु आम जनता का जीवन तबाह हो जाता है।

25

क्या आज धर्म की जरूरत है

पिछली कई सदियों से किसी नए धर्म ने जन्म नहीं लिया है। क्या कारण है?

कारण हैं—आधुनिक मानव-समाज की नई बौद्धिक, सामाजिक, आर्थिक और राजनीतिक परिस्थितियां। आज का मानव-समाज भली भांति जानता है कि पुराने धर्मों को पालने-पोसने में सदियों तक कितनी जहमतें उठानी पड़ी हैं। अब किसी नए धर्म को जन्म देकर उसके पालन-पोषण का भार उठाने के लिए वह तैयार नहीं है। मौजूदा मानव-समाज अब समझ गया है—बस, अब इनके आगे कोई नया धर्म नहीं चाहिए। नई परिस्थितियों ने उसकी 'नसबंदी' कर दी है। अब कोई नया धर्म पैदा नहीं हो सकता।

लेकिन पुराने धर्म?

संसार के सभी प्रमुख धर्म मानव-जाति के इतिहास के एक विशेष कालखंड में पैदा हुए। ईसाई धर्म दो हजार साल पहले। इस्लाम लगभग चौदह सौ साल पहले। बौद्ध और जैन धर्म लगभग ढाई हजार साल पहले। ब्राह्मण-धर्म लगभग तीन हजार साल पहले और इसका नया अवतार—हिंदू-धर्म—मुश्किल से एक हजार साल पहले। सारांश यह कि संसार के सभी मौजूदा धर्म पिछले लगभग तीन हजार सालों में पैदा हुए।

नए अनुसंधान के अनुसार, धरती पर मानव का अवतरण लगभग सत्तर लाख साल पहले हुआ। लगभग पांच लाख साल पहले का मानव (होमो इरेक्टस) आग की खोज कर चुका था; उसने हाथ में पत्थर व हड्डी के हथियार पकड़े थे। धरती पर आधुनिक मानव (होमो सेपियंस यानी 'बुद्धिमान मानव') का अस्तित्व पिछले लगभग दो लाख वर्षों से है। इन लगभग पूरे दो लाख साल तक आधुनिक मानव न ईसाई था, न बौद्ध था, न पारसी था, न मुसलमान, और न ही हिंदू।

आदिम मानव-समाज यातु-क्रियाओं—मंत्र-तंत्र, जादू-टोने आदि—में विश्वास रखता था। यही आदिम मानव का धर्म था, यही उनका दर्शन था और यही उनका विज्ञान भी।

लगभग पांच लाख सालों के लंबे प्रस्तर-युग में आज के किसी धर्म ने जन्म नहीं लिया था। उस युग में किसी सर्वव्यापी व सर्वशक्तिमान 'ईश्वर' या 'ब्रह्मा' की जरूरत नहीं थी। राम और कृष्ण जैसे 'अवतारों' की आवश्यकता नहीं थी। 'ईश्वर-पुत्र' ईसा की गरज नहीं थी। अल्लाह के किसी 'पैगंबर' की भी जरूरत नहीं थी।

फिर कृषि की खोज हुई, लगभग दस हजार साल पहले। फिर आदमी को तांबे और पीतल की धातुओं का ज्ञान हुआ। उसने तांबे और पीतल के औजार बनाए। आज से चार-पांच हजार साल पहले की प्राचीन मिस्र, सुमेर-बेबीलोन और भारत (सिंधु) की सभ्यताएं ताम्रयुग की सभ्यताएं थीं। उस ताम्रयुग में अभी ईसाई, बौद्ध, हिंदू, इस्लाम आदि धर्मों ने जन्म नहीं लिया था।

ये तमाम धर्म दरअसल लौहयुग की देन है। ईसा-पूर्व दूसरी सहस्राब्दी के लगभग मध्यकाल में लौहयुग की शुरुआत हुई। उसके बाद ही आज के इन धर्मों ने जन्म लिया—मानव-समाज की बिलकुल नई सामाजिक, आर्थिक, बौद्धिक और राजनीतिक परिस्थितियों में।

कबीलाई जन-व्यवस्था का धर्म बहुदेववादी था। आरंभिक ऋग्वैदिक काल का धर्म बहुदेववादी ही था। कबीलाई व्यवस्था टूटकर जब राज-व्यवस्था अस्तित्व में आई, जब राजा पैदा हुए, तभी किसी सर्वशक्तिमान 'ईश्वर' को जन्म देना जरूरी हो गया। हमारे आज के सभी धर्म उस समय अस्तित्व में आए जब पुरानी कबीलाई जनप्रथा टूट गई और राजसत्ता अस्तित्व में आई। सारांश यह कि आज के ये तमाम धर्म मानव-जाति के इतिहास के उस युग की देन है जिसे हम राजतंत्र का नाम देते हैं।

धरती पर आदमियों का एक ईश्वर (राजा या सम्राट्) था, तो विश्व के संचालन के लिए भी एक 'परमेश्वर' की खोज हुई। जिस प्रकार कबीलाई व्यवस्था की बंटी हुई सत्ता एक राजा में केंद्रित हो गई, उसी प्रकार विश्व की सारी सत्ता एक 'परमेश्वर' में केंद्रित कर दी गई। आदिम कबीलाई व्यवस्था की हत्या के साथ-साथ बहुदेववाद की भी हत्या कर दी गई!

राजतंत्र के युग में पैदा हुए इन नए धर्मों की प्रमुख 'विशेषताएं' हैं— आत्मा-परमात्मा, पुनर्जन्म, परलोक और कर्मफल। गहराई से निरीक्षण करें, तो स्पष्ट हो जाता है कि इन नए धर्मों की इन नई विशेषताओं का आविष्कार हुआ मानव-समाज के नए वर्ग-भेद को और राजसत्ता को टिकाए रखने के लिए।

धरती पर जनता की रक्षा के लिए एक 'ईश्वर' (राजा) पैदा हो गया। उसकी सत्ता को कायम रखने के लिए विश्व के संयोजक के रूप में एक 'परमेश्वर' को पैदा करना भी जरूरी हो गया। और, यह कहना भी जरूरी हो गया कि धरती का यह ईश्वर (राजा) उस परमेश्वर का अंश है। धर्मशास्त्रों में ठीक यही लिखा हुआ है।

इस नए वर्ग-भेद को बनाए रखने के लिए पुनर्जन्म, परलोक और कर्मफल का आविष्कार हुआ। धर्मशास्त्र उपदेश देने लगे—इस जन्म में तुम जो भोग रहे हो, वह तुम्हारे पुराने जन्मों का फल है। इसलिए चुपचाप काम करते चलो। भंगी पैदा हुए हो; जीवन-भर भंगी का ही काम करो। भंगी का बेटा भंगी ही होगा। राजा का बेटा राजा ही होगा। और मैं—ब्राह्मण-पुत्र—अपने पूर्वजन्म के फल के कारण ब्राह्मण हूं; पुरोहित बनूंगा या राजा का मंत्री बनूंगा। ब्राह्मण कभी भी राजा के सामने नतमस्तक नहीं होगा।

निम्न वर्गों की बहुसंख्यक जनता राजसत्ता और पुरोहित-सत्ता के खिलाफ विद्रोह न कर पाए, इसलिए धर्म के ठेकेदारों ने कर्मफल के मायाजाल का आविष्कार किया : कर्म—अपनी मेहनत—के फल की आशा नहीं रखो। इस जन्म में चुपचाप—बिना विद्रोह किए—कर्म करते चलोगे, तो अगले जन्म में इसका तुम्हें अच्छा फल मिलेगा।

संक्षेप में, हमारे आज के सभी प्रमुख धर्म राजसत्ता के युग में अस्तित्व में आए और इन धर्मों की अधिकांश 'विशेषताएं' कुछ खास वर्गों के हितों के लिए इजाद की गई थीं।

क्या आज भी हमें ऐसे धर्मों की जरूरत है? राजा-महाराजाओं का युग बीत चुका है। पुरोहित-मंत्रियों का युग बीत गया है। नई आर्थिक, सामाजिक और राजनीतिक परिस्थितियां जन्म ले चुकी हैं। संसार की आधी से अधिक जनता नई साम्यवादी-समाजवादी व्यवस्था को अपना चुकी है और शेष जनता इसके लिए संघर्षरत है।

दार्शनिक-चिंतन ने भी धर्म का पल्ला छोड़ दिया है। आज का दर्शन विज्ञान के साथ है। वैज्ञानिक भौतिकवाद आज का सही दर्शन-चिंतन है।

हम जानते हैं कि बदलती हुई सामाजिक-राजनीतिक-आर्थिक परिस्थितियों के अनुसार ये पुराने धर्म भी अपने को कुछ-कुछ बदलते जा रहे हैं। इसीलिए आज इन धर्मों के दर्जनों भेद-उपभेद हैं। हम यह भी देख रहे हैं कि ये धर्म आज के जनवादी युग में कुछ-कुछ नई भाषा बोलने लग गए हैं—जैसे, सब धर्मों का ईश्वर एक है; राम और रहीम उसी के दो नाम हैं; सब धर्मों की मूल बातें एक हैं; इत्यादि।

यह सब एक नया ढोंग है। सब धर्मों का ईश्वर एक कैसे हो सकता है? इस्लाम में मूर्तिपूजा नहीं है। किंतु हिंदू धर्म में पत्थर के ईश्वर को नहलाया जाता है, सुलाया जाता है, सोने-चांदी से मढ़ा जाता है, उसकी जत्रा निकाली जाती है, उसको सुनवाने के लिए घंटे और ढोल पीटे जाते हैं—मानो वह बहरा हो! व्यवहार रूप में सब धर्मों का ईश्वर एक होने की बात सरासर ढकोसला है, छलावा है।

रही कुछ नैतिक मूल्यों की बात। सभी धर्मों की कुछ बातें—कुछ नैतिक मूल्य—एक-से प्रतीत होते हैं, तो वे किसी एक धर्म की बपौती नहीं है। वे समूची मानव-जाति की अपनी सामूहिक धरोहर हैं। उन पर किसी एक धर्म का अधिकार नहीं है। वे धर्मातीत हैं और विकासशील मानव-जाति के संचित मूल्य हैं।

आज की जनवादी-व्यवस्था में पुराने धर्म क्या रोल अदा कर रहे हैं? सिर्फ एक रोल—कलहों को बढ़ाने का रोल, वर्ग-भेद को बनाए रखने का रोल, आगे बढ़ने से रोकने का रोल। संसार के इतिहास को देखिए, इन धर्मों ने कलहों को ही बढ़ावा दिया है। आज भी ये यही रोल अदा कर रहे हैं। हिंदू-मुसलमान का कलह, मुसलमान-यहूदी का कलह, कैथोलिक-प्रोटेस्टेंट का कलह।

मैं यह नहीं कहता कि ये धर्म नहीं रहेंगे, तो कलह भी नहीं होंगे। किंतु इतना जरूर कहूंगा कि ये धर्म नहीं रहेंगे, तो कलह काफी कम हो जाएंगे। यकीन न हो तो

आज के उन देशों की ओर देखिए जहां समाजवाद दृढ़ता से स्थापित हो गया है। उन देशों में धर्मों के नाम पर कलह नहीं होते।

आज के इन धर्मों ने पुराने जमाने में कुछ खास परिस्थितियों में जन्म लिया था। अब परिस्थितियां बदल गई हैं। इन नई परिस्थितियों में पुराने धर्मों को पालते-पोसते रहने का अर्थ है, समाज के बदन पर फोड़े-फुंसियों को पालना। यकीन न आए तो अपने आसपास की आज की धार्मिक करतूतों को देख लीजिए। देखिए कि आज धर्म के नाम पर क्या कुछ हो रहा है।

और तब गंभीरता से सोचिए कि क्या पुराने जमाने में जन्मे इन धर्मों को आज जीवित रखने की जरूरत है?

26

ऐसा था शिवाजी का राजधर्म

शिवाजी (1630-1680 ई.) हिंदू था। धर्म पर उसकी श्रद्धा थी। वह देवी-देवता और साधु-संतों को पूजता था। लेकिन क्या वह इस्लाम का विरोधी था? क्या उसने मुसलमानों का 'हिंदूकरण' करने का प्रयास किया? क्या उसने मुसलमानों को अपने राज्य से बाहर निकाल देने के लिए कभी कोई साजिश रची? आइए, देखते हैं कि शिवाजी के राजधर्म के बारे में सच्चा इतिहास क्या कहता है।*

सन् 1655 की बात है। शिवाजी को सूचना मिली कि आदिलशाह ने कल्याण के अपने सूबेदार मुल्ला अहमद को आदेश दिया कि वह सारा ख़जाना बीजापुर ले आए। मुल्ला की अनुपस्थिति में शिवाजी के सैनिकों ने कल्याण पर हमला करके सारा ख़जाना हथिया लिया। मुल्ला की खूबसूरत पुत्रवधू आबाजी सोनदेव के हाथ लगी। सोनदेव ने उस सुंदरी को अपने तरुण स्वामी शिवाजी के सामने हाजिर कर दिया।

शिवाजी को बड़ा क्लेश हुआ। उसने उस सुंदरी को बंदी बनाए जाने पर खेद व्यक्त किया। उसे अपनी मां याद आई, और उसके उद्गार निकले : "काश कि मेरी मां भी इतनी ही सुंदर होती!" शिवाजी ने उस तरुणी को कुछ उपहार देकर सुरक्षा के साथ उसके परिवार के पास वापस भेज दिया। उसके तुरंत बाद शिवाजी ने अपने सभी छोटे-बड़े अधिकारियों को सख़्त आदेश दिया कि ऐसी घटनाएं पुनः न दोहराई जाएं।

सन् 1678 की घटना है। शिवाजी की सेना कर्नाटक के अभियान से लौट रही थी। बेळगांव के पास के बेलवाड़ी गांव के देसाई की विधवा सावित्रीबाई के आदमियों ने शिवाजी की कुछ गाड़ियों को लूटा। उसके गढ़ को तुरंत घेर लिया गया। सावित्रीबाई ने शिवाजी की सेना का पूरे 27 दिन तक डटकर मुकाबला किया; शिवाजी के कई सैनिक मारे गए। अंत में सावित्रीबाई की हार हुई और उसे बंदी बनाया गया। तब

* यह लेख दिसंबर, 2002 में तब लिखा गया था, जब अटल बिहारी वाजपेयी ने अहमदाबाद जाकर हमेशा की तरह दोमुंही कही थी : "मोदी सरकार राजधर्म निभाएगी, निभा रही है।"

शिवाजी के सेनापति सकूजी गायकवाड़ ने, बदले की भावना से, सावित्रीबाई पर बलात्कार किया। शिवाजी को पता चला, तो उसने सकूजी गायकवाड़ को अंधा करके मृत्यु तक कारावास में रखने का आदेश दिया।

एक महिला द्वारा करीब एक महीने तक कड़ा मुकाबला किए जाने से शिवाजी की काफी अवमानना हुई थी, पर उसमें बदले की भावना तनिक भी नहीं थी। उसके ऐसे उदात्त विचार और नैतिक चरित्र के अनेक उदाहरण उपलब्ध हैं। रांझे गांव के वतनदार पाटील बाबाजी गुजर से संबंधित घटना प्रसिद्ध है। पाटील गांव की एक जवान लड़की को दिन-दहाड़े सबके सामने उठा ले गया और उसे भोगा। लड़की ने आत्महत्या कर ली। शिवाजी को पता चला। पाटील को रस्से से बांधकर पुणे लाया गया। शिवाजी के आदेश से उसके हाथ-पैर काट दिए गए।

औरंगजेब के राज्यकाल का काफी प्रामाणिक लेखा-जोखा प्रस्तुत करने वाला मुस्लिम इतिहासकार खाफी खां अपने ग्रंथ 'मुंतखब-उल-लुबाब' में शिवाजी के लिए कटु शब्दों का प्रयोग करता है, पर उसके गुणों की तारीफ करते हुए लिखता है : "शिवाजी ने अपने सैनिकों के लिए सख्त आदेश जारी किए थे कि जहां भी वे लूटने या हमला करने जाएंगे, वहां वे किसी भी मस्जिद तथा कुरान को क्षति नहीं पहुंचाएंगे और किसी भी स्त्री को त्रास नहीं देंगे, उसकी इज्जत नहीं लूटेंगे। कभी कोई कुरान पुस्तक हाथ लगती, तो वह उसके प्रति पूज्यभाव व्यक्त करके उसे अपने मुसलमान नौकर या किसी काजी को सौंप देता था। कोई हिंदू या मुस्लिम महिला पकड़ ली जाती और उसका रक्षण करने वाला कोई नजदीक नहीं होता, तो उसे छुड़ाने के लिए जब तक उसका कोई सगा न आ जाता, तब तक शिवाजी उसे अपनी देख-रेख में रखता था।"

शिवाजी द्वारा सूरत को दो बार लूटने का विस्तृत विवरण उपलब्ध है। जुन्नर और अन्य कई स्थानों को लूटने का वर्णन भी उपलब्ध है। मगर ऐसा एक भी उदाहरण नहीं मिलता कि शिवाजी ने किसी मस्जिद को गिराया हो। मंदिर को तोड़कर बनाई गई मस्जिद को गिराकर वहां पुनः मंदिर बनाए जाने का भी उदाहरण नहीं मिलता। इसके विपरीत, शिवाजी द्वारा मस्जिदों को दान व इनाम दिए जाने के कई उल्लेख मिलते हैं। **सभासद की बखर** (इतिवृत्त) इसकी पुष्टि करती है।

शिवाजी के पूर्वज भी इस्लाम-विरोधी नहीं थे। शिवाजी के दादा मालोजी भोसले ने शाहजी के जन्म के समय अहमदनगर के पीर शाहशरीफ की मन्नत मानी थी। मन्नत पूरी हुई, तो मालोजी ने अपने दो बेटों के नाम शाहजी (शिवाजी के पिता) और शरीफजी रखे। शिवाजी ने अपने बाप-दादा की धार्मिक सहिष्णुता की नीति को कायम रखा। जहां एक ओर उसने हिंदू मंदिरों में अभिषेक तथा पूजा-अर्चना के लिए दान दिया, तो दूसरी ओर मस्जिदों में दीया-बत्ती तथा वहां के लोगों के योगक्षेम की भी व्यवस्था की।

शिवाजी मूलतः धार्मिक वृत्ति का व्यक्ति था। वह केवल राजकीय प्रचार के लिए अपने को हिंदू नहीं कहता था। उसने धार्मिक उदारता की नीति अपनाई थी। उसके हाथ से दूसरों के धर्म को क्षति पहुंचना संभव नहीं था। पारलौकिक कल्याण के लिए वह मुसलमान को भी गुरु मानने से नहीं हिचकता था। एक तरफ उसने पाटगांव के मराठा संत मौनी बुवा और चाफळ के समर्थ रामदास स्वामी को धर्मकार्य के लिए दान-दक्षिणा दी, तो दूसरी तरफ केळशी (कोकण) के मुसलमान संत बाबा याकूत के दर्शन के लिए जाकर उनके निवास और गुजारे की समुचित व्यवस्था कर दी। किसी को अपनी सेवा में या फौज में भरती करते समय शिवाजी उसकी योग्यता देखता था, जात-पांत या धर्म नहीं। उसकी सेना में कोळी, रामोशी, महार आदि निम्न जातियों के लोगों की भरमार थी। शिवाजी की सेना में कई मुसलमानों को उच्च पद दिए गए थे। कई मुसलमान उसके स्वामिभक्त सेवक और सहयोगी थे, जिन्होंने संकट के समय में अपने प्राणों की बाजी लगाकर शिवाजी की सहायता की।

शिवाजी का एक खास अंगरक्षक और अत्यंत विश्वासी नौकर था—फरास मदारशाह, एक मुसलमान। आगरे की कैद से मुक्त होने की अपनी साहसपूर्ण योजना शिवाजी ने सबसे पहले जिन दो व्यक्तियों को बताई थी, उनमें एक था हिरोजी फर्जंद और दूसरा था मदारशाह। शिवाजी और संभाजी फलों की टोकरियों में बैठकर बाहर निकलने लगे, तब हिरोजी राजा की पोशाक पहने, चादर ओढ़ बिस्तर पर लेटा रहा और मदारशाह उसके पैर दबाता रहा। शिवाजी यदि मुस्लिम-विरोधी होता, तो क्या एक मुसलमान उसका इस तरह साथ देता? शिवाजी की राजधानी रायगढ़ पर मदारशाह की मजार आज भी मौजूद है। शिवाजी ने रायगढ़ पर एक मस्जिद भी बनवाई थी, जो 1818 ई. में रायगढ़ पर किए गए अंग्रेजों के हमले में नष्ट हो गई।

शिवाजी-अफजलखां मुलाकात के दौरान प्रत्येक के साथ दस-दस अंगरक्षक थे। उनमें शिवाजी का एक अंगरक्षक सिद्दी इब्राहिम था। विशेष बात यह है कि उस ऐतिहासिक मुलाकात के वक्त जब अफजलखां घायल होकर 'मार डाला मुझे, बचाओ...बचाओ' चिल्लाया, तो उसका एक ब्राह्मण सेवक तलवार लेकर शिवाजी की ओर दौड़ा था। उसी वक्त खान का अंगरक्षक सैयद बंडा जब शिवाजी पर वार करने दौड़ा, तो राजा के अंगरक्षक जिवा महाल ने बीच में घुसकर बंडा को मार डाला। मराठी में आज भी यह वाक्-प्रचार है : 'होता जिवा म्हणून वाचला शिवा'। शिवाजी का जीवरक्षक यह जिवा जाति का नाई था।

सन् 1670-73 के दौरान शिवाजी ने मुगल फौज को करारी शिकस्त देकर कई किलों पर कब्जा कर लिया था। हताश होकर मुगल सरदार बहादुरखान और दिलेरखान ने उस समय शिवाजी के साथ सुलह कर लेना ही ठीक समझा। उन्होंने बातचीत के लिए एक हिंदू ब्राह्मण वकील को शिवाजी के पास भेजा। बदले में शिवाजी ने मुंशी

(काजी) हैदर को अपना वकील बनाकर दिलेरखान के पास भेजा। अर्थात्, मुसलमान शासक का वकील बना एक हिंदू ब्राह्मण और हिंदू शासक का वकील बना एक मुसलमान मुंशी! मुंशी हैदर शिवाजी का निजी सचिव था और राजा के फारसी पत्र-व्यवहार को संभालता था। उसने शिवाजी की मृत्यु (1680 ई.) तक उसकी सेवा की। बाद में संभाजी से उसकी नहीं बनी, तो वह औरंगजेब की सेवा में चला गया और अंततः दिल्ली का मुख्य काजी नियुक्त हुआ।

कई ऐसे भी मुसलमान थे जो मुस्लिम शासकों की नौकरी छोड़कर शिवाजी की सेवा में आ गए थे। सिद्दी हलाल पहले अफजलखां की सेवा में था। अफजलखां के वध के बाद वह शिवाजी की सेवा में चला आया। बीजापुर और सिद्दी जौहर की संयुक्त फौज ने जब शिवाजी को कोल्हापुर के पास के पन्हाळा किले में घेर लिया, तब सिद्दी हलाल और उसके बेटे ने शिवाजी की ओर से कमाल की लड़ाई लड़ी थी। मुगल सेनापति बहलोल खान के साथ हुए युद्ध में सिद्दी हलाल ने मराठा सेना का नेतृत्व किया था। शिवाजी का उस पर बड़ा विश्वास था। बाद में जब वह औरंगजेब के दरबार में चला गया, तो वहां से शिवाजी को गुप्त संदेश भेजता रहता था।

शिवाजी किसी भी योग्य व्यक्ति की सेवाएं प्राप्त करने में कभी नहीं हिचकिचाया, फिर वह किसी भी जाति, संप्रदाय या धर्म का क्यों न हो। दिल्ली दरबार ने दौलताबाद में तैनात सौ पठानों को नौकरी से निकाल दिया। वे शिवाजी के पास पहुंचे। शिवाजी ने उन्हें बेहिचक अपनी सेवा में रख लिया। पुरंदर किले में बारूद और तोप आदि शस्त्रास्त्र तैयार करने के लिए मोटी तनख़्वाह देकर पुर्तगाली विशेषज्ञों की सेवाएं प्राप्त की गई थीं। उनका विदेशी या ईसाई होना शिवाजी के लिए कोई अर्थ नहीं रखता था। सिंधुदुर्ग बनवाते समय भी शिवाजी ने पुर्तगाली इंजीनियरों की मदद ली थी।

31 मार्च, 1999 को अटल बिहारी वाजपेयी ने रायगढ़ में शिवाजी को श्रद्धांजलि अर्पित करते हुए उनके जीवन से प्रेरणा ग्रहण करने का उपदेश दिया था।[28]

सिंधुदुर्ग के अंदर शिवाजी का एक मंदिर (शिवराजेश्वर मंदिर) है,

जो देश में अपनी तरह का अकेला है। उसमें शिवाजी की पत्थर की जो मूर्ति है, वह बिना दाढ़ी की है और कोळियों (मछुआरों) के सरदार-जैसी दिखाई देती है। यह मंदिर शिवाजी के दूसरे पुत्र राजाराम के शासनकाल (1689-1700 ई.) में बना था।

सिंधुदुर्ग में तीन वाव (बावड़ियां) हैं। पास-पास बनी इन तीन बावड़ियों के नाम हैं—दूधवाव, दहीवाव और साखरवाव। ये क्रमशः मुसलमानों, हरिजनों और सवर्णों के लिए बनी थीं। सिंधुदुर्ग में आज भी कुछ पुश्तैनी मुसलमान परिवार बसते हैं।

सिंधुदुर्ग का शिवराजेश्वर मंदिर और उसमें स्थापित शिवाजी की प्रस्तर-मूर्ति (आंतरिक चित्र)

आधुनिक काल में एक जहाजी बेड़ा और नौसेना खड़ी करने वाला पहला भारतीय शासक शिवाजी था। शिवाजी और मराठों की राज्य-व्यवस्था से संबंधित रामचंद्र अमात्य द्वारा 1720 ई. के आसपास रचित मराठी पुस्तक **आज्ञापत्र** में लिखा है : "नौसेना एक प्रकार से राज्य का स्वतंत्र अंग ही है।...जिसके पास नौदल, उसका समुद्र।" समुद्रयात्रा को कलिवर्ज्य माने जाने के कारण शिवाजी को उच्चवर्णीय हिंदू नाविक मिलना सहज संभव नहीं था। इसलिए उसके नौदल में मुसलमानों और समुद्रतट-क्षेत्र के निम्न जाति के लोगों की संख्या ज्यादा थी। दौलत खान शिवाजी की नौसेना का प्रमुख (दर्यासारंग) था। दौलत खान ने शिवाजी की तरफ से सिद्दी मुसलमानों के जंजीरा और उंदेरी नामक समुद्री किलों पर जबरदस्त हमले किए थे। बाद में जंजीरा का सिद्दी संबल और उसका भतीजा सिद्दी मिस्त्री भी शिवाजी के नौदल में शामिल हो गए।

शिवाजी यदि मुस्लिम-द्वेषी होता, तो क्या वह अपना एक स्वतंत्र नौदल खड़ा कर पाता? दरअसल, शिवाजी के लिए महत्व की बात थी राज्य, न कि किसी का मुस्लिम या हिंदू होना। यदि शिवाजी सचमुच ही हिंदू धर्म की रक्षा के लिए लड़ा, तो महाराष्ट्र

के मोहिते, घोरपडे, मोरे, सावंत, दळवी, सुर्वे, निंबाळकर, आदि सैकड़ों बड़े-बड़े सरदार आरंभ से ही शिवाजी के विरोधी क्यों रहे?

कुछ लोग शिवाजी के नाम के साथ 'गोब्राह्मण प्रतिपालक' विरुदावली जोड़ते हैं। परंतु सच्चाई यह है कि यह विरुद स्वयं शिवाजी ने धारण नहीं किया था। खोजबीन से पता चला है कि सिर्फ एक पत्र में एक ब्राह्मण द्वारा शिवाजी को 'गोब्राह्मण प्रतिपालक' कहे जाने का उल्लेख है। शिवाजी द्वारा स्वयं को 'गोब्राह्मण प्रतिपालक' कहलवाना और जिन ब्राह्मणों को उससे कुछ अपेक्षा थी, उनके द्वारा उसे वैसा कहना, इन दो बातों में बहुत अंतर है।

27

नया नानकशाही कैलेंडर क्यों

बहुत सालों बाद, कहिए कि कई सदियों बाद, भारत में एक नए कैलेंडर (पंचांग) की स्थापना हुई है। इसे सिख धर्म के प्रवर्तक गुरु नानक के नाम पर 'नानकशाही कैलेंडर' का नाम दिया गया है। मगर यह महज दीवार पर टांगने के लिए छापे जाने वाले आजकल के कैलेंडरों-जैसा नहीं है। नानकशाही कैलेंडर के साथ बाकायदा एक नया संवत् अस्तित्व में आया है–'सिख संवत्'–शक, विक्रम, हिजरी या ईसाई संवत् की तरह का एक स्वतंत्र संवत्!

शिरोमणि गुरुद्वारा प्रबंधक कमेटी ने सिख संवत् वाले इस नए नानकशाही कैलेंडर को गुरु नानक के जन्म-दिवस (वैशाखी पर्व) के अवसर पर 14 अप्रैल, 2003 को उनके जन्मस्थान तलवंडी (ननकाना साहेब) में जारी किया। गुरु नानक का जन्म सन् 1469 ई. में हुआ था। नानकशाही कैलेंडर में इसे ही सिख संवत् का प्रथम वर्ष माना गया है; अर्थात् नानकशाही कैलेंडर के अनुसार अब 2006 ई. में सिख संवत् का 537वां वर्ष चल रहा है।

जब देश में शक, विक्रम, ईसाई आदि संवतों वाले कई कैलेंडर चल रहे हैं, शक संवत् पर आधारित संशोधित 'राष्ट्रीय पंचांग' भी मौजूद है, तब एक नए संवत् को जन्म देकर एक नए पंचांग के निर्माण की क्या आवश्यकता थी?

इस कैलेंडर के पक्षधर कुछ इस तरह का उत्तर देते हैं : "सभी धर्मों के अपने-अपने कैलेंडर हैं, मगर हमारा कोई कैलेंडर नहीं है। सिखों की परंपरा, वेशभूषा और मर्यादाएं सब अलग हैं। सिख धर्म के गुरुपर्वों की तिथियां निर्धारित करने के लिए हमें एक पृथक् पंचांग (कैलेंडर) की आवश्यकता थी।"

सचमुच, कोई धर्म या संप्रदाय अपने अनुयायियों के लिए नए कैलेंडर को चलाता है, तो इसमें किसी को आपत्ति नहीं होनी चाहिए। पुराने जमाने में सभी देशों में ऐसा हुआ है; प्रायः सभी धर्मों ने अपने-अपने संवत् (कैलेंडर) चलाए हैं। आधुनिक काल में भी एक नए धर्म-संप्रदाय ने नए संवत् वाला अपना एक नया सौर कैलेंडर जारी किया है। यह है, बाबी या बहाई कैलेंडर, जिसे इस मुस्लिम संप्रदाय के प्रवर्तक सैयद अली मुहम्मद शिराजी (1819-1850 ई.) के नाम पर जारी किया गया है। बहाई संवत्

का प्रथम वर्ष सन् 1844 है; इसी वर्ष सैयद अली मुहम्मद को इस नए संप्रदाय का इलहाम हुआ था।

सिख संवत् के पहले भारत में जिस नए संवत् की स्थापना हुई थी वह था 'राजशक', जिसे छत्रपति शिवाजी (1630-1680 ई.) के राज्याभिषेक (जून, 1674) के अवसर पर शुरू किया गया था। सन् 1818 में पेशवाशाही का पतन होने तक मराठा शासन के कागज-पत्रों में शक और विक्रम संवतों के साथ-साथ राजशक का उसी तरह इस्तेमाल होता रहा, जिस तरह आजकल सरकारी सूचनाओं और दस्तावेजों में ईसाई कैलेंडर की तिथियों के साथ-साथ, रस्मी तौर पर, राष्ट्रीय पंचांग की तिथियों का भी उल्लेख रहता है।

नए नानकशाही कैलेंडर को लेकर बखेड़ा खड़ा हुआ है—इसमें 6 जून (सन् 1984 के 'ऑपरेशन ब्ल्यू स्टार' के दिन) को 'शहीदी दिवस' मानकर जरनैल सिंह भिंडरावाले को 'सिख इतिहास का शहीद' घोषित कर देने से। इस घोषणा का विरोध होना स्वाभाविक था—देश के अनेक राजनीतिक दलों द्वारा ही नहीं, समझदार सिखों द्वारा भी। भाजपा ने भी इस कदम को अनुचित बताया, किंतु दबी जबान में, क्योंकि नानकशाही कैलेंडर में 6 जून को 'शहीदी दिवस' घोषित करने वाले सिखों के दल के साथ आजकल (जुलाई, 2003) उनकी राजनीतिक सांठ-गांठ है।

परंतु राष्ट्रीय स्वयंसेवक संघ की बात अलग है। संघ बुनियादी तौर पर इस नए कैलेंडर की स्थापना का ही विरोधी है। जब यह नानकशाही कैलेंडर तैयार हो रहा था, तभी सरसंघचालक कुप्प सी. सुदर्शन ने इसका जबरदस्त विरोध किया था। क्यों? क्योंकि सुदर्शन की, वस्तुतः समूचे संघ-परिवार की, मान्यता है कि सिख संप्रदाय हिंदू धर्म का ही एक अभिन्न अंग है, कोई पृथक् धर्म नहीं है। उसी प्रकार, संघ की नजर में बौद्ध और जैन धर्म भी हिंदू धर्म के ही अंग हैं।

लेकिन हिंदुत्ववादी संघ-परिवार के चाहने मात्र से इतिहास की सच्चाई को बदला नहीं जा सकता। बौद्ध और जैन, दोनों धर्मों के अपने स्वतंत्र कैलेंडर हैं। बुद्ध-निर्वाण संवत् का आरंभ 544 ई. पू. से माना जाता है और आज भी श्रीलंका तथा स्याम में इस कैलेंडर का प्रचलन है। महावीर-निर्वाण संवत् की शुरुआत 527 ई. पू. से मानी गई है। इसी परंपरा में सिख धर्म ने अपनी पृथक् पहचान के लिए एक स्वतंत्र संवत्-कैलेंडर की स्थापना की है, तो इसमें असंगत कुछ भी नहीं है।

ऐतिहासिक या धार्मिक घटनाओं के तिथि-निर्धारण के लिए कैलेंडर में किसी एक संवत् का आरंभ-बिंदु निश्चित करना होता है। अतीत या वर्तमान के सभी कैलेंडरों की शुरुआत किसी-न-किसी घटना—वास्तविक या काल्पनिक—से मानी गई है। ऐसी अधिकांश घटनाएं मिथक, इतिहास अथवा धर्मकथा से संबंधित होती हैं। हमारे देश में मौर्य और सातवाहन काल में शासन-वर्षों का प्रयोग होता था। तिथि-निर्धारण के लिए संवतों का इस्तेमाल शक और कुषाण शासकों के समय

से होने लगा है। शक, मालव, गुप्त, हर्ष आदि कई संवतों का संबंध ऐतिहासिक घटनाओं से रहा है :

क्रम	संवत् और वर्ष	प्रारंभ ईसा पूर्व	कैलेंडर	वर्ष का आरंभ	प्रयोग
1.	**ज्यूलियन संवत्** वर्तमान, सायन	–4713 जनवरी	सौर	1 जनवरी	खगोलविद
2.	**कलियुग** गत, नाक्षत्र	–3102 फरवरी	सौर-चांद्र	चैत्र शुक्ल	आर्यभट-प्रथम (बहुत कम)
3.	**बुद्ध निर्वाण** वर्तमान	–544		वैशाख शुक्ल	श्रीलंका, स्याम
4.	**विक्रम** (1) गत, नाक्षत्र	–58 नवंबर	सौ. चां.	कार्तिक शुक्ल	गुजरात
	विक्रम (2) गत, नाक्षत्र	–58 अप्रैल	सौ. चां.	चैत्र कृष्ण	उ. भारत
		ईसवी सन्			
5.	**ईसाई संवत्** वर्तमान, सायन	+1 जनवरी	सौर	1 जनवरी	संसार-भर
6.	**शक संवत्** गत, नाक्षत्र	+78 अप्रैल	सौ. चां.	चैत्र शुक्ल	भारत
7.	**गुप्त संवत्** वर्तमान नाक्षत्र	+319 अप्रैल	सौ. चां.	चैत्र कृष्ण	मध्य भारत में (400-700 ई.)
8.	**बंगाली सन्** वर्तमान, नाक्षत्र	+593 अप्रैल	सौर	वैशाख 1	बंगाल
9.	**हिजरी सन्** वर्तमान, चांद्र	+622 जुलाई	चांद्र	मुहर्रम 1	इस्लाम
10.	**कोल्लम** (1) वर्तमान, नाक्षत्र	+825 सितंबर	सौर	कन्यादि	उ. मलाबार
	कोल्लम (2)	,,	,,	सिंहादि	द. मलाबार
11.	**राजशक** वर्तमान, नाक्षत्र	+1674 जून	सौ. चां.	ज्येष्ठ शुक्ल 13	शिवाजी के राज्याभिषेक से

प्रमुख संवत्

आज भारत में ईसाई संवत् वाले ग्रेगोरी कैलेंडर का ही सबसे ज्यादा प्रयोग होता है। देश के विभिन्न भागों में प्रचलित पंचांगों में विक्रम संवत् और शक संवत् (संशोधित राष्ट्रीय शक संवत्) की तिथियों के साथ-साथ ग्रेगोरी कैलेंडर की तारीखें भी दी जाती

हैं। देश के मुसलमान अपने धार्मिक अनुष्ठान हिजरी कैलेंडर के अनुसार करते हैं। क्षेत्रीय तौर पर लोगों को अब भी बंगाली, कोल्लम आदि सन्-संवत् वाले पुराने पंचांगों का स्मरण है (ईसा की नौवीं सदी में कोल्लम संवत् की शुरुआत केरल के इस नाम के शहर की स्थापना के साथ हुई थी)। गुप्त, हर्ष, कल्चुरि, गंग आदि संवत्, जिनका प्राचीन अभिलेखों में प्रयोग देखने को मिलता है, अब लुप्त हो गए हैं। बादशाह अकबर ने 11 मार्च, 1556 से शुरू होने वाला नया इलाही संवत् चलाया था। मगर शाहजहां ने उसे बंद करवाके हिजरी संवत् को पुनः प्रचलित किया। हिजरी संवत् के आधार पर देश के विभिन्न भागों में फसली, शुहूर, विलायती, अमली, बंगाली आदि संवत् अस्तित्व में आए थे, मगर इनका भी अब लोप होता जा रहा है।

क्या आज भारत में किसी 'हिंदू कैलेंडर' का प्रचलन है? भारत में राम, कृष्ण, शिव या गणेश जैसे किसी भी देवता के नाम पर कभी कोई संवत् नहीं चलाया गया। जिसे हम विक्रम संवत् (प्रारंभ 57-58 ई. पू.) कहते हैं वह आरंभ में 'कृत' (अर्थात्, निर्मित) और फिर 'मालव संवत्' के नाम से जाना जाता था। पहली बार ईसा की नौवीं सदी में ही इस गणना को राजा विक्रमादित्य के साथ जोड़ा गया। अधिकांश इतिहासकारों का मत है कि इस कृत-मालव-विक्रम संवत् की स्थापना किसी शक्तिशाली शक-पार्थव शासक (अयस-प्रथम या वेनोनस) ने की थी।

शक संवत् (प्रारंभ 78 ई.) को अधिकांश विद्वान कनिष्क संवत् से अभिन्न मानते हैं। हमारे देश में सबसे ज्यादा प्रयोग इसी संवत् का हुआ है। उज्जैन के शक क्षत्रपों ने इस संवत् का उपयोग किया, तो इसे यह नाम मिला। उज्जैन के ज्योतिषी वराहमिहिर (ईसा की छठी सदी) के समय से सभी भारतीय ज्योतिषी शक संवत् का ही उपयोग करते आ रहे हैं। इसीलिए डा. मेघनाद साहा (1893-1956 ई.) की अध्यक्षता में गठित विद्वानों की एक समिति ने शक संवत् पर आधारित एक संशोधित राष्ट्रीय पंचांग तैयार कर दिया था, जो 22 मार्च, 1957 (1 चैत्र, 1879 शक) से लागू हुआ। लेकिन पुराणपंथियों ने इसे मान्यता नहीं दी। संघी विचारक इस संशोधित कैलेंडर को अपनाने के पक्ष में नहीं हैं–शायद इसलिए कि यह शक संवत् पर आधारित है, और उनकी नजर में शक 'विदेशी' थे।

बात उस समय की है जब बीसवीं सदी की समाप्ति और इक्कीसवीं सदी की शुरुआत होने जा रही थी। तब अमरीका का अंधानुकरण करते हुए हमारे तत्कालीन शासन ने 31 दिसंबर, 1999 की मध्यरात्रि को ही इक्कीसवीं सदी में प्रवेश करने का जश्न मनाना आरंभ कर दिया था। वस्तुतः इक्कीसवीं सदी (तीसरी सहस्राब्दी) का आरंभ 31 दिसंबर, 2000 की मध्यरात्रि के बाद से, यानी 1 जनवरी, 2001 से माना जाना चाहिए।

जब 21वीं सदी के आरंभ का मामला विवादास्पद बना, तब कुछ संघियों ने सुझाया था कि हमें देश-भर के लिए कलियुग संवत् पर आधारित पंचांग को अपनाना चाहिए।

कलियुगारंभ 17-18 फरवरी, 3102 ई.पू. से माना जाता है। मगर समूचे वैदिक साहित्य और **महाभारत** में भी इस संवत् का कोई उल्लेख नहीं है। पहली बार गणितज्ञ-खगोलविद आर्यभट (जन्म 476 ई.) कलि-गणना का प्रयोग करते दिखाई देते हैं। कहीं-कहीं कलियुग संवत् को 'युधिष्ठिर संवत्' या 'भारत-युद्ध गणना' भी कहा गया है। पहली बार चालुक्य-नरेश पुलकेशिन्-द्वितीय के एहोळे अभिलेख (634 ई.) में इस भारत-युद्ध गणना का उल्लेख देखने को मिलता है। तब तक देश में यह पौराणिक मान्यता रूढ़ हो चली थी कि भारत-युद्ध की समाप्ति या युधिष्ठिर के राज्यारोहण या कृष्ण के देहावसान के साथ ही द्वापर का अंत और कलियुग का आरंभ हुआ है। परंतु इस मान्यता में अनेक विसंगतियां हैं।

वस्तुतः कलि-गणना भारतीय ज्योतिषियों की इस सोच पर आधारित थी कि अतीत में एक समय ऐसा था जब सूर्य-चंद्र सहित सभी 'ग्रह' एक ही राशि में मौजूद थे। इसलिए पीछे की ओर गणनाएं करते जाकर कलियुगारंभ के लिए उन्होंने 17-18 फरवरी, 3102 ई. पू. की तिथि तय की थी। सन् 525 में बिशप डायोनिसस एक्सिगस ने भी इसी तरह पीछे की ओर गणनाएं करते जाकर ईसा के जन्म का यानी ईसाई संवत् का प्रथम वर्ष कल्पित किया था। आज हम जानते हैं कि भारतीय ज्योतिषियों की कलियुगारंभ से संबंधित गणनाएं सही नहीं थीं। कलियुग गणना को यथार्थ में भारत-युद्ध या युधिष्ठिर या कृष्ण के साथ नहीं जोड़ा जा सकता। ज्योतिषियों के इस कृत्रिम कलियुग संवत् का किसी भी ऐतिहासिक घटना से कोई संबंध नहीं है, और इसका प्रयोग भी नहीं के बराबर हुआ है। पर हमारे संघी भाई ऐतिहासिक या पुरातात्विक यथार्थ की अपेक्षा धार्मिक आस्था को अधिक महत्व देते हैं। कलियुग कैलेंडर चलाने का फतवा उन्होंने इस मकसद से दिया कि यह कृष्ण और पांडवों के साथ जुड़कर देश का, और शायद दुनिया का भी, सबसे प्राचीन संवत् सिद्ध होगा! परंतु वे इस तथ्य को नजरअंदाज कर देते हैं कि अभी हाल तक देश में विभिन्न संवतों वाले करीब 30 पंचांग प्रचलित थे, जिनमें कई अलग-अलग धर्मों से संबंधित रहे हैं।

संवतों या कैलेंडरों (पंचांगों) का इतिहास भी यही प्रमाणित करता है कि प्राचीन काल से ही भारत विविध धर्मों और विविध संस्कृतियों वाला देश रहा है।

28

तमिळ-ब्राह्मी के नाम पर

गठबंधन की नई सरकार* ने अपने 'न्यूनतम साझा कार्यक्रम' में सभी भारतीय भाषाओं को संविधान की आठवीं अनुसूची के अंतर्गत सरकारी कामकाज की भाषाएं घोषित करने के लिए एक समिति का गठन करने का निर्णय लिया है। साथ ही, तमिळ को एक 'क्लासिकल' भाषा घोषित किए जाने का भी वादा किया है।

तमिळ को एक 'क्लासिकल' भाषा घोषित किए जाने का यह निर्णय राजनीतिक भले ही हो, इसे गलत नहीं कहा जा सकता। 'क्लासिकल' का अर्थ है–'शास्त्रीय' या 'प्रतिष्ठित'। 'शास्त्रीय भाषा' उसे कहा जाएगा जिसका अपना प्राचीन उच्च साहित्य हो–संस्कृत, यूनानी व लैटिन भाषाओं की तरह। और, तमिळ का अपना प्राचीन साहित्य है, भले ही वह उतना प्राचीन न हो जितना कि संस्कृत या यूनानी का है। लेकिन तमिळ और संस्कृत में एक फरक है। तमिळ एक जीवंत भाषा है। तमिळ-भाषी लोग सिंगापुर, श्रीलंका और मलेशिया में भी काफी संख्या में हैं। तमिळ सिंगापुर में एक सरकारी भाषा है। अब भारत में तमिळ को एक शास्त्रीय भाषा स्वीकार किया जा रहा है, तो कहा जाएगा, कहा भी जा रहा है, कि श्रीलंका व सिंगापुर में भी ऐसा ही हो। फिर आंदोलन होगा, शुरू भी हो गया है, कि 'यूनेस्को' जैसे विश्व संगठन भी तमिळ को एक शास्त्रीय भाषा स्वीकार करें–अरबी, चीनी, यूनानी, संस्कृत आदि की तरह।

यह एक अलग मामला है कि इस नए तमिळ-आंदोलन का हिंदी और भारत की दूसरी भाषाओं पर क्या असर होगा। मेरी अपनी राय है कि हिंदी को अब तक गलत ढंग से दूसरी भाषाओं पर थोपने के प्रयास हुए हैं। कोई भाषा सबसे अधिक लोगों द्वारा बोली-समझी जाने अथवा उसमें अधिकतर कविता, कहानी व आलोचना के ही लिखे जाने से गौरवान्वित नहीं होती। उसमें प्रचुर मात्रा में शास्त्रीय साहित्य (ज्ञान-विज्ञान) भी रचा जाना चाहिए, संस्कृत की तरह।

लेकिन तमिळ-आंदोलन का एक चिंतनीय पक्ष भी है। वह है इसके प्राचीन साहित्य (संघम् साहित्य) को अधिक से अधिक प्राचीन, कभी-कभी तो संस्कृत से भी अधिक

* अपने मूल रूप में यह लेख केंद्र में 'संप्रग' की नई सरकार स्थापित होने के बाद जून, 2004 में लिखा गया था।

प्राचीन, प्रमाणित करने का प्रयास। अनुश्रुति के आधार पर प्राचीन तमिळ के संघकाल को तीन भागों में बांटा जाता है। प्रथम संघ (कवि-परिषद) की कोई पुस्तक आज उपलब्ध नहीं है। द्वितीय संघ की एकमात्र उपलब्ध कृति है—व्याकरण ग्रंथ **तोलकाप्पियम्**। पाणिनि की **अष्टाध्यायी** की तरह 'तोलकाप्पियम्' में भी तमिळ व्याकरण के नियम सूत्रों में दिए गए हैं। कई तमिळ विद्वानों का मानना रहा है कि यह कृति ईसा-पूर्व दूसरी सदी के पहले रची गई थी। और, जाहिर है कि जिस भाषा का व्याकरण-ग्रंथ विद्यमान हो, उसका साहित्य और भी प्राचीन होना चाहिए। इस तर्क के आधार पर तमिळ के संघम् साहित्य का आरंभकाल प्रायः ईसा-पूर्व छठी सदी बताया जाता है। परंतु ब्राह्मी लिपि में लिखे गए प्राचीन तमिळ गुफालेखों के विख्यात अध्येता ऐरावथम् महादेवन् ने अपने नए ग्रंथ *Early Tamil Epigraphy*, 2003 (आरंभिक तमिळ पुरालेख-विज्ञान) में यह प्रमाणित कर दिया है कि 'तोलकाप्पियम्', जिसे तमिळ व्याकरण की सबसे आरंभिक कृति समझा जाता है, ईसा की दूसरी सदी के पहले की रचना नहीं है। महादेवन् ने तमिळ के गुफालेखों का भाषा व व्याकरण की दृष्टि से गहन अध्ययन करके जाना है कि 'तोलकाप्पियम्' में प्रस्तुत व्याकरण के नियम परवर्ती गुफालेखों की तमिळ भाषा पर ही लागू होते हैं, आरंभिक गुफालेखों की तमिळ पर नहीं। महादेवन् के अनुसार, आरंभिक तमिळ गुफालेखों का काल ईसा-पूर्व दूसरी सदी से ईसा की पहली सदी तक है, और परवर्ती गुफालेखों का काल ईसा की दूसरी से चौथी सदी तक।

वस्तुतः तमिळ के आरंभिक साहित्य के सृजन में जैनों और बौद्धों का महत्वपूर्ण योगदान रहा है। **शिलप्पदिकारम्** और **मणिमेकलै** स्पष्टतः जैन व बौद्ध मुनियों द्वारा रचित काव्य-ग्रंथ है। कुछ तमिळ पंडितों का तो यह भी मानना है कि 'तोलकाप्पियम्' और 'तिरुक्कुरळ्', जैसी कई तमिळ कृतियां जैनों की रची हुई हैं। प्राचीन तमिळ के कई ग्रंथों के नामों में संस्कृत, प्राकृत या अर्द्धमागधी के शब्द देखने को मिलते हैं। जैसे, मेरे एक दाक्षिणात्य संस्कृतज्ञ भाई ने मुझे बताया कि 'तोलकाप्पियम्' में 'काप्पियम्' शब्द संस्कृत के 'काव्य' शब्द का अपभ्रंश है। और 'संघम्' शब्द, जिसके नाम पर तमिळ के प्राचीन साहित्य को 'संघम् युग' कहा जाता है, स्पष्टतः बौद्धों और जैनों के 'संघ' से अपनाया गया है।

तात्पर्य यह कि उपलब्ध प्राचीन तमिळ साहित्य (ब्राह्मी लिपि में लिखित तमिळ गुफालेखों-सहित) किसी भी स्थिति में ईसा-पूर्व की दूसरी सदी के पहले का नहीं है, सम्राट अशोक (273-236 ई.पू.) के पहले का तो कतई नहीं। महादेवन् का भी यही मत है। लेकिन अपनी भाषा और अपनी संस्कृति के ढोल पीटने वालों को हम रोक भी कैसे सकते हैं, विशेषकर जब राजनेता भी उनकी जमात में शामिल हो जाते हैं और अक्सर उनके आंदोलन का नेतृत्व भी करते हैं? संस्कृत के मामले में भी तो ऐसा ही हो रहा है। राजनीतिक मंचों से संस्कृत को दुनिया की सर्वश्रेष्ठ और प्राचीनतम भाषा बताया जाता है। कहा जाता है कि वेदों की रचना सिंधु सभ्यता (उन्नतकाल : 2600-2000 ई. पू.) के पहले हुई। दावा किया जाता है कि वेदों में दुनिया-भर का

ज्ञान-विज्ञान समाया हुआ है। तथाकथित 'वैदिक गणित' और 'वैदिक ज्योतिष' ऐसे ही दावे हैं। मजे की बात तो यह है कि वेदों को न जानने-समझने वाले राजनेता भी ऐसे थोथे दावों को राजनीतिक मंचों से दोहराते रहते हैं। तब अपनी हर चीज को सर्वश्रेष्ठ और स्वतंत्र रूप से विकसित बताने वाले तमिळभाषियों को हम कैसे रोक सकते हैं?

ब्राह्मी लिपि के मामले को लीजिए। भारत में ब्राह्मी के सबसे प्राचीन उपलब्ध लेख सम्राट अशोक (273-236 ई.पू.) के हैं—दो-तीन संदिग्ध ब्राह्मी अभिलेखों को छोड़कर। आज के भारत की सारी लिपियां, अरबी-फारसी लिपि को छोड़कर, ब्राह्मी से निकली हैं। तिब्बत, श्रीलंका और दक्षिण-पूर्व एशिया के कई देशों की लिपियां भी ब्राह्मी से ही बनी हैं। तमिळ, तेलगू, मलयालम और कन्नड़ भाषाएं भले ही द्रविड़ भाषा-परिवार की हों, परंतु इनकी लिपियों की जननी भी ब्राह्मी ही है।

लेकिन कुछ तमिळभाषियों का मत रहा है कि प्राचीन काल में तमिळनाडु में ब्राह्मी से भिन्न एक स्वतंत्र लिपि का अस्तित्व था और उसी से तमिळ लिपि बनी है। इस सोच का आधार था, तमिळनाडु में मिले कई सारे संक्षिप्त गुफालेख, जिनकी भाषा प्राचीन तमिळ है और लिपि ब्राह्मी, जिसके कुछ अक्षर अशोक की ब्राह्मी से थोड़े भिन्न प्रकार के हैं। के. वी. सुब्रह्मण्य अय्यर ने 1924 ई. में इन गुफालेखों का आरंभिक अध्ययन करके स्पष्ट कर दिया था कि इनकी लिपि ब्राह्मी है और भाषा प्राचीन तमिळ। चूंकि उस समय इन गुफालेखों का काल-निर्धारण नहीं हो पाया था, इसलिए कहा जाने लगा कि इनकी लिपि अशोक से पहले की है और इसी से बाद में अशोक की ब्राह्मी लिपि निकली है। इसे 'तमिळनाडु गुफालिपि' का एक अलग नाम भी दे दिया गया।

दिलचस्प बात यह है कि सरकारी साधनों से भी 'तमिळनाडु गुफालिपि' की श्रेष्ठता व प्राचीनता का जोर-शोर से प्रचार किया गया। सन् 1960 ई. में गवर्नमेंट म्यूजियम बुलेटिन, मद्रास (चेन्नै) द्वारा प्रकाशित पुस्तक *Scripts : In and Around India* (भारत और पड़ोसी देशों की लिपियां) में साफ लिखा है : "निष्कर्ष निकलता है कि भारत की प्राचीनतम लिपि ('तमिळनाडु गुफालिपि') दक्षिण भारत में उपलब्ध है और इसकी भाषा तमिळ है। ईसा-पूर्व तीसरी सदी में इस तमिळ लिपि को अशोक ने अपनाया और वह ब्राह्मी लिपि कहलाई।" आगे लेखक (वी. कन्नैयन्, मद्रास सरकार के उप-सचिव) कहते हैं कि "अशोक ने तमिळों की लिपि को अपनाया, तो इससे पता चलता है कि उस समय तमिळनाडु की संस्कृति बहुत उन्नत थी, और इसीलिए वह तमिळनाडु को जीत नहीं पाया, हालांकि मैसूर का प्रदेश उसके राज्य के अंतर्गत था।"

'तमिळ अस्मिता' के ऐसे प्रचार को हम कैसे रोक सकते हैं? क्या 'हिंदुत्व' अथवा 'हिंदू अस्मिता' के प्रचार के लिए सरकारी साधनों का उपयोग नहीं हुआ है? जब राजनेता भी ऐसे प्रचार में अपना सक्रिय योगदान देते हैं, तो आम जनता पर इसका गहरा और दीर्घकालीन प्रभाव पड़ता है। सच्चाई बेचारी चंद विद्वानों के ग्रंथों में छिपकर रह जाती है। 'मद्रास गवर्नमेंट म्यूजियम' का ही एक और प्रकाशन है : सी. शिवराममूर्ति का प्रसिद्ध

ग्रंथ *Indian Epigraphy and South Indian Scripts* (भारतीय पुरालिपि-विज्ञान और दक्षिण भारतीय लिपियां), जिसमें लेखक ने स्पष्ट लिखा है कि तमिळ गुफालेखों की लिपि अशोक की ब्राह्मी ही है। इसमें तमिळ की अपनी कुछ विशिष्ट ध्वनियों के लिए ही पांच अक्षर थोड़े भिन्न हैं। और अब, चार दशकों के अन्वेषण के बाद, ऐरावथम् महादेवन् ने सिद्ध कर दिया है कि तमिळनाडु के गुफालेखों की भाषा प्राचीन तमिळ है और लिपि अशोक की ब्राह्मी। तमिळ के लिए सभी ब्राह्मी अक्षरों को अपनाने की आवश्यकता नहीं थी। तमिळ गुफालेखों के 26 अक्षरों में से 4 को छोड़कर बाकी सभी सीधे अशोक की ब्राह्मी से अपनाए गए हैं। तमिळ की विशिष्ट ध्वनियों के लिए जो 4 अलग-से दिखने वाले अक्षर हैं, वे भी ब्राह्मी के निकटतम ध्वनिमानों वाले अक्षरों से अपनाए गए हैं। यह भी सुस्पष्ट हो गया है कि ये संक्षिप्त तमिळ गुफालेख प्रमुखतः जैन धर्म से संबंधित हैं और किसी भी स्थिति में अशोक के पहले के नहीं हैं। हमने देखा है कि तमिळ संघम् साहित्य भी काफी हद तक जैन व बौद्ध पंडितों की ही देन है।

पता चलता है कि कर्नाटक से ही जैन धर्म तमिळ प्रदेश में पहुंचा था। अधिकांश तमिळ-ब्राह्मी गुफालेख जैन धर्म से संबंधित हैं। महादेवन् लिखते हैं : "संग्रह (उनके ग्रंथ) में 30 स्थानों के जिन 89 तमिळ-ब्राह्मी अभिलेखों को प्रस्तुत किया गया है, उनमें से 28 स्थानों के 84 अभिलेख जैन धर्म से संबंधित हैं; बाकी दो स्थलों के पांच अभिलेखों का संबंध लौकिक जीवन से है।" ऐरावथम् महादेवन् अपने गहन अध्ययन का निष्कर्ष प्रस्तुत करते हुए लिखते हैं : "ब्राह्मी लिपि उत्तरी दक्षिण-भारत (आंध्र-कर्नाटक क्षेत्र) और तमिळनाडु में ईसा-पूर्व तीसरी सदी में लगभग उसी समय पहुंची, जब दक्षिण में जैन व बौद्ध धर्म फैला।...पुरालिपि-विज्ञान और मिट्टी के बरतनों के स्तरीय अध्ययन के आधार पर तमिळ-ब्राह्मी के प्राचीनतम लेखों का समय ईसा-पूर्व तीसरी सदी का लगभग अंतकाल या दूसरी सदी का आरंभकाल माना जा सकता है।"

महादेवन् ने तमिळ गुफालेखों की लिपि को महज सुविधा के लिए 'तमिळ-ब्राह्मी' कहा है। यह उसी तरह का नाम है, जिस तरह हम गुप्तकालीन ब्राह्मी लेखों की लिपि को 'गुप्त ब्राह्मी' कहते हैं। 'शुंग ब्राह्मी', 'कुषाण ब्राह्मी' आदि ऐसे ही नाम हैं। फिर भी महादेवन् द्वारा प्रयुक्त यह 'तमिळ-ब्राह्मी' नाम एक नए किस्म की गलतफहमी पैदा कर सकता है, कर रहा है।

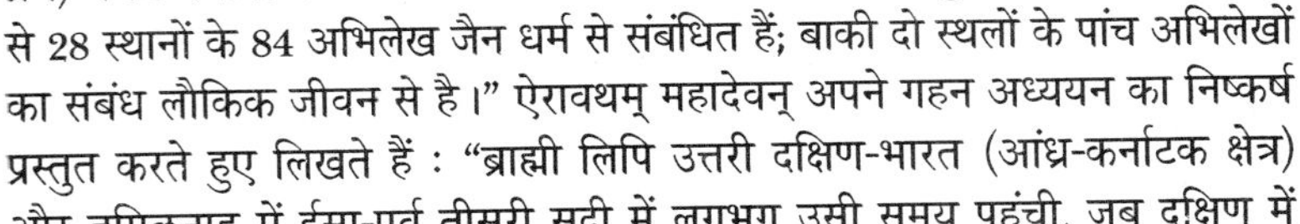

सित्तन्नवासल (पुदुकोट्टै, तमिळनाडु) का एक गुफालेख, जिसकी लिपि ब्राह्मी और भाषा प्राचीन तमिळ है। 'सित्तन्नवासल' का अर्थ है–सिद्धों यानी साधुओं का वासस्थान। लेख का अर्थ : एरुमीनाडु के कुमत्तूर ग्राम में पैदा हुए कावुडी इतेन के लिए चिटुपोइल ने यह 'अधिष्ठान' बनाया।

तमिळनाडु के तिरुनेलवेलि नगर से 24 किलोमीटर दूर के आदिचनल्लूर स्थान पर की गई हाल की खुदाई में करीब एक दर्जन अस्थि-कलश (शवाधान) मिले हैं, जिनमें से तीन पर, बताया गया है कि, 'तमिळ-ब्राह्मी' से मिलने-जुलते अक्षर अंकित हैं। खुदाई करने वाले पुराविद् टी. सत्यमूर्ति का मत है कि ये अस्थि-कलश करीब 2800 वर्ष पुराने हैं। इसका अर्थ यह हुआ कि इन अस्थि-कलशों पर अंकित ब्राह्मी अक्षर अशोक के भी चार-पांच सौ साल पहले के हैं। इसकी वैज्ञानिक विधि से पुष्टि भले ही न हुई हो, परंतु 'तमिळ-ब्राह्मी' को एक अधिक प्राचीन स्वतंत्र लिपि बताने के लिए नई प्रेरणा तो मिल ही गई है।

उधर श्रीलंका के पुराविद भी अपने कुछ गुफालेखों की ब्राह्मी लिपि को अशोक के पहले की सिद्ध करने में जुटे हुए हैं। श्रीलंका में मिट्टी के बरतनों के कुछ ऐसे ठीकरे मिले हैं, जिन पर ब्राह्मी के इक्के-दुक्के अक्षर अंकित हैं। श्रीलंका के पुरातत्व-विभाग के भूतपूर्व महानिदेशक डा. देरनियगल का मत है कि ठीकरों पर अंकित ये ब्राह्मी अक्षर 500 ईसा-पूर्व के आसपास के हैं, यानी अशोक के लगभग दो-ढाई सौ साल पहले के हैं। वे श्रीलंका के इन ब्राह्मी अक्षरों में और तमिळनाडु के आदिचनल्लूर

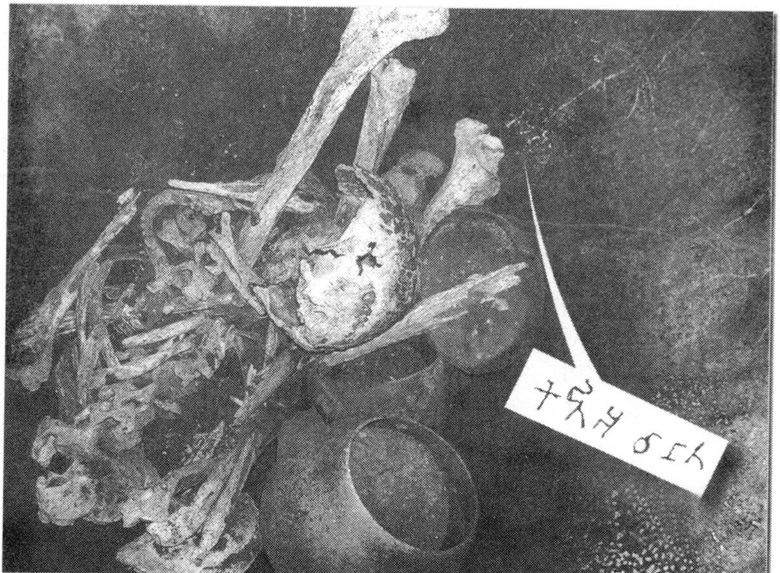

आदिचनल्लूर से 2005 ई. में प्राप्त मिट्टी के एक नए शवाधान-भांड के भीतरी भाग पर अंकित तमिळ-ब्राह्मी लेख : 'क रि अ वा ना त' (?)। यह भांड-निर्माता या उस मृत व्यक्ति का नाम हो सकता है, जिसकी अस्थियां इस भांड में मिली हैं। टी. सत्यमूर्ति इस लेख की ब्राह्मी लिपि को भी ईसा-पूर्व पांचवीं सदी की, यानी अशोक के पहले की मानते हैं।

जैसे स्थानों से प्राप्त 'तमिळ-ब्राह्मी' अक्षरों में काफी साम्य देखते हैं और कहते हैं कि "दक्षिण एशिया में लिपि की उत्पत्ति पर नए सिरे से विचार किया जाना चाहिए।" यह बात उन्होंने हाल में (मई, 2004 में) चेन्नै में दी गई अपनी एक भेंटवार्ता में कही है।

एक तरफ, श्रीलंका में सिंहल-भाषियों और तमिळ-भाषियों के बीच लंबे समय से कठोर संघर्ष जारी है। दूसरी तरफ, हम देखते हैं कि तमिळ-ब्राह्मी लिपि को अशोक से काफी पहले की और दक्षिण भारतीय मूल की सिद्ध करने के लिए श्रीलंका के पुराविद तमिळ पुराविदों के साथ हाथ मिलने के लिए सहर्ष तैयार हैं।

अद्भुत है गठबंधन की संस्कृति, और राजनीति भी!

× × ×

अभी चंद दिन पहले तमिळनाडु में एक अत्यंत महत्वपूर्ण खोज हुई है, जिसे 'शताब्दी की पुरातात्विक खोज' माना जा रहा है (**The Hindu**, 1.5.2006)। तमिळनाडु के नागपट्टिनम् जिले के मयिलदुथुरै शहर के पास के एक गांव के अध्यापक ने अपने घर के पिछवाड़े में गड्ढा खोदते समय नवपाषाण-कालीन दो प्रस्तर हस्त-कुल्हाड़ों (celt या stone axe) की खोज की है। पॉलिशदार उन दो हस्त-कुल्हाड़ों में से एक पर सिंधु लिपि के चार संकेत उकेरे हुए हैं। सिंधु लिपि के जाने-माने विशेषज्ञ ऐरावथम् महादेवन् ने उस हस्त-कुल्हाड़े और उस पर अंकित संकेतों का अध्ययन करके मत व्यक्त किया

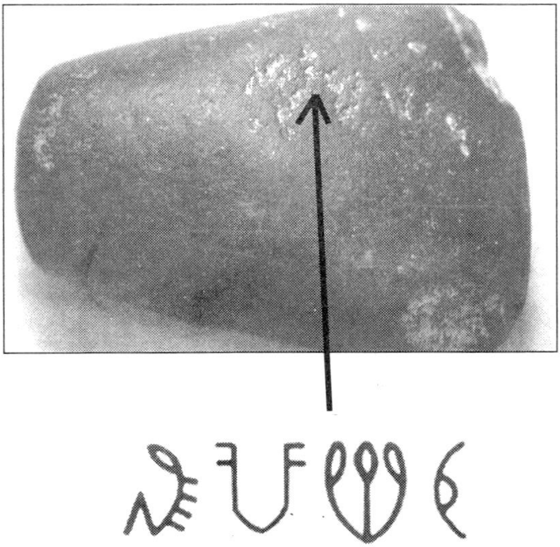

तमिळनाडु के नागपट्टिनम् जिले के मयिलदुथुरै शहर के पास के एक गांव से प्राप्त पॉलिशदार हस्त-कुल्हाड़, जिस पर सिंधु लिपि के उपर्युक्त चार संकेत उकेरे हुए हैं। (लगभग 1500 ई.पू.)

है कि यह 'औजार' 2000 ई.पू. से 1500 ई.पू. की कालावधि का है। उन्होंने यह भी कहा है कि औजार का पत्थर दक्षिण भारतीय मूल का ही है।

अब तक सिंधु सभ्यता से संबंधित पुरावशेषों की दक्षिणी सीमा महाराष्ट्र के अहमदनगर जिले का दाइमाबाद नामक स्थल माना जाता रहा है। यहां से 1800 ई. पू. के आसपास की चार अनुपम कांस्यकृतियां मिली हैं। यहां से प्राप्त उत्तर हड़प्पा-कालीन एक मुद्रा पर सिंधु लिपि का केवल एक संकेत () उकेरा हुआ है। तमिळनाडु के कुछ पुरास्थलों से मिले मिट्टी के बरतनों के कुछ ठीकरों पर भी सिंधु लिपि के संकेतों से मिलते-जुलते इक्के-दुक्के चिह्न देखने को मिलते हैं।

परंतु अब *पहली बार* तमिळनाडु से दक्षिण भारत में ही निर्मित एक हस्त-कुल्हाड़ पर सिंधु लिपि के एकसाथ चार संकेत पाए गए हैं। महादेवन् के अनुसार इस लेख का पहला संकेत तमिळभाषियों के प्रसिद्ध युवा युद्ध-देवता 'मुरुक्' या 'मुरुग्' का द्योतक है और दूसरा संकेत 'अन्' का। इस प्रकार, इस लेख के प्रथम दो संकेत 'मुरुकन्' के सूचक हैं। मुरुकन् वस्तुतः स्कंद ही हैं।

ऐरावथम् महादेवन् का स्पष्ट निष्कर्ष है : तमिळनाडु में मिला पत्थर का यह हस्त-कुल्हाड़ नवपाषाण-काल का है, कम-से-कम 1500 ई.पू. का है, और इस पर अंकित सिंधु लिपि के 'मुरुकन्' नामयुक्त चार संकेत प्रमाणित करते हैं कि सिंधुजनों (सिंधु सभ्यता) की भाषा वही थी जो कि प्राचीन काल से तमिळनाडु की रही है; अर्थात्, प्राचीन तमिळ।

इस नई खोज का समूचे भारत के जनमानस पर, भारतीय इतिहास व संस्कृति के अध्ययन तथा इसके मूल्यांकन पर क्या दीर्घकालीन प्रभाव पड़ेगा, इसका अनुमान लगाना ज्यादा कठिन नहीं है।

29

क्या अतीत के सभी विचारक आस्तिक थे

महानगरी दिल्ली का एक मुहल्ला। रात्रि के दस बज चुके हैं। जाड़े की रात। बहुत-से लोग अपने बिस्तरों में घुस गए होंगे। सुबह जल्दी उठना है। शेव, स्नान और नाश्ते से निपटकर बस-अड्डे पर एक घंटा बस का इंतजार करना है। बच्चों की मां को भी जल्दी उठना है। बच्चों को तैयार करके स्कूल भेजना है। नाश्ता और भोजन बनाना है।...जल्दी सो जाएंगे, तो सुबह जल्दी उठेंगे।

लेकिन 'धर्म' चिल्ला-चिल्लाकर कह रहा है—सोओ मत, मुझे सुनो, मेरी महिमा सुनो! मेरा कीर्तन सुनो! ठिठुरते जाड़े की रात में मेरे पंडाल में भले ही न आओ, बिस्तर में लेटे-लेटे ही कान खोलकर सुनो। ये लाउड-स्पीकर मेरी आवाज को तुम तक पहुंचा रहे हैं। लेटे रहो, कोई बात नहीं, पर सोना नहीं...!

सड़कों का शोरगुल कम होता जा रहा है। लाउड-स्पीकर की आवाज और भी तेज सुनाई दे रही है।

एक भाषण शुरू हुआ : धर्म व संस्कृति की दुहाई...अतीत का गौरव ...वेदों की प्रामाणिकता...पुराने जमाने की आस्तिकता...हमें फिर से इस देश में आस्तिकता का साम्राज्य स्थापित करना है...विदेशी प्रभाव के कारण आज के नौजवान नास्तिक बनते जा रहे हैं...उन्हें सही रास्ते पर लाना है, धर्म के रास्ते पर, आस्तिकता के रास्ते पर। बीच-बीच में अंग्रेजी शब्द भी सुनाई दे रहे थे।

यकीन हुआ, यह भाषणकर्ता कोई धर्मनेता नहीं हो सकते। अवश्य ही ये कोई संघी नेता होंगे। स्थानीय चुनाव नजदीक हैं। फिर से चुनकर आना है। चुनाव-प्रचार के लिए प्रच्छन्न रूप से धर्म के मंच का इस्तेमाल कर रहे हैं...हमें फिर से इस देश में आस्तिकता का राज्य स्थापित करना है...।

मैं 'आस्तिक' और 'नास्तिक' शब्दों के बारे में सोचता हूं। क्या सचमुच नास्तिकवाद हमारे देश में बाहर से आया? क्या पुराने जमाने के हमारे सारे विचारक आस्तिक ही थे? क्या हमारे यहां नास्तिकवाद की कोई प्राचीन परंपरा ही नहीं रही?

जानता हूं कि आज के हमारे बहुत-से शब्दों के अर्थ अतीत में वे नहीं थे जो कि आज हैं। 'आस्तिक' शब्द का आज का अर्थ जानने के लिए मैं 'बृहद हिंदी कोश' खोलकर

देखता हूं। आस्तिक : ईश्वर और परलोक को मानने वाला; वेद को मानने वाला। 'नास्तिक' शब्द का अर्थ आस्तिक के ठीक उलटा है।

मैं दो-ढाई-तीन हजार साल पहले के अतीत के बारे में सोचता हूं। कई विचारकों की आवाजें सुनाई दे रही हैं। कोई कह रहा है—मैं ईश्वर को नहीं मानता। कोई कह रहा है—मैं आत्मा को नहीं मानता, वेदों को नहीं मानता। कोई कह रहा है—मैं नहीं जानता कि परलोक है या नहीं। कोई कह रहा है—मैं ईश्वर, परलोक, वेद, किसी को नहीं मानता। मैं केवल इस लोक को मानता हूं। एक नहीं, दो नहीं, दर्जनों आवाजें; और साथ में उनके हजारों-लाखों अनुयायियों का जयजयकार भी।

पाणिनि : मैं **अष्टाध्यायी** का रचयिता हूं। मैंने संस्कृत भाषा के व्याकरण के सारे नियमों को सूत्रों में बांधा है। मेरे सूत्रों के शब्द काल्पनिक नहीं हैं, वे लोक-व्यवहार पर आधारित हैं। मेरे समय (ईसा-पूर्व पांचवीं सदी) की भाषा में 'ईश्वर' शब्द मौजूद था, पर उसका अर्थ 'इस सृष्टि का कोई कर्ता' या 'विधाता' नहीं था। राजा या स्वामी को लोग 'ईश्वर' कहते थे। इसलिए राजा या स्वामी के अर्थ में ही अपने कुछ सूत्रों में मैंने 'ईश्वर' शब्द का प्रयोग किया है; जैसे :

अधिरीश्वरे (1.4.97)
स्वामीश्वराधिपतिदायादसाक्षिप्रतिभूप्रसूतैश्च (2.3.39)
ईश्वरेतोसुन्कसुनौ (3.4.13) इत्यादि।

मेरे समय में अभी यज्ञकर्म का काफी बोलबाला था। कुछ लोग वैदिक देवताओं में आस्था रखते थे, कुछ लोग नहीं रखते थे। कुछ लोग परलोक में विश्वास रखते थे; कुछ नहीं रखते थे। इसलिए मैंने सूत्र रचा : **अस्तिनास्तिदिष्टंमतिः** (4.4.60)। अर्थात्, जो मानता है कि अस्ति (है) वह आस्तिक है, और जो मानता है कि नास्ति (नहीं है) वह नास्तिक है। यहां 'अस्ति' और 'नास्ति' का अर्थ परमेश्वर के होने या न होने से नहीं, बल्कि परलोक के होने या न होने से है। बाद के मेरे एक भाष्यकार ने भी मेरा अर्थ स्पष्ट किया है : **अस्ति परलोक इत्येवं मतिर्यस्य स आस्तिकः; नास्तीति मतिर्यस्य स नास्तिकः**।

तुम आज जिसे 'ईश्वर' कहते हो, वह हमारे समय का राजा था, आदमियों का स्वामी था। मेरे भाष्यकार पतंजलि (ईसा-पूर्व दूसरी सदी) ने भी 'ईश्वर' शब्द का इस्तेमाल 'भूपति' के अर्थ में ही किया है। देखो, उनका एक उदाहरण : **तद्यथा लोक ईश्वर आज्ञापयति ग्रामादस्मान्मानुष्या आनीयन्तामिति**, अर्थात्, राजा आज्ञा देता है कि इस गांव से मनुष्यों को ले जाओ।

कपिल : लोग मुझे सांख्य-दर्शन का संस्थापक मानते हैं। तुम लोगों ने झूठ-मूठ ही मुझे और मेरे दर्शन को आस्तिक बना डाला है। मैं आस्तिक नहीं था, काफी हद तक भौतिकवादी था, निरीश्वरवादी था। मैंने ईश्वर की कोई चर्चा नहीं की है। मैंने केवल प्रकृति और पुरुष के ज्ञान को ही मुक्ति का मार्ग कहा है। बाद में यदि कुछ

दुष्ट विचारकों ने मेरे मतों में ईश्वर को घुसेड़ दिया, तो इसमें मेरा क्या दोष? मैं ईश्वरवादी नहीं था।

कणाद : मैं भी ईश्वरवादी नहीं था। मैंने छह पदार्थों के ज्ञान को ही मुक्ति का मार्ग बतलाया है और इन छह पदार्थों में तुम्हारा ईश्वर कहीं नहीं है।

गौतम : मैं न्यायशास्त्र का प्रणेता। जानता था कि तर्कशास्त्र के बल पर ईश्वर के अस्तित्व को सिद्ध नहीं किया जा सकता। इसलिए ईश्वर से अछूते सोलह पदार्थों के तत्वज्ञान को ही मैंने मुक्ति का मार्ग बतलाया था।

पतंजलि : मेरे योगशास्त्र के लिए भी ईश्वर की जरूरत नहीं थी। मैंने केवल चित्तवृत्ति के निरोध को मुक्ति का मार्ग घोषित किया था।

मैं **जैमिनि** हूं, वेदों के कर्मकांड में अटूट आस्था रखने वाला जैमिनि, वेदों को प्रमाण मानने वाला जैमिनि। किसी 'सर्वज्ञ-सर्वशक्तिमान परमेश्वर' में मेरी बिलकुल आस्था नहीं थी। मैंने 'ईश्वर' का नाम तक नहीं लिया है। जब बौद्ध और जैन यज्ञकर्म की निंदा कर रहे थे, जब उपनिषदकार वैदिक देवताओं की एक-एक करके हत्या कर रहे थे, तब मैंने यज्ञधर्म का झंडा ऊंचा उठाया था। मैं निरीश्वरवादी था, काफी हद तक नास्तिक था। बाद के मेरे कुछ चेलों ने मुझे आस्तिक बना दिया, तो इसमें मेरा क्या कसूर? कुमारिल (आठवीं सदी) भी स्वीकार करता है :

प्रायेनैव हि मीमांसा लोके लोकायतीकृता।
तामास्तिकपथे नेतुमयं यत्नः कृतो यथा॥ (श्लोकवार्तिक)

अर्थात्, कर्ममीमांसा प्रायः निरीश्वर नास्तिकवाद में ही परिणत हो गई है। अतः उसे आस्तिक पथ पर लाने के लिए ही मैं इस ग्रंथ की रचना में जुटा हूं।

ऐसे ही चेलों ने मेरी लुटिया डुबो दी है। मुझे झूठ ही आस्तिक और ईश्वरवादी बना डाला!

बुद्ध : मैं यज्ञधर्म को नहीं मानता था, आत्मा को नहीं मानता था। मेरा उपदेश था—ईश्वर की चर्चा करना व्यर्थ है। दरअसल, मेरे समय में ईश्वर जनता के दिमाग पर इतना अधिक हावी नहीं था। यही वजह है कि मेरे निरीश्वरवाद के कारण मुझे ब्राह्मण-पुरोहितों ने नास्तिक नहीं कहा; मेरे वेद-निंदक होने के कारण बाद के ब्राह्मणवादी विचारकों ने मुझे नास्तिक कहा है (**नास्तिको वेदनिन्दकः —मनुस्मृति**)। पर मेरे नास्तिक मत को लोगों ने खूब पसंद किया। देश-विदेश के बड़े-बड़े सम्राट मेरे नास्तिक मत में दीक्षित हुए। देश-विदेश के करोड़ों लोग मेरे नास्तिक मत के उपासक बने। आज भी करोड़ों लोग मेरे धर्म के अनुयायी हैं।

महावीर : ईश्वर को मैं भी नहीं मानता था। मैं भी वेद-निंदक था। इसीलिए मुझे और मेरे अनुयायियों को तुमने नास्तिक कहा।

अतीत से और भी अनेक आवाजें उठ रही हैं : ईश्वर को न मानने वालों की आवाजें, वेदों को न मानने वालों की आवाज सबसे ऊंची है।

मैं **चार्वाक** हूं...। केवल इस भौतिक जगत को ही मैं वास्तविक जगत मानता हूं (**भूतात्मकं जगत**)। परमेश्वर नाम की कोई चीज नहीं है (**न परमेश्वरोऽपि कश्चित्**)। पुनर्जन्म नहीं, परलोक नहीं। मरण ही मोक्ष हैं (**मरणमेव मोक्ष**)। खेती, व्यापार, नौकरी आदि व्यवहारों से धनार्जन करके इसी संसार को सुखमय बनाने का प्रयत्न करना चाहिए। अग्निहोत्र...भस्मगुंठन वगैरह बुद्धिहीन और पौरुषहीन लोगों की जीविका के साधन हैं। वेद प्रमाण-ग्रंथ नहीं हैं। और, यदि कोई कहता है कि वेदों में ही सारा ज्ञान समाया हुआ है, तो हमें विवश होकर कहना पड़ता है—**त्रयो वेदस्य कर्तारो भण्डधूर्त्तनिशाचराः** —तीनों वेदों के कर्ता भंड, धूर्त और निशाचर थे।

तब **ऋग्वेद** के एक ऋषि-कवि की कंपित आवाज सुनाई देती है—चार्वाक मुनि! हमें भंड-धूर्त-निशाचर मत कहो। हम भी आपके जैसे हाड़-मांस के ही आदमी थे। फर्क केवल इतना ही था कि हम कवि और पुरोहित थे। लेकिन हमने भी तो इसी लोक के गीत गाए हैं। हम सर्वज्ञ नहीं थे। यहां तक कि किसी 'सर्वज्ञ परमेश्वर' में भी हमारी पूरी आस्था नहीं थी। यकीन न हो, तो **ऋग्वेद** के दसवें मंडल में हमारे एक अज्ञेयवादी ऋषिबंधु प्रजापतिः परमेष्ठी द्वारा रचित **नासदीय-सूक्त** (सृष्टि-उत्पत्ति सूक्त) की ये ऋचाएं देख लो :

को अद्धा वेद क इह प्र वोचत्, कुत आजाता कुत इयं विसृष्टिः।
अर्वाग्देवा अस्य विसर्जनेनाऽथा को वेद यत आबभूव॥
इयं विसृष्टिर्यत आबभूव यदि वा दधे यदिवा न।
यो अस्याध्यक्षः परमे व्योमन्, त्सो अङ्ग वेद यदि वा न वेद॥

अर्थात्, यह विविध सृष्टि किससे उत्पन्न हुई, किसलिए हुई, इसे वस्तुतः कौन जानता है? अथवा कौन कह सकता है? देवता भी पीछे से पैदा हुए; इसलिए उन्हें भी यह मालूम नहीं। इन सबका अध्यक्ष परमाकाश में है। वही इसे जानता है, अथवा वह भी जानता है या नहीं, इसे कौन जाने?

और, मेरे एक कविबंधु ऋषि की तो चुनौती है : **इह ब्रवीतु या उ तच्चिकेतत्;** अर्थात्, यदि कोई जाननेवाला है, तो वह यहां आकर बतावे।

वैदिक ऋषि की इस प्रकार की सोच को 'अज्ञेयवाद' (agnosticism) नहीं, तो और क्या कहें? अज्ञेयवाद के अनुसार, मानव के लिए परमेश्वर का ज्ञान प्राप्त करना असंभव है। अज्ञेयवाद और नास्तिकवाद में बहुत ज्यादा अंतर नहीं है।

बुद्ध का दर्शन स्पष्ट रूप से अनात्मवादी और अनीश्वरवादी है। बुद्ध आत्मा और ईश्वर की चर्चा करने में नहीं उलझे। उनका कथन है : "मैं विश्व तथा आत्मा के संबंध में चलने वाली तत्व-चर्चा की उपेक्षा ही करता हूं, क्योंकि यह विचार जटिल समस्याओं का निर्माण करने वाला एक जंगल है...बहुत बड़े भ्रम में डालने वाला चित्रों का चमत्कार है, बुद्धि का बंधन है (**मज्झिम निकाय**)।

बुद्ध ने स्पष्ट कहा था कि वे सर्वज्ञ नहीं हैं, वे सर्वज्ञता के विचार के विरुद्ध थे। बुद्ध ने लोक (सृष्टि), जीव व शरीर की एकता आदि से संबंधित दस सवालों को अव्याकृत

(अनिर्णीत) बताया, इसलिए कुछ विचारकों ने उन्हें कुछ हद तक अज्ञेयवादी माना है, जो ठीक नहीं है।

आधुनिक काल में यूरोप में टॉमस हक्सले (1825-1895 ई.) और हर्बर्ट स्पेंसर (1820-1930 ई.) अज्ञेयवाद के प्रवर्तक थे। लोकमान्य तिलक को स्पेंसर के अज्ञेयवादी विचारों ने बड़ा प्रभावित किया था। अपने **गीतारहस्य** में तिलक ने स्पेंसर के अज्ञेयवादी मत की विशद चर्चा की है। **केसरी** में स्पेंसर पर लेख भी लिखे थे।

तिलक ने हिंदू धर्म का लक्षण बताया है : वेदों में प्रामाण्यबुद्धि रखना। **(प्रामाण्यबुद्धिर्वेदेषु ... हिन्दुधर्मस्य लक्षणम्)**। हिंदू धर्म का यह लक्षण बताते समय तिलक को **ऋग्वेद** के 'नासदीय सूक्त' में प्रतिपादित अज्ञेयवादी मत अवश्य ही स्मरण रहा होगा। तिलक ने 1895 ई. में पुणे के डेक्कन कालेज में दिए गए अपने भाषण में स्वीकार किया था कि वे स्वयं अज्ञेयवादी हैं (In his speech in the Deccan Collage, in 1895, Tilak admitted that he was an agnostic. –G.P. Pradhan : *Lokamanya Tilak*, National Biography, NBT)। तिलक के प्रतिद्वंद्वी गोपाळ गणेश आगरकर बुद्धिवादी थे, निरीश्वरवादी थे।

जनसाधारण की 'जागृति' के लिए गणेश व शिवाजी के उत्सवों का आयोजन और पढ़े-लिखों के लिए **गीता** के कर्मवाद तथा वेदों में प्रामाण्यबुद्धि रखने का उपदेश; मगर स्वयं अज्ञेयवाद के पुरस्कर्ता। जय हो 'लोकमान्य' महाराज की!

'हिंदुत्व' को 'राष्ट्रीयत्व' मानने वाले वि. दा. सावरकर के विचारों में भी ऐसा ही अंतर्विरोध देखने को मिलता है। सावरकर बौद्धाचार्य अश्वघोष की **वज्रसूची** के जबरदस्त प्रशंसक थे; उन्होंने 'वज्रसूची' पर भाष्यपरक लेख लिखे हैं। इन लेखों में उन्होंने यज्ञकर्म, जाति-व्यवस्था, गोरक्षण आदि पर प्रखर प्रहार किया है। अपने 'गाय एक उपयोगी पशु' निबंध में, 'वज्रसूची' की शैली में, वे लिखते हैं : "धर्मग्रंथ बताते हैं कि गाय में ईश्वर का निवास है। धर्मग्रंथ यह भी बताते हैं कि ईश्वर ने वराह का अवतार लिया था। तब केवल गोरक्षण ही क्यों? 'सूअर-रक्षण संघ' स्थापित करके सूअर-पूजा क्यों न शुरू कर दी जाए?"

30

भौतिकवादी चिंतन की भारतीय परंपरा

[1]

इस भौतिक जगत में कोई भी वस्तु स्थिर नहीं है। सभी कुछ गतिशील है, विकासशील है। गति या प्रगति प्रकृति का मूल नियम है। मनुष्य, उसके क्रियाकलाप और उसका चिंतन भी इस नियम का अपवाद नहीं है।

मानव से स्वतंत्र, अलग-थलग, किसी मानवातीत चिंतन का अस्तित्व नहीं है। मनुष्य का चिंतन उसका अपना है। सोचने की 'मशीन' उसके अपने शरीर में, उसके अपने मस्तिष्क में मौजूद है।

हम जानना चाहते हैं कि हम आज की अवस्था तक कैसे पहुंचे। हम जानना चाहते हैं कि मनुष्य के चिंतन का विकास कैसे हुआ। हम जानना चाहते हैं कि प्राचीन काल का मानव, प्राकृतिक शक्तियों के साथ संघर्षरत मानव, किस प्रकार सोचता था। हम जानना चाहते हैं कि जिन प्राकृतिक शक्तियों के साथ वह संघर्ष कर रहा था, उनके बारे में वह क्या सोचता था। प्रकृति की ज्ञेय शक्तियों के बारे में उसकी क्या मान्यताएं थीं और अज्ञेय शक्तियों के बारे में उसकी क्या परिकल्पनाएं थीं। हम जानना चाहते हैं कि वह अपने जन्म, अपने जीवन और अपनी मृत्यु के बारे में क्या सोचता था।

प्राचीन भारतीय चिंतन को आज कई तरह से प्रस्तुत किया जाता है :

1. पुरोहितों और धर्माचार्यों के उपदेश सुनिए या उनकी पोथियां पढ़िए। वे आपको बताएंगे कि यह सृष्टि ईश्वर ने पैदा की है। मानव भी उस ईश्वर की ही कृति है। वे आपको आत्मा-परमात्मा, परलोक-स्वर्गलोक, पुनर्जन्म-मुक्ति आदि की बातें बतलाएंगे। इन सबका अस्तित्व स्वयं सिद्ध नहीं कर पाते, इसलिए वे पुराने ऋषि-मुनियों और पुराने धर्मग्रंथों के हवाले देंगे। कहेंगे– प्राचीन भारत का समूचा चिंतन अध्यात्मवादी था। इसके अलावा और कुछ था ही नहीं।

2. आज के भारत में दूसरी कोटि में वे विचारक हैं जो अपने ग्रंथों और भाषणों द्वारा यह प्रतिपादित करते हैं कि आध्यात्मिक चिंतन के अलावा कुछ दूसरे प्रकार के विचार थे तो जरूर, लेकिन उनका स्थान गौण था। वे लिखते हैं : "भारतीय चिंतन या दर्शन प्रमुखतः अध्यात्मवादी रहा है", और "भारतीय मस्तिष्क की प्रमुख विशेषता है उसका अध्यात्मवादी झुकाव, जिसने संपूर्ण भारतीय संस्कृति और चिंतन को ढाला है। आध्यात्मिक अनुभूति भारत के शालीन सांस्कृतिक इतिहास की आधारशिला है।" (सर्वपल्लि राधाकृष्णन्)।

लेकिन प्राचीन भारतीय चिंतन के प्रति ये दोनों दृष्टिकोण भ्रामक हैं, पूर्वग्रहों से ग्रसित हैं। भारतीय चिंतन की प्रमुख धारा, प्रभावशाली विचारधारा, अध्यात्मवाद नहीं, बल्कि भौतिकवाद रही है। भारत में भौतिकवाद की प्रतिक्रिया के रूप में, कुछ विशिष्ट सामाजिक, राजनीतिक, आर्थिक परिस्थितियों में, अध्यात्मवाद ने जन्म लिया है। नास्तिकवाद के विरोध में आस्तिकवाद अस्तित्व में आया है।

पुराने भौतिकवादी विचारों की तुलना हम आज के वैज्ञानिक भौतिकवाद के साथ नहीं कर सकते। पर आज का यह शक्तिशाली वैज्ञानिक भौतिकवादी चिंतन एकाएक अस्तित्व में नहीं आया। पुरातन भौतिकवादी चिंतन का परिष्कार होते-होते ही अंत में आज के वैज्ञानिक भौतिकवादी चिंतन ने जन्म लिया है।

भारत में भौतिकवादी विचारधारा की एक लंबी और सशक्त परंपरा रही है। यह गौण नहीं, प्रमुख विचारधारा थी भारतीय चिंतन की; अध्यात्मवाद के पूर्वग्रह से ग्रसित डा. राधाकृष्णन् जैसे वेदांती विचारकों ने चाहे जो भी लिखा हो। भौतिकवादी विचार वेदों में, उपनिषदों में, कौटिल्य के **अर्थशास्त्र** में, **महाभारत** में, बौद्धों और जैनों के ग्रंथों में और दर्शन-संग्रहों में पाए जाते हैं। भौतिकवादी विचारकों के उल्लेख तो प्रायः हर दार्शनिक कृति में देखने को मिलते हैं।

हम वेदों से शुरू करते हैं। वैसे, वेदों की रचना के सदियों पहले सिंधु सभ्यता के लोग एक विकसित संस्कृति को जन्म दे चुके थे; उनकी एक लिपि थी और वे अपने विचारों को लिपिबद्ध करना जानते थे। लेकिन सिंधु लिपि अभी तक अज्ञेय है। और, प्राचीन मिस्र तथा सुमेर-बेबीलोन की तरह सिंधु सभ्यता की कोई अधिक लिखित सामग्री नहीं मिली है। इसलिए सिंधु सभ्यता के लोगों के चिंतन के बारे में ठोस रूप से हम कुछ नहीं कह सकते।

बहुत से अध्यात्मवादी विचारकों और उनके अनुयायियों का कहना है कि वेद अनादि-अनंत हैं, ईश्वर-कृत हैं, इसलिए प्रमाण-ग्रंथ भी हैं।

पहली बात तो यही है कि इस विश्व में अनादि-अनंत कुछ भी नहीं है। मानव भी नहीं। वेदों को ईश्वर-कृत मानने का अर्थ है, उन ऋषियों (कवियों) का अपमान करना जिन्होंने इनकी रचना में योग दिया है।

वेदों में निहित विचार मानव-जाति के विकास के एक विशेष कालखंड के विचार हैं—ईसा-पूर्व दूसरी सहस्राब्दी के लगभग मध्यकाल के विचार। उस समय तक भारत में ताम्रयुग समाप्त हो चुका था और लौहयुग की शुरुआत होने जा रही थी या हो चुकी थी। वेदों को अधिक पुरातन मानने का अर्थ है, इनके रचयिताओं को अधिक असभ्य मानव मानना।

वैदिक ऋषि किसी 'एक सर्वव्यापी-सर्वशक्तिमान ईश्वर' में विश्वास नहीं करते थे। वे एक नहीं, बहुत से देवों में विश्वास रखते थे। वे बहुदेववादी थे। 'विश्वेदेवा' की कल्पना बाद की है, जिसके दर्शन हमें **ऋग्वेद** के पहले और दसवें मंडल में होते हैं, और प्रायः सभी विद्वान स्वीकार करते हैं कि भाषा और विचारों की दृष्टि से **ऋग्वेद** का प्रथम और दसवां मंडल बाद की रचनाएं हैं।

आखिर है क्या वेदों में? अग्नि, इंद्र, वरुण आदि ढेर सारे देवों की स्तुति ही न? ये देव स्वयं अपनी स्तुति नहीं करेंगे। वेदों को यदि ईश्वर-कृत माना जाए, तो इसका अर्थ होता है कि किसी सर्वशक्तिमान-सर्वव्यापी ईश्वर ने इन दर्जनों देवों की स्तुति की है! यह संभव नहीं। अतः वेद ईश्वर-कृत नहीं हैं।

अब रही वेदों के प्रमाण-ग्रंथ होने की बात। यदि हम वेदों को प्रमाण-ग्रंथ मानते हैं, तो उनके बाद के संपूर्ण साहित्य को या तो हमें वेदों पर आधारित मानना पड़ेगा या अप्रामाणिक घोषित करना होगा। लेकिन तथ्य यह है कि वेदों के बाद का संपूर्ण साहित्य वेदों पर आधारित नहीं है। उपनिषद् वैदिक कर्मकांड—यज्ञकर्म—के विरोधी हैं। बहुत-से दर्शनों—सांख्य, न्याय-वैशेषिक आदि—के लिए वेद-प्रमाण की जरूरत नहीं है। अकेले जैमिनि (पूर्वमीमांसा, कर्ममीमांसा) ही ऐसे हैं जो पीछे की ओर—यज्ञकर्म की ओर—लौटने का उपदेश देते हैं। किंतु उनके लिए भी वेदों के सभी वचन व्यवहार रूप में प्रमाण-वाक्य नहीं हैं। पूर्वमीमांसा की गणना अनीश्वरवादी दर्शनों में होती है। यह दर्शन केवल वेद अथवा उसके शब्द की नित्यता का प्रतिपादन करता है। इसमें ब्रह्म, आत्मा, जगत् आदि का विवेचन नहीं है।

किसी काल-विशेष की एक कृति को प्रमाण मानने का अर्थ है—बाद की सभी कृतियों को और उनके रचयिताओं को हेय समझना, उनका अपमान करना। वेदों को अनादि-अनंत, ईश्वर-कृत और प्रमाण-ग्रंथ मानने का अर्थ है—आज के विकसित चिंतन का अपमान, हमारे पूर्वजों के चिंतन का अपमान, संपूर्ण मानव-जाति और उसके चिंतन-भंडार का अपमान!

अतः उचित यही है कि हम वेदों को मानवीय कृति मानें—कुछ खास परिस्थितियों में रचित एक खास कालखंड की रचनाएं।

वेद किसी एक व्यक्ति की कृति नहीं हैं। इनमें दर्जनों कवियों की ऋचाओं का संग्रह है। इसलिए यह आशा रखना कि इनमें एक ही धरातल का चिंतन है, गलत होगा। जहां **ऋग्वेद** में आपको इंद्र की स्तुति में बहुत सारे मंत्र मिलेंगे, वहां नेम भार्गव ऋषि

का यह कथन भी पढ़ने को मिलेगा (**ऋग्वेद**, 8.100.3) : "किसने इंद्र को देखा है? असाक्षात्कारी इंद्र की स्तुति हम क्यों करें? इंद्र के होने के बारे में मुझे संदेह है।" यज्ञ करके जो संपत्ति मुझे प्राप्त हुई है, वह इंद्र अथवा सरस्वती नदी से मिली है, कि चित्र राजा से मिली है?—यह सवाल पूछनेवाले सोभरि काण्व जैसे संदेहवादी ऋषि भी आपको **ऋग्वेद** (8.21.17) में मिलेंगे।

[2]

ऋग्वेद में पुनर्जन्म की कोई चर्चा नहीं है। दरअसल, ऋग्वैदिक समाज को अभी पुनर्जन्म की कल्पना करने की जरूरत ही नहीं थी। उनकी पुरानी कबीलाई समाज-व्यवस्था अभी पूरी तरह टूटी नहीं थी, सामाजिक विषमताओं ने अभी जन्म नहीं लिया था। इसलिए उन्हें पुनर्जन्म और निष्काम-कर्म के काल्पनिक सिद्धांतों को गढ़ने की कोई आवश्यकता नहीं थी। वे सकाम कर्म में ही आस्था रखते थे।

कबीलाई जनप्रथा के स्थान पर जब निरंकुश राजसत्ता स्थापित हो गई, जब सामाजिक विषमताएं बढ़ीं और वर्गभेद की जड़ें मजबूत हो गईं, तभी इन्हें टिकाए रखने के लिए पुनर्जन्म और निष्काम-कर्म की कल्पना करनी पड़ी। भारतीय चिंतन के इतिहास में हमें पहली बार **छान्दोग्य-उपनिषद** में पुनर्जन्म की कल्पना के दर्शन होते हैं।

हां, ऋग्वैदिक समाज परलोक में अवश्य आस्था रखता था। यह इसलिए कि वे अपने पितरों (पूर्वजों) को, जिन्हें वे अपने देवों की तरह ही पूज्य मानते थे, परलोक में खुशहाल देखना चाहते थे। किंतु परलोक से कोई लौट आता है, पुनर्जन्म होता है, इस कल्पना में उनका कतई विश्वास नहीं था।

ऋग्वैदिक समाज के सारे क्रियाकलाप केवल इसी लोक को सुखी बनाने के लिए थे। अपने देवों से उन्होंने किसी परलोक का नहीं, बल्कि इसी लोक का सुख मांगा है—हमें धन-धान्य दो, सुवर्ण दो, सौ साल की लंबी आयु दो, हमें दुधार गायें दो, सुंदर पत्नी दो, बलवान पुत्र दो...। इन्हीं सबके लिए उन्होंने अपने देवों की स्तुति की।

और, **ऋग्वेद** में यह कहने वाले ऋषि भी आपको मिलेंगे, कि देवों की परवाह किए बिना भी सौ साल की आयु मिलती है, कि संपत्ति इंद्र से नहीं बल्कि यज्ञ कराने वाले चित्र राजा से प्राप्त हुई है।

अर्थात्, ऋग्वैदिक समाज में ऐसे विचारक भी मौजूद थे जो देवों और यज्ञकर्म में आस्था नहीं रखते थे। ऐसे विचारकों को ही 'अश्रद्धान्', 'अयज्ञान्', 'अदेव', 'ब्रह्मद्विषः' आदि उपाधियों से संबोधित किया गया है।

दरअसल, ऋग्वैदिक ऋषियों ने उपनिषदकारों की तरह पालथी मारकर आत्मा-परमात्मा और सृष्टि की उत्पत्ति एवं संरचना के बारे में गंभीरता से सोचने की कभी कोशिश नहीं की। इस कोटि का यदि कुछ चिंतन है तो उसकी थोड़ी-बहुत जानकारी हमें **ऋग्वेद** के दसवें मंडल में मिलती है। और, हम जानते हैं कि यह मंडल काफी बाद में रचा गया है।

इस दसवें मंडल के 72वें सूक्त का द्रष्टा कोई लौक्य बृहस्पति नाम का ऋषि है। इस ऋषि का कथन है : **देवानां पूर्व्ये युगेऽसतः सदजायत**; अर्थात्, सृष्टि तब भी थी जब अमर कहे जाने वाले देवों का अस्तित्व नहीं था। तब सत् भी नहीं था। असत् से सत् का जन्म हुआ है।

यहां 'असत्' का अर्थ है जड़ और 'सत्' का अर्थ है चैतन्य। अर्थात्, जड़ से चैतन्य की उत्पत्ति हुई है, यह लौक्य बृहस्पति का मत है।

भारतीय भौतिकवादी विचारकों की एक स्वतंत्र परंपरा चार्वाक-मत या लोकायत-मत के नाम से प्रसिद्ध है। इस परंपरा में बृहस्पति को आदि-प्रवर्तक माना गया है। भौतिकवादी लोकायत परपंरा की भी यही मान्यता है कि जड़ तत्वों से ही चैतन्य की उत्पत्ति हुई है (**भूतेभ्यः चैतन्यम्**)।

अतः यह संभव जान पड़ता है कि लोकायतिक बृहस्पति **ऋग्वेद** के यही लौक्य बृहस्पति हैं। उनके इस कथन से कि 'असतः सत् अजायत', न केवल यह सिद्ध होता है कि जड़ से चेतन की उत्पत्ति हुई है, बल्कि यह भी सिद्ध होता है कि आत्मा-परमात्मा जैसा सनातन और नित्य इस सृष्टि में कुछ भी नहीं है।

ऋग्वेद के दसवें मंडल के 'नासदीय-सूक्त' में भी सृष्टि की उत्पत्ति के बारे में कुछ विचार व्यक्त किए गए हैं। वहां सत् और असत् से पहले की स्थिति के बारे में भी कल्पना की गई है। तरह-तरह के संदेहवादी सवाल उठाए गए हैं। कोई कहता है, यह सृष्टि सदा से ही सत् है। कोई कहता है, असत् के पहले कुछ भी नहीं था। कोई पूछता है—क्या तब पानी अथाह था?

और, जैसे थककर, अंत में कहना पड़ता है :

किस निमित्त, किस उपादान से हुई प्रकट यह सृष्टि,
कौन जानता, कौन बताए, किसकी वहां पहुंची दृष्टि।
देवगण भी पैदा हुए भूत-सर्ग के पश्चात,
फिर इस सृष्टि की उत्पत्ति का रहस्य है किसको ज्ञात॥

—(**ऋग्वेद**, 10, 129, 6)

इस सारे विवेचन से स्पष्ट होता है कि वैदिक ऋषियों का चिंतन अध्यात्मवादी नहीं था। सही शब्दों में उसे हम लौकिक चिंतन कह सकते हैं। और, इस लौकिक-चिंतन में भौतिकवादी चिंतन के बीज अंतर्निहित थे। अन्य शब्दों में, भारतीय भौतिकवादी चिंतन के स्रोत वेदों में विद्यमान हैं।

भारतीय चिंतन का संपूर्ण इतिहास साक्षी है : भौतिकवादी विचारों का तार्किक दृष्टि से खंडन करने में अध्यात्मवादियों को कभी भी सफलता नहीं मिली। चार्वाक-मत से अपने **सर्वदर्शन-संग्रह** की शुरुआत करने वाले माधवाचार्य को भी आरंभ में ही स्वीकार करना पड़ा—**दुरुच्छेदं हि चार्वाकस्य चेष्टितम्** (चार्वाक का युक्तिवाद सर्वथा अखंडनीय है)।

तब क्या करें? कैसे नीचा दिखाएं इन भौतिकवादियों को? एक रास्ता है : आओ, इन पर कामाचार-स्वेच्छाचार के आरोप ही लगाएं (अङ्गनाद्यालिङ्गनादिजन्यं सुखमेव पुरुषार्थः—**सर्वदर्शन-संग्रह**)। और, अतीत के प्रायः हर अध्यात्मवादी ने ठीक यही किया है। आज के उनके मानस-पुत्र भी यही कर रहे हैं।

लेकिन वेदों में स्वेच्छाचार और कामाचार के जो बहुत सारे उल्लेख मिलते हैं, उनका क्या समाधान है? सायणभाष्य का सहारा लेने पर भी वेदों में विद्यमान कामाचार के नग्न चित्र छिप नहीं सकते। जैसे, दासियों के साथ ऋषियों के अवैध संबंध : कक्षीवान् ऋषि एक कामुक दासी से पैदा हुए थे और उन्हें यज्ञभागी बनाया गया था। बुढ़ापे में केवल कामवासना की तृप्ति के लिए विवाह : घोषा का उदाहरण। कुमारी या विवाहित स्त्रियों द्वारा एकांत में गर्भपात। दुराचरण के लिए विवाहिता का पति के घर से पिता के घर में पलायन। पुत्री के साथ संभोग : प्रजापति का अपनी दुहिता (रोहिणी) के पीछे पड़ना, और **अथर्ववेद** के उल्लेख। भाई-बहन (यम-यमी) के अवैध संबंध (**ऋग्वेद**, 10.10)। विवाहित स्त्रियों के जार होना, इत्यादि। और, वृद्ध अगस्त्य ऋषि को भी कामोपभोग में किसी प्रकार का अनौचित्य नजर नहीं आना (अगस्त्य-लोपामुद्रा संवाद)। अगस्त्य का शिष्य इसीलिए कहता है—**पुलुकामो हि मर्त्यः**—काम के सामने किसी की कुछ नहीं चलती (**ऋग्वेद**, 1.179)।

कुछ अध्यात्मवादी शायद यह भी कहेंगे : वेदों में यह कामाचार या स्वेच्छाचार है, यह हमें मान्य है, किंतु यह सब उस समय के भौतिकवादियों का कृत्य है।

कामाचार भौतिकवादियों की देन है या सामाजिक परिस्थितियों की, इसकी चर्चा अलग से होगी। लेकिन यदि कोई कहता है कि वेदों में विद्यमान कामाचार या स्वेच्छाचार भौतिकवादियों की ही देन है, तो फिर अध्यात्मवादियों को यह स्वीकार करना ही पड़ेगा कि वेद केवल उन्हीं की बपौती नहीं हैं, कि वैदिक समाज के अनेक ऋषि भौतिकवादी थे। इससे पुनः यही सिद्ध होता है कि वेद अनादि-अनंत, ईश्वर-कृत और प्रमाण-ग्रंथ नहीं हैं। भारतीय भौतिकवादी विचारकों ने वेदों को अनादि-अनंत, ईश्वर-कृत और प्रमाण-ग्रंथ कभी नहीं माना।

[3]

प्राचीन भारत की बीस महान कृतियों की यदि सूची बनाई जाए, तो उसमें कौटिल्य के **अर्थशास्त्र** को अवश्य ही स्थान देना होगा। इतने महत्व का है यह ग्रंथ। फिर भी सदियों तक यह ग्रंथ लुप्त रहा। बीसवीं सदी के आरंभ में ही इसे पुनः प्रकाश में लाया गया।

क्या वजह है कि हमारे देश के पंडितों ने इतने महत्वपूर्ण ग्रंथ की उपेक्षा की? कौटिल्य या चाणक्य के नाम से वे परिचित थे। 'चाणक्य-नीति' के श्लोक भी उन्हें स्मरण रहे। किंतु चाणक्य या कौटिल्य की इस महान कृति को उन्होंने भुला दिया था। क्यों?

कई कारण हो सकते हैं। पर एक कारण यह अवश्य ही है कि कौटिल्य ने अपने **अर्थशास्त्र** में वेदविद्या (त्रयी) के बारे में गौरवपूर्ण शब्द नहीं कहे हैं। और, अपने समय की जिन तीन तर्कविद्याओं का उन्होंने उल्लेख किया है, वे पूर्ण या आंशिक रूप से भौतिकवादी थीं। उन्होंने आन्वीक्षिकी, त्रयी, वार्त्ता और दंडनीति को ही विद्याएं माना है (**आन्वीक्षिकी त्रयी वार्त्ता दंडनीतिश्चेति विद्याः**)। यहां 'आन्वीक्षिकी' का अर्थ तर्कविद्या है। 'त्रयी' का अर्थ है तीन वेद। 'वार्त्ता' का अर्थ है व्यापार, पशुपालन और कृषिकर्म से धन कमाने का शास्त्र, अर्थात् अर्थशास्त्र। और, 'दंडनीति' का अर्थ है राजनीति।

तर्कविद्या के अर्थ में 'दर्शन' शब्द का प्रयोग बहुत बाद में हुआ है। दर्शन के अर्थ में हमारे प्राचीन वाङ्मय में अक्सर 'आन्वीक्षिकी' शब्द मिलता है। कौटिल्य ने अपने **अर्थशास्त्र** में केवल तीन ही आन्वीक्षिकियों (दर्शनों या तर्क विद्याओं) के नाम दिए हैं–सांख्य, योग और लोकायत (**सांख्यं योगो लोकायतं चेत्यान्वीक्षिकी**)।

लोकायत स्पष्ट रूप से एक भौतिकवादी तत्व-चिंतन या दर्शन था। सांख्य भी अपने मूल रूप में एक भौतिकवादी दर्शन ही था। अब रही योग की बात। पतंजलि के 'कसरती' योग में तत्वविद्या या आन्वीक्षिकी जैसी कोई चीज नहीं है। इसलिए कौटिल्य ने आन्वीक्षिकी के अंतर्गत जिस योग का समावेश किया है, वह पतंजलि के **योगसूत्र** (ईसा की चौथी सदी) का योग कदापि नहीं हो सकता। दरअसल, **अर्थशास्त्र** का 'योग' शब्द न्याय-वैशेषिक का ही पर्याय है। और, अपने मूल रूप में न्याय-वैशेषिक अंशतः एक भौतिकवादी दर्शन रहा है।

स्मरण रहे कि कौटिल्य ने आन्वीक्षिकी के अंतर्गत यहां पूर्वमीमांसा और वेदांत का उल्लेख नहीं किया है। इससे सिद्ध होता है कि कौटिल्य के समय में कर्ममीमांसा और वेदांत को तर्कविद्या या दर्शन नहीं माना जाता था। कौटिल्य के समय में सांख्य, योग (न्याय-वैशेषिक) और लोकायत ही सही माने में तर्कविद्याएं थीं। और, ये तीनों चिंतन-प्रणालियां पूर्ण या आंशिक रूप से भौतिकवादी थीं।

अर्थशास्त्र के इस उल्लेख से यह भी सिद्ध होता है कि भौतिकवादी लोकायत-मत मात्र वितंडा नहीं था, जैसा कि उसके विरोधियों ने कहा है, बल्कि यह एक गौरवप्राप्त तर्कविद्या थी।

कौटिल्य के काल के बारे में आज निश्चित रूप से कुछ नहीं कहा जा सकता। **अर्थशास्त्र** चंद्रगुप्त मौर्य (324-300 ई.पू.) के समय की रचना भले ही न हो, किंतु यह ईसा की दूसरी-तीसरी सदी के बाद की रचना निश्चय ही नहीं है। जो भी हो, उपर्युक्त उल्लेखों से यह निर्विवाद सिद्ध होता है कि कौटिल्य के समय में भौतिकवादी लोकायत-मत प्राचीन भारत का एक सम्माननीय दर्शन था।

आज अध्यात्मवादियों के ग्रंथों की तरह भौतिकवादी लोकायत-मत के अपने स्वतंत्र ग्रंथ नहीं मिलते। इसका अर्थ यह नहीं है कि लोकायत-मत के अपने स्वतंत्र ग्रंथ थे ही नहीं। **अर्थशास्त्र** के उपर्युक्त उल्लेख से जाहिर होता है कि भौतिकवादियों के भी, सांख्य और न्याय-वैशेषिक की तरह, अपने ग्रंथ अवश्य रहे होंगे। महाभाष्यकार पतंजलि (ईसा-पूर्व दूसरी सदी) ने लोकायत-शास्त्र पर लिखी हुई किसी 'भागुरी' की टीका का उल्लेख किया है (वर्णिका भागुरी लोकायतस्य)। ईसा की सातवीं सदी के एक भौतिकवादी विचारक पुरंदर का चार्वाक-मत के ग्रंथकर्ता (चार्वाकमते ग्रंथकर्ता) के रूप में उल्लेख मिलता है।

प्रज्ञाचक्षु पं. सुखलाल जी और प्रो. रसिकलाल सी. पारीख ने आठवीं सदी के एक घोर वितंडावादी जयराशि भट्ट के **तत्त्वोपप्लवसिंह** नामक ग्रंथ का संपादन किया है। 'तत्त्वोपप्लवसिंह' का अर्थ है–'तत्त्वों को मथनेवाला सिंह'। पं. सुखलाल जी ने इस ग्रंथ को लोकायत या चार्वाकमत का ग्रंथ माना है। पर इस मान्यता को स्वीकार करने में कई कठिनाइयां हैं। जयराशि चार्वाक-मत के आदि-प्रवर्तक बृहस्पति का उल्लेख तो अवश्य करता है; किंतु वह, न केवल प्रत्यक्ष-प्रमाण का खंडन करता है, बल्कि भौतिकवाद की भित्ति भौतिक-तत्त्वों के अस्तित्व का भी खंडन करता है! अतः जयराशि भट्ट को लोकायतिक या भौतिकवादी नहीं माना जा सकता। डा. राधाकृष्णन् ने अपने 'भारतीय दर्शन का स्रोत-ग्रंथ' में चार्वाक-मत के अंतर्गत जयराशि के इस ग्रंथ के उद्धरण दिए हैं। पर जयराशि चार्वाक-मतानुयायी नहीं था। परवर्ती लेखकों ने 'तत्वोपप्लववाद' के अर्थ में ही उसके मत का उल्लेख किया है।

सारांश यह कि प्राचीन काल में भारतीय भौतिकवादियों के अपने स्वतंत्र ग्रंथ अवश्य रहे हैं, किंतु आज ऐसा एक भी ग्रंथ उपलब्ध नहीं है जिसे हम यथार्थ में भौतिकवादियों का ग्रंथ मान सकें। भौतिकवादी लोकायतशास्त्र या चार्वाक-मत के बारे में आज जो सामग्री उपलब्ध है, वह सब केवल इसके विरोधियों के ग्रंथों में ही प्राप्य है।

अध्यात्मवादी या भाववादी या ईश्वरवादी विचारकों ने भौतिकवाद को प्रधानता देने वाले अपने **अर्थशास्त्र** जैसे ब्राह्मण-धर्मी ग्रंथ को भी भुला दिया था, तो शुद्ध भौतिकवादी ग्रंथों की उन्होंने क्या गत बनाई होगी, इसका सहज ही अंदाजा लगाया जा सकता है।

इसलिए आज हमें अपने देश के पुरातन भौतिकवाद का अन्वेषण करने के लिए भौतिकवाद-विरोधी ग्रंथों की ही छानबीन करनी पड़ती है। प्राचीन भारत के तत्व-चिंतन की शास्त्रीय परंपरा यह थी कि पहले अपने विरोधियों के मत को 'पूर्वपक्ष' के रूप में पेश किया जाता था और उसके बाद ग्रंथकर्ता अपने सिद्धांत को 'उत्तरपक्ष' के रूप में प्रस्तुत करता था। अतः भौतिकवाद के बारे में हमें जो जानकारी मिलती है, वह केवल विरोधियों द्वारा प्रस्तुत 'पूर्वपक्ष' के रूप में ही है। यह सामग्री भी कम नहीं है। जरूरत है तो केवल इसी बात की कि इस सामग्री को निष्पक्ष रूप से परखा जाए।

हमने देखा है कि भौतिकवादी चिंतन के बीज वेदों में भी मौजूद हैं। इंद्र जैसे देवता की सत्ता और यज्ञकर्म की उपयोगिता में संदेह व्यक्त करने वाले विचारक वैदिक-काल में भी थे। यह परंपरा आगे भी अखंडित रही। यास्क अपने **निरुक्त** (1.15) में कौत्स नामक एक वेद-विरोधी विचारक का मत प्रस्तुत करते हैं : "वैदिक मंत्रों के अर्थ ठीक-ठीक जानना है, तो यह व्यर्थ है; क्योंकि वैदिक मंत्र अर्थहीन हैं (**अनर्थका हि मंत्राः**)। यास्क ने, और काफी बाद में जैमिनि ने भी उन्हीं का अनुकरण करते हुए, कौत्स के तर्कों का खंडन करने की चेष्टा की है, परंतु इसमें उन्हें सफलता नहीं मिली। कर्मकांडियों की भी तो यही धारणा रही है कि वेदों के मंत्रों का कोई अर्थ नहीं है, किंतु उनका पाठ करना अनिवार्य है!

भौतिकवादियों ने शुरू से ही वेदों को बाबा-वाक्य मानने का खुलकर विरोध किया है। यास्क ने यद्यपि कौत्स को स्पष्ट शब्दों में लोकायतिक नहीं कहा है, किंतु यास्क के लगभग दो सदियों बाद के महान वैयाकरण पाणिनि को अपनी **अष्टाध्यायी** में लोकायत या लौकायतिक शब्द की व्युत्पत्ति बतलाते हुए हम देखते हैं (उक्थादि गण, 4.2.60)। इससे यह सिद्ध होता है कि पाणिनि के पहले ही लोकायत-मत स्थापित हो चुका था और काफी ख्याति अर्जित कर चुका था।

शंकर के अंधभक्त आज के वेदांती जो भी कहें, पर हम जानते हैं कि सभी उपनिषदों के विचार एक धरातल के नहीं हैं, हो भी नहीं सकते; क्योंकि उपनिषद भिन्न-भिन्न काल की और भिन्न-भिन्न विचारकों की कृतियां हैं। **ऋग्वेद** में एक स्थान पर 'असत् (जड़) से सत् (चेतन) की उत्पत्ति' बतलाई गई है। **छान्दोग्य-उपनिषद्** ने इस मत का खंडन किया है (सदेवेदमग्र आसीत्), तो **तैत्तिरीय-उपनिषद्** में पुनः असत् से सत् की उत्पत्ति बतलाई गई है (असद्वा इदमग्र आसीत्। ततो वै सदजायत), यद्यपि यह उपनिषद् भी आत्मवादी ही है।

उद्दालक का शिष्य याज्ञवल्क्य था। याज्ञवल्क्य ने गुरु के सद्वाद को तो मान लिया था, किंतु जीवात्मा संबंधी उसके विचार काफी हद तक भौतिकवादी ही थे। **बृहदारण्यक-उपनिषद** में उल्लिखित जनक की सभा में आयोजित शास्त्रार्थ इसका प्रमाण है। यहां याज्ञवल्क्य ने विजय प्राप्त करके जो स्वर्ण और गायें प्राप्त कीं, वह भौतिकवादी दृष्टिकोण का आश्रय लेकर ही। सभा की शुरुआत में याज्ञवल्क्य से आर्तभाग प्रश्न करता है : आदमी के मरने पर प्राण दूसरी जगह जाते हैं या नहीं? याज्ञवल्क्य का उत्तर है : प्राण दूसरी जगह नहीं जाते, यहीं नष्ट हो जाते हैं (नैति होवाच याज्ञवल्क्योऽत्रैव समवनीयन्ते स उच्छ्‌वयत्याध्मायत्याध्मातो मृतः शेते; **बृहदारण्यक**, 3.2.11)। आगे आर्तभाग अपना वही सवाल दूसरे शब्दों में रखता है : आदमी के मरने पर क्या शेष बचता है? याज्ञवल्क्य का स्पष्ट उत्तर है : केवल नाम शेष रहता है (नामेत्यनन्तम्)।

आर्तभाग फिर प्रश्न करता है : याज्ञवल्क्य! जब मरे हुए आदमी की वाणी अग्नि में, प्राण वायु में, चक्षु आदित्य में, मन चंद्रमा में, श्रोत्र दिशाओं में, शरीर पृथ्वी में, आत्मा आकाश में, लोम औषधियों में, केश वनस्पतियों में, रक्त और रेत जल में विलीन हो जाते हैं, तब यह पुरुष कहां होता है?

याज्ञवल्क्य इस सवाल का कोई उत्तर नहीं देता। वह आर्तभाग का हाथ पकड़ता है और उससे कहता है : आओ, एकांत में जाकर हम इसकी चर्चा करें। परंतु एकांत में उन दोनों की क्या चर्चा हुई, इसके बारे में हमें कोई जानकारी नहीं मिलती। संभवतः दोनों इसी निर्णय पर पहुंचे कि मृत्यु के बाद जीवात्मा का कोई अस्तित्व नहीं रहता, क्योंकि अन्यत्र याज्ञवल्क्य ने मैत्रेयी को इसी प्रकार का उपदेश दिया था। याज्ञवल्क्य ने कम-से-कम इतना तो स्वीकार किया ही है कि बुद्धिवाद से इस समस्या का समाधान संभव नहीं।

सामान्यतः सभी उपनिषदकार 'ब्रह्म' के मायाजाल में फंसे हुए थे। पर उपनिषदों में स्थान-स्थान पर तत्कालीन भौतिकवादियों के मतों के भी उल्लेख मिलते हैं। **श्वेताश्वतर-उपनिषद** आरंभ में ही जानकारी देता है कि काल, स्वभाव (जैसे, अग्नि का स्वभाव ताप है), नियति (भाग्य), यदृच्छा (स्वेच्छाभाव), पंचमहाभूत, योनि (प्रजनन) आदि की विचार-दृष्टि से जीव-जगत की व्याख्या करने वाले विचारक भी उस समय मौजूद थे। यहां स्वभाववाद, भौतिकवाद का ही पर्याय है। भौतिकवादियों का कथन है : **स्वभावं जगतः कारणमाहुः**।

इस प्रकार, हम देखते हैं कि उपनिषदों के समय में हमारे देश में भौतिकवादी विचारक मौजूद थे और खुलेआम ब्रह्मवादियों को चुनौती देते थे। ब्रह्मवाद निरंकुश राजसत्ता की छत्रच्छाया में पल रहा था, राजसत्ता का पोषक था; इसलिए उसकी तूती बोलती थी। किंतु तर्क से भौतिकवाद का खंडन करना ब्रह्मवादियों के लिए संभव नहीं था। अंत में उन्हें श्रद्धा और विश्वास में ही शरण लेनी पड़ी।

भौतिकवादियों और अध्यात्मवादियों का यह संघर्ष आगे भी जारी रहा।

[4]

आज के युग की स्वस्थ एवं सशक्त चिंतनधारा है, वैज्ञानिक भौतिकवाद। इस चिंतन का महज विरोध करने के लिए कुछ भारतीय विचारक एड़ी-चोटी का पसीना बहाकर यह सिद्ध करने की कोशिश करते दिखाई देते हैं कि भारतीय चिंतन मूलतः अध्यात्मवादी एवं ईश्वरवादी रहा है। सारे भारतीय चिंतन पर अध्यात्मवाद का मुलम्मा चढ़ाने में वेदांती ढर्रे के अंग्रेजीदां फिलॉसफर डा. सर्वपल्लि राधाकृष्णन् सबसे आगे दिखाई देते हैं।

पर तथ्य यह है कि भारतीय चिंतन का मुख्य प्रवाह सदा अनात्मवादी एवं अनीश्वरवादी रहा है। जैन और बौद्ध दर्शन अनात्मवादी और अनीश्वरवादी हैं। स्वयं ब्राह्मणों के कई दर्शन नास्तिक अर्थात् अनीश्वरवादी रहे हैं। आज कुछ पुराणपंथी लोग 'वेदप्रामाण्यम्' को हिंदू धर्म का एक लक्षण बतलाते हैं, पर वेदों में पुनर्जन्म तथा मूर्तिपूजा का कहीं कोई जिक्र नहीं है। वेदों के रचयिता पर्याप्त संदेहवादी थे। आरंभिक वैदिक समाज में हमें आदिम साम्यवाद के ही दर्शन होते हैं।

भारतीय भौतिकवादी विचारक जैनों और बौद्धों से भी दो कदम आगे रहे हैं। अध्यात्मवादियों ने तो इन भौतिकवादियों का विरोध किया ही, जैनों और बौद्धों ने भी इनकी कटु आलोचना की है। इसलिए इन विरोधियों के साहित्य में ही हमें भौतिकवादियों के बारे में जानकारी मिलती है। आधुनिक काल में डा. राधाकृष्णन् जैसे वेदांती विचारकों ने अनीश्वरवादी दर्शनों को जिस प्रकार अपनी सहूलियत के अनुसार पेश किया है, उसी प्रकार जैन, बौद्ध व ब्राह्मण साहित्य में भी इन प्राचीन भौतिकवादियों के बारे में हेय दृष्टि से विचार किया गया है। ऐसा स्वाभाविक भी है। भला अपने प्रतिद्वंद्वियों को कौन ईमानदारी से पेश करेगा? चूंकि भौतिकवादी विचार सर्वसाधारण जनता की भौतिक उन्नति के अनुकूल थे, इसलिए जनता में इन विचारों का खूब प्रचार था। इसीलिए इस चिंतनधारा को 'लोकायत-दर्शन' कहते हैं। प्राचीन भारत की भौतिकवादी परपंरा अर्थात् लोकायत-दर्शन का दिग्दर्शन हम आगे फिर कभी करेंगे। आइए, यहां हम भारत के कुछ भौतिकवादी विचारकों का अल्प परिचय प्राप्त करें। जैन, बौद्ध और ब्राह्मण साहित्य में ही हमें इनके बारे में थोड़ी-बहुत जानकारी मिलती है। **छान्दोग्य** (8.8) में विरोचन की कथा है। प्रजापति ने इंद्र और विरोचन को ज्ञान दिया था। यह विरोचन भूतवादी था और मानता था कि यह देह ही आत्मा है।

छांदोग्य-उपनिषद (अष्टम प्रपाठक, खंड 7 से 15) में किसी विरोचन की एक कथा है। विरोचन भूतवादी था और मानता था कि यह देह ही आत्मा है। देवों का नेता इंद्र और असुरों का नेता विरोचन ज्ञान-प्राप्ति के लिए प्रजापति के पास पहुंचते हैं। 'भौतिकवादी' प्रजापति दोनों को बताते हैं : आत्मा आदि सब झूठ है, देह ही

आत्मा है, दैहिक सुख ही सच्चा सुख है, इस इहलोक को सुखमय बनाने में ही सच्चा पुरुषार्थ है।

इस ज्ञान को सुनने के बाद इंद्र व विरोचन दोनों वापस लौटते हैं। इस ज्ञान से विरोचन को तो संतोष हो जाता है, पर इंद्र महाराज को संतोष नहीं होता। वे पुनः प्रजापति के पास पहुंचते हैं। इंद्र की तसल्ली के लिए इस बार प्रजापति उन्हें अध्यात्मवाद की शिक्षा देते हैं। इससे इंद्र की तसल्ली हो जाती है। इंद्र अपने अहंकार में समझ बैठते हैं कि असुर नेता विरोचन को प्रजापति ने उलटा ज्ञान बतलाया है। इंद्र को इससे खुशी होती है और वह सोचते हैं कि अब निश्चय ही असुरों का विनाश होगा।

ब्राह्मण साहित्य में असुरों को हेय दृष्टि से देखा गया है। यह स्वाभाविक भी है, क्योंकि असुर भिन्न मत रखते थे। देववादी भारतीय आर्यों ने भिन्न मतवादी अपने असुर भाइयों को हेय दृष्टि से देखा हो, तो इसमें आश्चर्य ही क्या! भारतीय आर्यों के भाईबंद ईरानी आर्यों ने देववादियों को 'राक्षस' कहा है और वे 'असुर' (अहुर) पूजक थे। **छांदोग्योपनिषद्** की उपर्युक्त कथा से यही सिद्ध होता है कि उस समय हमारे देश में देह को ही आत्मा मानने वाली भौतिकवादी विचार-प्रणाली मौजूद थी।

बौद्धों के **त्रिपिटक** में और जैनों के आगम-ग्रंथों में प्रदेशी (पायसि या पएसिही) नाम के एक नास्तिक राजपुरुष के उल्लेख मिलते हैं। **दीघनिकाय** में प्रदेशी और बौद्ध कुमारकस्सप के वाद-विवाद का विवरण है। इस कथानक से पता चलता है कि प्रदेशी पक्का प्रयोगवादी था। वह कुमारकस्सप से कहता है : "तुम कहते हो कि बुरे-भले कर्मों का तदनुसार फल मिलता है। पर मेरे कई रिश्तेदार हैं जो चोरी करते हैं, हिंसा करते हैं, व्यभिचार करते हैं। मैं उनसे कहता रहता हूं कि मरने के बाद तुम लोग जिस घोर नरक में जाओगे, वहां से मेरे पास दूत भेजना। किंतु वहां से अभी तक कोई दूत मेरे पास नहीं आया है। अतः नरक नहीं है। इसी प्रकार, जो लोग सत्यभाषी हैं, चोरी-हिंसा-व्यभिचार नहीं करते, उनसे मैं कहता रहता हूं कि स्वर्ग में जाकर वहां से संदेश भेजो। पर वहां से भी कोई दूत मेरे पास नहीं आया है। इसलिए कोई स्वर्ग नहीं है। हममें से किसी ने भी प्रत्यक्षतः किसी स्वर्ग या नरक को नहीं देखा है, इसलिए परलोक नाम की कोई चीज नहीं।"

इस कथानक से पता चलता है कि प्रदेशी ऐसी हर बात को मानने के लिए तैयार था जो प्रयोगों से सिद्ध की जा सकती है। वह पक्का प्रयोगवादी था। वह अपने प्रयोगों के लिए चूहे, बंदर, सूअर, मेढक आदि लेता था। फांसी की सजा पाए हुए चोर-डाकू आदि अपराधियों को भी लेता था। उन्हें वह एक बड़े बर्तन में बंद कर देता। ऊपर से ढक्कन चढ़ाकर मिट्टी का लेप लगा देता। बर्तन के भीतर बंद ये जीव जब मर जाते, तो वह ढक्कन को खोलकर देखता, पर उसे उस बर्तन से बाहर आती हुई कोई 'जीवात्मा'

नहीं दिखाई देती। मृत्युदंड की सजा सुनाये गए अपराधियों को उसने मृत्यु के पहले और बाद में तौलकर भी देखा। देह से 'जीवात्मा' के चले जाने से मृत्यु के बाद शव के तौल में कमी होनी चाहिए थी। उलटे उसने मृत्यु के बाद देह को कुछ अधिक भारी पाया। उसने खूनी गुनहगारों की बोटी-बोटी छानकर देखी, पर उसे 'जीवात्मा' कहीं नजर नहीं आई।

इस कथानक से यही सिद्ध होता है कि पुराने जमाने में हमारे देश में प्रयोगवादी विचारकों की कमी नहीं थी।

जैन साहित्य में कई भौतिकवादियों के उल्लेख मिलते हैं। राजा कुरुचंद्र, प्रदेशी की तरह भौतिकवादी था। हरिभद्र ने अपने **समराइच्चकहा** ग्रंथ में लोकायतिक पिङ्केश का उल्लेख किया है। सोमदेव ने अपने **यशस्तिलक चंपू** में परलोकवादियों का मज़ाक उड़ाने वाले और इहलोक का समर्थन करने वाले एक चंडकर्मा का उल्लेख किया है। इस प्रकार जैन व बौद्ध साहित्य में प्राचीन भारत के भौतिकवादियों के दर्जनों उल्लेख मिलते हैं। यह भौतिकवादी परंपरा, लोकायत-परंपरा ही थी।

महाभारत के 'शांतिपर्व' (अध्याय 182 से 192) में भूतवादी भरद्वाज का जिक्र है। भरद्वाज का मत है कि जीवनतत्व पंचमहाभूतों से भिन्न नहीं है। वह कहते हैं कि सभी वर्णों में सभी प्रकार के गुणधर्म पाए जाते हैं। भरद्वाज भृगु से प्रश्न करते हैं कि काम, क्रोध, लोभ, मोह आदि विकार सभी वर्णों में समान रूप से पाए जाते हैं, तो वर्णक्रम कहां से पैदा हुआ? भृगु इस प्रश्न का उत्तर देते हैं। इस चर्चा में भृगु भी इहलोक के सुख को अंतिम ध्येय स्वीकार करते हैं। भृगु यह भी स्वीकार करते हैं कि यदि शूद्र के घर पैदा हुए बालक में ब्राह्मण के लक्षण पाए जाएं, तो वह शूद्र नहीं कहला सकता और यदि ब्राह्मण के घर में पैदा हुए बालक में शूद्र के लक्षण पाए जाएं, तो वह ब्राह्मण नहीं कहला सकता; यथा :

शूद्रे चैतद् भवेल्लक्ष्यं द्विजे तच्च न विद्यते।
न वै शूद्रो भवेच्छूद्रो ब्राह्मणो न च ब्राह्मणः॥

रामायण (अयोध्याकांड, 108वां सर्ग) में जाबालि नाम के एक भौतिकवादी ब्राह्मण-शिरोमणि का उल्लेख है। यदि रामकथा में कोई ऐतिहासिकता है, तो अयोध्या के दरबार के इस चार्वाकवादी जाबालि को एक ऐतिहासिक व्यक्ति माना ही जा सकता है। राम वनवास की तैयारी करते हैं। जाबालि उन्हें बन में न जाने का उपदेश देते हैं। साथ ही, जाबालि यह भी बताते हैं कि दानधर्म, तपस्या व संन्यास और यज्ञ व पूजन की महत्ता बताने वाले ग्रंथों की रचना चतुर लोगों ने की है। जाबालि श्राद्धादि का मज़ाक उड़ाते हैं और कहते हैं कि इससे अन्न का नाश होता है। वह बताते हैं कि पिता-पुत्र के संबंधों की मर्यादा का किस सीमा तक पालन किया जाना चाहिए। अंत में जाबालि प्रत्यक्ष को प्रधान कर्म मानने का व्यवहारवादी ज्ञान राम को देते हैं; यथा :

स नास्ति परमित्येतत् कुरु बुद्धिं महामते।
प्रत्यक्षं यत्तदानिष्ठ परोक्षं पृष्ठतः कुरु ॥

अर्थात्, महामते! मन में यह निश्चय कीजिए कि इस लोक के सिवा कोई दूसरा लोक नहीं है। जो प्रत्यक्ष (राज्यलाभ) है, उसका आश्रय लीजिए, परोक्ष (पारलौकिक लाभ) को पीछे ढकेल दीजिए।

बौद्ध, जैन और तिब्बती साहित्य में अजित केशकंबली नाम के एक भौतिकवादी के अनेकानेक उल्लेख मिलते हैं। अजित का समय है, ई.पू. छठी शताब्दी। बुद्ध और महावीर के पहले उन्होंने वैदिक धर्म के खिलाफ आवाज उठाई थी। अजित केवल चार भौतिक तत्वों—जल, तेज, वायु और पृथ्वी—में यकीन करते थे। वह पुनर्जन्म को नहीं मानते थे, पाप-पुण्य को भी नहीं मानते थे। वह वेदों को प्रमाण-ग्रंथ भी नहीं मानते थे। अजित के विचार इतने प्रखर थे कि बौद्ध और जैन भी उन्हें निगल नहीं सके। इसीलिए बौद्ध व जैन ग्रंथों में अजित की कटु आलोचना पढ़ने को मिलती है। ब्राह्मणों ने उनकी पूरी उपेक्षा की।

इस प्रकार, हम देखते हैं कि जैन, बौद्ध व ब्राह्मण वाङ्मय में भौतिकवादियों के उल्लेखों की भरमार है। यहां हमें स्मरण रखना चाहिए कि ये सारे उल्लेख भौतिकवादियों के विरोधी साहित्य में मिलते हैं। इसलिए हमें अपने प्राचीन भौतिकवादियों के साफ चित्र आज देखने को नहीं मिलते। विरोधियों ने मनमाने ढंग से इन भौतिकवादियों को प्रस्तुत किया है। किसी समय स्वयं भौतिकवादियों द्वारा लिखा गया साहित्य भी पर्याप्त मात्रा में उपलब्ध रहा होगा, पर आज वह प्राप्त नहीं है। भौतिकवादियों के नाम पर दो-चार पुस्तकें ही उपलब्ध हैं। पर यह साहित्य भी संदिग्ध है।

अनेक उल्लेखों से पता चलता है कि बृहस्पति चार्वाक-दर्शन या लोकायत- मत के संस्थापक थे। बृहस्पति नाम के कई व्यक्ति हुए हैं। अतः उनमें भौतिकवादी बृहस्पति कौन था, यह जान पाना कठिन है। एक बृहस्पति 'अर्थशास्त्र' के रचयिता थे। एफ.डब्ल्यू. टॉमस ने बृहस्पति के 'अर्थशास्त्र' का संपादन किया है। इस पुस्तक में लोकायतिकों की महत्ता बतलाई गई है, पर दूसरी ओर इसी पुस्तक में लोकायतिकों की भर्त्सना भी की गई है। अतः इस ग्रंथ का रचयिता चार्वाकवादी बृहस्पति नहीं हो सकता। कौटिल्य ने अपने **अर्थशास्त्र** में भी बृहस्पति के अर्थशास्त्र (बार्हस्पत्याः) का उल्लेख किया है।

पं. सुखलालजी और प्रो. रसिकलाल पारीख ने **तत्त्वोपप्लवसिंह** नामक एक ग्रंथ का उद्धार करके इसका संपादन किया है। इस ग्रंथ के लेखक हैं, जयराशिभट्ट (ईसा की आठवीं शताब्दी)। इस पुस्तक में जयराशि उन्हीं प्रमेयों को गलत सिद्ध करते हैं जिन पर दूसरे दार्शनिकों के विचार आधारित हैं। अपने पक्ष में जयराशि लोकायतिक बृहस्पति के मतों को पेश करते हैं। पर वह बृहस्पति से भी एक कदम आगे हैं।

संक्षेप में कहें तो भारतीय चिंतन में भौतिकवाद की विचारधारा सतत प्रवाहित रही है। दुर्भाग्य यह कि अधिकतर विरोधियों के साहित्य में ही हमें इन भौतिकवादियों के विचारों की जानकारी मिलती है। ये सारे प्रमाण इस बात के ज्वलंत साक्षी हैं कि ठेठ वैदिक काल से आज तक हमारे देश में भौतिकवादी चिंतन की अटूट धारा प्रवाहित होती रही है। अतः आज के युगधर्म वैज्ञानिक भौतिकवाद को अपनाने और अमल में लाने में हमें कोई कठिनाई नहीं होनी चाहिए।

31

मायावाद और भारतीय विज्ञान

ईसा की पहली शताब्दी से ग्यारहवीं-बारहवीं शताब्दी तक हमारे देश में विज्ञान ने खूब उन्नति की। चरक, सुश्रुत, आर्यभट, वराहमिहिर, ब्रह्मगुप्त, वाग्भट, नागार्जुन और भास्कराचार्य जैसे महान वैज्ञानिक इसी काल में पैदा हुए। पर बारहवीं शताब्दी के बाद भारतीय विज्ञान की अवनति का काल शुरू हो गया। आगे के लगभग सात सौ सालों के लंबे अरसे में हमारे देश में चोटी का कोई वैज्ञानिक पैदा नहीं हुआ, विज्ञान के मौलिक ग्रंथों की रचना नहीं हुई। इस काल में अधिकतर टीकाएं लिखने का काम होता रहा। पाश्चात्य विज्ञान के संपर्क में आने के बाद, उन्नीसवीं शताब्दी के उत्तरार्द्ध से, भारत में पुनः विज्ञान के नवजागरण का युग आरंभ हुआ।

बारहवीं शताब्दी तक भारतीय विज्ञान संसार के किसी भी देश के विज्ञान से पीछे नहीं था, बल्कि दो कदम आगे ही था। फिर क्या कारण है कि 1200 ई. के आसपास से भारतीय विज्ञान की अवनति शुरू हो गई?

अनेक कारण हो सकते हैं। 1200 ई. से 1850 ई. तक का काल सामने आते ही हमें भारतीय इतिहास का तथाकथित 'मुस्लिम शासन-काल' स्मरण हो आता है और, गहराई में उतरकर सोचे-समझे बिना, हम अपनी बौद्धिक अवनति के सारे दोष इस मुस्लिम-शासन के मत्थे मढ़ देते हैं। पर यह दोषारोपण सही नहीं है। इसके विपरीत, तथ्य यह है कि अरबी-फारसी पंडितों ने भारतीय विज्ञान की खूब प्रशंसा की, इसे अपनाया और इसका यूरोप के देशों में प्रचार-प्रसार किया।

सन् 622 में इस्लाम का उदय हुआ। सन् 712 में मुहम्मद बिन कासिम की सेना ने पहली बार सिंध पर हमला किया। उसके बाद मुहम्मद गज़नवी के समय तक, यानी लगभग तीन सौ साल तक, मुसलमानों का भारत पर कोई हमला नहीं हुआ। इसी काल में भारतीय विज्ञान का अरब देशों में प्रवेश हुआ। 750 ई. और 850 ई. के बीच अरबों ने बड़ी तेजी से अपने विज्ञान की नींव डाली। यूनानी, फारसी और संस्कृत भाषाओं से विज्ञान के सैकड़ों ग्रंथों के अरबी भाषा में अनुवाद हुए। आरंभ में दमिश्क (सीरिया) और बाद में बगदाद (इराक) अरबी ज्ञान-विज्ञान का महान विद्याकेंद्र बना। खलीफा अलमंसूर (753-774 ई.) के शासन-काल में सिंध से कुछ भारतीय विद्वान बगदाद पहुंचे

थे। वे अपने साथ ज्योतिष, गणित तथा चिकित्सा के संस्कृत ग्रंथ भी बगदाद ले गए थे। वहां अरबी में उनके अनुवाद हुए। इसी काल में ब्रह्मगुप्त (जन्म 598 ई.) के **ब्राह्मस्फुट-सिद्धांत** तथा **खंडखाद्य** ग्रंथों का अरबी में अनुवाद हुआ। आयुर्वेद के कुछ ग्रंथों और **पंचतंत्र** का अनुवाद भी इसी काल में हुआ।

इसी काल में भारतीय अंक-पद्धति तथा अंकों का अरब देशों में प्रचार हुआ। अल-ख्वारिज्मी (825 ई.) जैसे महान अरबी गणितज्ञों ने भारतीय गणित पर ग्रंथ लिखे। नौवीं-दसवीं शताब्दी में मूरों (अरबों) के माध्यम से भारतीय अंक-पद्धति और गणित का स्पेन और इटली में प्रवेश हुआ। वहां स्पेन के विद्याकेंद्रों में अरबी के सैकड़ों ग्रंथों के लैटिन भाषा में अनुवाद हुए। अरबी के माध्यम से संस्कृत और यूनानी ग्रंथों का ज्ञान-विज्ञान जब यूरोप पहुंचा, तभी वहां बौद्धिक नवजागरण का युग शुरू हुआ।

तात्पर्य यह कि अरब विद्वान ज्ञान-विज्ञान के गुणग्राही थे। आधुनिक विज्ञान की आधारशिला रखने में अरबों ने सबसे अधिक योग दिया है। यूरोप को यूनानी ज्ञान-विज्ञान की जानकारी पहले-पहल अरबी से लैटिन में अनूदित हुए ग्रंथों से ही मिली थी। यूरोप के विद्वानों को भारतीय विज्ञान और यूक्लिड, आर्किमिदीज, अरस्तू आदि यूनानी वैज्ञानिकों का परिचय आरंभ में अरबी अनुवादों के माध्यम से ही मिला था। यूरोपीय विद्वानों को मूल यूनानी ग्रंथ काफी बाद में उपलब्ध हुए। सारांश यह कि आधुनिक पाश्चात्य विज्ञान की प्रगति का सच्चा श्रेय अरबी विद्वानों को है। इसलिए कुछ मुसलमान हमलावरों की विध्वंसक घटनाओं के आधार पर सारे इस्लाम को ज्ञान-विज्ञान का शत्रु समझना गलत होगा।

अक्सर कहा जाता है कि सिकंदरिया (मिस्र) के महान ग्रंथालय को अरबों ने जलाया था। पर यह एक बहुत बड़ा झूठ है। अरबों ने पहली बार 640 ई. में सिकंदरिया पर आक्रमण किया। पर उसके पहले ही वहां का महान ग्रंथागार नष्ट हो चुका था। इसे सिंकदरिया के बिशप थियोफिलस (385-412 ई.) के आदेश से जला दिया गया। रोमन लेखक ओरोसियूस लिखता है कि 416 ई. तक सिकंदरिया का संग्रहालय नष्ट हो चुका था। इसी समय ईसाइयों ने सिकंदरिया की विदुषी महिला हाइपेशिया को जिंदा जला दिया था। विज्ञान के प्रख्यात इतिहासकार जॉर्ज सार्टन का भी यही मत है कि सिकंदरिया के संग्रहालय के असली विध्वंसक अरब नहीं, बल्कि ईसाई थे।[1] मजे की बात तो यह है कि ईसाई उन ग्रंथों को पढ़ सकते थे, लेकिन मुसलमान अभी उन्हें पढ़ने में समर्थ नहीं थे।

प्रसिद्ध चीनी यात्री युवान्-च्वाङ (629-646 ई.) की जीवनी तथा यात्रा-विवरण से जानकारी मिलती है कि नालंदा विश्वविद्यालय में 10,000 विद्यार्थी और 1500 आचार्य थे। वहां वेद-वेदांग, हेतुविद्या (तर्कशास्त्र), शब्दविद्या (व्याकरण) चिकित्साशास्त्र आदि का अध्ययन होता था। तिब्बती स्रोतों से पता चलता है कि नालंदा के ग्रंथालयों में हस्तलिखित ग्रंथों की विशाल संपदा थी। बौद्ध धर्म के इतिहास के लेखक लामा तारानाथ

तथा अन्य तिब्बती लेखक जानकारी देते हैं कि विश्वविद्यालय के परिसर का बहुत बड़ा क्षेत्र इन ग्रंथालयों के लिए अलग रखा गया था और उस पर बड़ी-बड़ी कई मंजिलों वाली इमारतें थीं। इनमें से तीन ग्रंथागारों के सुंदर नाम थे—रत्नोदधि, रत्नसागर और रत्नरंजक। क्या हुआ इन ग्रंथ-संग्रहालयों का?

मुस्लिम इतिहासकार मिनहाज अपनी 'तबकात-इ-नासिरी' पुस्तक में जानकारी देता है कि मुहम्मद-बिन-बख़्तियार खिलजी ने 1167 ई. में पश्चिमी बिहार पर धावा बोलकर वहां के बिहार (विहार) नामक एक विद्याकेंद्र को नष्ट कर डाला। मिनहाज स्पष्ट रूप से नालंदा का नाम तो नहीं लेता, किंतु 'बिहार' का अर्थ नालंदा का विहार ही हो सकता है। तारानाथ का भी कहना है कि "तुर्कों ने सारे मगध पर अधिकार कर लिया और कई बिहारों को नष्ट कर दिया। नालंदा को उन्होंने अधिक क्षति पहुंचाई और वहां के भिक्षु विदेशों में भाग गए।"

किंतु एक अन्य तिब्बती ग्रंथ 'पग-सम जौन-झाङ्' जानकारी देता है कि तुर्कों के हमलों के बाद भिक्षु मुदितभद्र ने नालंदा के बिहारों और चैत्यों का पुनरुद्धार किया था। उसके बाद मगध के राजा के एक मंत्री कुकुटसिद्ध ने नालंदा में एक विहार बनवाया। एक दिन बौद्ध भिक्षु प्रार्थना कर रहे थे, तो वहां दो क्रोधी तीर्थिक (ब्राह्मणधर्मी) आए। कुछ तरुण भिक्षुओं ने उन पर पानी फेंक दिया। कहते हैं कि उसके बाद उन ब्राह्मणों ने नालंदा के पास यज्ञ शुरू कर दिया। अंत में इस यज्ञ से जलते अंगारे और कुंदे लेकर उन्होंने विहार में फेंक दिए। भयानक आग लगी और उसी आग में नालंदा का विशाल ग्रंथागार 'रत्नोदधि' जलकर राख हो गया।[2] इस उल्लेख से पता चलता है कि सिकंदरिया और नालंदा के महान ग्रंथ-संग्रहालयों की विनाशलीला में काफी साम्य है।

भारतीय विज्ञान में अवनति के लक्षण ईसा की आठवीं-नौवीं शताब्दी से साफ-साफ दिखाई देने लग जाते हैं, और इसके लिए प्रमुख रूप से जिम्मेवार हैं रूढ़िवाद और समाज-व्यवस्था। इस रूढ़िवाद की शुरुआत गुप्तकाल (लगभग 300-500 ई.) में हो चुकी थी,[3] परंतु इसने जोर पकड़ा ईसा की आठवीं सदी से, शंकराचार्य के समय से। आठवीं शताब्दी के पहले के भारतीय वैज्ञानिकों को एक-दूसरे का खंडन-मंडन करने में कोई बाधा नहीं थी। वस्तुतः खंडन-मंडन से ही विज्ञान का विकास होता रहता है। चरक ने काय-चिकित्सा पर जोर दिया, तो सुश्रुत ने शल्य-चिकित्सा पर। ब्रह्मगुप्त (628 ई.) ने आर्यभट (499 ई.) के मतों का खंडन किया था। लोकायत, सांख्य, बौद्ध तथा जैन दर्शनों में प्रकृति संबंधी अध्ययन में खंडन-मंडन के लिए पर्याप्त गुंजाइश थी। लोकायत और सांख्य दर्शनों के भौतिकवादी दृष्टिकोण विज्ञान की उन्नति के लिए पोषक थे। कई जैन आचार्य गणितज्ञ हुए, तो कई भारतीय चिकित्सक बौद्ध थे। लेकिन 800 ई. के आसपास जब शंकराचार्य ने भौतिक-जगत को माया घोषित कर दिया (**ब्रह्म सत्यं जगन्मिथ्या**) और उनके द्वारा प्रतिपादित अद्वैत-वेदांत का बोलबाला हुआ, तो कौन भला प्राकृतिक नियमों की खोज करने में माथा-पच्ची करता? सब-कुछ माया ही है, तो फिर

प्रकृति के बारे में कुछ जानने या खोजने की जरूरत ही क्या रह जाती है? गहराई में उतरकर यदि देखा जाए, तो शंकर का यह मायावादी दर्शन ही भारतीय विज्ञान की अवनति का मूल कारण है।

भारत में आठवीं शताब्दी में रूढ़िवादिता ने काफी जोर पकड़ लिया था, इसका पता वाग्भट के कुछ कथनों से लग जाता है। सातवीं-आठवीं शताब्दी में हमारे देश में दो वाग्भट हुए—ज्येष्ठ और कनिष्ठ। ये दोनों चिकित्सक बौद्ध थे। इनमें कनिष्ठ वाग्भट शंकराचार्य के लगभग समकालीन थे। कनिष्ठ वाग्भट ने रूढ़िवादिता पर खूब प्रहार किया। वे अपने **अष्टांगहृदय** में लिखते हैं : **एतद् ब्रह्मा भाषतां ब्रह्मजो वा का निर्मन्त्रे वक्तृभेदोक्तिशक्तिः**; अर्थात्, चाहे ब्रह्मा ने कहा हो या ब्रह्मा के बनाए हुए किसी मनुष्य ने, इससे अंतर क्या पड़ेगा। परिणाम तो एक ही होगा। अन्यत्र वाग्भट कहते हैं :

ऋषिप्रणीते प्रीतिश्चेन्मुक्त्वा चरकसुश्रुतौ ।
भेडाद्याः किं न पठ्यन्ते तस्मात् ग्राह्यं सुभाषितम् ॥ —**अष्टांगहृदय**

अर्थात्, यदि पुराने ऋषियों के ग्रंथों में ही सार है, तो चरक और सुश्रुत के ग्रंथों को भी छोड़ दो और केवल भेड़ों के ग्रंथों को पढ़ो!

लेकिन वाग्भट को अपने इस कटुसत्य कथन का क्या पुरस्कार मिला? रूढ़िवादी ब्राह्मणों ने कहना शुरू किया कि चरक, सुश्रुत आदि की चिकित्सा पहले के युगों (सतयुग, त्रेता आदि) के लिए थी और वाग्भट की चिकित्सा केवल कलियुग के लिए उपयोगी है। रूढ़िवादी नव-ब्राह्मणवाद विज्ञान की अवनति के लिए किस प्रकार कारणीभूत बना, इस पर प्रकाश डालते हुए डा. एन.आर. धर लिखते हैं :

"यह सर्वविदित है कि पाटलिपुत्र, तक्षशिला, सारनाथ, नालंदा, विक्रमशिला तथा ओदंतपुरी के बौद्ध विहारों से संबंधित विद्याकेंद्रों और चिकित्सालयों में विज्ञान एवं चिकित्साशास्त्र का बहुत विकास हुआ।...पर बौद्ध धर्म के विनाश और ब्राह्मण-धर्म के नवोत्थान के बाद नवब्राह्मणों ने, बौद्ध धर्म से संबंधित हरेक उपलब्धि का तिरस्कार करने के जोश में, उन सभी बातों की उपेक्षा की जिन्हें बौद्धों ने खोजा था। व्यावहारिक विज्ञान, औषधि-विज्ञान, शल्य-चिकित्सा आदि को, जिन्हें बौद्धों ने बड़े उत्साह से आगे बढ़ाया था, नवब्राह्मणों ने पूर्णतः त्याग दिया। यही कारण है कि 1200-1900 ई. के बीच के काल में हमारे देश में विज्ञान और चिकित्साशास्त्र की अवनति हुई।"[4]

आठवीं शताब्दी के पहले, अर्थात् शंकराचार्य के पहले, हमारे देश में ईश्वरवाद का उतना अधिक बोलबाला नहीं था, जितना कि आठवीं शताब्दी के बाद देखने को मिलता है। पहले के भारतीय वैज्ञानिक भौतिकवाद और स्वभाववाद से प्रेरणा ग्रहण करके प्रकृति के अन्वेषण में जुटे रहे। पर शंकर ने सारे भौतिक-विश्व को माया और मिथ्या घोषित करके वैज्ञानिक चिंतन के रास्ते में बहुत बड़ी बाधा खड़ी कर दी। जगत् ही मिथ्या है, तो फिर कोई क्योंकर इसके अध्ययन के ऊहापोह में उतरेगा? शंकर का उपदेश था कि जगत् की माया से लिपटा हुआ अकेला ब्रह्म ही सत्य है। इसी ब्रह्म सत्य की

मनुष्य को खोज करनी चाहिए। इस सत्य की प्राप्ति के बाद मनुष्य को खोजने के लिए और कुछ नहीं रह जाता।

इस प्रकार, हम देखते हैं कि जब तक स्वभाववाद या 'भूतेभ्यः चैतन्यम्' का आदर्श वैज्ञानिकों के सामने था, तब तक हमारे देश में विज्ञान की खूब उन्नति हुई। परंतु जैसे ही 'ब्रह्म सत्यं जगन्मिथ्या' की कल्पना ने जोर पकड़ा, भारतीय विज्ञान की अवनति शुरू हो गई।[5]

संदर्भ

1. George Sarton, *A History of Science*, Vol. 2, p. 156-57.
2. विस्तृत विवेचन के लिए देखिए मेरी पुस्तक **भारतीय इतिहास में विज्ञान**, यात्री प्रकाशन, दिल्ली.
3. सतीशचंद्र विद्याभूषण, *History of Indian Logic*, p. 516.
4. N. R. Dhar, *India's Contribution to Chemical Knowledge*, **The Cultural Heritage of India**, Vol. 3, p. 453.
5. विस्तृत विवेचन के लिए देखिए मेरी पुस्तक **भारतीय इतिहास में विज्ञान**, यात्री प्रकाशन, दिल्ली, 2005.

32

फलित ज्योतिष : एक ठक-विद्या

पहली बात तो यही है कि आज फलित-ज्योतिष की जिस ठग-विद्या का हम चहुंओर बोलबाला देखते हैं, वह भारतीय मूल की नहीं है। आज जिन राशियों और वारों के आधार पर भविष्य-कथन किया जाता है, उनका समूचे वैदिक साहित्य में, **वेदांग-ज्योतिष** में भी, कहीं कोई उल्लेख नहीं है। **महाभारत** में भी बारह राशियों का कोई जिक्र नहीं है, वस्तुतः आज प्रचलित भारतीय राशि-नाम बेबीलोनी- खल्दियाई-यूनानी राशि-नामों के आधार पर बने हैं। भारत में इनका प्रचलन ईसा की आरंभिक सदियों में हुआ।

वैदिक काल में आकाश के रविपथ या चंद्रमार्ग को 27 या 28 नक्षत्रों में बांटा गया था, न कि 12 राशियों में, प्राचीन भारत में केवल नक्षत्रों को ही शुभाशुभ माना जाता था। आद्री, पुनर्वसु, आश्लेषा-जैसे कई नक्षत्रों के नाम कृषि-कर्म से संबंधित हैं, इसीलिए इनको शुभाशुभ मानने की परंपरा चली थी। प्राचीन भारत में नक्षत्रों के आधार पर कुछ लोग भविष्य-कथन भी करते थे, मगर ऐसे लोगों की निंदा करने वाले भी बहुत लोग थे। गौतमबुद्ध ने भविष्य-कथन के जरिए लोगों को आतंकित करनेवालों की भर्त्सना की है। कौटिल्य के **अर्थशास्त्र** में उन लोगों को मूर्ख कहा गया है जो नक्षत्रों के आधार पर की गई भविष्यवाणी पर भरोसा करते हैं।

आज फलित-ज्योतिष का मूलाधार जन्म-कुंडलियां हैं, मगर प्राचीन भारतीय साहित्य में इन कुंडलियों का कहीं कोई जिक्र नहीं है। महामहोपाध्याय डा. काणे भी लिखते हैं : ''पाणिनि के समय में **पुष्य** नक्षत्र शुभ माना जाता था, उसे उन्होंने सिद्धय नाम से पुकारा है। किंतु इन प्रारंभिक युगों में कोई ऐसे नियम नहीं बन पाए थे जिनसे ग्रहों का किसी नक्षत्रों में प्रभाव जाना जा सके और न कुंडलियां ही बनती थीं, जिनमें ग्रहों, नक्षत्रों एवं राशियों के घर आदि बने हों।'' (**धर्मशास्त्र का इतिहास**, भाग-4, पृ. 262)

अब जन्म-कुंडली के उन 12 स्थानों पर विचार कीजिए जिनमें ग्रहों की स्थापना की जाती है। इनमें सूर्य वस्तुतः ग्रह नहीं, एक नक्षत्र (तारा) है। चंद्र भी ग्रह नहीं, यह पृथ्वी का उपग्रह है। राहु और केतु भौतिक पिंड नहीं; ये पृथ्वी और चंद्र के भ्रमण-मार्गों के दो छेदन-बिंदु मात्र है। क्या ऐसे द्रव्य-रहित बिंदु भी मानव जीवन-जगत को सबसे ज्यादा प्रभावित करता है, उसको फलित-ज्योतिषियों की इस कुंडली में कोई स्थान नहीं!

वस्तुतः मनुष्य पृथ्वी के जिस देश में, जिस प्रदेश में, जिस परिवेश में और जिस राजनीतिक-सामाजिक परिस्थिति में जन्म लेता है, उसी का उसके भविष्य पर सबसे ज्यादा प्रभाव पड़ता है। कुंडली में दूर के ग्रहों के प्रभाव को मानना, मगर जिस धरती पर मनुष्य जन्म लेकर पलता-बढ़ता है, उसके प्रभाव को बिल्कुल स्वीकार न करना उसके निरर्थक होने का सबसे बड़ा सबूत है।

आधुनिक विज्ञान के अनुसार, विश्व का हर पिंड हर दूसरे पिंड को प्रभावित करता है, और उन प्रभावों की हम सूक्ष्म गणना कर सकते हैं। मगर फलित-ज्योतिष में गुरुत्वाकर्षण, विद्युत-चुंबकीय प्रभाव आदि से संबंधित गणनाओं के लिए कोई स्थान नहीं है। और फिर, हमारे सौर-मंडल के ही सारे पिंडों के प्रभावों पर विचार नहीं होता, तो दूर के अनगिनत पिंडों की बात तो बहुत दूर रही। सौर-मंडल में प्लूटो, यूरेनस और नेपच्यून ग्रहों की तथा तीस से भी अधिक उपग्रहों (चंद्रों) की खोज वर्तमान सदी में हुई है।

प्रभाव भौतिक गुणधर्मों, द्रव्यमानों और दूरियों के अनुसार पड़ता है, जिनकी फलित-ज्योतिष में कोई चर्चा नहीं रहती। फलित-ज्योतिष में आज भी पृथ्वी को विश्व के केंद्र में स्थिर माना जाता है! आर्यभट प्रथम (499 ई.) ने कहा था कि पृथ्वी अपनी धुरी पर घूमती है और नक्षत्र-लोक स्थिर है, मगर बाद के भारतीय ज्योतिषियों ने उनकी इस सही बात को भी स्वीकार नहीं किया! भारतीय पंचांगों की गणनाएं अवैज्ञानिक हैं। किन्हीं भी दो भारतीय पंचांगों के बीच तालमेल नहीं है। इसलिए यदि कोई फलित-ज्योतिषी सही जन्म-समय की बात करता है, तो खुद धोखे में है और दूसरों को भी धोखा दे रहा है।

जन्म-समय का अर्थ क्या है? क्या वह समय जब शिशु का सिर दिखाई दे? क्या वह समय जब बालक श्वास लेकर पहली बार रोना शुरू कर दे? क्या वह समय जब स्त्री-पुरुष का समागम होता है या वह समय जब वस्तुतः गर्भ में शुक्राणु और डिंबाणु के संयोग से जीव का आरंभ होता है? और फिर, आज कृत्रिम बाह्य प्रजनन के विविध तरीकों के संदर्भ में जन्म-समय कब माना जाएगा?

धरती पर जन्म-समय जान भी लिया जाए, तब भी उस समय आकाशस्थ पिंडों की ठीक-ठीक स्थिति जानना फलित-ज्योतिष के लिए कतई संभव नहीं है। सूर्य का प्रकाश करीब आठ मिनट बाद धरती पर पहुंचता है। इसलिए सूर्य जहां दिखाई देता है वहां नहीं होता, आठ मिनट आगे बढ़ चुका होता है। शनि यदि सूर्य की दूसरी ओर हो, तो वह आठ मिनट से भी अधिक दूरी पर रहेगा। सारांश यह कि, फलित-ज्योतिष में जन्म के समय की सही-सही ग्रह-स्थिति जानना कतई संभव नहीं।

फलित-ज्योतिष में ग्रह-नक्षत्रों की भौतिक परिस्थितियों पर कोई विचार नहीं किया जाता। पुराने ज्योतिषी चंद्र को जलमय मानते रहे, मगर आज हम जानते हैं कि वहां न पानी है, न हवा! फलित-ज्योतिषियों ने मंगल और शनि को नाहक ही

अशुभ करार दिया है। मंगल लाल रंग का खूबसूरत ग्रह है, और शनि के चहुंओर मनोहर वलय हैं।

रविमार्ग को जिन 12 राशियों में बांटा गया है उनके नक्षत्र हमसे सैकड़ों-हजारों प्रकाश-वर्ष दूर हैं। एक ही राशि के सभी नक्षत्र हमसे समान दूरी पर भी नहीं हैं। तुलना में ग्रह हमसे बहुत नजदीक हैं। वैज्ञानिक दृष्टि से परखा जाए, तो ग्रहों का और उनकी पृष्ठभूमि के नक्षत्रों की गति-स्थिति का कोई ताल-मेल नहीं है। इसलिए फलित-ज्योतिष की नक्षत्रों से संबंधित चर्चा सौ फीसदी अवैज्ञानिक है। ध्रुव-प्रदेशों में कई महीनों की रात और कई महीनों का दिन रहता है। इन प्रदेशों से विपरीत ध्रुव के ऊपर के और विषुव-वृत्त के ऊपर के तारे नहीं दिखाई देते। उदाहरणार्थ, उत्तरी ध्रुव-प्रदेश से वृश्चिक राशि के **ज्येष्ठा** और धुन के **मूल** नक्षत्र को देख पाना संभव नहीं है। तब ध्रुव-प्रदेश के निवासियों के लिए किस तरह का फलित-ज्योतिष होगा?

हम जानते हैं कि एक ही समय में, एक ही अक्षांश पर और एक ही अस्पताल में पैदा हुए बालकों का भविष्य एकसमान नहीं होता। हिरोशिमा और नागासाकी पर डाले गए एटम बमों से जिन हजारों लोगों की जानें गईं, वे एक ही समय पैदा नहीं हुए थे। महाराष्ट्र के लातूर क्षेत्र में जो लोग भूकंप की विनाश-लीला के शिकार हुए, उन सबकी जन्म-कुंडलियां एक-सी नहीं थीं। वस्तुतः फलित-ज्योतिष एक भुलावा है, ठग-विद्या है।

33

हिंदू राष्ट्र की हिटलरी रट!

गोलवलकर के जीवनी-लेखक गंगाधर इंदूरकर का कहना है : "(उनके) बिखरे हुए बालों के जाल में जिसका मन एक बार उलझा, वह कभी सुलक्ष न सका।"

'गुरु' के एक 'परमशिष्य' का यह कथन बिलकुल सही है। हिंदू संस्कृति, हिंदू सभ्यता, हिंदू इतिहास, हिंदू जाति और हिंदू रक्त की 'हिटलरी रट' लगाने पर कुछ हिंदुओं का, कुछ पढ़े-लिखे हिंदुओं का भी, मन गोलवलकर में उलझ जाय, तो कोई आश्चर्य की बात नहीं है। मन ही तो है!

लेकिन सवाल दिमाग का है। गुरु गोलवलकर 'हिंदू' शब्द को एक नया अर्थ देते हैं। गोलवलकर एक, और केवल एक ही बात बार-बार देहराते हैं : 'हिंदू राष्ट्र एक परम सत्य है!' हिटलर भी केवल एक ही बात को बार-बार दोहराता था : 'जर्मन सभ्यता, जर्मन संस्कृति, जर्मनों का खून विशुद्ध है। जर्मन जाति यूरोप की महानतम जाति है!' हम जानते हैं कि हिटलर केवल आदमी के खून का प्यासा था।

ठीक यही हाल गोलवलकर का है। 'राष्ट्र' के साथ 'हिंदू' शब्द जोड़कर गोलवलकर 'हिंदू राष्ट्र' को 'जर्मन राष्ट्रवाद' जैसा रूप देना चाहते हैं। यह बार-बार सभ्यता और

गुरु गोलवलकर

संस्कृति की बात करते हैं। हिटलर की तरह यह भी भारतीय संस्कृति और इतिहास के बारे में, पांच-दस नहीं, हजारों बातें झूठ के आवरण में प्रस्तुत करते हैं। इस भलेमानस के लिए भारत का इतिहास केवल पिछले लगभग एक हजार साल से ही शुरू होता है, यानी तब से जबकि 'हिंदू' शब्द भारतीय समाज के अर्थ में अस्तित्व में आया। हमारे प्राचीन साहित्य में न हिंदू शब्द मिलता है और न हिंदू शब्द की कोई परिभाषा। हिंदू शब्द की कोई पुरानी व्याख्या मौजूद होती, तो आज बीसवीं शताब्दी में शंकराचार्यों, तिलक, सावरकर, करपात्री और गोलवलकर आदि को 'हिंदू' शब्द को नया अर्थ देने की जरूरत ही नहीं पड़ती। चूंकि हिंदू शब्द के ये अर्थ नए हैं, इसलिए, न केवल हिंदुओं का, बल्कि प्रत्येक भारतीय का यह कर्तव्य है कि वह इस शब्द के नाना अर्थों पर गंभीरता से विचार करे।

आदिशंकराचार्य हिंदू शब्द की कोई चर्चा नहीं करते, किंतु आज के एक शंकराचार्य का कहना है : "वेदादि शास्त्रों को माननेवाली जाति ही हिंदू-जाति है। इस प्रकार वेदादि हिंदू शास्त्रों पर विश्वास करने-वाला ही हिंदू कहा जा सकता है। जो श्रुति-पुराण इतिहास-प्रतिपादित कर्मों के आधार पर अपनी लौकिक- परलौकिक उन्नति पर विश्वास रखता है, वही हिंदू है।"

यहां आज के एक जमींदार शंकराचार्य ने वेदादि शास्त्रों को मानने और उस पर विश्वास करनेवाले को हिंदू कहा है; वेदादि शास्त्र पढ़ने और समझने वाले को हिंदू नहीं कहा है। ऐसा क्यों? इसलिए कि जो वेदों को पढ़ेगा और समझेगा, उसके सामने वेदों की पोल खुल जाएगी। केवल इसीलिए आंख मूंदकर विश्वास करने को कहा गया है। आज हालत यह है कि एक लाख में शायद ही एकाध आदमी ने वेदों के पन्ने पलटे हों। आज कोई भी आदमी पीछे जाकर चार हजार साल पहले का जीवन नहीं जी सकता, स्वयं शंकराचार्य भी वेदों की पद्धति की जीवन नहीं जी सकते। ऐसी स्थिति में, जाहिर है, वेदादि शास्त्रों पर विश्वास करनेवाले को हिंदू कहना भारतीय समाज को धोखे में रखना है।

लोकमान्य तिलकजी ने हिंदू की परिभाषा दी है:

प्रामाण्यबुद्धिर्वेदेषु नियमानामनेकता।
उपास्यानामनियमो हिंदुधर्मस्यलक्षणम॥

अर्थात, वेदों में प्रामाण्यबुद्धि रखनेवाला, नानविध नियमों का पालक, अनेक प्रकार से ईश्वर की उपासना करनेवाला हिंदू कहलाता है।

और, सावरकर की परिभाषा है :

आसिंधोः सिंधुपर्यंता यस्य भारतभूमिका।
पितृभूः पुण्यभूश्चैव स वै हिंदूरिति स्मृतः॥

अर्थात्, सिंधु नदी से लेकर समुद्र-पर्यंत की भारतभूमि जिसकी पैतृक सम्पत्ति और पवित्र भूमि हो, वही हिंदू है। और गुरु गोलवलकर की हिंदू-परिभाषा? जो आदमी हिंदू

संस्कृति, हिंदू सभ्यता, हिंदू जाति, हिंदू रक्त और हिंदू राष्ट्र की रट लगाता है, उसके दिमाग में इस हिंदू विशेषण की जरूर ही कोई ख़ास परिभाषा होनी चाहिए। लेकिन गोलवलकर का कहना है : ''हम हिंदू-संस्कृति को अनुभव करते हैं, उसकी परिभाषा नहीं कर सकते!''

गोलवलकर को 'हिंदू' के स्थान पर 'आर्य' शब्द पसंद नहीं है। उनका कहना है : ''निःसंदेह आर्य एक स्वाभिमानपूर्ण प्राचीन नाम है। किंतु इसका प्रयोग विशेषतया गत सहस्र वर्षों से अप्रचलित हो गया है।'' गोलवलकर जानते हैं कि आर्य शब्द का प्रयोग करने से वे उन सारी झूठी बातों को नहीं कह सकते, जिनको वे हिंदू शब्द पर सवार होकर आसानी से कह सकते हैं।

गोलवलकर को 'भारतीय' नाम भी पसंद नहीं! भारत या भारती शब्द तो बहुत प्राचीन है, वेदों और शास्त्रों में भी यह शब्द मिलता है। हमारे देश के सारे धर्मों और संप्रदायों के अनुयायियों को हम आज भी भारतीय कहते हैं। इस देश का कोई भी नागरिक अपने भारतीय होने से इंकार नहीं करेगा। फिर गोलवलकर अपने खास किस्म के राष्ट्रवाद को 'भारतीय राष्ट्रवाद' का नाम क्यों नहीं देते?

गोलवलकर का वह कौन-सा 'भाव' है जिसमें मुसलमानों, ईसाइयों और पारसियों के लिए कोई स्थान नहीं। क्या यह हिटलर के उसी 'भाव' की तरह नहीं है जिसमें यहूदियों के लिए कोई स्थान नहीं था? गोलवलकर के लिए बौद्ध भी पतित हैं, दानव हैं। संक्षेप में कहें तो गोलवलकर के 'हिंदू राष्ट्र' में किसी भी अ-हिंदू के लिए कोई स्थान नहीं। और गोलवलकर से कोई पूछे कि, हिंदू कौन है?—तो उनके पास इसकी कोई व्याख्या नहीं! उनके पास केवल एक ही उत्तर है—'हिंदू राष्ट्र एक सत्य है!'

देखिए दिमागी दिवालियापन, कि संघियों के गुरु महाराज एक तरफ यह कहते हैं कि राष्ट्र के पहले 'धर्म-निरपेक्ष' शब्द की जरूरत नहीं, क्योंकि भारतीय विचारधारा के अनुसार अपने देश में राज्य सदा धर्म-निरपेक्ष रहा है। दूसरी तरफ यही सज्जन कहते हैं कि अहिंदू और मुसलमानों के राज्य सांप्रदायिक थे और ''हिंदू धारणा से दूर जाने के कारण प्रथम बार अशोक के समय में सांप्रदायिक धार्मिक राज्य का निर्माण हुआ।'' असल बात यह है कि गुरु गोलवलकर को इस देश की सभी अ-हिंदू परंपराओं से घृणा है।

—पेट्रियट, 26 जनवरी, 1969

34

हिंदू बन जाओ!

आज का भारतीय समाज ऊंच-नीच पर आधारित जातिवादी व्यवस्था को मिटाने की कोशिश कर रहा है, तो गुरु गोलवलकर को इससे बड़ी व्यथा होती है क्योंकि वर्ण-व्यवस्था को वे हिंदू धर्म का एक मूलतत्व मानते हैं, इसे शास्त्र-सम्मत और ईश्वर-निर्मित मानते हैं। उन्हें पूरा यकीन है कि यह व्यवस्था फिर से स्थापित होकर रहेगी। फिर भी गैर-हिंदुओं को उनका आह्वान है कि वे हिंदू धर्म में लौट आएं।

थोड़ी देर के लिए मान लीजिए कि कुछ गैर-हिंदू गुरुजी वाले 'हिंदू धर्म' में आने के लिए' तैयार हो जाते हैं। प्रश्न उठता है कि उन्हें गुरुजी इन चार वर्णों में से किस वर्ण में स्थान देंगे? क्या वे उन्हें अपने जैसा ब्राह्मण बनाने के लिए तैयार हैं? या उन्हें शूद्र की पंक्ति में रखेंगे? स्मरण रहे कि गुरुजी के साथ राजनीतिक सांठ-गांठ करने वाले एक धर्माचार्य ने ईसाइयों और मुसलमानों को **कुत्ता-बिल्ली** की पंक्ति में रखा था। और शायद इसीलिए श्री गोलवलकर को कहना पड़ा कि पशु-पक्षियों में भी 'चार वर्ण' होते हैं।

गुरुजी यदि सारे गैर-हिंदुओं को हिंदू-ब्राह्मण बनाने के लिए तैयार भी हो जाएं, तो इसमें कोई नई बात नहीं होगी। पुराने जमाने में हमारे देश में ग्रीक, यहूदी, शक आदि अनेक जातियां आईं और भारतीय समाज में घुल-मिल गईं। इनमें से कई जत्थों को ब्राह्मण बनाए जाने के उल्लेख हमारे पुराने साहित्य में मिलते हैं। महाराष्ट्र और गुजरात पर कई शताब्दियों तक शक क्षत्रपों ने राज्य किया। आज के महाराष्ट्र की जनता में आर्य, अनार्य और शकों का खून मिला हुआ है, यह बात **स्व. महादेव गोविंद रानडे जी** ने भी स्वीकार की है। **डा. भांडारकर** ने लिखा है कि चित्पावन ब्राह्मण एशिया-माइनर से आए हैं। **पंडित रघुनंदन शर्मा** ने अपनी **वैदिक सम्पत्ति** पुस्तक में सिद्ध किया है कि कराडे ब्राह्मण चीनी हैं, चित्पावन ब्राह्मण यहूदी हैं और नागर ब्राह्मण यूनानी हैं। **स्कंद-पुराण** में एक कथा आती है : दैव योग से अफ्रीका के बर्बर-म्लेच्छ आदि अनार्य लोग पश्चिम की ओर से आकर सह्याद्रि के किनारे बस गए। बहुत वर्ष बाद इनकी संतान से उस समय के परशुराम नाम के एक राजा ने उनकी जाति पूछी, तो उन्होंने उत्तर दिया : हे राजा, हम लोग मल्लाह हैं, सागर तीर पर रहते हैं और शिकार

करना हमारा काम है। सबको गौर वर्ण, सुंदर और अच्छे नेत्रों वाले देख कर परशुराम ने उन्हें 'चितपावन' बना लिया।

लेकिन गुरु गोलवलकर गैर-हिंदुओं को ब्राह्मण नहीं बनाएंगे। वे ब्राह्मणों को केवल 'गुरुपद' पर ही आसीन देखना चाहते हैं। इसीलिए उन्होंने अभी पिछले महीने कहा है कि "नौकरियों के चक्कर में पड़कर ब्राह्मणों ने बड़ी गलतियां की हैं। जिस वर्ग को समाज का मार्गदर्शन करना चाहिए था, उसी वर्ग ने दासता स्वीकार करके समाज को बड़ी ठेस पहुंचाई है। ब्राह्मणों की इस वृत्ति से समाज की बड़ी हानि हुई।"

श्री गोलवलकर यह स्वीकार नहीं करते कि चातुर्वर्ण्य-व्यवस्था के कारण भारतीय समाज की बहुत बड़ी हानि हुई है। वे कहते हैं : **"कहीं एक भी उदाहरण नहीं है कि वर्ण-व्यवस्था ने हमारे समाज की एकता और प्रगति में बाधा डाली हो। उलट उसने हमारे सामाजिक ऐक्य के संपादन में महान योग दिया है।"**

सातवीं शताब्दी की बात है। सिंध के राजा दाहिर के पिता चचने पंडे ने पुरोहितों के बहकावे में आकर, अपने राज्य के जाटों, मेड़ों और लुहाणों को शूद्र घोषित कर दिया। शस्त्र धारण करना, घोड़े की सवारी करना, सुंदर वस्त्राभूषण पहनना तथा सेना में भर्ती होना उनके लिए निषिद्ध हुआ। दाहिर के समय में मुहम्मद बिन कासिम ने सिंध पर हमला बोल दिया तो राजा ने देश-रक्षा के लिए प्रजा को आह्वान किया। ब्राह्मणों ने कहा—हम आपकी सफलता के लिए देवताओं से प्रार्थना करते हैं, लड़ना हमारा काम नहीं है। वैश्यों ने कहा—रुपया-पैसा हमसे ले लीजिए, हम लड़ना नहीं जानते। शूद्रों ने कहा—कहें क्या, किसी का भी राज्य हो, हम तो सदैव दास बने रहेंगे। शास्त्रों ने हमारा काम द्विजों की सेवा करना बतलाया है। इस प्रकार लड़ने के लिए केवल मुट्ठी भर क्षत्रिय बचे रह गए। **डा. ईश्वरी प्रसाद** अपने **भारत में मुसलमान राज्य** ग्रंथ में लिखते हैं कि दाहिर की ओर से लड़ने में जो सेना तैयार की गई थी, उसमें बहुत-सी स्त्रियां थीं, बच्चे थे, कुछ बूढ़े थे और कुछ रोगी थे। राजा की करारी हार हुई; युद्ध में वह मारा गया।

पानीपत की तीसरी लड़ाई 1761 ई. में हुई। पानीपत के प्रसिद्ध मैदान में अहमदशाह अब्दाली और पेशवा सदाशिव राव भाऊ की सेनाओं ने अपने पड़ाव डाले। लड़ाई के पहले दौर में मराठों की वीरता और भाऊ के शौर्य को देखकर अब्दाली के छक्के छूट गए थे। घोड़े से उतरकर वह खुदा से प्रार्थना करने लगा कि इस बार बच गया तो वह फिर कभी भारत की भूमि पर पैर नहीं रखेगा। इसी बीच एक बार रात को उसने मराठों के कैंप की ओर नज़र डाली, तो देखा कि वहां सैकड़ों स्थानों पर अलग-अलग आग जल रही है। उसने पूछा—यह क्या है? उसे बताया गया कि मराठे लोग एक-दूसरे के हाथ का पकाया हुआ भोजन नहीं खाते, इसलिए वे अपना भोजन अलग-अलग पका रहे हैं। इस जानकारी से अब्दाली की हिम्मत बंध गई। उसने कहा—जो लोग आपस में इकट्ठा खा नहीं सकते, उनको जीतना कठिन नहीं है। दूसरे दिन मराठे जब अपनी खिचड़ी अलग-अलग पका रहे थे तो अब्दाली की सेना ने उन पर धावा बोल दिया।

मराठों में भगदड़ मच गई। भाऊ मारा गया। इस संदर्भ में यह स्मरण करने लायक बात है कि पेशवा सदाशिवराव भाऊ ने अपने अहंकार में सूरजमल जाट की सलाह नहीं मानी थी। इतना ही नहीं, भाऊ ने उसे मूर्ख जाट कहकर उसका अपमान किया था। परिणाम यह हुआ कि समानता के आधार पर छत्रपति शिवाजी ने जिस मराठा राज्य की स्थापना की थी, उसे पेशवा ब्राह्मणों ने, जाति-भेद की शरण जाकर, नष्ट कर दिया। इसी संदर्भ में प्रसिद्ध इतिहासकार यदुनाथ सरकार ने 'शिवाजी और उनका काल' ग्रंथ में लिखा है : **'जात-पांत से बुरी तरह दबे हुए, भीतर से फटे हुए और बिखरे हुए हिंदू-समाज का भारत जैसे विशाल महाद्वीप पर स्वराज्य स्थापित करना मनुष्य की शक्ति से बाहर और प्रकृति के नियम के विरुद्ध है।'**

ब्राह्मण-पुरोहितों के अत्याचारों के कारण हिंदुओं के जत्थे के जत्थे गैर-हिंदू कैसे बने, इसका एक ही उदाहरण यहां देना संगत होगा। बंगाल के टिपरा जिले में पास-पास दो गांव थे। एक गांव में मुसलमान रहते थे और दूसरे में केवर्त हिंदू। मुसलमानों के गांव में एक बार जोर का हैजा फैल गया। उस गांव के सारे लोग मर गए, केवल एक बच्चा बचा रह गया। पास के गांव की एक हिंदू केवर्त स्त्री को उस बच्चे पर दया आई और उसने उस बच्चे को पाल लिया। जब लड़का कुछ बड़ा हुआ तो सवर्ण हिंदू चर्चा करने लगे कि वह तो मुसलमान का लड़का है। इसलिए जिस स्त्री ने उसे पाला है और जो लोग उस स्त्री के साथ खानपान करते हैं, वे सब धर्मभ्रष्ट हो गए हैं, मुसलमान बन गए हैं। केवर्तों ने बहुत अनुनय-विनय की, माफ़ी मांगी, पर उनकी एक न सुनी गई। कट्टर हिंदुओं ने उन्हें मुसलमान करार दिया। आज वही केवर्त कट्टर मुसलमान हैं।

यहां हमने धार्मिक कट्टरता से हुई हानि के केवल तीन-चार उदाहरण दिए हैं। इस प्रकार के दर्जनों उदाहरण दिए जा सकते हैं। गुरु गोलवलकर स्वीकार करते हैं कि भारत व पाकिस्तान के आज के अधिकांश मुसलमान पहले हिंदू ही थे। हम भी स्वीकार करते हैं कि मुसलमान शासकों के प्रभाव के कारण कुछ हिंदू मुसलमान बन गए थे। कुछ हिंदू, मुसलमान फकीरों और पीरों के सात्विक उपदेशों से प्रभावित होकर भी मुसलमान बन गए होंगे। किंतु इतिहास के पन्ने इस तथ्य के साक्षी हैं कि हिंदू समाज का एक बहुत बड़ा हिस्सा सवर्ण हिंदुओं के अत्याचारों के कारण ही मुसलमान बना है। इस जन्मजात जाति-व्यवस्था में यकीन करते हुए, इसे खत्म किए बिना कोई, वह संघ के 'परम पूजनीय' श्री गुरु गोलवलकर ही क्यों न हों, कैसे और किस मुंह से गैर-हिंदुओं को हिंदू धर्म में लौट आने का अह्वान करते हैं? और भारतीय इतिहास के ऐसे अनेक तथ्यों को या भुलाकर या मनमाने ढंग से तोड़-मोड़ कर, भारतीय समाज के भविष्य को कैसे स्वस्थ और सुरक्षित बना सकते हैं?

35

क्या बौद्धजन दानव हैं?

जनसंघ के एक जिला-कार्यालय का इंचार्ज कहता है : गुरुजी के 'विचार-नवनीत' हमारे लिए 'गीता' हैं। रोज हम शाखा में इसका पाठ करते हैं।"

'विचार-नवनीत' (अंग्रेजी में 'बंच ऑफ थॉट्स) का प्रकाशक लिखता है : "उनके विचारों का संग्रह करने का यह प्रयत्न है। 'महासागर के किनारे कंकड़ बीनने' जैसा अनुभव हमें इस प्रयत्न में लग रहा है।"

और, "गुरुजी के विचारों में ऐसे समस्त अंधकार को दूर करने की और राष्ट्र के मस्तिष्क को सही दृष्टि देने और उचित कर्तव्य की भावना का निर्देश करने के योग्य संवेदना और प्रकाश की प्रखरता है।"

और, "उनकी उक्तियां नग्न सत्य की घोषणा करती हैं।"

और, "विचार उनके हैं, पर शब्द हमारे हैं।"

और शब्द जिसके हैं, वह प्रस्तावना-लेखक और संपादक एम.ए. वेंकटराव लिखता है : "गुरुजी के इन भाषणों में बार-बार आने वाली विषय-वस्तु है अतीत की सांस्कृतिक परंपरा का अभिमान।"

और, गोलवलकर के जीवनी-लेखक गंगाधर इंदूरकर लिखते हैं : "गुरुजी का पढ़ने का ढंग ही बड़ा विचित्र था। दिनभर घूमना, खेलना, सोना और शाम को सिनेमा देखना इनका कार्यक्रम रहता था।" और, "उन्होंने विद्यार्थी जीवन में हजारों पुस्तकें केवल पढ़ी ही नहीं, बल्कि उनका समुचित मनन भी किया था। कहा जाता है कि इन्होंने काशी विश्वविद्यालय के पुस्तकालय की अधिकांश महत्त्वपूर्ण पुस्तकें पढ़ ली थीं।" ऐसे हैं 'गुरु'—गोलवलकर, संघियों और जनसंघियों के 'परमपूजनीय महापुरुष'!

ऐसा आदमी जब कहता है कि अशोक के समय में इस देश में पहली बार सांप्रदायिक धार्मिक राज्य का उदय हुआ, तो इस आदमी ने अशोक के बारे में जरूर ही गहन अध्ययन किया होगा। इस आदमी ने 'अटक से कटक' और 'कश्मीर से कन्याकुमारी' तक इस देश के दौरे किए, तो कम-से-कम अशोक के दो-चार शिलालेखों और स्तंभलेखों को भी जरूर ही देखा होगा। यदि इन लेखों को पढ़ने का समय न मिला हो, या समझ

न रही हो, तो गोलवलकर ने यह तो अवश्य ही देखा होगा कि अशोक के लेख किन चीज़ों पर खुदे हुए हैं।

'ऐतिहासिक आवश्यकता की पूर्ति' के अन्तर्गत गोलवलकर के **'विचार'** हैं : **''प्रामाणिक प्राचीन आलेखों ने निःसंदिग्ध रूप से यह प्रकट कर दिया है कि विज्ञान और कला की प्रत्येक शाखा में हम बाकी दुनिया से कई शताब्दियां आगे थे। दो सहस्र वर्ष पुराना चमकता हुआ अशोक स्तम्भ, जिसको किंचित भी जंग न लगा है, आज भी धातुशोधन की एक अपराजित चुनौती है।''**

गोलवलकर के इस 'विचार' को पढ़कर मैं कुछ ठिठका, कुछ सोचने लगा। गोलवलकर ने प्राचीन भारत के विज्ञान की प्रशंसा की; विज्ञान का विद्यार्थी होने से उनका यह 'विचार' मुझे मन-ही-मन अच्छा लगा। लेकिन यह अशोक स्तम्भ? मैंने दिल्ली के अशोक-स्तम्भ देखे हैं, कई शिलालेख भी देखे हैं। अपनी अल्पबुद्धि के अनुसार अशोक के अभिलेखों के बारे में काफी पढ़ा भी है। परंतु 'जंग न खाए हुए' धातु के 'चमकते अशोकस्तंभ' के बारे में आज तक मैंने न कहीं कुछ पढ़ा, न देखा और न सुना है।

सोचने लगा, कहां होगा गोलवलकर का यह अशोक-स्तंभ? शक हुआ, दिमाग के नहीं, शायद 'प्रेस के भूत' से 'अशोक-स्तंभ' शब्द गलत छप गया होगा। मूल अंग्रेजी 'विचार' देखें, वहां भी 'धातु का अशोक-स्तंभ चमक' रहा है।

यकीन हुआ, धातु का यह चमकता अशोक-स्तंभ गोलवलकर के दिमाग की ही उपज थी।

लेकिन गोलवलकर धातु के जिस स्तंभ की चर्चा कर रहे हैं, वह तो है, यहीं दिल्ली में, कुतुब-मीनार के पास! यह लौहस्तंभ 24 फीट ऊंचा और अनुमानतः 6 टन भार का है। इस पर एक लेख है, किसी 'चंद्र' नाम के राजा का खुदवाया हुआ। इस लेख के अक्षर चौथी शताब्दी की लिपि जैसे हैं, इसलिए कई पुराविदों का मत है कि इस 'विष्णुध्वज' के लेख का 'चंद्र' गुप्त-सम्राट चंद्रगुप्त-2 (लगभग 380-415 ई.) है। अभी तक अशोक का कोई भी धातु-स्तंभ नहीं मिला है। अशोक के सारे स्तंभ चुनार के पत्थरों से बने हैं।

लेकिन गोलवलकर का चमकता हुआ धातु का अशोक-स्तंभ—वह कहां है? — वह केवल उनके अपने दिमाग में है। उनके दिमाग में इस तरह की एक नहीं, हजारों बातें हैं। इसीलिए तो वे जन-संघियों के 'परम पूजनीय' हैं। इसीलिए तो गोलवलकर के विचार उनके लिए 'गीता' हैं और इसीलिए ये विचार रोज देश भर की 'शाखाओं' में पढ़े जाते हैं!

इसीलिए गोलवलकर ने कहा है कि अशोक के समय में इस देश में पहली बार सांप्रदायिक धार्मिक राज्य का उदय हुआ! क्यों कहते थे गोलवलकर ऐसा? इसका कारण सिर्फ उनका अशोक के बारे में अज्ञान ही नहीं हो सकता! असली कारण उनके अन्य कथनों से स्पष्ट हो जाता है।

गोलवलकर का 'विचार' है : "बुद्ध के पश्चात यहां उनके अनुयायी पतित हो गए। उन्होंने इस देश की युगों प्राचीन परंपराओं का उन्मूलन आरंभ कर दिया। हमारे समाज में पोषित महान सांस्कृतिक सद्गुणों का विनाश किया जाने लगा। अतीत के साथ के संबंध-सूत्रों को भंग कर दिया गया। धर्म की दुर्गति हो गई। संपूर्ण समाज-व्यवस्था छिन्न-विच्छिन्न की जाने लगी। राष्ट्र एवं उसकी दया के प्रति श्रद्धा इतने निम्न तल तक पहुंच गई कि धर्मांध बौद्धों ने बुद्ध धर्म का चेहरा लगाए हुए विदेशी आक्रांताओं को आमंत्रित किया तथा उनकी सहायता की। बौद्ध पंथ अपने मातृ-समाज और मातृ-धर्म के प्रति द्रोही बन गया।"

अब समझ में आया, यह आदमी अशोक के शासन को क्यों सांप्रदायिक कहता है? इस आदमी के ऐसे ही 'विचार' जनसंघियों के लिए 'गीता' है!

क्या बुद्ध के पश्चात के उनके सारे अनुयायी पतित हो गए थे? क्या आज जापान, चीन, मंगोलिया, तिब्बत, बर्मा, स्याम, कंबोडिया, लाओस, नेपाल और श्रीलंका के करोड़ों बौद्धजन पतित हैं?

अशोक द्वारा विदेशों में भेजे गए सैकड़ों धर्म-प्रचारक, श्रीलंका में बौद्ध धर्म की स्थापना करनेवाले अशोक-पुत्र महेंद्र और पुत्री संघमित्रा, तिब्बत में धर्म-प्रचार करनेवाले आचार्य दिपंकर, चीन में धर्म-प्रचार करनेवाले कुमारजीव, परमार्थ और बोधिधर्म आदि सैकड़ों भारतीय पंडित क्या मातृ-धर्म और मातृ-समाज के द्रोही थे?

क्या नालंदा, वलभी, विक्रमशिला, जगद्दल और ओदंतपुरी के महान विद्याकेंद्रों में राष्ट्रद्रोह के पाठ पढ़ाए जाते थे?

क्या अशोक के बाद के कनिष्क, हर्ष और पालवंशी राजाओं जैसे शासक धर्मांध थे?

क्या अजिंठा-वेरूल, अमरावती, भरहूत, सांची आदि सैकड़ों स्थानों की कला-कृतियां हमारे देश के सांस्कृतिक विनाश की परिचायक हैं?

क्या अश्वघोष, नागार्जुन, असंग, वसुबंधु, दिङ्नाग, धर्मकीर्ति आदि दर्जनों भारतीय आचार्यों का संस्कृत-साहित्य हमारे देश की संस्कृति के विनाश का परिचायक है?

इन प्रश्नों के उत्तरों का निर्णय मैं पाठकों पर छोड़ देता हूं, उन पाठकों पर भी जो अपने 'गुरु' के विचारों को 'गीता' समझते हैं—यह जानते हुए भी कि उनके 'गुरु' के पास अनेक प्रश्नों के लिए एक, और केवल एक ही, उत्तर है।

गोलवलकर का कहना है : "बुद्ध निःसंशय रूप से अवतार बने रहे।" कोई भी बौद्ध यह मानने के लिए तैयार नहीं है कि बुद्ध विष्णु का एक अवतार हैं। कैसे मानेंगे? देखा नहीं, बुद्ध को निःसंशय रूप से अवतार स्वीकार करनेवाले संघियों के इस 'गुरु' का बौद्ध-जनों के बारे में क्या मत है?

'गीतगोविंद' के रचयिता कवि जयदेव ने भी बुद्ध को विष्णु का अवतार कहा है, किंतु इन शब्दों में : **निंदसि यज्ञविधेर अहह श्रुतिजातम् सदय-हृदय, दर्शित पशुघातम् केशवत-धृत बुद्ध शरीर जय जगदीश हरे!**

अर्थात्, श्रुतियों ने जिस यज्ञविधि को बताया, जिसमें पशुघात होता था, ओ सदय-हृदय! तुमने उसकी निंदा की। ओ केशव, जो तुम अब बुद्ध के रूप में अवतरित हुए, तुम्हारी जय हो।

लेकिन, काशी विश्वविद्यालय के पुस्तकालय के अधिकांश महत्वपूर्ण ग्रंथों में उस समय जयदेव का 'गीतगोविंद' नहीं रहा होगा। रहा होता तो भला आज 'गुरु' गोलवलकर का यह विचार होता : ''हिंदू पत्नी आंसू, आलिंगन अथवा चीत्कार से अपने प्रेम को व्यक्त नहीं करती।''

भारतीय संस्कृति को फिलॉसफ़ाइज़ करनेवाले डॉ. राधाकृष्णन् वेदांत ढंग से भी बुद्ध के अवतार होने से मन-ही-मन खुश हैं, किंतु स्वीकार करते हैं कि : ''यह कहा जा सकता है कि बुद्ध ही आधुनिक हिंदुत्व का निर्माता हैं।''

लेकिन संघियों के 'गुरु' गोलवलकर का कहना है : ''उनके (शंकराचार्य) द्वारा जगाई गई राष्ट्रीय चेतना तथा निःस्वार्थ सेवा-भाव ने एक बार पुनः समाज को पैर जमाने में तथा राष्ट्रद्रोही तत्वों के उच्छेद में सहायता की। बौद्ध-धर्म को एक अलग पंथ के रूप में मातृ-भूमि से मिटा दिया गया, यद्यपि बुद्ध निःसंशय रूप से अवतार बने रहे। निःसंदेह, हम भगवान शिव की पूजा करते हैं, किंतु इस कारण उनके चारों ओर एकत्रित रहनेवाले दानवों का स्वागत नहीं करते।''

इस कथन पर गंभीरता से विचार करने की जरूरत है। क्या गोलवलकर ने यहां बुद्ध की तुलना शिव के चहुंओर के दानवों से नहीं की थी?

क्या गोलकरकर ने यहां बुद्ध के अनुयायियों को दानव नहीं कहा है?

विदेशों के करोड़ों बौद्धजन, जिनके लिए भारत पुण्यभूमि है, क्या दानव हैं?

क्या आज के भारत के लगभग एक करोड़ बौद्धजन भी दानव हैं?

उत्तर उन लोगों से पूछिए, जिनके लिए इस कथन का वक्ता 'सरसंघचालक' है। उत्तर उन लोगों से पूछिए, जिनके लिए इस व्यक्ति के 'विचार' 'गीता' जैसे हैं।

–25 जनवरी, 1969, मुक्तधारा

36

वैज्ञानिक गुरुओं का दुश्मन 'गुरु'

आज एक अनपढ़ व्यक्ति भी इस बात को जानता है कि आदमी के शरीर का खून जात-पांत या धर्म-भेद को नहीं मानता। अवसर आए तो किसी ब्राह्मण को किसी दूसरे ब्राह्मण का खून नहीं बचा सकेगा, किंतु डोम या भंगी जैसे तथाकथित शूद्र का खून उस ब्राह्मण को नया जीवन दे सकता है। रक्त-निधियों (ब्लड-बैंकों) में खून का संग्रह वर्ण या धर्म भेद के अनुसार नहीं, रक्त-वर्ग (ब्लड-ग्रुप) के अनुसार किया जाता है। मनुष्य के रक्त को चार वर्गों में बांटा गया है। रक्त में निहित लोहिताणुओं की कुछ विशेषताओं के कारण ही वैज्ञानिक ने रक्त के चार प्रकार स्वीकार किए हैं।

लेकिन गुरु गोलवलकर रक्त का केवल एक ही प्रकार जानते थे, और वह है–**हिंदू रक्त**। उनका एक ताज़ा कथन है : **आखिर तुम लोग सब हिंदू रक्त के ही तो हो। यदि तुम अपनी पूर्व पीढ़ियों की ओर देखोगे तो पता चलेगा कि उनकी नसों में भी हिंदू रक्त बहता था।**

कोई निपट मूर्ख या घोर धर्मांध व्यक्ति इस प्रकार की बात करता तो उसे सहज ही माफ़ किया जा सकता था। किंतु गुरु गोलवलकर रक्त के गुणधर्मों को भली भांति जानते हैं। उन्होंने अपने विद्यार्थी-जीवन में रक्त के बारे में पांच-दस नहीं, सैकड़ों परीक्षण किए होंगे। उन्होंने 1928 में जीव-विज्ञान विषय लेकर एम.एस-सी. की परीक्षा दी थी। 1930 में वे काशी हिंदू विश्वविद्यालय में इसी विषय के अध्यापक नियुक्त हुए थे। वहां दो साल जीव-विज्ञान पढ़ाया।

"अपने विद्यार्थियों के अध्ययन में ये इतनी अधिक दिलचस्पी लेते थे, और विद्यार्थी भी इन पर इतनी अधिक श्रद्धा रखते थे कि इनके विद्यार्थी इन्हें प्राचीन परंपरा के अनुसार धीरे-धीरे गुरुजी कहने लगे।"

क्या जीव-विज्ञान के प्राध्यापक गुरु गोलवलकर ने उस समय भी अपने विद्यार्थियों को रक्त की केवल एक ही किस्म–हिंदू रक्त–के पाठ पढ़ाए होंगे?

गोलवलकर के जीवनी-लेखक गंगाधर इंदूरकर ने लिखा है : "श्री सदाशिवराव जी की महत्वाकांक्षा अपने पुत्र को डाक्टर बनाने की थी। गुरुजी की जन्मकुंडली देखकर एक प्रख्यात ज्योतिषी ने भी यही भविष्यवाणी की थी।"

लेकिन आज हम देखते हैं कि ज्योतिषी की भविष्यवाणी झूठी निकली। गोलवलकर डाक्टर बनने की बजाय, एक खास किस्म के 'गुरु' बनकर रह गए। फिर भी, उनके 'विचार-नवनीत' का परीक्षण करते समय हमें हमेशा यह स्मरण रखना चाहिए कि यह व्यक्ति अपने आरंभिक जीवन में विज्ञान का विद्यार्थी और अध्यापक रह चुका है।

हां, तो जीव-विज्ञानवेत्ता गुरु गोलवलकर का एक 'विचार' है : ''हम सब ध्यान में रखें कि यह एकता हमारे रक्त में जन्मजात एवं दृढ़निविष्ट है, क्योंकि हम सभी ने हिंदू के रूप में जन्म लिया है। आज के कुछ बुद्धिमान हमसे कहते हैं कि कोई व्यक्ति हिंदू, मुसलमान अथवा ईसाई के रूप में पैदा नहीं होता वरन् केवल मानव के रूप में पैदा होता है। यह दूसरों के लिए चाहे सत्य हो पर हिंदू के लिए नहीं हैं, क्योंकि उसका प्रथम संस्कार तभी हो जाता है, जब वह अपनी माता के गर्भ में होता है और अंतिम संस्कार तब होता है, जब उसका शरीर अग्नि को समर्पित कर दिया जाता है। हिंदू के लिए जो कुछ हिंदुत्व है, उसका निर्माण करने के लिए सोलह संस्कार होते हैंः वास्तव में अपनी माता के गर्भ से उत्पन्न होने के भी पूर्व हम हिंदू हैं। अतः हम हिंदू के रूप में ही जन्म लेते हैं। दूसरों के विषय में यह है कि वे इस संसार में बिना नाम के मानव के रूप में जन्म लेते हैं, पश्चात् सुन्नत अथवा बपतिस्मा द्वारा मुसलमान अथवा ईसाई हो जाते हैं'' (**विचार-नवनीत**, पृ. 115)।

यहां गोलवलकर ने साफ़ कहा है कि अहिंदू धर्मोंवाले परिवारों में जन्म लेने वाले व्यक्ति 'केवल मानव' होते हैं, किंतु हिंदू परिवार में पैदा हुआ व्यक्ति 'केवल हिंदू' होता है। और, हिंदुत्व की निशानी है उसके सोलह संस्कार। यानी जिसके सोलह संस्कार न हो सकें, वह हिंदू नहीं है! स्मरण रहे कि ये एक ऐसे व्यक्ति के 'विचार' हैं, जो जीव-विज्ञान का अध्येता रह चुका है। गोलवलकर से पूछना चाहिए कि, माता के गर्भ में उत्पन्न होने से पूर्व जीव—हिंदू जीव—का अस्तित्व कहां होता है? गोलवलकर महाराज! आपने शायद सुना या पढ़ा होगा कि आज के जीव विज्ञान ने डी-एन-ए और आर-एन-ए जैसे एसिडों में जीवन की मूल इकाइयां खोजी हैं और अब जीव-वैज्ञानिक प्रयोगशालाओं में भी कृत्रिम जीव को जन्म देने में सफलता प्राप्त कर रहे हैं। क्या आपका 'हिंदू जीव' इन सब अनुसंधानों की सीमा के बाहर का है?

असल में, गोलवलकर की हर बात ज्ञान-विज्ञान और प्रगति की सीमा के बाहर की होती थी। गोलवलकर की एक और एक विशेषता है—हमारे पुराने ग्रंथों के कथनों को तोड़-मरोड़कर और उन पर झूठ का आवरण चढ़ा कर पेश करना। सालों पहले मुम्बई के एक मराठी दैनिक 'नवाकाल' में गोलवलकर का एक इंटरव्यू प्रकाशित हुआ। इस इंटरव्यू के विषय थे : 'हिंदू धर्म और आधुनिक विज्ञान' और 'वर्ण-व्यवस्था के मूल सिद्धांत' आदि। यह सही है कि राष्ट्रीय स्वयंसेवक संघ का जन्म महाराष्ट्र में हुआ और शुरू-शुरू में इसका महाराष्ट्र में काफी बोलबाला भी रहा। किंतु अब महाराष्ट्र जान गया है कि रा. स्व. सं. देश के माथे पर कलंक का टीका है। वहां अब यह एक परंपरा-सी

हो गई है कि गुरु गोलवलकर का कोई 'विचार' प्रकाशित होते ही महाराष्ट्र का बुद्धिजीवी वर्ग तुरंत ही उस विचार की सामूहिक रूप से अग्नि-परीक्षा करता है। 'महाराष्ट्र टाइम्स' (23 जनवरी) की सूचना के अनुसार, 22 जनवरी को पूना के तिलक स्मारक मंदिर में 'प्रभात' दैनिक के संपादक वा. रा. कोठारी की अध्यक्षता में एक आम सभा हुई। इस सभा में पूना के दर्जनों विद्वानों ने भाग लिया और 'तरुण वर्ग भारी संख्या में उपस्थित था'। सामूहिक रूप से गोलवलकर के उन 'विचारों' की भर्त्सना की गई, जो उन्होंने 'नवाकाल' को दी गई भेंट-वार्ता में व्यक्त किए थे। कोठारी ने कहा : ''जिस बात का आज कोई भी पालन नहीं करता, उसका पालन करने के लिए कहना क्या अकल की बात है? गुरुजी के शिष्यों को भी उनके इन विचारों पर विचार करना चाहिए।''

यहां मुझे गोलवलकर के विज्ञान-विषयक विचारों की ही परीक्षा करनी है। 'नवाकाल' को दी गई भेंट-वार्ता का एक प्रश्न था : ''आपने एक जगह ऐसा कहा है कि 'साइंस ने ईसाई धर्म की धज्जियां उड़ा दी हैं। तब क्या हिंदू धर्म पर विज्ञान का प्रहार नहीं होगा?''

गोलवलकर का उत्तर : ''नहीं होगा, और यही हिंदू धर्म की महानता है। विज्ञान ने हिंदू धर्म के तत्वज्ञान को उखाड़ने के बदले प्रत्यक्ष सिद्ध कर दिया है। एक उदाहरण लीजिए। हिंदू धर्म में कहा है कि यह विश्व मंडलाकार है। उसका आदि-अंत नहीं है, ऐसा वर्णन किया गया है। चंद्र के पास पहुंचने वाला विज्ञान भी तो अखंड मंडलाकार का निष्कर्ष ही निकालता है न? इस विश्व की गतिविधि शास्त्रसम्मत है और जो अणु है, वही पिंड में है और वही ब्रह्माण्ड है, यह हमारे धर्म का सहस्रों वर्ष पुराना सिद्धांत है, जिसे अब विज्ञान स्वीकार कर रहा है कि नहीं? और यदि अंतहीन किंतु नियम बाह्य जो विश्व है, उसका कारण कोई एक अलौकिक शक्ति है—उसे परमेश्वर कहो या न कहो—यह बात सर्वश्रेष्ठ शास्त्रज्ञ आइंस्टाइन ने भी कही है कि नहीं? विश्व के गूढ़ विज्ञान को आकलन करते समय उसे इस बात पर विश्वास हो गया कि नहीं? इसलिए विज्ञान हिंदू धर्म पर प्रहार करेगा या विज्ञान के प्रकाश में हिंदू धर्म में परिवर्तन करना चाहिए, ऐसा कहना सही नहीं है।'' –(पांचजन्य' का हिंदी-अनुवाद)

गोलवलकर का 'उत्तर' उनके दिमाग़ के अज्ञान-सागर का एक उत्तम नमूना था। वे न केवल आधुनिक विज्ञान के, अपितु प्राचीन भारतीय शास्त्रों के भी दुश्मन हैं। पुरानी बातों को अति सरल विकृत भाषा में और तथ्यों को तोड़-मरोड़ कर पेश करना उनकी एक विशेषता। गोलवलकर स्वयं तो रूढ़िवादी थे ही, आज के भारत को भी रूढ़िवाद के खंभे से बांध कर रखना चाहते थे।

किंतु हमारे देश के सारे चिंतक गोलवलकर जितने रूढ़िवादी और परंपराओं से चिपके रहनेवाले कभी नहीं रहे। हमारे देश के विद्वान भरपूर रूप से संदेहवादी रहे हैं और इसीलिए प्राचीन काल में हमारे देश में ज्ञान-विज्ञान ने उन्नति की थी। **तैत्तिरीय ब्राह्मण** (2/8/9) में साफ़ कहा गया है कि ''यह विविध सृष्टि किस से उत्पन्न हुई,

किसलिए हुई, इसे वस्तुतः कौन जानता है? देवता भी पीछे से हुए, फिर जिससे यह सृष्टि उत्पन्न हुई, उसे कौन जानता है? जिससे द्यावा-पृथ्वी बनी वह वृक्ष कौन-सा था, और किस वन में था, इसे कौन जानता है? इन सबका अध्यक्ष परमाकाश में है, वही इसे जानता है, अथवा वह भी जानता है या नहीं, इसे कौन जाने?''

और, **ऋग्वेद** का एक ऋषि तो सीधी चुनौती देता है :

इह ब्रवीतु य उ तच्चिकेतत्।

अर्थात् यह सब जाननेवाला यदि कोई है तो वह यहां आकर बतावे।

गोलवलकर साहब, देखा आपने? हमारे पुराने विचारक आपकी तरह 'सर्वज्ञ' होने का दावा नहीं करते थे। फिर भी, आप आज बीसवीं शताब्दी के उत्तरार्द्ध में कहते फिरते हैं कि हिंदुओं के धर्म-ग्रंथों का ज्ञान 'परम सत्य' है, उसमें सुधार करने की जरूरत नहीं। पुराने ग्रंथों में 'चंद्रमा सूर्य के ऊपर है', 'चंद्रमा जलमय है', आदि ऐसी सैकड़ों बातें मिलती हैं, जो आधुनिक विज्ञान के अनुसार गलत हैं। क्या ऐसी बातों में आज हमें सुधार करने की जरूरत नहीं है?

गुरु गोलवलकर जैसा 'एक विशेष अलग प्रकार का मस्तिष्क' हमारे देश में पहली बार पैदा हुआ हो, ऐसी बात नहीं है। यदा-कदा पहले भी ऐसे रूढ़िवादी दिमागों ने जन्म लिया है। परंतु तत्कालीन भारतीय वैज्ञानिकों ने ऐसे दिमागों की अच्छी शल्य-चिकित्सा की है। पता चलता है कि **महान चिकित्सक वाग्भट** (कनिष्ठ) के समय (संभवतः सातवीं शताब्दी) में कुछ रूढ़िवादिता आरंभ हो गई थी। गोलवलकर की तरह कुछ लोग पुराने ग्रंथों के ज्ञान को परम सत्य कहने लग गए होंगे और नूतन ज्ञान का विरोध करते होंगे। ऐसे ही मूढ़मतियों को संबोधित करते हुए वाग्भट ने कहा है :

1. को अद्धा वेद क इह प्रवोचत्। कुत आ जाता कुत इयं विसृष्टिः। अवग्देिवा अस्य विसर्जनाय। अथो को वेद यत आबभूव। इयं विसृष्टिर्यत आबभूव। यदि वा न। यो अस्याध्यक्षः परने व्योमन्। सौ अंग वेद यदि वा न वेद। ऋषिंप्रणीते प्रीतिश्चेंमुक्त्वा चरक्सुश्रुतो। भेडाद्याः किं न पठ्यंते तस्मात्

ग्राह्यं सुभाषितम्।।

(**अष्टांगहृदय**, उ. 40/88)

अर्थात् अगर, पुराने ऋषिप्रणीत ग्रंथों में ही राग है तो चरक और सुश्रुत को भी छोड़ दो और केवल भेड़ आदि के ग्रंथों को पढ़ो! वस्तुतः जहां कहीं भी ठीक कहा गया हो, उसे ग्रहण करना चाहिए। दूसरे स्थान पर वाग्भट ने कहा है : **एतद् ब्रह्मा भाषतां ब्रह्मजो वा का निमंत्रे वक्तृभेदोक्तिशक्तिः—अर्थात् ऐसा चाहे ब्रह्मा ने कहा हो या ब्रह्मा के बनाए किसी मनुष्य ने, तो भी वक्ता की प्रतिष्ठा को देख कर ही वचन की विश्वसनीयता स्वीकार नहीं की जा सकती।**

ऐसे थे हमारे देश के पुराने वैज्ञानिक! किसी चमत्कार से आज यदि चरक, सुश्रुत, जीवक, नागार्जुन, वाग्भट आदि चिकित्सक जीवित हो जाएं और आज के जीव-विज्ञान

की प्रगति को अपनी आंखों से देखें, तो खुशी से नाच उठेंगे। किंतु किसी समय के जीव-विज्ञान के विद्यार्थी गुरु गोलवलकर का विचार है कि पुरानी हर बात परम सत्य है।

विज्ञान परम सत्य का दावा नहीं करता। **आइंस्टाइन** का **आपेक्षिकता-सिद्धांत** भी एक परम सत्य सिद्धांत नहीं है। यह सिद्धांत विश्व के एक अंश की ही व्याख्या करता है। परमाणु के अतिसूक्ष्म-जगत में एक दूसरा ही सिद्धांत–**क्वांटम-सिद्धांत**–काम करता है। आइंस्टाइन का कोई व्यक्तिगत 'ईश्वर' भले ही रहा हो, किंतु वह अपने वैज्ञानिक अनुसंधान के बीच में ईश्वर या धर्म को कभी नहीं लाए। और उनका यह कथन कि 'मैं यह यकीन नहीं कर सकता कि ईश्वर विश्व के साथ पासा खेलता है', एक नितांत भिन्न संदर्भ में कहा गया था। बात यह है कि परमाणु-जगत पर आज जो गणित लागू होता है, उसके समीकरण अनिर्धार्यता (इंडिटरमिनिज़्म) पर आधारित है। परमाणु के नाभिक के चहुंओर चक्कर लगानेवाले इलेक्ट्रोनों की गति वे स्थिति को एक साथ जान पाना संभव नहीं है, इसीलिए भौतिक-जगत की यह गणितीय अनिर्धार्यता। इसी अग्निर्धायता के संदर्भ में आइंस्टाइन ने उपरोक्त बात कही थी। लेकिन उनका यह कथन उनका अपना व्यक्तिगत विश्वास मात्र था। आज हर भौतिकवेत्ता जानता है कि आइंस्टाइन का यह कथन पूर्णतः सही नहीं था। और, गोलवलकर की तरह, आइंस्टाइन ने यह कभी नहीं कहा कि उनका हर कथन एक परम सत्य है। यही कारण है कि आज यदि हम 'आइंस्टाइन को चुनौती' जैसे कथन सुनते हैं, तो हमें आश्चर्य नहीं होता। आइंस्टाइन द्वारा 'परिकल्पित विश्व' भी एक परम सत्य नहीं है। आइंस्टाइन के बाद खगोल-वेत्ताओं ने ब्रह्मांड के कई नए आयामों की खोज की है; ब्रह्मांड में हजारों नई ज्योतियां खोजी हैं।

विश्व के आकार-प्रकार के बारे में भी हमारे पुराने ज्योतिषियों की हर बात सही नहीं थी। यूरोप में मध्ययुग तक जिस प्रकार पृथ्वी को विश्व के केंद्र में माना गया था, उसी प्रकार **हमारे ज्योतिषशास्त्र के मतानुसार विश्व के मध्यभाग में पृथ्वी है। उसके चारों ओर क्रमशः चंद्र, बुध, शुक्रा, सूर्य, मंगल, गुरु, शनि और तारकामंडल धूम रहे हैं। वह घूमता हुआ नक्षत्र-मंडल दोनों ध्रुवों से बंधा हुआ है–('भारतीय ज्योतिष',** शं.बा. दीक्षित)।

गोलवलकर भले ही ऐसे शास्त्र-सम्मत मंडलाकार विश्व में विश्वास करते थे, किंतु आज स्कूल का विद्यार्थी भी जानता है कि पृथ्वी विश्व के केंद्र में नहीं है और सूर्य का स्थान शुक्र और मंगल के बीच नहीं है। भारतीय ज्योतिष के उन्हीं प्रख्यात विद्वान स्व. शंकर बालकृष्ण दीक्षित ने यह भी साफ़ लिखा है कि **हमारे प्राचीन ग्रंथ अपौरुषेय हैं और सर्वांगपूर्ण हैं, यह विश्वास ज्योतिषशास्त्र की उन्नति के लिए बड़ा घातक सिद्ध हुआ।** (भारतीय ज्योतिष, पृ. 680)

गोलवलकर की यह बात भी तर्क-दुष्ट है कि 'जो अणु है, वही पिंड है और वही ब्रह्मांड है।' असल में उनके इस कथन का, आधुनिक विज्ञान के संदर्भ में, कोई अर्थ

ही नहीं है। हिंदू संस्कृति और विज्ञान की बार-बार दुहाई देकर इस प्रकार की बेतुकी बातें करके जनसाधारण को मूर्ख बनाना उनकी एक विशेषता थी।

गोलवलकर महाराज की और एक विशेषता थी–धर्मग्रंथों और शास्त्रों का बार-बार नाम लेने पर भी कभी यह न बताना कि उन्होंने कौन-सी बात कहां से उठाई है। वे आपको यह कभी नहीं बताएंगे कि अमुक बात, इस ग्रंथ में, इस व्यक्ति ने, इस संदर्भ में कही है। उनके 'विचार' का एक नमूना देखिए :

''**पुरानी पुस्तकों** तथा विदेशी **आलेखों** में भी **एक घटना** का उल्लेख है। **एक रोमंन शासक एक** विचित्र रोग से पीड़ित हुआ जो उसके राज्य में **किसी के द्वारा** ठीक न किया जा सका। उसने हमारे देश से सहायता मांगी जो उस समय औषधि-विज्ञान में निष्णात माना जाता था। हमारा **एक राजवैद्य** वहां गया, उसने उसकी खोपड़ी खोली और उसके मस्तिष्क की शल्य-क्रिया की। राजा का रोग ठीक हो गया। वह चिकित्सक उन लोगों को वह विज्ञान सिखाने के लिए वहां और तीन वर्ष रहा और तब उच्च सम्मान प्राप्त करके लौटा। यह स्मरण रखना चाहिए कि शल्य-क्रिया की वर्तमान प्रगति की अवस्था में भी मस्तिष्क की शल्य-क्रिया एक अत्यंत गंभीर खतरे की विधि समझी जाती है'' (**विचार-नवनीत**, पृ. 198)।

गोलवलकर के इस कथन से साफ जाहिर होता है कि पुराने जमाने में हमारे देश में ऐसा **कोई** शल्य-चिकित्सक हुआ है, जो खोपड़ी को खोल कर दिमाग की शल्य-क्रिया करने में निष्णात था। ऐसे भारतीय चिकित्सक का हमें सचमुच ही गौरव करना चाहिए। किंतु गोलवलकर उस चिकित्सक का नाम नहीं बताते। वे यह भी नहीं बताते कि किस पुस्तक या आलेख में इस अभूतपूर्व घटना का उल्लेख है। वे यह भी नहीं बतलाते कि उस रोमन शासक का नाम क्या था। वे यह भी नहीं बतलाते कि यह किस काल की घटना है।

स्मरण रहे कि गोलवलकर के ऐसे ही 'विचार' संघियों के लिए 'गीता' हैं और इन्हीं विचारों का शाखाओं में रोज पाठ होता है। क्या 'गुरुजी' के 'शिष्यों' को यह जानने की जरूरत नहीं है कि वह 'महान भारतीय चिकित्सक' कौन था जिसने एक रोमन शासक की खोपड़ी का ऑपरेशन किया था?

गोलवलकर साहब! ऐसी काल्पनिक और निराधार बातों का प्रचार करने से **'ऐतिहासिक आवश्यकता की पूर्ति'** नहीं होती। हम आपसे या आपके किसी भक्त से जानना चाहते हैं कि वह भारतीय शल्य-चिकित्सक कौन था जिसने एक (?) रोमन शासक के दिमाग का ऑपरेशन किया था!

–1 फरवरी 1969, मुक्तधारा

37

शूद्रों पर 'गुरु' की 'लचीली' दयादृष्टि

गोलवलकर का एक 'विचार' है : ''उन्होंने (हमारे पूर्वजों ने) कहा कि हिंदू समाज ही वह विराट पुरुष है, सर्व-शक्तिमान की स्वयं की अभिव्यक्ति! यद्यपि वे हिंदू शब्द का प्रयोग नहीं करते किंतु **पुरुष-सूक्त** में सर्वशक्तिमान के निम्नांकित वर्णन से यही स्पष्ट है। उसमें कहा गया है, कि सूर्य, चंद्रमा उसकी आंखें हैं। नक्षत्र और आकाश उसकी नाभि से बने हैं। यथा :

''ब्राह्मणोऽस्य मुखमासीद् बाहू राजंयः कृतः।
ऊरू तदस्य यद्वैश्यः पद्भ्यां शूद्रो अजायत॥

(अर्थात्, ब्राह्मण उसका मुख, क्षत्रिय भुजाएं, वैश्य उसकी जंघाएं तथा शूद्र पैर हैं।)

''इसका अर्थ है कि समाज जिसमें यह चतुर्विध व्यवस्था है अर्थात् हिंदू समाज हमारा ईश्वर है।'' (**विचार-नवनीत**, पृष्ठ 26)

इस 'विचार' में गोलवलकर स्वीकार करते हैं कि वे (हमारे पूर्वज) हिंदू शब्द का उल्लेख नहीं करते। इसके साथ ही यदि गोलवलकर इस बात का भी उल्लेख करते कि ऋग्वेद में 'चतुर्विध-व्यवस्था' या 'चातुर्वर्ण्य' शब्द का एक बार भी उल्लेख नहीं है, तो अपनी पूरी बौद्धिक ईमानदारी का परिचय देते। लेकिन उनसे ऐसी आशा रखना व्यर्थ है।

उनके इसी 'विचार' के एक वाक्य पर विचार कीजिए। यह सिद्ध करने के लिए कि न केवल ब्राह्मण-क्षत्रिय-वैश्य-शूद्र, बल्कि सूर्य-चंद्र-नक्षत्र जैसे पिंड भी उस सर्वशक्तिमान विराट पुरुष से पैदा हुए हैं, गोलवलकर लिखते हैं : ''सूर्य, चंद्रमा उसकी आंखें हैं। नक्षत्र और आकाश उसकी नाभि से बने हैं।''

क्या पूरी हो गई तुलना? विराट पुरुष के पैरों से पैदा हुए शूद्रों के साथ तुलना करने के लिए भी तो वहां कोई ब्रह्मांडीय पिंड होना चाहिए था? क्या हज़ार पैरों वाले (सहस्रपाद) विराट पुरुष ने अपने प्रत्येक पैर से शूद्र, और केवल शूद्र ही पैदा किए? या कुछ और भी पैदा किया था?

इस संदर्भ में उसी प्रसिद्ध **पुरुष-सूक्त** की एक ऋचा है :

नाभ्यां आसीदंतरिक्षं शीर्ष्णोद्यौः समवर्तत पद्भ्यां भूमि।

अर्थात्, (विराट पुरुष की) नाभि से अंतरिक्ष, मस्तक से द्यौ तथा पादों से भूमि अर्थात् पृथ्वी की उत्पत्ति हुई।

ब्रह्मांडीय पिंडों के साथ एक कल्पित चतुर्विध व्यवस्था की तुलना करते समय गोलवलकर के दिमाग में ऋग्वेद की यही उपरोक्त ऋचा रही है। वे ईमानदारी से इस ऋचा का सही अर्थ तो बताते ही नहीं, लेकिन किसी खास उद्देश्य से यह बताना भी भूल जाते हैं कि शूद्रों की तरह यह पवित्र भूमि भी विराट-पुरुष के पैरों से पैदा हुई है।

पवित्र भूमि के बारे में खुद गोलवलकर का विचार है : ''इस प्रकार अपनी जन्म-भूमि को माता के रूप में देखना विकास की एक अति उच्च अवस्था का लक्षण है। वेदों ने घोषणा की है :

माता भूमिः पुत्रोऽहम् पृथिव्याः।''

हम जानना चाहते हैं कि विराट पुरुष का एक पैर भूमि या पृथ्वी बनकर 'पवित्र माता' कैसे बन गया और उसी विराट पुरुष का दूसरा पैर शूद्र कहलाकर बाद में अस्पृश्य और पतित कैसे बना?

बहुत-से विद्वानों का मत है कि ऋग्वेद-काल में हमारे देश में चातुर्वर्ण्य-व्यवस्था का अस्तित्व ही नहीं था। ऋग्वेद की उपरोक्त ऋचा के शब्दों पर गहराई से विचार करने पर भी यही निष्कर्ष निकलता है। इतने पर भी आज वेदों में प्रामाण्यबुद्धि रखने को हिंदू धर्म का एक लक्षण (प्रामाण्यबुद्धिर्वेदेषु...हिंदुधर्मस्य लक्षणम्) बताकर वेदों के कथनों की जा रही है। ऐसे ही लोगों से चिढ़कर पुराने भौतिकवादियों ने कहा था : ''त्रयो वेदस्य कर्तारो भण्ड-धुर्त-निशाचराः!''

हां, तो गोलवलकर महाराज चातुर्वर्ण्य-व्यवस्था में विश्वास करते हैं और आज बीसवीं शताब्दी के उत्तरार्द्ध में ऐसी ही व्यवस्था वाले हिंदू-समाज को ईश्वर मानते हैं। केवल हिंदू-समाज में ही नहीं, अब वे पत्थर, कुत्ता-बिल्ली आदि सृष्टि की हर जड़-चेतन वस्तु में चातुर्वर्ण्य-व्यवस्था को मानने लग गए हैं! (**नवाकाल**, 1 जनवरी, 1969)।

'नवाकाल' को दी गई भेंट-वार्ता का एक प्रश्न था : ''तो भी जन्म से वर्ण प्राप्त होने की व्यवस्था गलत नहीं है क्या?''

गोलवलकर का उत्तर : ''जन्म से प्राप्त होनेवाली वर्ण-व्यवस्था में गलत कुछ नहीं है। केवल उसका रूप लचीला होना चाहिए, और वह पहले भी था। पर वह नहीं हो रहा है। परंतु लचीलापन रखकर जन्म पर आधारित चातुर्वर्ण्य-व्यवस्था उचित ही है।''

प्रश्न : ''हिंदू धर्म यदि कट्टर और डागमैटिक नहीं है तो उसमें परिवर्तन क्यों नहीं होने चाहिए?''

उत्तर : '' 'कट्टर नहीं' का मतलब रूढ़ियों और परंपरागत रीति-रिवाजों के बारे में।''

गोलवलकर 'लचीली' वर्ण-व्यवस्था या 'लचीले हिंदू धर्म' की बात तो करते हैं, किंतु वे आपको एक बार भी यह नहीं बतलाएंगे कि कितना लचीला, कैसा लचीला। पर इतना ज़रूर बताते हैं कि **वर्णव्यवस्था लचीली पहले भी थी**। वे यह भी बताते हैं कि हिंदू धर्म रूढ़ियों और परंपरागत रीति-रिवाजों में कट्टर नहीं रहा।

लेकिन देखिए **मनु** को, उस मनु को जिसके बारे में गोलवलकर बड़ी श्रद्धाबुद्धि से यह उद्धृत करते हैं : 'मानव जाति का प्रथम महान एवं प्रज्ञासंपन्न विधि-निर्माता'। उसी मनु के शूद्रों के बारे में कुछ कथन सुनिए :

– ब्राह्मण, क्षत्रिय, वैश्य–ये तीन वर्ण द्विजाति हैं, चौथी एक जाति शूद्र की है; पांचवां कोई वर्ण नहीं। (मनुस्मृति, 10 ।4)
– ब्राह्मण निःसंकोच होकर शूद्र का धन ले ले, क्योंकि शूद्र का अपना कुछ भी नहीं। उसका सब धन उसके स्वामी का ही है। (मनु. 8 ।417)
– शूद्र से सेवा ही कराए, चाहे वह मोल लिया हुआ हो और चाहे न मोल लिया हुआ, क्योंकि ब्रह्मा ने शूद्र को ब्राह्मण की दासता के लिए ही उत्पन्न किया है। (मनु. 8 ।413-13)
– धन कमाने की शक्ति रखते हुए भी शूद्र को धन संचय नहीं करना चाहिए, क्योंकि शूद्र धनवान हो जाने पर ब्राह्मण को बाधा देता है। (मनु. 10 ।129)
– यदि शूद्र द्विजातियों को कड़ी अर्थात् चुभनेवाली बात कहे तो उसकी जीभ काट डालनी चाहिए, क्योंकि वह निकृष्ट अंग से उत्पन्न हुआ है। यदि शूद्र द्रोह से द्विजातियों के नाम और जाति का नाम ले तो उसके मुंह में जलती हुई दस उंगली की कील ठोकनी चाहिए। यदि शूद्र अहंकार से ब्राह्मण को धर्मोपदेश करे तो राजा उसके मुंह और कान में गरम तेल डलवा दे। यदि शूद्र उच्च जातियों के साथ एक आसन पर बैठने की इच्छा करे तो राजा उसकी कमर दाग कर उसे देश से निकाल दे अथवा उसके चूतड़ कटवा दे। (मनु. 8 ।270-72, 291)

शूद्रों के बारे में **मनुस्मृति** में इस प्रकार के और भी कई कथन मिलते हैं। केवल मनुस्मृति में ही नहीं, **शतपथ-ब्राह्मण, पाराशर-स्मृति, वसिष्ठ-धर्मसूत्र, विष्णु-स्मृति, अत्रि-स्मृति, गौतम-धर्मसूत्र** आदि शास्त्रों में शूद्रों के बारे में ऐसे ही विधान आपको मिलेंगे। **गौतम-धर्मसूत्र** (12 ।4) का कहना है : **''शूद्र यदि वेद को सुने तो उसके कानों में पिघला हुआ सीसा और लाख भर देनी चाहिए। शूद्र यदि वेदमंत्र का उच्चारण करे तो उसकी जीभ कटवा देनी चाहिए। यदि वेद को याद करे तो शरीर को चीर डालना चाहिए।''**

क्या हिंदू-समाज की इस चातुर्वर्ण्य-व्यवस्था के कारण हमारे देश में अतीत में शूद्रों पर ऐसे अमानवीय-अत्याचार सचमुच हुए हैं? एक नहीं, ऐसे अनेक उदाहरण दिए जा सकते हैं। और तो और, 'रामराज्य' में स्वयं राम ने एक शूद्र तपस्वी की निर्मम हत्या

की थी। रामायण के **उत्तरकांड** में कथा आती है कि **शंबूक** नाम के एक शूद्र ने तपस्या शुरू कर दी थी। उसी समय एक ब्राह्मण के पुत्र की मृत्यु हो गई। वह राम के पास गुहार लेकर पहुंचा। राम के कान भरे गए कि शंबूक के तपस्या करने से ही ब्राह्मण-पुत्र की मृत्यु हुई है। बस, जन्मजात वर्ण-व्यवस्था की मर्यादा भंग होते देखकर 'मर्यादा पुरुषोत्तम' राम, लक्ष्मण को साथ लेकर, दंडकारण्य में पहुंचे और उन्होंने निरपराध शंबूक का वध कर डाला।

राम यदि सचमुच एक ऐतिहासिक पुरुष थे तो यह कथा भी एक ऐतिहासिक सत्य है। पर यदि शूद्रों पर हुए अमानवीय अत्याचारों के लिए ऐतिहासिक प्रमाण ही चाहिए तो अधिक अतीत में जाकर खोजबीन करने की जरूरत नहीं है। कुछ सौ साल पहले की पेशवाशाही में ही इसके अनेक सबूत मिलते हैं। स्वयं शिवाजी को और उनके द्वारा संस्थापित राज्य को कट्टर ब्राह्मणों ने कितना आघात पहुंचाया है, इसका लेखा-जोखा हम आगे कभी प्रस्तुत करेंगे। यहां इतना ही जान लेना पर्याप्त होगा कि पेशवाओं के शासन-काल में अछूतों को अपनी कलाई पर या गले में निशानी के रूप में काला डोरा बांधना पड़ता था। राजधानी पूना में अछूतों के लिए राजाज्ञा थी कि वे कमर में झाड़ू बांधकर चलें। यह इसलिए कि झाड़ू से उनके पैरों के निशान मिट जाएं। इसी पूना में अछूतों को गले में मड़के बांधकर चलना पड़ता था, ताकि थूकना हो तो उसी में थूकें!

लेकिन गोलवलकर महाराज का कहना है कि वर्ण-व्यवस्था में गलत कुछ भी नहीं और **इसमें पहले भी लचीलापन था**। वे यह भी कहते हैं कि रीति-रिवाजों और रूढ़िवादिता में हिंदू धर्म कट्टर नहीं था। और, वे यह भी कहते हैं कि हिंदू धर्म के पुराने शास्त्रों की हर बात सही है!

ऐसी ही मान्यताओं वाले 'गुरु' गोलवलकर अब एक नया अभियान छोड़ा था– अस्पृश्यता निवारण के लिए अभियान! **'नवाकाल'** को दी गई भेंटवार्ता में उन्होंने कहा था : "मैं ऐसा प्रयत्न करने वाला हूं कि शुद्धीकरण से भी अत्यंत सरल कोई ऐसी विधि खोजी जाए जिससे अस्पृश्य माने जानेवालों को स्पृश्यों में माना जाने लगे। अगर धर्मगुरु उसे स्वीकार कर लें और उस पर आचरण करने लगें तो उसके पीछे धर्म की सामर्थ्य भी खड़ी हो जाएगी और विरोधियों की ऐंठन भी छूट जाएगी। यह विधि कितनी सरल होगी? गले में माला डालकर नमस्कार और नाम स्मरण करने जैसी ही वह सरल हो सकती है।"

प्रश्न : "यह कदम कब उठाया जाने वाला है?"

उत्तर : "वैसा अत्यंत शीघ्र ही होने वाला है। उसके लिए मेरा प्रयत्न शुरू है।"

गोलवलकर के इस राजनीतिक स्टंट को समझने के लिए अधिक सिर खुजलाने की जरूरत नहीं है। सिर्फ यही स्मरण रखने की जरूरत है कि 'अस्पृश्यता निवारण के लिए अभियान' छेड़नेवाले यह व्यक्ति जन्मजात वर्ण-व्यवस्था के कट्टर समर्थक थे और

इस व्यक्ति के लिए वे हिंदू शास्त्र भी परम सत्य हैं जो वर्ण-व्यवस्था का समर्थन करते थे। यह भी स्मरण रहे कि गोलवलकर केवल अस्पृश्यों को स्पृश्यों में बदलने की बात करते हैं। असल में गोलवलकर को अब यह तकलीफ उठाने की जरूरत नहीं थी। यह काम हमारे देश का कानून पहले ही कर चुका है। अब हमारे देश में 'अस्पृश्य' एक भी व्यक्ति नहीं है।

कानून बनने पर भी गोलवलकर जैसे कट्टर हिंदू ब्राह्मण, जन्मजात वर्ण-व्यवस्था का खुलेआम प्रचार करते रहे, इसीलिए हमारे संविधान के शिल्पी डा. आम्बेडकर अपने लाखों अनुयायियों को एक ऐसे धर्म–बौद्ध धर्म–में ले गए जिसमें जन्मजात वर्णभेद के लिए स्थान नहीं। ब्राह्मणों की इसी कट्टरता के कारण अतीत में लाखों की संख्या में हिंदू-अछूत और सवर्ण–दोनों ही मुसलमान बन गए। गोलवलकर की आंखों के सामने हिंदू धर्म को लात मारकर महाराष्ट्र के लाखों अछूत बौद्ध बन गए। गोलवलकर अब यदि उनके गले में माला डालकर और उन्हें नमस्कार करके ही नहीं, उनके पैरों पर भी पड़कर उन्हें ब्राह्मण बनाने के लिए तैयार हो जाते, तो भी जन्मजात वर्ण-व्यवस्थावाले हिंदू धर्म में वापस लौटने को वे तैयार नहीं होंगे।

लेकिन सरसंघचालक 'गुरु' गोलवलकर को इस 'अभियान' के लिए धर्म-गुरुओं की अनुमति की चिंता क्यों थी? धर्मगुरु भी तो शास्त्रों में ही निष्ठा रखते हैं और गोलवलकर का भी शास्त्रों में अटल विश्वास था। गोलवलकर साहब! छोड़ दीजिए अभियान और देखने दीजिए हमें आपका और एक करिश्मा। देखें, संघ की शाखाओं में आप कितने तथाकथित अस्पृश्यों को शामिल करते हैं और कितने अस्पृश्य स्पृश्य बनकर संघचालक बनते हैं!

–8 फरवरी, 1969, मुक्तधारा

38

पूर्वज बहीराम भट्ट की चुनौती

महाराष्ट्र का कोल्हापुर शहर। इस शहर में 5 फरवरी, 1969 की रात्रि को एक आम सभा हुई। सार्वजनिक रूप से गुरु गोलवलकर के विचारों की भर्त्सना की गई। और, सभा के अंत में गुरुजी का पुतला जलाया गया। श्री गोलवलकर का पुतला यदि देश के किसी अन्य प्रांत के नगर में, या महाराष्ट्र के ही किसी अन्य नगर में जलाया जाता तो संभवतः आश्चर्य नहीं होता। परंतु कोल्हापुर में इस घटना का घटित होना विशेष महत्व रखता था। स्मरण रहे कि शिवाजी द्वारा स्थापित 'हिंदू पदपादशाही' की अंतिम धड़कन अभी हमारे समय तक इसी कोल्हापुर में सुनाई देती थी। यह भी स्मरण रहे कि **डा. हेडगेवार ने शिवाजी और समर्थ रामदास** के नामों की दुहाई दे-कर आरंभ में महाराष्ट्र में ही राष्ट्रीय स्वयंसेवक संघ का प्रचार किया था। गुरुजी के 'राष्ट्रवाद' का आदर्श भी शिवाजी का 'हिंदू-राष्ट्र' ही है। तो फिर, क्या वजह है कि महाराष्ट्र के इस ऐतिहासिक नगर में स्वयं महाराष्ट्री हिंदुओं ने गुरु गोलवलकर के पुतले की राख बनाई?

इसकी वजह है श्री गोलवलकर द्वारा मुंबई के मराठी दैनिक **नवाकाल** को दिया गया इंटरव्यू। 1 और 2 जनवरी के **नवाकाल** में काफ़ी विस्तार के साथ उनका यह इंटरव्यू प्रकाशित हुआ। महाराष्ट्र में बवंडर मच गया। पूना-मुंबई का शायद ही कोई समाचार-पत्र हो जिसने श्री गोलवलकर के विचारों की कड़ी भर्त्सना न की हो। यहां तक कि सेठों के समाचार पत्रों ने भी श्री गोलवलकर के विचारों को 'तर्कदुष्ट एवं कालविसंगत' करार दिया।

गुरु गोलवलकर ने अपनी इस भेंट-वार्ता में धर्म, राजनीति, विज्ञान आदि के बारे में अनेक कुसंगत बातें कही हैं। इनमें से कुछ का जिक्र मैं पहले के लेखों में कर चुका हूं। परंतु महाराष्ट्र में जिस एक प्रमुख बात को लेकर बवंडर उठा है, वह है श्री गोलवलकर के चातुर्वर्ण्य-व्यवस्था संबंधी विचार। इतिहास व संस्कृति के बारे में ग़लतबयानी करने में ही नहीं, बल्कि बयान बदलने में गुरुजी कितने सिद्धहस्त थे, इसका एक नमूना यहां हम पेश करते हैं। **नवाकाल** को दी गई भेंट-वार्ता का एक प्रश्न था : "लेकिन चातुर्वर्ण्य रूढ़ि है या धर्म?" श्री गोलवलकर का उत्तर : "यह रूढ़ि नहीं, धर्म ही है। श्रुति-स्मृति

ईश्वर द्वारा निर्मित हैं और उनमें बतलाई गई चातुर्वर्ण्य-व्यवस्था भी ईश्वर-निर्मित ही है। वह ईश्वर-निर्मित है इसीलिए यदि उसे मिटाया गया तो भी हमें कोई चिंता नहीं है, क्योंकि आदमी ने उसे मिटाने की कोशिश भी की तो ईश्वर-निर्मित होने के कारण वह पुनःस्थापित होगी ही।''

यहां गुरु गोलवलकर ने वेद-ब्राह्मण-स्मृति आदि शास्त्रों को अपौरुषेय यानी ईश्वर-निर्मित माना और इसीलिए उनका कहना है कि इन शास्त्रों में वर्णित वर्ण-व्यवस्था ईश्वर की रची हुई व्यवस्था है। उनका यह भी कहना है कि चातुर्वर्ण्य-व्यवस्था हिंदू धर्म का एक मूलतत्व है और इसीलिए यह शाश्वत है। अपनी पुस्तक 'विचार-नवनीत' में भी गुरु गोलवलकर चातुर्वर्ण्य-व्यवस्था के ईश्वर-निर्मित होने की बात को कई बार दोहराते हैं। वे साफ़ कहते हैं कि **समाज जिसमें यह चातुर्वर्ण्य-व्यवस्था है अर्थात् हिंदू-समाज हमारा ईश्वर है।** उनका यह भी कहना है कि, **जातियां तो उस प्राचीन काल में भी थीं और हमारे वैभवशाली राष्ट्र जीवन के सहस्रों वर्ष में बराबर रही हैं। कहीं एक भी उदाहरण नहीं है कि उन्होंने हमारे समाज की एकता और प्रगति में बाधा डाली हो। प्रत्युत उन्होंने हमारे सामाजिक ऐक्य के संपादन में महान योगदान किया है। —'विचार-नवनीत'**, पृष्ठ 105

इस तथा अन्य अनेक कथनों से साफ़ जाहिर होता है कि गुरु गोलवलकर चातुर्वर्ण्य-व्यवस्था यानी जातिवाद के कट्टर समर्थक थे और इसे शास्त्र-सम्मत एवं ईश्वर-निर्मित मानते थे। उनके इसी विचार की महाराष्ट्र में कई विचारकों ने शल्य-चिकित्सा की थी और उनके इसी समाज-विरोधी विचार के कारण कोल्हापुर के **बिंदु चौक** में उनका पुतला जलाया गया था।

अक्सर यही देखने में आता है कि जब कोई समाज-नेता समाचार-पत्रों में प्रकाशित अपने किसी विचार की कटु आलोचना होती हुई देखता है तो कह उठता है कि उसने वैसी बात नहीं कही थी या उसके कहने का अभिप्राय वह नहीं था। महाराष्ट्र में श्री गोलवलकर के विचारों की जब पिटाई हुई तो वे बड़ी आसानी से कह सकते थे कि, **नवाकाल** में उनके जो विचार प्रकाशित हुए थे, वे उनके अपने शब्दों में नहीं थे। लेकिन गुरु गोलवलकर ने ऐसा कुछ नहीं कहा। सौभाग्य से उन्होंने **नवाकाल** के सिर पर दोष नहीं मढ़ा, न यह भी कहा कि उनके उत्तर उसमें गलत प्रकाशित हुए हैं। लेकिन केरल के दौरे पर उन्हें जब महाराष्ट्र में उठे बवंडर का पता चला, तो लगता है कि वह एक वक्तव्य देने के लिए लाचार हो गए। केरल के अर्नाकुलम् नगर से **हिंदुस्तान समाचार** की मार्फत उन्होंने सफाई का एक वक्तव्य दिया। अब उन्होंने कहा है कि ''स्मृति-शास्त्र ईश्वर-निर्मित हें, ऐसा मेरा मत नहीं है!'' अब वह यह भी कबूल करते हैं कि पुराने जमाने में मूलतः एक ही **हंस वर्ण** था।

तो क्या अब गुरु गोलवलकर चातुर्वर्ण्य-व्यवस्था में यकीन नहीं करते? क्या वे इसे ईश्वर-निर्मित नहीं मानते? श्री गोलवलकर अब भी इस जातिसंस्था में यकीन करते

हैं और इसके औचित्य का समर्थन करते हैं। उनकी दुरस्ती की भाषा का सिर्फ अभिप्राय यही है कि वे अब इसके बारे में अधिक आग्रह नहीं रखते।

तथाकथित 'हिंदू-राष्ट्र' का सिद्धांत प्रतिपादित करते हुए श्री गोलवलकर ने भारतीय इतिहास एवं संस्कृति के बारे में दर्जनों गलत बातें तो कही ही हैं, जातिसंस्था का औचित्य सिद्ध करते हुए भी उन्होंने बहुत कुछ ऐसा ही किया है। उनका कहना है कि कहीं एक भी ऐसा उदाहरण नहीं मिलता जिससे यह सिद्ध हो सके कि जातिवाद ने समाज की एकता एवं प्रगति में बाधा डाली हो; उलट इससे हमारे सामाजिक ऐक्य के संपादन में महान योगदान मिला है।

इतिहास के पन्ने इस ज्वलंत तथ्य के साक्षी हैं कि जातिवाद की कठोरता से भागकर ही अधिकांश हिंदुओं को गैर-हिंदू धर्मों में शरण लेनी पड़ी है। जातिसंस्था से जर्जर हुए भारतीय समाज की कमजोरियों के कारण ही विदेशियों को इस देश में अपने पैर जमाने में आसानी हुई। भारत और पाकिस्तान के अधिकांश मुसलमान इसी देश के हिंदू थे, यह बात श्री गोलवलकर भी स्वीकार करते थे। तो क्या ये सारे गैर-हिंदू केवल शासकों के जोर-जबर के कारण ही हिंदू धर्म छोड़कर गए थे? इतिहास के पन्ने उलटने से साफ़ दिखाई देता है कि कट्टर हिंदुओं के अत्याचारों से भागकर ही अधिकांश हिंदू अहिंदू धर्मों में चले गए।

गुरु गोलवलकर कहते थे कि गैर-हिंदुओं को हिंदू धर्म में लौट आना चाहिए थे! कैसे हिंदू धर्म में? उस हिंदू धर्म में जिसमें चातुर्वर्ण्य-व्यवस्था को श्री गोलवलकर उचित समझते थे। जिस चातुर्वर्ण्य व्यवस्था के कारण हिंदू समाज अधोगति को पहुंचा। साधारण समझ की बात है कि ऐसी चातुर्वर्ण्य-व्यवस्था में कोई भी गैर-हिंदू अब वापस क्योंकर लौटेगा?

धर्म-परिवर्तन के बारे में पेशवा-काल के **बहीराम भट्ट** का एक प्रसिद्ध किस्सा है। वे खुद शास्त्री थे। ब्राह्मणधर्म की बेहूदगियों को पहचानकर उन्होंने मुसलमान बन जाने का निश्चय कर लिया। उन्हें आशा थी कि इस्लाम के **एकेश्वरवाद** में उनके दिमाग को तसल्ली मिलेगी। लेकिन वहां भी उन्हें चैन नहीं मिला। इसलिए अंत में उन्होंने कहा कि **मैं न हिंदू हूं और न मुसलमान।** बहीराम भट्ट ने इन दोनों धर्मों को चुनौती दी। मुसलमानों से वे कहते—मेरे कान के छेद मेरे हिंदुत्व का एक लक्षण है। आओ, इसे मिटाओ और मुझे मुसलमान बना लो। हिंदुओं से वे कहते—आओ, मेरी सुन्नत के निशान को मिटाओ और मुझे हिंदू बना लो!

हिंदुओं का 'पैग़ंबर' बनने की कोशिश में गुरु गोलवलकर जब बड़ी सरलता से धर्म-परिवर्तन का आह्वान करते थे तो उन्हें अपने इस एक पूर्वज की चुनौतियों का स्मरण कर लेना चाहिए था।

—15 फरवरी, 1969, मुक्तधारा

39

पुरातत्व की खोज या ज्ञान-विरोधी हथकंडा

दिल्ली में कुतुब मीनार के पास एक लौहस्तंभ खड़ा है। पर 400 ई. के आस-पास की ब्राह्मी लिपि में एक लेख खुदा हुआ है। छह पंक्तियों के इस लेख में सिर्फ इतनी ही ठोस जानकारी मिलती है कि विष्णुध्वज नामक यह स्तंभ किसी 'चंद्र' राजा ने विष्णुपद पर्वत पर खड़ा किया था। (प्राचीन भारत में विज्ञान, पृ. 92)

इस लौहस्तंभ के बारे में अनेक किंवदंतियां प्रचलित हैं। सचमुच ही, भारतीय 'धातुकर्म' का यह एक अद्‌भुत स्मारक है। प्रथम दर्शन में साफ दिखाई देता है कि सोलह सदियों का लंबा काल गुजर जाने पर भी इसमें जंग नहीं लगा है। इसके निर्माता तथा निर्माण-काल के बारे में भी स्पष्ट जानकारी नहीं मिलती। इन्हीं सब कारणों से इस लौहस्तंभ के बारे में तरह-तरह की बातें कही जाती हैं। लेकिन अब तक किसी ने भी यह कहने का साहस नहीं किया था कि यह स्मारक मानव की कृति नहीं है।

लेकिन अब ऐसे एक सज्जन सामने आए हैं जो यह प्रतिपादित करने का प्रयत्न कर रहे हैं कि यह लौहस्तंभ और इसी प्रकार के दुनिया-भर के बहुत सारे अद्‌भुत स्मारक, वस्तुतः किसी दूसरी दुनिया के प्राणियों द्वारा अथवा उनकी मदद से खड़े किए गए थे। स्वीडन-निवासी इस सज्जन का नाम है **एरिक पनैन डेनिकेन**। डेनिकेन ने 'देवताओं के रथ' नामक एक ग्रंथ लिखा है, जिसका संसार की अनेक भाषाओं में अनुवाद हुआ है और जिसकी लाखों प्रतियां बिक चुकी हैं।

डेनिकेन का मत है कि 552 ई. पू. में कश्मीर में या लेह में किसी मंदिर के समीप परमाणु ऊर्जा से संचालित कोई अंतरिक्ष यान उतरा था। डेनिकेन का कहना है कि यह जानकारी उन्हें बाइबल के विवरणों से मिली है। समाचार है कि डेनिकेन साहब कश्मीर और लेह में दो सप्ताह तक उस मंदिर के भग्नावशेषों की खोज करेंगे।

है न सनसनीखेज समाचार? भारत सरकार के पुरातत्व-विभाग के अधिकारियों की इस डेनिकेन-अभियान की कोई खबर भी है या नहीं, यह हम नहीं जानते। पग-पग पर पुरातत्व को चुनौती देने वाले ये डेनिकेन महाशय यदि भारतीय पुराविदों से

विचार-विमर्श कर लेते तो बेहतर होता। किसी भी पुराविद से उन्हें यह जानकारी मिल जाती कि इस देश में ईसा-पूर्व छठी सदी में देवताओं की मूर्तियां नहीं बनती थीं और न ही उनके लिए मंदिर बनते थे। बाइबल में 2500 साल पुराने भारतीय मंदिरों के उल्लेख की बात सरासर मनगढ़ंत है।

डेनिकेन के 'देवताओं के रथ' ग्रंथ की प्रायः सारी बातें इसी कोटि की हैं। दिल्ली के लौह-स्तंभ को ही लीजिए। इसके बारे में ऐसी कोई बात नहीं है, जिसे रहस्यमय कहा जा सके। लगभग इसी समय के समुद्रगुप्त के प्रयाग-स्तंभ पर भी तिथि अंकित नहीं है। रही जंग न लगने की बात, तो उसके कारण भी आज स्पष्ट हैं। वस्तुतः इस स्तंभ के जमीन में गड़े भाग में खूब जंग लगा है, जिसके कारण इसकी मोटाई दो-तिहाई से भी कम रह गई है। डेनिकेन का यह कहना भी सच नहीं है कि इस लौहस्तंभ में गंधक और फास्फोरस की मिलावट बिलकुल नहीं है। परीक्षणों से पता चला है कि ये दोनों तत्व इसमें अल्पमात्रा में मौजूद हैं।

इस लौहस्तंभ के इतने लंबे समय तक टिके रहने के कुछ स्पष्ट कारण हैं। इसमें शुद्ध लौह-अयस्क का इस्तेमाल हुआ है। दूसरे यह पिटवां लोहे से बना है। पिटवां लौह शुद्ध होता है और इसमें जंग भी कम लगता है। तीसरे यह स्तंभ पिटवां लोहे के खंडों को जोड़-जोड़ कर बनाया गया है। कोयले की भट्ठी में बार-बार गरम करने, पीटने और बुझाने से इस स्तंभ की सतह पर इस्पात की पतली परत जम गई है और यही वजह है कि इसमें अभी तक जंग नहीं लगा है। निश्चय ही यह लौह-स्तंभ भारत के तत्कालीन धातुकर्मियों के अनुपम कौशल का प्रतीक है। इसे किसी दूसरे लोक के देवताओं की कृति समझना भारतीय कौशल का अपमान करना है।

डेनिकेन ने एक वैज्ञानिक गल्प-लेखक के रूप में काफी ख्याति अर्जित की है, परंतु लगता है कि उनकी कल्पना-शक्ति एक अनपढ़ भारतीय की कल्पना-शक्ति से अधिक उन्नत नहीं है। डेनिकेन ने भारतीय आख्यानों के अंग्रेजी या जर्मन अनुवादों में आकाशगामी विमानों के बहुत सारे उल्लेख देखे, तो वह झट इस परिणाम पर पहुंच गए कि ये विमान वस्तुतः किसी दूसरे लोक के देवताओं के अंतरिक्षयान थे। भारत के प्राचीन साहित्य में यह विमान शब्द कई अर्थों में प्रयुक्त हुआ है। इसका एक सामान्य अर्थ है—कोई भी वाहन। ठोस धरती पर रथ और बैलगाड़ी चलती थी, तो स्वर्गलोक के काल्पनिक देवताओं के लिए एक आकाशगामी वाहन की कल्पना स्वाभाविक ही थी। बहुत बाद के कुछ संस्कृत ग्रंथों में विमान के निर्माण के बारे में जो जानकारी दी गई है, उसके आधार पर वैसा भी विमान नहीं बनाया जा सकता, जैसा कि राइट-बंधुओं ने पहली बार उड़ाया था।

यहां हमने डेनिकेन दुबारा दिए गए केवल दो उदाहरणों की चर्चा की है, क्योंकि इनका संबंध भारत से है। डेनिकेन के ग्रंथ में धर्मग्रंथों और दुनिया के कोने-कोने से एकत्र किए गए, ऐसे सैकड़ों 'रहस्यों' की जानकारी है। उनके मतानुसार, इन

रहस्यों का उद्‌घाटन पुरातत्व के बस की बात नहीं है। इसलिए पुरातत्व को उनकी चुनौती।

सचाई यह है कि डेनिकेन के कल्पनालोक का देव-कृतित्व, जैसे हमारा लौहस्तंभ, दरअसल मानव-कृतित्व ही है, यहां तक कि देवी-देवताओं को जन्म देने का श्रेय भी मानव को ही है। इसका अर्थ यह नहीं है कि इस विशाल विश्व के लाखों-करोड़ों पिंडों पर जीवन का अस्तित्व नहीं हो सकता। ब्रह्मांड के दूरस्थ पिंडों पर हमसे भी अधिक विकसित प्राणियों का अस्तित्व संभव है। उनका अतीत में या अनागत में इस पृथ्वी पर पहुंचना भी संभव है। परंतु नितांत मानवीय कृतियों को किन्हीं दूर लोकवासियों की कृतियां सिद्ध करना सरासर बेतुकी बात है।

—अगस्त, 1975, जनयुग

40

भारतीय नारी और गोलवलकर

आज का कोई भी संगठन, चाहे सांस्कृतिक हो या राजनीतिक, मानव-जाति के अर्धांग—नारी—की उपेक्षा करके किस मुंह से कह सकता है कि उसका ध्येय राष्ट्र को या किसी समाज-विशेष को शक्तिशाली बनाना है? पर दुर्भाग्य है हमारे देश का कि ऐसा एक तथाकथित सांस्कृतिक संगठन हमारे बीच मौजूद है, और अब यह संगठन एक राजनीतिक पार्टी की असली मेरुदंड है। यह संगठन है राष्ट्रीय स्वयंसेवक संघ और इसके 'इल ड्यूस' यानी सरसंघचालक है गोलवलकर गुरुजी।

मानव जाति के किसी भी युग की असली पहचान है नारी, उस युग में नारी की दशा। आदिम साम्यवादी समाजों में नारी को पुरुषों के बराबर अधिकार प्राप्त थे। तब वह युद्ध में भी पुरुष का साथ देती थी। ऋग्वेद में आर्य दिवोदास के साथ शंबर के घोर संघर्ष का विवरण है। शंबर के पहाड़ी लोग उस समय जन-अवस्था में थे। शंबर के कबीलों की स्त्रियों ने राजा दिवोदास की सेना के मुकाबले में हथियार उठाए थे। ऋग्वेद में बभ्रु कहता है : 'शंबर ने स्त्रियों को आयुध (हथियार) बनाया।'' विपरीत, आर्यों ने स्त्रियों को अबला बना दिया। इंद्र कहता है : ''शंबर की अबला सेना मेरा क्या करेगी?''

नारी को अबला बनाया राजा-महाराजाओं और सामंतों के युग ने। इसी युग ने नारी को गणिका और दासी भी बनाया। अंत में पूंजीवादी युग आया, तो उसे स्त्रियों और उनके छोटे-छोटे बच्चों के श्रम की जरूरत पड़ी। परिणामतः नारी घर के बाहर निकली और उसे थोड़ी स्वतंत्रता भी मिली। पर बीसवीं शताब्दी के फासिज्म ने नारी को पुनः घर की चार दीवारों के भीतर बंद कर देना चाहा। फासिज्म नारी को केवल मां के रूप में अर्थात् चूल्हा-चौका करने वाली तथा युऋ की आग में झोंकने के लिए बच्चे पैदा करने वाली एक मशीन के रूप में देखता है। हिटलर अपने 'मैन कांफ' में कहता है :

'नारी शिक्षा के संबंध में अधिक जोर शारीरिक शिक्षा पर और उसके बाद चरित्र

के विकास पर दिया जाना चाहिए। और सबसे आखिर में बुद्धि पर। लेकिन नारी शिक्षा का चरम लक्ष्य उसे भावी मां बनाना होना चाहिए।'

राष्ट्रीय स्वयंसेवक संघ के नारी जाति संबंधी विचारों का अध्ययन करें, तो स्पष्ट हो जाता है कि यह संगठन फासिज्म का घोर प्रतिक्रियावादी रूप है। देखिए, 'संघ का उद्देश्य' स्पष्ट करते हुए दोनों सरसंघचालक क्या बोलते हैं : ''अपने संगठन के संस्थापक (डा. हेडगेवार) संघ के उद्देश्य को इस एक छोटे से सार-गर्भित वाक्य में रख दिया करते थे कि 'हमें अपने हिंदू समाज को संगठित कर इतना शक्तिशाली बनना है कि पृथ्वी पर कोई भी शक्ति इस पर कुदृष्टि न डाल सके।' इस महान समाज के सभी पुत्रों के कंधों पर यह सबसे महत्त्व का उत्तरदायित्व आया हुआ है।'' (**विचार-नवनीत**, पृष्ठ 195)

रा. स्व. संघ के लिए संपूर्ण राष्ट्र की शक्ति का अर्थ है केवल हिंदू समाज की शक्ति, और इस हिंदू समाज की शक्ति का अर्थ है केवल इसके पुत्रों की शक्ति। गोलवलकर गुरुजी जब भी राष्ट्र या हिंदू समाज की शक्ति की बात करते हैं, तो उन्हें केवल पुत्रों के कंधे ही याद आते हैं। राष्ट्र को बलशाली बनाने के लिए वे पुत्रियों की जरूरत महसूस नहीं करते। और ठीक यह कारण है कि संघ 'सांस्कृतिक' संगठन में नारी के लिए कोई स्थान नहीं।

डा. हेडगेवार जीवन भर अविवाहित रहे। गोलवलकर गुरुजी भी अविवाहित है। मेरा नम्र निवेदन है कि किसी भी 'ब्रह्मचारी' नेता को स्त्री-चरित्र या स्त्री-पुरुष के संबंध को लेकर कोई बात कहनी हो, तो उस पर पहले गंभीरता से विचार कर लेना चाहिए। पर लगता है कि गुरुजी सर्वज्ञ हैं। इसीलिए उन्होंने कहा है, ''हिंदू पति-पत्नी अपने प्रेम का प्रदर्शन सबके सामने नहीं करते। हिंदू पत्नी आंसू, आलिंगन अथवा चीत्कार से अपने प्रेम को व्यक्त नहीं करती।''

तो कैसा होता है हिंदू पति-पत्नी का प्रेम-संबंध। गुरुजी याज्ञवलक्यव मैत्रैयी का उदाहरण देते हैं : ''याज्ञवल्क्य मैत्रैयी से कहते हैं :

न वा अरे मैत्रेई पत्युः कामाय पतिः प्रियो भवति
आत्मनस्तु कामाय पतिः प्रियो भवति।

अर्थात्, ओ मैत्रैयी, पत्नी पुरुष को इसलिए प्यार नहीं करती कि वह उसका पति है वरन् इसलिए करती है कि उसमें आत्मा है।''

स्त्री-पुरुष एक-दूसरे को क्यों प्यार करते हैं, प्यार कैसे होता है और किस तरह से भोगा जाता है, इन सारी बातों को यहां बताने की जरूरत नहीं है। बताया नहीं जा सकता है तो केवल आत्मा के बारे में–कैसी होती है आत्मा? कहां रहती है आत्मा? आत्मा की काल्पनिक धारणा का लंबा इतिहास एक, और केवल एक ही बात बोलता है–आत्मा का अर्थ है यथार्थ से मुंह मोड़ना।

गोलवलकर गुरुजी यह एक बार भी नहीं कहते कि नारी को जब गणिका और दासी बनाया गया था, तो वह उन पर समाज का अन्याय था। उलटे, आज की स्थिति को कोसते हुए वे कहते हैं : नैतिक दुश्चरित्रता के कीचड़ में फंसे हुए चलचित्र के कुख्यात नट-नटी हमारे सांस्कृतिक प्रतिनिधि मंडलों में सम्मिलित किए जाते हैं। जैसे व्यक्तियों का हमारे देश के सांस्कृतिक प्रतिनिधि के नाते जाना हमारे पतन का एक भयावह दृश्य उपस्थित करता है। हम यह भी देखते हैं कि हमारे 'प्रमुख सांस्कृतिक पुरुष' 'मिस इंडिया' की सौंदर्य प्रतियोगिता में निर्णायकों के रूप में भाग लेते हैं। ऐसा प्रतीत होता है कि हमारे संस्कृति के संबंध में उनकी जो कल्पना है, उसमें हमारे नारीत्व के आदर्श सीता, सावित्री, पद्मिनी अथवा निवेदिता का कोई स्थान नहीं है।''

क्या आज की नारी सीता बन सकती है? राम राजा थे और सीता उनकी रानी। सीता ने राम का वनवास में भी साथ दिया–यही है न सीता का आदर्श। लेकिन सिंहासन पर बैठने के बाद राम ने सीता का क्या हाल किया? जैसी प्रजा वैसा राजा, इसीलिए न। राजा-महाराजाओं और सामंतों के युग में नारी ने बहुत कुछ सहा है। इसलिए आज कोई सामंत युग की किसी रानी को आज की नारी का आदर्श बताता है, तो समझ लीजिए कि वह फिर से नारी के पैर में बेड़ियां बांधने का षडयंत्र रच रहा है।

जब आज के समाज-संगठकों को अतीत से इतना ही अधिक मोह है, तो उन्हें सीता के भी बहुत पहले का समाज क्यों नहीं याद आता? उस आदिम समाज में नारी को पुरुष के बराबर अधिकार प्राप्त थे। आज की नारी अपने उन्हीं पुराने अधिकारों को प्राप्त करना चाहती है। लेकिन गोलवलकर जैसे नेता अपने संगठन से नारी जाति को अलग रखकर यही कहना चाहते हैं कि स्त्री का कार्य केवल घर के भीतर सीमित है। वे नारी को केवल बच्चे पैदा करने वाली मशीन समझते हैं।

गुरु गोलवलकर को भविष्य की बिलकुल चिंता नहीं। वर्तमान से उन्हें घोर नफरत है। वे सिर्फ अतीत को आदर्श मानते हैं। लिखते हैं : ''हमारी सांस्कृतिक परंपरा के अनुसार किसी महिला को पुकारने की सम्मानपूर्ण-रीति यह है कि उसे उसके पुत्र के नाम से पुकारा जाए। किसी महिला को अमुक की पत्नी अथवा अमुक की 'मिसेज' कहकर पुकारना पाश्चात्य रीति है। हम कहा करते हैं, 'वह रामू की मां है'।

मैं चाहता हूं कि हमारे देश की महिलाएं गुरुजी के इस 'उपदेश' पर गंभीरता से विचार करें और सोचें कि वे असल में भारतीय नारी को किस दशा में देखना चाहते हैं। गुरुजी का कहना है कि ब्राह्मणों ने नौकरियां स्वीकार करके समाज का अहित किया। 'रामू की मां' वाले इस उपदेश का भी यही अर्थ है कि महिलाओं ने घर के बाहर निकलकर समाज का अहित किया है।''

अभी सालों पहले गुरुजी दिल्ली आए थे। करोल बाग के एक पार्क में सायंकाल को स्वयंसेवक झंडा-वंदन के लिए जमा हुए। मुश्किल से पचास का समुदाय। गुरुजी भी थे। अधिकतर स्वयंसेवक, जिनमें बच्चे अधिक थे, मोहल्ले के महाराष्ट्रीयन थे। कुछ महाराष्ट्रीयन महिलाएं भी वहां पचास गज की दूरी पर खड़ी थीं। गुरुजी और छोटे-बड़े स्वयंसेवक झंडे की वंदना करते हुए गा रहे थे—नमस्ते सदावत्सले मातृभूमि।

और, उन स्वयंसेवक बच्चों की बहनें और माताएं पचास गज दूरी से उन्हें टुकुर-मुकुर देख रही थीं।

41

सड़ी-गली मान्यताओं में पनपा गोलवलकर का संघी संप्रदायवाद

इतिहास साक्षी है कि कोई भी नया संप्रदाय नितांत नए विचारों को लेकर पैदा नहीं होता। यह कुछ पुराने विचारों पर ही पनपता है, पुराने स्रोतों पर ही अपनी जड़ें जमाता है। जनसंघ के हिंदू संप्रदाय के स्रोत भी हिंदू धर्म की पुरानी और सड़ी-गली मान्यताएं ही हैं। इसलिए इस नए संप्रदाय को हम 'संघी हिंदू-संप्रदाय' का भी नाम दे सकते हैं।

किसी भी नए धर्म या संप्रदाय के लिए एक मसीहा या धर्माचार्य की जरूरत होती है। इस नए संघी-संप्रदाय के मसीहा हैं गुरु गोलवलकर। इतिहास इस बात का भी साक्षी है कि कोई भी नया धर्म या संप्रदाय राजनीतिक संबल के बिना पनप नहीं सकता। चूंकि वर्तमान धर्म निरपेक्ष-प्रजातंत्र में किसी संप्रदाय विशेष को राज्याश्रय मिलना संभव नहीं था, इसलिए इस नए संप्रदाय ने स्वयं अपने लिए एक राजनीतिक संगठन तैयार किया। संघी संप्रदाय के इस राजनीतिक संगठन का नाम है—भारतीय जनसंघ।

नया मसीहा और नया धर्म-ग्रंथ!

किसी भी नए धर्म या नए संप्रदाय के लिए एक नया धर्मग्रंथ भी चाहिए। यह नया संघी-संप्रदाय यदि पूर्णतः हिंदूधर्म पर ही आधारित होता तो हिंदू-धर्म का कोई भी पुराना धर्मग्रंथ इस नए संप्रदाय का भी धर्म-ग्रंथ बन सकता था। लेकिन इस संप्रदाय के पैगंबर गुरु गोलवलकर का कहना है कि हम हिंदूधर्म की किसी एक पुस्तक को धर्म-ग्रंथ नहीं मानते।

बात बिलकुल साफ है। इस संघी-संप्रदाय को किसी पुराने धर्म-ग्रंथ की जरूरत नहीं है। इसका अपना एक नया धर्म-ग्रंथ है—**विचार-नवनीत**। इस धर्मग्रंथ के लेखक हैं स्वयं गुरु गोलवलकर। कोई भी संघी आपको बताएगा कि इस ग्रंथ का संघी शाखाओं में 'गीता' का रोज पाठ होता है।

इस प्रकार, इस नए संघी-संप्रदाय को एक धर्मग्रंथ (विचार-नवनीत) मिल गया; एक मसीहा (गुरु गोलवलकर) मिल गया और इसका उद्गम उस पुरातन पाषाण-युग

में पहुंच गया जब आदमी पत्थर के हथियारों का इस्तेमाल करता था। लेकिन मुख्य बात रह ही गई। नए संप्रदाय का मुख्य ध्येय रहता है—पुराने संप्रदायों का गला घोंटना।

और इसीलिए संघियों का अन्य धर्मों के खिलाफ यह ज़िहाद। हम हिंदू हैं, हिंदू धर्म के बारे में कही गई दो मीठी बातें हमें लुभावनी लगती हैं। पर गहराई में उतरकर इस संघी-संप्रदाय की करतूतों का विश्लेषण करें तो स्पष्ट हो जाएगा कि यह हिंदू-समाज का ही सबसे बड़ा दुश्मन है। धर्म-निरपेक्ष प्रजातंत्र की छत्रच्छाया पुरानी वर्ण-व्यवस्था मिटती जा रही थी, जात-पांत के बंधन ढीले पड़ते जा रहे थे, सभी संप्रदाय एक दूसरे के नजदीक आकर एक शक्तिशाली भारतीय समाज का निर्माण करने जा रहे थे। ऐसे समय संघियों के गुरु का उपदेश है—हमें वर्ण-व्यवस्था वाला पुराना समाज चाहिए; ब्राह्मण-वैश्य-क्षत्रिय-शूद्र में बंटा हुआ समाज चाहिए।

संसार के किसी भी धर्म या संप्रदाय को लीजिए, उसने हमेशा समाज को ऊंच-नीच और जात-पांत के वर्गों में बांटने की कोशिश की है। यह नया संघी-संप्रदाय नए सिरे से वर्ग-विघटन के इस काम में जुट गया है। यह न केवल भारतीय मुसलमानों को आतंकित कर रहा है; बल्कि बौद्धों, जैनों, सिक्खों और अन्य अनेक छोटे-मोटे संप्रदायों में भी उसने दहशत पैदा कर दी है।

सभी धार्मिक संप्रदायों का इतिहास इस तथ्य का सबूत है कि वे वैज्ञानिक प्रगति को अपना कट्टर दुश्मन मानते हैं। यह नया संघी-संप्रदाय भी इसका अपवाद नहीं है।

संघी संप्रदाय के गुरु का कहना है कि नारी को घर की चारदीवारी के भीतर ही बंद रहना चाहिए, उसे केवल बच्चे पैदा करने चाहिए! इस संघी-संप्रदाय में नारी के लिए कोई स्थान नहीं।

ऐसा है यह नया संघी-संप्रदाय! संघी गुरु हिंदू धर्म की दुहाई दे-देकर अपने इस नए संप्रदाय का प्रचार कर रहे हैं।

गुरु गोलवलकर बार-बार दोहराते हैं : 'संघे शक्तिः कलौ युगे'। इससे भी यही सिद्ध होता है कि उनका उद्देश्य एक नए संघी-संप्रदाय की स्थापना करना है। हिंदू धर्म की दुहाई देते हुए भी वे हिंदू धर्म के किसी धर्मग्रंथ को अपना धर्मग्रंथ नहीं मानते, हिंदू धर्म की किसी स्वस्थ व्याख्या को स्वीकार नहीं करते। इससे साफ जाहिर है कि हिंदू धर्म के भीतर वे अपना एक नया संप्रदाय—संघी-संप्रदाय चलाना चाहते हैं।

राष्ट्रीय स्वयंसेवक संघ और जनसंघ महज दिखावे के लिए सांस्कृतिक संगठन हैं। दरअसल, बुनियादी तौर पर, ये सांप्रदायिक संगठन हैं। इस सांप्रदायिक संगठन में दीक्षित होने का अर्थ है—एक नए पंथ या संप्रदाय—संघी-संप्रदाय—में दीक्षित होना। तब संघी केवल संघी है।

42

पाखंड के आईने में गोलवलकर

राष्ट्रीय स्वयंसेवक संघ के सर संचालर 'गुरु' गोलवलकर की एक लंबी भेंट-वार्ता मुंबई के मराठी दैनिक **नवाकाल** में 1 तथा 2 जनवरी को प्रकाशित हुई। इसमें हिंदू धर्म, जाति-व्यवस्था, राष्ट्रवाद, विज्ञान आदि के बारे में गोलवलकर के 'विचार' सामने आए। और उसके बाद मुंबई और पूना का शायद ही कोई समाचार-पत्र हो, जिसने गोलवलकर के इन कुविचारों की भर्त्सना न की हो। पूना, कोल्हापुर आदि महाराष्ट्र के प्रमुख नगरों में इन विचारों की खुलेआम भर्त्सना करने के लिए आम सभाएं हुईं। यहां तक कि कोल्हापुर में गुरु गोलवलकर की प्रतिमा जलाई गई और 14 फरवरी को नागपुर में रिपब्लिकन विद्यार्थी संघ की ओर से 'गोलवलकर मुर्दाबाद' के नारे लगाए गए और पटवर्धन मैदान में उनकी अरथी जलाई गई। संघ की खोखली मान्यताओं की धज्जियां उड़ाने में पहले भी महाराष्ट्र के बुद्धिजीवी वर्ग ने काफ़ी सहयोग दिया है। इस बार भी महाराष्ट्र के ख्यातिप्राप्त विद्वानों ने गोलवलकर की खूब खबर ली।

आखिर वे कौन-सी बातें हैं जिनके कारण महाराष्ट्र में गोलवलकर को इतनी अधिक लानतें मिलीं? गोलवलकर द्वारा **नवाकाल** को दी गई भेंट-वार्ता की खास बात यह है कि वे जन्मजात वर्ण-व्यवस्था को उचित समझते हैं। उनका कहना है कि यह व्यवस्था हिंदू धर्म का एक शाश्वत तत्व है। उनका यह भी कहना है कि श्रुति-स्मृति में बतलाई गई। यह चातुर्वर्ण्य-व्यवस्था ईश्वर-निर्मित है और यह हिंदू धर्म का एक मूलतत्व है। यह रूढ़ि नहीं है। 'उदारता' का परिचय देने के लिए गोलवलकर यह भी फरमाते हैं कि यह जाति-व्यवस्था 'लचीली' होनी चाहिए, और उनके कथनानुसार ऐसा लचीलापन पहले भी था!

लेकिन अब देखिए उनके बुद्धि-भ्रंश की चरम सीमा! गुणधर्म पर आधारित चातुर्वर्ण्य-व्यवस्था का अर्थ करते हुए वे कहते हैं कि गुण माने पात्रता और कर्म माने स्वेच्छा से स्वीकार किया गया कर्म, यह अर्थ गलत है। गुण का अर्थ है सत्व, रज और तम–ये गुण और कर्म माने पूर्वजन्म में किए हुए कर्म। पूर्वजन्म के कर्म

के अनुसार इस जन्म में वर्ण मिलता है और इस जन्म के कर्म के अनुसार अगले जन्म का वर्ण मिलता है।

ऐसे ही विचार वाले गुरु गोलवलकर 'अस्पृश्यता निवारण' के लिए जल्दी ही एक अभियान शुरू करनेवाले हैं! जातिसंस्था में यकीन रखनेवाली इन्हीं गोलवलकर का और एक आह्वान है कि 'गैर-हिंदू, हिंदू धर्म में लौट आ जाएं!' किसलिए? राष्ट्र में समरसता स्थापित करने के लिए और समाज की उन्नति के लिए!

पूना के प्रसिद्ध गोखले राज्य-अर्थ-संस्थान के प्रोफेसर दांडेकर ने सच ही पूछा है कि "यह जाति-संस्था ईश्वर प्रणीत है, इसीलिए शाश्वत है, यह नष्ट नहीं हो सकती—ऐसी बातों का प्रचार करते हुए किस मुंह से आह्वान किया जा सकता है कि अन्य धर्म वाले हिंदू धर्म में वापस लौट आएं? जातिबद्ध हिंदू-समाज में ऐसे परिवर्तन के लिए स्थान भी कहां है? और, यदि हिंदू समाज में उन्हें कोई जातिबद्ध स्थान भी दिया जाए, तो किस समरसता के लिए उन्हें यह सब ऊहापोह करना चाहिए?"

गोलवलकर की मान्यता है कि "पशु-पक्षियों में और इस सृष्टि की हर वस्तु में चार वर्ण हैं।" पत्थरों में भी चार वर्ण हैं; गोलवलकर के इस कुतर्क का प्रो. दोडेकर ने बहुत ही बढ़िया उत्तर दिया है : "चातुर्वर्ण्य-व्यवस्था के लिए और किस प्रमाण की जरूरत है? लेकिन जान पड़ता है कि इनसे भी अधिक सशक्त और एक प्रमाण गुरुजी के दिमाग में उतरा नहीं! गोमाता के चार थन होते हैं, यह बात यदि गुरुजी को याद आती तो चातुर्वर्ण्य-व्यवस्था ईश्वर-निर्मित है और इसीलिए शाश्वत है, इस धर्मतत्व के लिए अन्य कोई वैज्ञानिक प्रमाण खोजने की उन्हें जरूरत ही नहीं रह जाती!"

विज्ञान के बारे में भी गोलवलकर ने अजीबोगरीब ढंग की बातें कही हैं। उनका कहना है कि विज्ञान ने ईसाई धर्म की धज्जियां उड़ा दी हैं, पर हिंदू धर्म की वैसी गत नहीं होगी। इसलिए कि हमारे शास्त्रों में जो बातें कही गई हैं, वे आज विज्ञान द्वारा सिद्ध हो रही हैं। इसलिए आधुनिक विज्ञान के प्रकाश में हमारी पुरानी बातों में सुधार करने की कोई जरूरत नहीं है।

गुरु गोलवलकर की सारी भेंटवार्ता ऐसी ही पुराणपंथी एवं समाज-विरोधी बातों से भरी हुई है। उनके ऐसे विचारों के 'महाराष्ट्र टाइम्स' के अग्रलेख में 'तर्कदुष्ट और कालविसंगत' कहा गया, तो कोई ताज्जुब की बात नहीं है। पूना के मराठी दैनिक 'प्रभात' के संपादक वा.रा. कोठारी ने पूना के तिलक स्मारक मंदिर में आयोजित एक आम सभा के सभापति-पद से कहा कि "जिसका आज कोई भी पालन नहीं करता, उसका पालन करने को कहने में कहां की अक्लमंदी है? गुरुजी के अनुयायियों को भी उनके विचारों पर विचार करना चाहिए।"

इन विचारों की जो पिटाई हुई, उसका क्या गोलवलकर पर कोई असर हुआ? केरल के दौरे पर गए हुए गोलवलकर महाराज ने एर्नाकुलम से सफाई का गोलमोल स्टेटमेंट दिया है कि 'वे स्मृति को ईश्वर-निर्मित नहीं मानते; पर 'चातुर्वर्ण्य-व्यवस्था शास्त्रीय और शाश्वत सत्य है, इसलिए वह नष्ट नहीं होगी, यह उनकी धारणा है।' उनकी इस तथाकथित सफाई के बावजूद महाराष्ट्र में यह पूछा जा रहा है कि 'श्रुति-स्मृति यदि ईश्वर-स्मृति पर आधारित है, तो चातुर्वर्ण्य-व्यवस्था के शाश्वत बने रहने की भाषा का प्रयोग क्यों करते हैं?'